紹興大典 史部

乾隆嵊縣志

1

中華書局

圖書在版編目(CIP)數據

(乾隆) 嵊縣志 / (清) 李以琰修； (清) 田實秬等纂．－北京：中華書局，2024.6．－(紹興大典)．－ISBN 978-7-101-16911-9

Ⅰ．K295.54

中國國家版本館 CIP 數據核字第 20249BA487 號

書　　名　(乾隆)嵊縣志(全二册)
叢 書 名　紹興大典・史部
修　　者　〔清〕李以琰
纂　　者　〔清〕田實秬 等
項目策劃　許旭虹
責任編輯　梁五童
助理編輯　任凱龍
裝幀設計　許麗娟
責任印製　管　斌
出版發行　中華書局
　　　　　(北京市豐臺區太平橋西里38號 100073)
　　　　　http: // www. zhbc. com. cn
　　　　　E-mail: zhbc@zhbc. com. cn
印　　刷　天津藝嘉印刷科技有限公司
版　　次　2024年6月第1版
　　　　　2024年6月第1次印刷
規　　格　開本787×1092毫米　1/16
　　　　　印張71¾　插頁2
國際書號　ISBN 978-7-101-16911-9
定　　價　920.00元

學術顧問（按姓氏筆畫排序）

安平秋　李　岩　吴　格
袁行霈　張志清　葛劍雄
樓宇烈

編纂工作指導委員會

主　　任　盛閲春（二〇二二年九月至二〇二三年一月在任）

温　暖　施惠芳　肖啓明　熊遠明

第一副主任　丁如興

副　主　任　陳偉軍　汪俊昌　馮建榮

成　　員（按姓氏筆畫排序）

王静静　朱全紅　沈志江　金水法　俞正英

胡華良　茹福軍　徐　軍　陳　豪　黄旭榮

裘建勇　樓　芳　魯霞光　魏建東

編纂委員會

主　　編　馮建榮

副 主 編　黄錫雲　尹　濤　王静静　李聖華　陳紅彦

委　　員（按姓氏筆畫排序）

王静静　尹　濤　那　艷　李聖華　俞國林

陳紅彦　陳　誼　許旭虹　馮建榮　葉　卿

黄錫雲　黄顯功　楊水土

史部主編　黄錫雲　許旭虹

序

紹興是國務院公布的首批中國歷史文化名城，是中華文明的多點起源地之一和越文化的發祥、壯大之地。從嵊州小黄山遺址迄今，已有一萬多年的文化史；從大禹治水迄今，已有四千多年的文明史；從越國築句踐小城和山陰大城迄今，已有兩千五百多年的建城史。建炎四年（一一三〇），宋高宗駐蹕越州，取義「紹奕世之宏庥，興百年之丕緒」，次年改元紹興，賜名紹興府，領會稽、山陰、蕭山、諸暨、餘姚、上虞、嵊、新昌等八縣。元改紹興路，明初復爲紹興府，清沿之。

紹興坐陸面海，嶽峙川流，風光綺麗，物産富饒，民風淳樸，士如過江之鯽，彬彬稱盛。春秋末越國有「八大夫」佐助越王卧薪嘗膽，力行「五政」，崛起東南，威續戰國，四分天下有其一，成就越文化的第一次輝煌。秦漢一統後，越文化從尚武漸變崇文。晋室東渡，北方士族大批南遷，王、謝諸大家紛紛遷居於此，一時人物之盛，雲蒸霞蔚，學術與文學之盛冠於江左，給越文化注入了新的活力。唐時的越州是詩人行旅歌詠之地，形成一條江南唐詩之路。至宋代，尤其是宋室南遷後，越中理學繁榮，文學昌盛，領一時之先。明代陽明心學崛起，這一時期的越文化，宣導致良知、知行合一，重於事功，伴隨而來的是越中詩文、書畫、戲曲的興盛。明清易代，有劉宗周等履忠蹈義，慷慨赴死，亦有黄宗羲率其門人，讀書窮經，關注世用，成其梨洲一派。至清中葉，會稽章學誠等人紹承梨洲之學而開浙東史學之新局。晚清至現代，越中知識分子心懷天下，秉持先賢「膽劍精神」，再次站在歷史變革的潮頭，蔡元培、魯迅等人「開拓越學」，使紹興成爲新文化運動和新民主主義革命的重要陣地。越文化兼容並包，與時偕變，勇於創新，隨着中國社會歷史的變遷，無論其内涵和特質發生何種變化，均以其獨特、强盛的生命力，推動了中華文明的發展。

文獻典籍承載着廣博厚重的精神財富、生生不息的歷史文脉。紹興典籍之富，甲於東南，號爲文獻之邦。從兩漢到魏晋再至近現代，紹興人留下了浩如煙海、綿延不斷的文獻典籍。陳橋驛先生在《紹興地方文獻考録·前言》中説：「紹興是我國歷史上地方文獻最豐富的地方之一。」有我國地方志的開山之作《越絶書》，有唯物主義的哲學巨著《論衡》，有書法藝術和文學價值均登峰造極的《蘭亭集序》，有詩爲「中興之冠」的陸游《劍南詩稿》，有輯録陽明心學精義的儒學著作《傳習録》等，這些文獻，不僅對紹興一地具有重要價值，對浙江乃至全國來説，也有深遠意義。

紹興藏書文化源遠流長。歷史上的藏書家多達百位，知名藏書樓不下三十座，其中以澹生堂最爲著名，藏書十萬餘卷。近現代，紹興又首開國内公共圖書館之先河。光緒二十六年（一九〇〇），紹興鄉紳徐樹蘭獨力捐銀三萬餘兩，圖書七萬餘卷，創辦國内首個公共圖書館——古越藏書樓。越中多名士，自也與藏書聚書風氣有關。

習近平總書記强調，「我們要加强考古工作和歷史研究，讓收藏在博物館裏的文物、陳列在廣闊大地上的遺産、書寫在古籍裏的文字都活起來，豐富全社會歷史文化滋養」。黨的十八大以來，黨中央站在實現中華民族偉大復興的高度，對傳承和弘揚中華優秀傳統文化作出一系列重大决策部署。中共中央辦公廳、國務院辦公廳二〇一七年一月印發了《關於實施中華優秀傳統文化傳承發展工程的意見》，二〇二二年四月又印發了《關於推進新時代古籍工作的意見》。

盛世修典，是中華民族的優秀傳統，是國家昌盛的重要象徵。近年來，紹興地方文獻典籍的利用呈現出多層次、多方位探索的局面，從文史界到全社會都在醞釀進一步保護、整理、開發、利用紹興歷史文獻的措施，形成了廣泛共識。中共紹興市委、市政府深入學習貫徹習近平總書記重要指示精神，積極響應國家重大戰略部署，以提振紹興人文氣運的文化自覺和存續一方文脉的歷史擔當，作出了編纂出版《紹興大典》的重大決定，計劃用十年時間，系統、全面、客觀梳理紹興文化傳承脉絡，收集、整理、編纂、出版紹興地方歷史文獻。二〇二二年十月，中共紹興市委辦公室、紹興市人民政府辦公室印發《關於〈紹興大典〉編纂出版工作實施方案的通知》。自此，《紹興大典》編纂出版各項工作開始有序推進。

百餘年前，魯迅先生提出「開拓越學，俾其曼衍，至於無疆」的願景，今天，我們繼先賢之志，實施紹興歷史上前無古人的文化工程，希冀通過《紹興大典》的編纂出版，從浩瀚的紹興典籍中尋找歷史印記，從豐富的紹興文化中挖掘鮮活資源，從悠遠的紹興歷史中把握發展脉絡，古爲今用，繼往開來，爲新時代「文化紹興」建設注入强大動力。我們將懷敬畏之心，以古人「三不朽」的立德修身要求，爲紹興這座中國歷史文化名城和「東亞文化之都」立傳畫像，爲全世界紹興人築就恒久的精神家園。

是爲序。

温暖

二〇二三年十月

前言

越國故地，是中華文明的重要起源地，中華優秀傳統文化的重要貢獻地，中華文獻典籍的重要誕生地。紹興，是越國古都，國務院公布的第一批歷史文化名城。編纂出版《紹興大典》，是綿延中華文獻之大計，弘揚中華文化之良策，傳承中華文明之壯舉。

一

紹興有源遠流長的文明，是中華文明的縮影。

中國有百萬年的人類史，一萬年的文化史，五千多年的文明史。中華文明，是中華民族長期實踐的積累，集體智慧的結晶，不斷發展的産物。各個民族，各個地方，都爲中華文明作出了自己獨具特色的貢獻。紹興人同樣爲中華文明的起源與發展，作出了自己傑出的貢獻。

現代考古發掘表明，早在約十六萬年前，於越先民便已經在今天的紹興大地上繁衍生息。二〇一七年初，在嵊州崇仁安江村蘭山廟附近，出土了於越先民約十六萬年前使用過的打製石器[一]。這是曹娥江流域首次發現的舊石器遺存，爲探究這一地區中更新世晚期至晚更新世早期的人類活動、

[一] 陸瑩等撰《浙江蘭山廟舊石器遺址網紋紅土釋光測年》，《地理學報》英文版，二〇二〇年第九期，第一四三六至一四五〇頁。

華南地區與現代人起源的關係、小黄山遺址的源頭等提供了重要綫索。

距今約一萬至八千年的嵊州小黄山遺址〔一〕，於二〇〇六年與上山遺址一起，被命名爲上山文化。該遺址中的四個重大發現，引人矚目：一是水稻實物的穀粒印痕遺存，以及儲藏坑、鐮形器、石磨棒、石磨盤等稻米儲存空間與收割、加工工具的遺存；二是種類與器型衆多的夾砂、夾炭、夾灰紅衣陶與黑陶等遺存；三是我國迄今發現的最早的立柱建築遺存，以及石杵立柱遺存；四是我國新石器時代遺址中迄今發現的最早的石雕人首。

蕭山跨湖橋遺址出土的山茶種實，表明於越先民在八千多年前已開始對茶樹及茶的利用與探索〔二〕。距今約六千年前的餘姚田螺山遺址發現的山茶屬茶樹根遺存，有規則地分布在聚落房屋附近，特别是其中出土了一把與現今茶壺頗爲相似的陶壺，表明那時的於越先民已經在有意識地種茶用茶了〔三〕。

對美好生活的嚮往無止境，創新便無止境。於越先民在一萬年前燒製出世界上最早的彩陶的基礎上〔四〕，經過數千年的探索實踐，終於在夏商之際，燒製出了人類歷史上最早的原始瓷〔五〕；繼而又在東漢時，燒製出了人類歷史上最早的成熟瓷。現代考古發掘表明，漢時越地的窑址，僅曹娥江兩岸的上虞，就多達六十一處〔六〕。

中國是目前發現早期稻作遺址最多的國家，是世界上最早發現和利用茶樹的國家，更是瓷器的故

〔一〕浙江省文物考古研究所編《上山文化：發現與記述》，文物出版社二〇一六年版，第七一頁。
〔二〕浙江省文物考古研究所、蕭山博物館編《跨湖橋》，文物出版社二〇〇四年版，彩版四五。
〔三〕北京大學中國考古學研究中心、浙江省文物考古研究所編《田螺山遺址自然遺存綜合研究》，文物出版社二〇一一年版，第一一七頁。
〔四〕孫瀚龍、趙曄著《浙江史前陶器》，浙江人民出版社二〇二二年版，第三頁。
〔五〕鄭建華、謝西營、張馨月著《浙江古代青瓷》，浙江人民出版社二〇二二年版，上册，第四頁。
〔六〕宋建明主編《早期越窑——上虞歷史文化的豐碑》，中國書店二〇一四年版，第二四頁。

鄉。《（嘉泰）會稽志》卷十七記載「會稽之產稻之美者，凡五十六種」，稻作文明的進步又直接促成了紹興釀酒業的發展。同卷又單列「日鑄茶」一條，釋曰「日鑄嶺在會稽縣東南五十五里，嶺下有僧寺名資壽，其陽坡名油車，朝暮常有日，產茶絶奇，故謂之日鑄」。可見紹興歷史上物質文明之發達，真可謂「天下無儔」。

二

紹興有博大精深的文化，是中華文化的縮影。

文化是一條源遠流長的河，流過昨天，流到今天，還要流向明天。悠悠萬事若曇花一現，唯有文化與日月同輝。

大量的歷史文獻與遺址古迹表明，四千多年前，大禹與紹興結下了不解之緣。大禹治平天下之水，漸九川，定九州，至於諸夏乂安，《史記·夏本紀》載：「禹會諸侯江南，計功而崩，因葬焉，命曰會稽。會稽者，會計也。」裴駰注引《皇覽》曰：「禹冢在山陰縣會稽山上。會稽山本名苗山，在縣南，去縣七里。」《（嘉泰）會稽志》卷六「大禹陵」：「禹巡守江南，上苗山，會稽諸侯，死而葬焉。……劉向書云：禹葬會稽，不改其列，謂不改林木百物之列也。苗山自禹葬後，更名會稽。是山之東，有隴隱若劍脊，西嚮而下，下有窆石，或云此正葬處。」另外，大禹在以會稽山爲中心的越地，還有一系列重大事迹的記載，包括娶妻塗山、得書宛委、畢功了溪、誅殺防風、禪祭會稽、築治邑室等。

以至越王句踐，「其先禹之苗裔，而夏后帝少康之庶子也，封於會稽，以奉守禹之祀」（《史記·越王句踐世家》）。句踐的功績，集中體現在他一系列的改革舉措以及由此而致的強國大業上。

他創造了「法天象地」這一中國古代都城選址與布局的成功範例，奠定了近一個半世紀越國號稱天下强國的基礎，造就了紹興發展史上的第一個高峰，更實現了東周以來中國東部沿海地區暨長江下游地區的首次一體化，讓人們在數百年的分裂戰亂當中，依稀看到了一統天下的希望，爲後來秦始皇統一中國，建立真正大一統的中央政權，進行了區域性的準備。因此，司馬遷稱：「苗裔句踐，苦身焦思，終滅强吴，北觀兵中國，以尊周室，號稱霸王。句踐可不謂賢哉！蓋有禹之遺烈焉。」

千百年來，紹興涌現出了諸多譽滿海内、雄稱天下的思想家，他們的著述世不絶傳、遺澤至今，他們的思想卓犖英發、光彩奪目。哲學領域，聚諸子之精髓，啓後世之思想。政治領域，以家國之情懷，革社會之弊病。經濟領域，重生民之生業，謀民生之大計。教育領域，育天下之英才，啓時代之新風。史學領域，創史志之新例，傳千年之文脉。

紹興是中國古典詩歌藝術的寶庫。四言詩《候人歌》被稱爲「南音之始」。於越《彈歌》是我國文學史上僅存的二言詩。《越人歌》是越地的第一首情歌、中國的第一首譯詩。山水詩的鼻祖，是上虞人謝靈運。唐代，這裏涌現出了賀知章等三十多位著名詩人。宋元時，這裏出了别開詩歌藝術天地的陸游、王冕、楊維楨。

紹興是中國傳統書法藝術的故鄉。鳥蟲書與《會稽刻石》中的小篆，影響深遠。中國的文字成爲藝術品之習尚；文字由書寫轉向書法，是從越人的鳥蟲書開始的。而自王羲之《蘭亭序》之後，紹興更是成爲中國書法藝術的聖地。翰墨碑刻，代有名家精品。

紹興是中國古代繪畫藝術的重鎮。世界上最早彩陶的燒製，展現了越人的審美情趣。「文身斷髮」與「鳥蟲書」，實現了藝術與生活最原始的結合。戴逵與戴顒父子、僧仲仁、王冕、徐渭、陳洪綬、趙之謙、任熊、任伯年等在中國繪畫史上有開宗立派的地位。

一九一二年一月，魯迅爲紹興《越鐸日報》創刊號所作發刊詞中寫道：「於越故稱無敵於天下，海岳精液，善生俊異，後先絡繹，展其殊才；其民復存大禹卓苦勤勞之風，同句踐堅確慷慨之志，力作治生，綽然足以自理。」可見，紹興自古便是中華文化的重要發源地與傳承地，紹興人更是世代流淌着「卓苦勤勞」「堅確慷慨」的精神血脉。

三

紹興有琳琅滿目的文獻，是中華文獻的縮影。

自有文字以來，文獻典籍便成了人類文明與人類文化的基本載體。紹興地方文獻同樣爲中華文明與中華文化的傳承發展，作出了傑出的貢獻。

中華文明之所以成爲世界上唯一沒有中斷、綿延至今、益發輝煌的文明，在於因文字的綿延不絕而致的文獻的源遠流長、浩如煙海。中華文化之所以成爲中華民族有别於世界上其他任何民族的顯著特徵並流傳到今天，靠的是中華兒女一代又一代的言傳身教、口口相傳，更靠的是文獻典籍一代又一代的忠實書寫、守望相傳。

無數的甲骨、簡牘、古籍、拓片等中華文獻，無不昭示着中華文明的光輝燦爛、欣欣向榮，無不昭示着中華文化的廣博淵綜、蒸蒸日上。它們既是中華文明與中華文化的基本載體，又是中華文明與中華文化的重要組成部分，是十分重要的物質文化遺産。

紹興地方文獻作爲中華文獻重要的組成部分，積澱極其豐厚，特色十分明顯。

（一）文獻體系完備

紹興的文獻典籍根基深厚，載體體系完備，大體經歷了四個階段的歷史演變。

一是以刻符、紋樣、器型爲主的史前時代。代表性的，有作爲上山文化的小黄山遺址中出土的彩陶上的刻符、印紋、圖案等。

二是以金石文字爲主的銘刻時代。代表性的，有越國時期玉器與青銅劍上的鳥蟲書等銘文、秦《會稽刻石》、漢「大吉」摩崖、漢魏六朝時的會稽磚甓銘文與會稽青銅鏡銘文等。

三是以雕版印刷爲主的版刻時代。代表性的，有中唐時期越州刊刻的元稹、白居易的詩集。唐長慶四年（八二四），浙東觀察使兼越州刺史元稹，在爲時任杭州刺史的好友白居易《白氏長慶集》所作的序言中寫道：「揚、越間多作書模勒樂天及予雜詩，賣於市肆之中也。」這是有關中國刊印書籍的最早記載之一，説明越地開創了「模勒」這一雕版印刷的風氣之先。宋時，兩浙路茶鹽司等機關和紹興府、紹興府學等，競相刻書，版刻業快速繁榮，紹興成爲兩浙乃至全國的重要刻書地，所刻之書多稱「越本」「越州本」。明代，紹興刊刻呈現出了官書刻印多、鄉賢先哲著作和地方文獻多、私家刻印特色叢書多的特點。清代至民國，紹興整理、刊刻古籍叢書成風，趙之謙、平步青、徐友蘭、章壽康、羅振玉等，均有大量輯刊，蔡元培早年應聘於徐家校書達四年之久。

四是以機器印刷爲主的近代出版時期。這一時期呈現出傳統技術與西方新技術並存、傳統出版物與維新圖强讀物並存的特點。代表性的出版機構，在紹興的有徐友蘭於一八六二年創辦的墨潤堂等。另外，吴隱於一九〇四年參與創辦了西泠印社；紹興人沈知方於一九一二年參與創辦了中華書局，還於一九一七年創辦了世界書局。代表性的期刊，有羅振玉於一八九七年在上海創辦的《農學報》，杜亞泉於一九〇一年在上海創辦的《普通學報》，羅振玉於一九〇一年在上海發起、王國維主筆的《教育世界》，杜亞泉等於一九〇二年在上海編輯的《中外算報》，秋瑾於一九〇七年在上海創辦的《中國女報》等。代表性的報紙，有蔡元培於一九〇三年在上海創辦的《俄事警聞》等。

紹興文獻典籍的這四個演進階段，既相互承接，又各具特色，充分彰顯了走在歷史前列、引領時代潮流的特徵，總體上呈現出了載體越來越多元、內涵越來越豐富、傳播越來越廣泛、對社會生活的影響越來越深遠的歷史趨勢。

（二）藏書聲聞華夏

紹興歷史上刻書多，便爲藏書提供了前提條件，因而藏書也多。大禹曾「登宛委山，發金簡之書，案金簡玉字，得通水之理」（《吴越春秋》卷六），還「巡狩大越，見耆老，納詩書」（《越絶書》卷八），這是紹興有關采集收藏圖書的最早記載。句踐曾修築「石室」藏書，「晝書不倦，晦誦竟旦」（《越絶書》卷十二）。

造紙術與印刷術的發明和推廣，使得書籍可以成批刷印，爲藏書提供了極大便利。王充得益於藏書資料，寫出了不朽的《論衡》。南朝梁時，山陰人孔休源「聚書盈七千卷，手自校治」（《梁書·孔休源傳》），成爲紹興歷史上第一位有明文記載的藏書家。唐代時，越州出現了集刻書、藏書、讀書於一體的書院。五代十國時，南唐會稽人徐鍇精於校勘，雅好藏書，「江南藏書之盛，爲天下冠，鍇力居多」（《南唐書·徐鍇傳》）。

宋代雕版印刷術日趨成熟，爲書籍的化身千百與大規模印製創造了有利條件，也爲藏書提供了更多來源。特别是宋室南渡、越州升爲紹興府後，更是出現了以陸氏、石氏、李氏、諸葛氏等爲代表的藏書世家。陸游曾作《書巢記》，稱「吾室之内，或棲於櫝，或陳於前，或枕藉於床，俯仰四顧，無非書者」。《（嘉泰）會稽志》中專設《藏書》一目，説明了當時藏書之風的盛行。元時，楊維楨「積書數萬卷」（《鐵笛道人自傳》）。

明代藏書業大發展，出現了鈕石溪的世學樓等著名藏書樓。其中影響最大的藏書家族，當數山陰祁氏；影響最大的藏書樓，當數祁承㸁創辦的澹生堂，至其子彪佳時，藏書達三萬多卷。

清代是紹興藏書業的鼎盛時期，有史可稽者凡二十六家，諸如章學誠、李慈銘、陶濬宣等。上虞王望霖建天香樓，藏書萬餘卷，尤以藏書家之墨迹與鈎摹鐫石聞名。徐樹蘭創辦的古越藏書樓，以存古開新爲宗旨，以資人觀覽爲初心，成爲中國近代第一家公共圖書館。

民國時，代表性的紹興藏書家與藏書樓有：羅振玉的大雲書庫、徐維則的初學草堂、蔡元培創辦的養新書藏、王子餘開設的萬卷書樓、魯迅先生讀過書的三味書屋等。

根據二〇一六年完成的古籍普查結果，紹興全市十家公藏單位，共藏有一九一二年以前産生的中國傳統裝幀書籍與民國時期的傳統裝幀書籍三萬九千七百七十七種、二十二萬六千一百二十五册，分别占了浙江省三十三萬七千四百零五種的百分之十一點七九、二百五十萬六千六百三十三册的百分之九點零二。這些館藏的文獻典籍，有不少屬於名人名著，其中包括在别處難得見到的珍稀文獻。這是紹興這個地靈人傑的文獻名邦確實不同凡響的重要見證。

一部紹興的藏書史，其實也是一部紹興人的讀書、用書、著書史。歷史上的紹興，刻書、藏書、讀書、用書、著書，良性循環，互相促進，成爲中國文化史上一道亮麗的風景。

（三）著述豐富多彩

紹興自古以來，論道立説、卓然成家者代見輩出，創意立言、名動天下者繼踵接武，歷朝皆有傳世之作，各代俱見槃槃之著。這些文獻，不僅對紹興一地有重要價值，而且也是浙江文化乃至中國古代文化的重要組成部分。

一是著述之風，遍及各界。越人的創作著述，文學之士自不待言，爲政、從軍、業賈者亦多喜筆耕，屢有不刊之著。甚至於鄉野市井之口頭創作、謠歌俚曲，亦代代敷演，蔚爲大觀，其中更是多有内藴厚重、哲理深刻、色彩斑斕之精品，遠非下里巴人，足稱陽春白雪。

二是著述整理，尤爲重視。越人的著述，包括對越中文獻乃至我國古代文獻的整理。宋孔延之的《會稽掇英總集》，清杜春生的《越中金石記》，近代魯迅的《會稽郡故書雜集》等，都是收輯整理地方文獻的重要成果。陳橋驛所著《紹興地方文獻考録》，是另一種形式的著述整理，其中考録一九四九年前紹興地方文獻一千二百餘種。清代康熙年間，紹興府山陰縣吴楚材、吴調侯叔侄選編的《古文觀止》，自問世以來，一直是古文啓蒙的必備書，也深受古文愛好者的推崇。

三是著述領域，相涉廣泛。越人的著述，涉及諸多領域。其中古代以經、史與諸子百家研核之作爲多，且基本上涵蓋了經、史、子、集的各個分類，近現代以文藝創作爲多，當代則以科學研究論著爲多。這也體現了越中賢傑經世致用、與時俱進的家國情懷。

四

盛世修典，承古啓新，以「紹興」之名，行紹興之實。

紹興這個名字，源自宋高宗的升越州爲府，並冠以年號，時在紹興元年（一一三一）的十月廿六日。這是對這座城市傳統的畫龍點睛。紹興這兩個字合在一起，藴含的正是承繼前業而壯大之、開創未來而昌興之的意思。數往而知來，今天的紹興人正賦予這座城市、這個名字以新的意藴，那就是繼承中華優秀傳統文化，建設中華民族現代文明，爲實現中華民族偉大復興，作出自己新的更大的貢獻。

編纂出版《紹興大典》，正是紹興地方黨委、政府文化自信、文化自覺的體現，是集思廣益、精心實施的德政，是承前啓後、繼往開來的偉業。

（一）科學的決策

《紹興大典》的編纂出版，堪稱黨委、政府科學決策的典範。二〇二〇年十二月十一日，中共紹興市委八屆九次全體（擴大）會議審議通過了關於紹興市「十四五」規劃和二〇三五年遠景目標的建議，其中首次提出要啓動《紹興大典》的編纂出版工作。

二〇二一年二月五日，紹興市第八届人民代表大會第六次會議批准了市政府根據市委建議編製的紹興市「十四五」規劃和二〇三五年遠景目標綱要，其中又專門寫到要啓動《紹興大典》的編纂出版工作。二月八日，紹興市人民政府正式印發了這個重要文件。

二〇二二年二月二十八日的中共紹興市第九次代表大會市委工作報告與三月三十日的紹興市九届人大一次會議政府工作報告，均對編纂出版《紹興大典》提出了要求。

二〇二二年九月十五日，紹興市人民政府第十一次常務會議專題聽取了《〈紹興大典〉編纂出版工作實施方案》起草情況的匯報，決定根據討論意見對實施意見進行修改完善後，提交市委常委會議審議。九月十六日，中共紹興市委九届二十次常委會議專題聽取《〈紹興大典〉編纂出版工作實施方案》起草情况的匯報，並進行了討論，決定批准這個方案。十月十日，中共紹興市委辦公室、紹興市人民政府辦公室正式印發了《〈紹興大典〉編纂出版工作實施方案》。

（二）嚴謹的體例

在中共紹興市委、紹興市人民政府研究批准的實施方案中，《紹興大典》編纂出版的各項相關事宜，均得以明確。

一是主要目標。系統、全面、客觀梳理紹興文化傳承脉絡，收集、整理、編纂、研究、出版紹興地方文獻，使《紹興大典》成爲全國鄉邦文獻整理編纂出版的典範和紹興文化史上的豐碑，爲努力打造「文獻保護名邦」「文史研究重鎮」「文化轉化高地」三張紹興文化的金名片作出貢獻。

二是收録範圍。《紹興大典》收録的時間範圍爲：起自先秦時期，迄至一九四九年九月三十日，部分文獻酌情下延。地域範圍爲：今紹興市所轄之區、縣（市），兼及歷史上紹興府所轄之蕭山、餘姚。內容範圍爲：紹興人的著述，域外人士有關紹興的著述，歷史上紹興刻印的古籍善本和紹興收藏的珍稀古籍善本。

三是編纂方法。對所録文獻典籍，按經、史、子、集和叢五部分類方法編纂出版。

根據實施方案明確的時間安排與階段劃分，在具體編纂工作中，采用先易後難、先急後緩，邊編纂出版、邊深入摸底的方法。即先編纂出版情況明瞭、現實急需的典籍，與此同時，對面上的典籍情況進行深入的摸底調查。這樣的方法，既可以用最快的速度出書，以滿足保護之需、利用之需，又可以爲一些難題的破解争取時間；既可以充分發揮我國實力最强的專業古籍出版社中華書局的編輯出版優勢，又可以充分借助與紹興相關的典籍一半以上收藏於我國古代典籍收藏最爲宏富的國家圖書館的優勢。這是最大限度地避免時間與經費上的重複浪費的方法，也是地方文獻編纂出版工作方法上的創新。

另外，還將適時延伸出版《紹興大典·要籍點校叢刊》《紹興大典·文獻研究叢書》《紹興大典·善本影真叢覽》等。

（三）非凡的意義

正如紹興的文獻典籍在中華文獻典籍史上具有重要的影響那樣，編纂出版《紹興大典》的意義，同樣也是非同尋常的。

一是編纂出版《紹興大典》，對於文獻典籍的更好保護——活下來，具有非同尋常的意義。歷史上的文獻典籍，是中華文明歷經滄桑留下的最寶貴的東西。然而，這些瑰寶或因天災人禍，或因自然老化，或因使用過度，或因其他緣故，有不少已經處於岌岌可危甚至奄奄一息的境況。

編纂出版《紹興大典》，可以爲系統修復、深度整理這些珍貴的古籍爭取時間；可以最大限度呈現底本的原貌，緩解藏用的矛盾，更好地方便閱讀與研究。這是文獻典籍眼下的當務之急，最好的續命之舉。

二是編纂出版《紹興大典》，對於文獻典籍的更好利用——活起來，具有非同尋常的意義。歷史上的文獻典籍，流傳到今天，實屬不易，殊爲難得。它們雖然大多保存完好，其中不少還是善本，但分散藏於公私，積久塵封，世人難見；也有的已成孤本，或至今未曾刊印，僅有稿本、抄本，秘不示人，無法查閱。

編纂出版《紹興大典》，將穿越千年的文獻、深皮密鎖的秘藏、散落全球的珍寶匯聚起來，化身萬千，走向社會，走近讀者，走進生活，既可防它們失傳之虞，又可使它們嘉惠學林，也可使它們古爲今用，文旅融合，還可使它們延年益壽，推陳出新。這是於文獻典籍利用一本萬利、一舉多得的好事。

三是編纂出版《紹興大典》，對於文獻典籍的更好傳承——活下去，具有非同尋常的意義。歷史上的文獻典籍，能保存至今，是先賢們不惜代價，有的是不惜用生命爲代價换來的。對這些傳承至今的古籍本身，我們應當倍加珍惜。

編纂出版《紹興大典》，正是爲了述録先人的開拓，啓迪來者的奮鬥，使這些珍貴古籍世代相傳，使蕴藏在這些珍貴古籍身上的中華優秀傳統文化世代相傳。這是中華文化創造性轉化、創新性發展的通途所在。

編纂出版《紹興大典》，是紹興文化發展史上的曠古偉業。編成後的《紹興大典》，將成爲全國範圍内的同類城市中，第一部收録最爲系統、内容最爲豐贍、品質最爲上乘的地方文獻集成。

紹興這個地方，古往今來，都在不懈超越。超乎尋常，追求卓越。超越自我，超越歷史。《紹興大典》的編纂出版，無疑會是紹興文化發展史上的又一次超越。

道阻且長，行則將至；行而不輟，成功可期。「後之視今，亦猶今之視昔」；「後之覽者，亦將有感於斯文」（《蘭亭集序》）。讓我們一起努力吧！

馮建榮

二〇二三年六月十日，星期六，成稿於寓所

二〇二三年中秋、國慶假期，校改於寓所

編纂説明

紹興古稱會稽，歷史悠久。

大禹治水，畢功了溪，計功今紹興城南之茅山（苗山），崩後葬此，此山始稱會稽，此地因名會稽，距今四千多年。

大禹第六代孫夏后少康封庶子無餘於會稽，以奉禹祀，號曰「於越」，此爲吾越得國之始。《竹書紀年》載，成王二十四年，於越來賓。是亦此地史載之始。

距今兩千五百多年，越王句踐遷都築城於會稽山之北（今紹興老城區），是爲紹興建城之始，於今城不移址，海内罕有。

秦始皇滅六國，御海内，立郡縣，成定制。是地屬會稽郡，郡治爲吴縣，所轄大率吴越故地。東漢順帝永建四年（一二九），析浙江之北諸縣置吴郡，是爲吴越分治之始。會稽名仍其舊，郡治遷山陰。由隋至唐，會稽改稱越州，時有反復，至中唐後，「越州」遂爲定稱而至於宋。所轄時有增減，至五代後梁開平二年（九〇八），吴越析剡東十三鄉置新昌縣，自此，越州長期穩定轄領會稽、山陰、蕭山、諸暨、餘姚、上虞、嵊縣、新昌八邑。

建炎四年（一一三〇），宋高宗趙構駐蹕越州，取「紹奕世之宏庥，興百年之丕緒」之意，下詔從建炎五年正月改元紹興。紹興元年（一一三一）十月己丑升越州爲紹興府，斯地乃名紹興，沿用至今。

歷史的悠久，造就了紹興文化的發達。數千年來文化的發展、沉澱，又給紹興留下了燦爛的文化載體——鄉邦文獻。保存至今的紹興歷史文獻，有方志著作、家族史料、雜史輿圖、文人筆記、先賢文集、醫卜星相、碑刻墓誌、摩崖遺存、地名方言、檔案文書等不下三千種，可以説，凡有所録，應有盡有。這些文獻從不同角度記載了紹興的山川地理、風土人情、經濟發展、人物傳記、著述藝文等各個方面，成爲人們瞭解歷史、傳承文明、教育後人、建設社會的重要參考資料，其中許多著作不僅對紹興本地有重要價值，也是江浙文化乃至中華古代文化的重要組成部分。

紹興歷代文人對地方文獻的探尋、收集、整理、刊印等都非常重視，並作出過不朽的貢獻，陳橋驛先生就是代表性人物。正是在他的大力呼籲下，時任紹興縣政府主要領導作出了編纂出版《紹興叢書》的決策，爲今日《紹興大典》的編纂出版積累了經驗，奠定了基礎。

時至今日，爲貫徹落實習近平總書記系列重要講話精神，奮力打造新時代文化文明高地，重輝「文獻名邦」，中共紹興市委、市政府毅然作出編纂出版《紹興大典》的決策部署。延請全國著名學者樓宇烈、袁行霈、安平秋、葛劍雄、吳格、李岩、熊遠明、張志清諸先生參酌把關，與收藏紹興典籍最豐富的國家圖書館等各大圖書館以及專業古籍出版社中華書局展開深度合作，成立專門班子，精心規劃組織，扎實付諸實施。《紹興大典》是地方文獻的集大成之作，出版形式以紙質書籍爲主，同步開發建設數據庫。其基本内容，包括以下三方面：

一、《紹興大典》影印精裝本文獻大全。這方面内容囊括一九四九年前的紹興歷史文獻，收録的原則是「全而優」，也就是文獻求全收録；同一文獻比對版本優劣，收優斥劣。同時特別注重珍稀性、孤罕性、史料性。

時間範圍：《紹興大典》影印精裝本收録範圍：起自先秦時期，迄至一九四九年九月三十日，部分文獻可酌情下延。

地域範圍：今紹興市所轄之區、縣（市），兼及歷史上紹興府所轄之蕭山、餘姚。

内容範圍：紹興人（本籍與寄籍紹興的人士、寄籍外地的紹籍人士）撰寫的著作，非紹興籍人士撰寫的與紹興相關的著作，歷史上紹興刻印的古籍珍本和紹興收藏的古籍珍本。

《紹興大典》影印精裝本編纂體例，以經、史、子、集、叢五部分類的方法，對收録範圍内的文獻，進行開放式收録，分類編輯，影印出版。五部之下，不分子目。

經部：主要收録經學（含小學）原創著作；經校勘校訂，校注校釋，疏、證、箋、解、章句等的經學名著；爲紹籍經學家所著經學著作而撰的著作，等等。

史部：主要收録紹興地方歷史書籍，重點是府縣志、家史、雜史等三個方面的歷史著作。

子部：主要收録專業類書，比如農學類、書畫類、醫卜星相類、儒釋道宗教類、陰陽五行類、傳奇類、小説類，等等。

集部：主要收録詩賦文詞曲總集、别集、專集，詩律詞譜，詩話詞話，南北曲韻，文論文評，等等。

叢部：主要收録不入以上四部的歷史文獻遺珍、歷史文物和歷史遺址圖録彙總、戲劇曲藝脚本、報章雜志、音像資料等。不收傳統叢部之文叢、彙編之類。

《紹興大典》影印精裝本在收録、整理、編纂出版上述文獻的基礎上，同時進行書目提要的撰寫，並細編索引，以起到提要鉤沉、方便實用的作用。

二、《紹興大典》點校研究及珍本彙編。主要是《紹興大典》影印精裝本的延伸項目，形成三個成果，即《紹興大典·要籍點校叢刊》《紹興大典·文獻研究叢書》《紹興大典·善本影真叢覽》三叢。選取影印出版文獻中的要籍，組織專家分專題開展點校等工作，排印出版《紹興大典·要籍點校叢刊》；及時向社會公布推出出版文獻書目，開展《紹興大典》收録文獻研究，分階段出版研究成果《紹興大典·文獻研究叢書》；選取品相完好、特色明顯、内容有益的優秀文獻，原版原樣綫裝影印出版《紹興大典·善本影真叢覽》。

三、《紹興大典》文獻數據庫。以《紹興大典》影印精裝本和《紹興大典·要籍點校叢刊》《紹興大典·文獻研究叢書》《紹興大典·善本影真叢覽》三叢爲基幹構建。同時收録大典編纂過程中所涉其他相關資料，未用之版本，書佚目存之書目等，動態推進。

《紹興大典》編纂完成後，應該是一部體系完善、分類合理、全優兼顧、提要鮮明、檢索方便的大型文獻集成，必將成爲地方文獻編纂的新範例，同時助力紹興打造完成「歷史文獻保護名邦」「地方文史研究重鎮」「區域文化轉化高地」三張文化金名片。

《紹興大典》在中共紹興市委、市政府領導下組成編纂工作指導委員會，組織實施並保障大典工程的順利推進，同時組成由紹興市爲主導、國家圖書館和中華書局爲主要骨幹力量、各地專家學者和圖書館人員爲輔助力量的編纂委員會，負責具體的編纂工作。

《紹興大典》編纂委員會

二〇二三年五月

史部編纂説明

紹興自古重視歷史記載，在現存數千種紹興歷史文獻中，史部著作占有極爲重要的位置。因其内容豐富、體裁多樣、官民兼撰的特點，成爲《紹興大典》五大部類之一，而别類專纂，彙簡成編。

按《紹興大典·編纂説明》規定：「以經、史、子、集、叢五部分類的方法，對收録範圍内的文獻，進行開放式收録，分類編輯，影印出版。五部之下，不分子目。」「史部：主要收録紹興地方歷史書籍，重點是府縣志、家史、雜史等三個方面的歷史著作。」

紹興素爲方志之鄉，纂修方志的歷史較爲悠久。據陳橋驛《紹興地方文獻考録》（浙江人民出版社，一九八三年版）統計，僅紹興地區方志類文獻就「多達一百四十餘種，目前尚存近一半」。在最近三十多年中，紹興又發現了不少歷史文獻，堪稱卷帙浩繁。

據《紹興大典》編纂委員會多方調查掌握的信息，府縣之中，既有最早的府志——南宋二志《（嘉泰）會稽志》和《（寶慶）會稽續志》，也有最早的縣志——宋嘉定《剡録》；既有耳熟能詳的《（萬曆）紹興府志》，也有海内孤本《（嘉靖）山陰縣志》；更有寥若晨星的《永樂大典》本《紹興府志》，等等。存世的紹興府縣志，明代纂修並存世的萬曆爲最多，清代纂修並存世的康熙爲最多。

家史資料是地方志的重要補充，紹興地區家史資料豐富，《紹興家譜總目提要》共收録紹興相關家譜資料三千六百七十九條，涉及一百七十七個姓氏。據二〇〇六年《紹興叢書》編委會對上海圖書館藏紹興文獻的調查，上海圖書館館藏的紹興家史譜牒資料有三百多種，據紹興圖書館最近提供的信息，其館藏譜牒資料有二百五十多種，一千三百七十八册。紹興人文薈萃，歷來重視繼承弘揚耕讀傳統，家族中尤以登科進仕者爲榮，每見累世科甲、甲第連雲之家族，如諸暨花亭五桂堂黄氏、山陰狀元坊張氏，等等。家族中每有中式，必進祠堂，祭祖宗，禮神祇，乃至重纂家乘。因此纂修家譜之風頗盛，聯宗聯譜，聲氣相通，呼應相求，以期相將相扶，百世其昌，因此留下了浩如煙海、簡册連編的家史譜牒資料。家史資料入典，將遵循「姓氏求全，譜目求全，譜牒求優」的原則遴選。

雜史部分是紹興歷史文獻中内容最豐富、形式最多樣、撰者最衆多、價值極珍貴的部分。記載的内容無比豐富，撰寫的體裁多種多樣，留存的形式面目各異。其中私修地方史著作，以東漢袁康、吴平所輯的《越絶書》及稍後趙曄的《吴越春秋》最具代表性，是紹興現存最早較爲系統完整的史著。

雜史部分的歷史文獻，有非官修的專業志、地方小志，如《三江所志》《倉帝廟志》《螭陽志》等；有以韻文形式撰寫的如《山居賦》《會稽三賦》等；有碑刻史料如《會稽刻石》《龍瑞宫刻石》等；有詩文游記如《沃洲雜詠》等；有珍貴的檔案史料如《明浙江紹興府諸暨縣魚鱗册》等；有名人日記如《祁忠敏公日記》《越縵堂日記》等；有綜合性的歷史著作如海内外孤本《越中雜識》等；也有鉤沉稽古的如《虞志稽遺》等。既有《救荒全書》《欽定浙江賦役全書》這樣專業的經濟史料，也有《越中八景圖》這樣的圖繪史料等。舉凡經濟、人物、教育、方言風物、名人日記等，應有盡有，不勝枚舉。尤以地理爲著，諸如山川風物、名勝古迹、水利關津、衛所武備、天文医卜等，莫不悉備。

這些歷史文獻，有的是官刻，有的是坊刻，有的是家刻。有特别珍貴的稿本、鈔本、寫本，也有珍稀孤罕首次面世的史料。由於《紹興大典》的編纂出版，這些文獻得以呈現在世人面前，俾世人充分深入地瞭解紹興豐富多彩的歷史文化。受編纂者學識見聞以及客觀條件之限制，難免有疏漏錯訛之處，祈望方家教正。

《紹興大典》編纂委員會

二〇二三年五月

乾隆嵊縣志 十八卷

〔清〕李以琰修，〔清〕田實秬等纂

乾隆七年（一七四二）刻本

影印説明

《（乾隆）嵊縣志》十八卷，首末各一卷。清李以琰修，清田實秬等纂，乾隆七年（一七四二）刻本。半葉十行行二十一字，小字雙行同，白口，左右雙邊，單魚尾，有圖。原書版框尺寸高19.3釐米，寬14.1釐米。書前有常安、張若震、周範蓮、李以琰序和田實秬後序，又有修志姓氏、凡例，卷末爲歷代修志舊序跋。

李以琰，字崑山，廣西博白人。康熙甲午舉人。乾隆四年，以卓異由湯溪調嵊，修學校，建橋梁，政尚慈惠，邑人德之。在任期間，搜羅舊志，不聽其放佚，主持修纂本志，强調内容的嚴謹性，解决了「傳聞多異」「略近而詳遠」「舉小而遺大」等問題，其序曰：「志之所關綦重，而載筆之不可不慎也。」田實秬，字稷薌，會稽人，生員，與王瀚、俞忠孫、鄭彦、吴炳忠、吴熙德等人纂輯此志。

此次影印，以國家圖書館藏本爲底本。其中，卷首圖第十八葉缺，卷十第二十三葉殘，卷十六第四葉殘，已據上海圖書館藏本補配。另據《中國地方志聯合目録》，浙江圖書館、南京圖書館等機構亦有收藏。

序

周禮者太平經國之書也其間版圖之貳司會掌之土地之圖司書記之形體之法遂人造之地事之圖土訓記之春卿則小史外史掌其志夏卿則司險職方掌其圖地理之繫

於治道由來舊矣後世郡邑
有志即小史外史遺意將考
一方之事故以資行省採擇
以備黄圖薈粹典甚鉅也使
有倡而莫繼或廢墜而不修舊
聞湮沒掇拾無從何以稽成
憲而昭職守乎向於庚戌歲

承乏縣篆奉
旨纂脩各省通志延儒開館發凡
舉例予亦相與參訂歷三載
將授梓適有巡撫江西之
命未獲觀成至今猶耿耿自慊今
春來蒞兩浙案牘繁猥會嵊
縣李令重修縣志告成乞予

序其首。予考嵊爲會稽剡縣，山水甲於東南，杜子美稱其秀異，李青蓮嘆其清妙，白太傅以剡爲越中眉目，而王戴劉阮之事，又嘖嘖人口。乃宋以前無志，自高似孫創爲剡録，元許汝霖，明許岳英、夏鍭、周山圃

汝登以志繼之
國朝張逢歡袁尚衷陳繼平又
踵之請編或失則繁或失則
略或失則踳駁而不純自康熙
癸亥迄今六十載邑事之宜
登簡牘者甚夥令茲邑者惟
簿書金穀是務志之存不一寓

目李令獨能以編摩自任雖
仍前哲之規模實本一己
之裁製約而該詳而不濫明
晰而有體後之宰是邑者可
以察戶口之多寡可以考田土
之上下可以核賦役之繁減
可以别民風之淑慝登之山

川城池廨宇橋梁道路之屬
皆可以知其險易紆直及盛衰
興廢所由為功豈淺鮮哉予
嘉其留心治道與周官和吻
合廻思縣志纂輯之維艱益
知嵊志告竣之匪易爰曰其
請而爲之序

旨

乾隆壬戌夏月兩浙使者

常安題

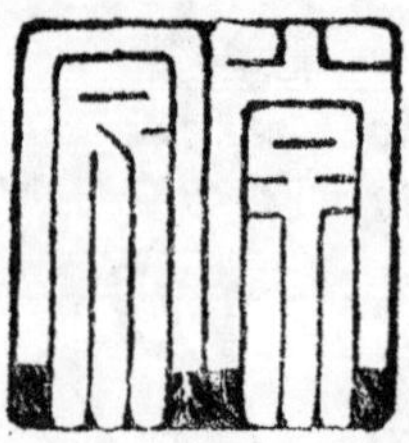

序

雍正辛亥歲剡脩輯志之役大
當事徵外史博資檢校嘗購宋
俞瑞剡東錄而卒不可得得高
似孫剡錄亦非善本云夫剡固
浙之緊縣也既掌訓方宜崇典
要苟徒侈二戴風流王謝清放
棟以雅藻之致則諾若夫闢智

譜之窟宅關運數之勾股則未之有遠耳矣踰輯通志一紀而嵊令李君以邑志開雕夫秦漢置縣曰剡宋易曰嵊今稱嵊志循其寔也且以嵊志之難成也自宋呂後一脩於元四脩於明若周海門尚書有良史之風內閣書目特載之

本朝康熙癸亥丙寅間亦各蒇事焉而乃書缺有閒其故何也蓋嵊本四山阸隔形方氏以其偪離屢有割置然而嶀嶺起伏五馬據泉屛蔽台金析閩甬越寔自古用武之地漢樓船將軍攻東越唐張伯儀平袁晁王式平裘甫宋劉述古平方臘莫不蹂

郛躪輿爨及典帙固其宜也今夫大雅江漢之詩歌詠武功然終之曰矢其文德洽此四國戎

國家自康熙甲寅寧海將軍惠獻貝子殲嵊寇保溫台策勳寵偉永錫爾祉男耕婦織山高水長耳不聞金鼓之聲目不覩旌旗之狀蓋天下之太平亦已久

矣是以覈其土田昔何以蕪今
何以闢覈其户口昔何以耗今
何以繁察其風俗昔何以悍今
何以淳覈其人物昔何以渙今
何以萃
泰運郅隆
聖人先宅緜緜翼翼文德覃敷名虎
對揚學士摛藻志之編纂維其

旹矣邑雖偏隅聿昭元化甚矣令之志之勤而舉之能得其典要也豈直曰剡谿秀異欲罷不忘也耶余故應其請而序之抑聞唐鄭言平剡錄亦鐃歌奏凱之詞其又剡錄之嚆矢矣乎余且次第索覽與剡東錄同備參考焉

大清乾隆七年歲次壬戌季夏中浣

誥授通奉大夫浙江等處承宣布政使司布政使加職一級加一級紀錄十九次桐城張若震撰

序

自宋宣和而嵊始名縣自嘉定間有高氏錄而嵊志始萌芽自明神宗朝有周海門編而嵊之志始通于上國後有作者難易無之何以故夫人未有室家庶事艸菆落手茫然猝不知所如往有從而垣墉之樸斲之或又從而墍茨丹雘之勤靡餘勞思已過

半後之人但庚續而終之姑視其家
所少者補苴而張皇之有不可者乃
埽而更之則蔚乎其章矣故曰易然
而日月既久時異事異是故志天文
者莫先堯典然其時冬至日在虛昏
中昴至宋之慶元而日已在斗昏已
中壁矣志地理者莫先禹貢而自漢
以來九河迷不得路鄭氏從緯書謂

為齊桓所塞蔡氏從王横謂為海水
所漸矣蓋雖聖人之經不可為典要
已若是而况其散乎故曰難博白李
君當官有幹實换縣得嵊三年而政
成一切治辦百廢具舉念古之為政
者必訪於遺訓咨於故實居今日而
求遺訓故實也者舍志其焉從禮載
孔子之言曰古也有志下而陳代及

滕之百官皆稱志曰狼曋謂周志有之申州時謂教之故志使知廢興以其爲邑長於斯而壞亂不脩等諸覆車之蠟是失一鑑也其若從政何於是置官局聘名士求遺書具筆札供餼糧費不及下成不僭素嘗試取其書閱焉發凡起例拾遺補闕借舊志者三之而參之以驗稽之以決疏其

穢而鎮其浮正其違而治其煩考證一門彌合穀梁傳著傳疑康成知古知今之指君子謂是書也可以志矣今夫志一也合之則曰邦國周禮小史掌之若今一統志省志是也離之則曰四方周禮外史掌之若今郡縣志是也以縣達郡以郡達行省以行

省達

京師俻土訓誦訓之所道獻之

天子而高以下為基則必自縣始是故為

政者亦必自縣始孔子曰與其託之

空言不如見諸行事之深切著明也

則願與君交勉之

賜進士出身中憲大夫知浙江紹興府事

加一級長洲周範蓮書

序

居恒讀書經史外喜周覽天下郡邑志得以徵窺盛衰得失之故未嘗不歎志之所關綦重而載筆之不可不慎也己未受知上憲自湯溪移嵊夙聞周司空汝登志善甚索之不得僅得袁生尚衷本心竊有所未安且踰甲子又一紀矣夫記載以資考鏡固未可聽其放佚況我

序

朝文教四訖惠政覃敷食舊德而服先疇者
將播揚休明潤色鴻猷之不暇乃猶以愁
苦怨咨之聲發為慷慨激烈之論非可為
訓也然則今日之宣
聖化而正民心其莫亟於志乎不揣塞傃思滅
灶而更炊之雖然難言矣葢欲知古則考
據宜精欲知今則聞見宜確茲則行罰旣
鮮載籍𡬶是邦者復無識大識小成一家

言用資采擇則訂譌難補偏尤難如就簡苟且塞責究何足以昭典章垂軌故稿經三易意終未慊辛酉夏檄攝山陰篆山陰爲越首邑士大夫多名山石室之藏幸不靳假觀又因田君實秬得識俞君忠孫二君皆邑詩古文詞世其家遂耑任筆削欣然曰自兹可觀厥成矣爰發舊稿更番論次定爲十綱今爲六十六目發凡

起例取古今名家著述仿而行之未嘗故為異同亦豈漫無去取要之所增者掌故所汰者繁蕪所部署者後先之序所條晰者累黍之毫縱不敢竊比於胡憲之漢書辨正石介之唐書糾繆而體裁已慫規模一變則上述既往庶幾無遺憾矣惟此七十餘年之事既采擷維囏亦傳聞多異居或略近而詳遠舉小而遺大甚至仕宗仕

元而冠以前明爵秩越疆越界而借為本地風光設徇其名不核其實非惟誣一邑且將以誣天下何則邑志者郡志通志一統志之造端也嗟乎志之所關若是不其難哉而予顧任之者亦以彰敎維風為職分所當盡上以佐

聖天子文明之治次以答各

上憲知遇之隆并欲此邦人士知秀事詩

書朴安畝畞者皆太和翔洽所致益勉忠愛以成敦龐之俗此所以知其難而不以難自諉也記曰琴瑟不調甚者取而更張之茲之以述兼作其有大不得已之苦衷也夫旹

乾隆七年歲次壬戌二月朔旦文林郎知嵊縣事加一級古白州李以琰譔

後序

志與史何難乎山川區里風俗沿革一切至纖且悉撰綱而網羅舉非才與學靡爲也若夫列傳人物權衡惟其識矣顧史家是非畧定處嚴密筆削人不得而掣其肘志則綜輿論而爲子孫者類能緣飾其前軌名實譁則取舍僭故視他纘排尤綦難也實秬幼束髮受書侍先君子先君子該洽善古文辭名于時太守俞公委郡志焉先君子曰是府怨我也雖然而毋屈吾筆每一傳成必以諮實秬並歷舉天下郡邑志臧否反覆提耳實秬熟而

志之不忘戊午省試佹得復失獲知粵鍾山李公明年公自湯溪移治嵊于是始修謁稱弟子門下公既起嵊諸廢旋及志以屬其鄉人王瀚進士而命實秬操鉛槧其後未帀月瀚需次謝夫會世講俞君忠孫倦遊歸里忠孫者鞠陵先生令子績文邃古所謂克世其家學者也亟介紹摧致之與朝夕從事定爲十綱六十四目稽類按部追原極委考證同異間或因事寓規期以兩人所禀承先世成一邑書庶幾藉手報知己也書成進于公公之言曰琴瑟不調解而更張之以進郡大夫周公周

公之言曰室家草剏補葺而埽除之僉以爲勝舊本矣乃兩人愧未嘗也嵊故偏邑文獻尠可據曩者海門尚書號良史材手輯志彬彬大雅不百年已無完書今隻字不可收拾自是而上若夏孝廉雷錢文學悌許編修汝霖高通議似孫典文益邈矣下此袁王兩前輩固以舛脫譏忠孫曰訂譌余責乎惟是六七十年來蒸俗造秀此邦人亦欲導揚厥盛實秬宜執簡俟之久而衰不盈帙賢而才者地氣果足以限之與抑風之漳也毋飾美以誣其先與忠孫誠才學猶弗敢居實秬無識強爲難

者諒哉人其知之矣壬戌仲冬既望會稽田賓柱

書於嵊署東偏之清妙亭

嵊縣志姓氏

鑒定

紹興府知府加一級周範蓮蓴君江南長洲人戊戌

纂修

嵊縣知縣加一級李以琰崑山廣西博白人甲午

參訂

嵊縣儒學教諭沈錫培開會仁和人癸卯

編次

進士王瀚深甫廣西倉梧人癸丑

國學生俞忠孫節霞會稽人

生　員用賓和稷鄉會稽人

採解

舉　人鄭彥瀛彥邑人癸卯

舉　人吳炳忠大文邑人丙辰

副榜貢　生吳熙德峻文邑人丙辰

貢　生周熙文卜昌邑人

貢　生喻學鈖廷璧邑人

拔貢　生高緒圜允方邑人

拔貢　生葉方葵荻新邑人

生　員裘克紹徽[illegible]邑人

生員蔡瀛翰臣邑人

生員陳文興六書邑人

雍正

舉人方景潮石門人戊午

舉人陸鈞秉齋仁和人戊午

副榜貢生梁詩興顯若仁和人戊午

貢生高紹恭允安邑人

貢生尹嗣彥廷紹邑人

貢生周熙灝朝瑞邑人

貢生丁懋松子貞邑人

貢生尹遠服誠悦邑人

國學生徐遵范道佐邑人

國學生宋亦郊邑人

生員汪宗爍邑人

生員趙挺邑人

生員丁珣邑人

繪圖儒士陸振宗辛崖會稽人

督刊

嵊縣典史王大德直隸保定人

嵊縣志

凡例

一首圖攷凡城郭宮室山川村落瞭如指掌不必乘輿泛舟而剡溪名勝已在臥遊中仿古史必有圖例也

一定爲十綱分爲六十四目例以義立事以類舉其紀載互異事蹟未著者別爲考證以發明之仿司馬光通鑑例也

一志有論非古也范石湖之作吳郡志并不弁以小序識者稱爲得體今用敘而去論仿宋潛溪元史

及王嗣臯紹興府志例也

一山川俱按道里爲先後使脈絡聯貫仿劉歆校正伯益山海經例也

一樓臺亭榭舊志錯見于地理建置學校祠祀諸條未免冗雜今酌彼此而詳畧之不漏不紊仿史覆者宜删例也

一峯巒巖洞本屬一山舊志割裂位置幾使山靈無復完膚爲博攷載籍而勾貫融會之仿史分者宜合例也

一學校爲教化之源而典禮儀節多習焉未察謹備

載之仿闕里志及金邦柱

聖廟徵繹例也

一祠廟寺院先城後郭并分方位仿楊衒之洛陽伽藍記例也

一市鎮山川祠廟坐落都圖或遠近異里或南北殊方既無他書可攷詢鄉人所言又各不同姑仍舊志仍表出之仿王剛質疑錄例也

一傳應書名袁尚衷續編稱公稱字稱先生皆非體謹裁正之仿史臨文不諱例也

一據事直書無貴繁文剗落浮詞艷語歸諸雅馴俾

事增文減仿宋祁歐陽修新唐書例也

一見聞須廣而採擇宜慎家乘志狀詞多溢美間或鑿空附會若宋有特奏而無歲貢名目今咸借爲出身之階則失之誣無徵弗錄仿史闕文例也

一人物臧否論定于蓋棺若生傳則古人游戲筆非可施之于志雖有至行未敢輒錄仿歷朝史例也

一書有同文義當避諱或變易形聲或增減點畫書遵

詔旨亦仿歷朝史例也

一藝文舊志散見各條下既未切合亦碍稽閲今仿

照綱目次第另列四卷仿劉作檪新昌志例也

一藝文無關嵊邑者不錄而張嵊之咏短簫許詢之題竹扇戴逵之贊閒遊僅一篇傳者雖無關于嵊亦書仿程篁墩新安文獻志例也

嵊縣志目錄

卷首

圖考

卷一

地理志一

縣志圖考

卷首　圖攷　一

北至會
花山
嵊山
覆卮山
四明山
車騎山
錦山
何家塘
動石山
石鼓山
東至新昌縣界
公館
艇湖山
竹山
簟山
逍遙山
龜山
太湖山
九雷嶺
金庭山

嵊縣志
卷首　圖攷
大昆山
上周山
封田嶺
太白山
五龍山
廣利塘
谷來山
趙公阜
星子峯
西至諸暨縣界
謝岩
書院塘
嵊縣
儒學
鹿苑山
福泉山
沃塘
芦塘
遁山
桂山
獨秀山
白峯嶺
方山
九州峯
貴門山
龍潭山
獅子岩
昌縣界

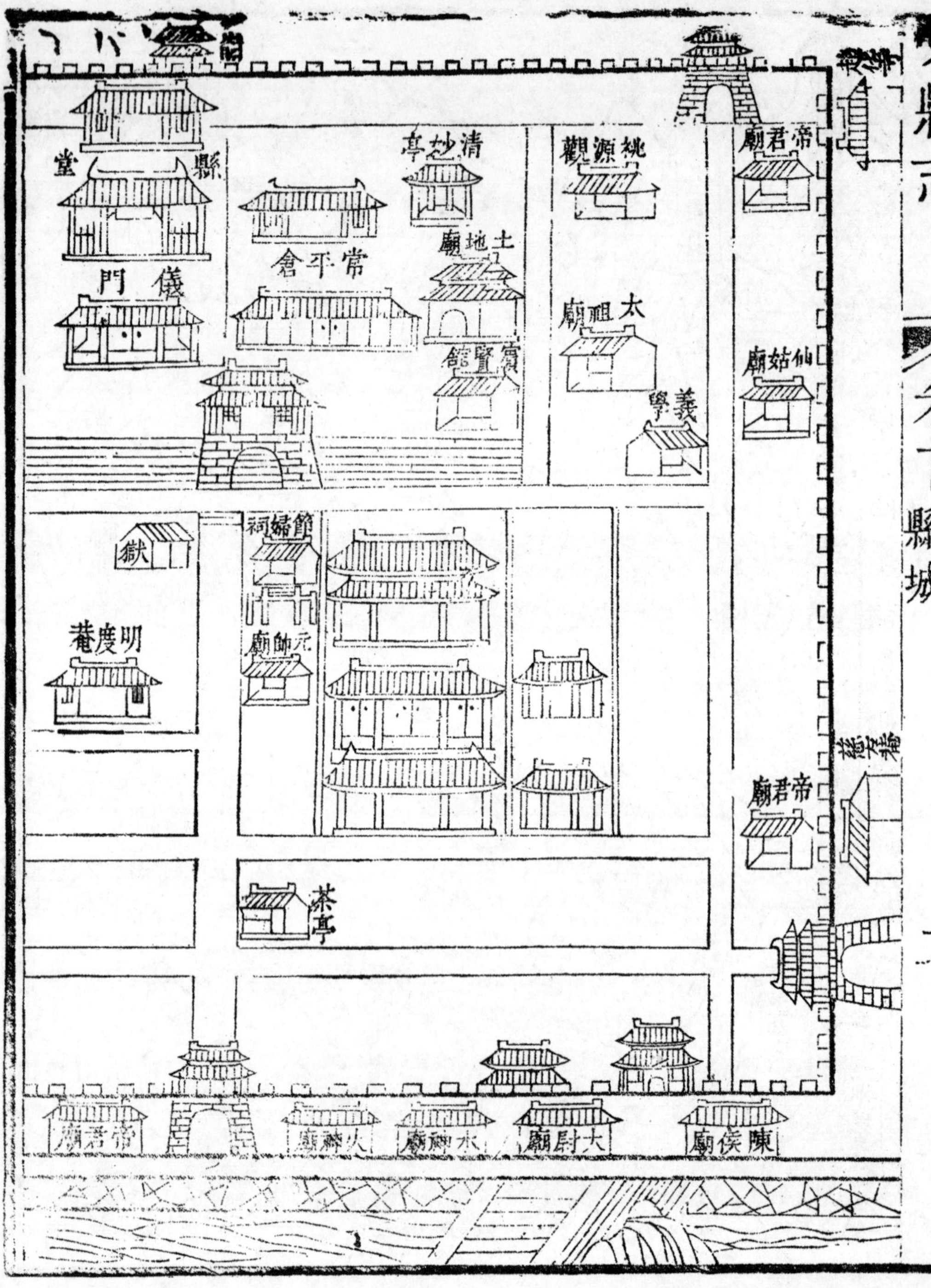
縣城
帝君廟
桃源觀
清妙亭
土地廟
常平倉
縣堂
儀門
太祖廟
仙姑廟
賓賢館
義學
節婦祠
獄
明度庵
元帥廟
帝君廟
茶亭
帝君廟
火神廟
水神廟
大尉廟
陳侯廟

海雲菴
城隍廟
捕衙
惠安寺
關帝廟
寶性寺
倉帝祠
崇聖祠
明倫堂
聖殿
儒學
圓超寺
雙井
魁星閣

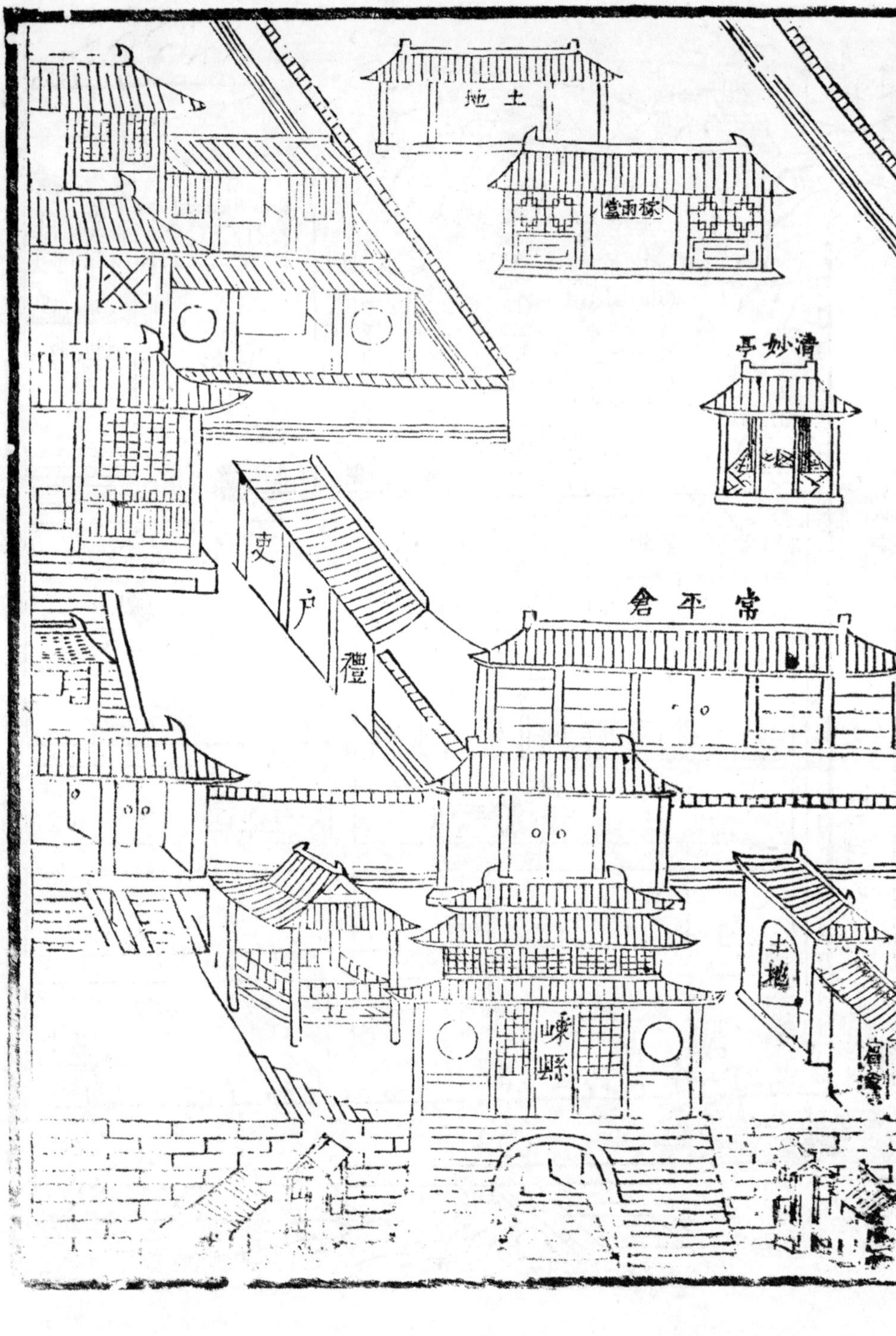
土地
稼雨堂
清妙亭
吏
户
禮
常平倉
土地
嵊縣

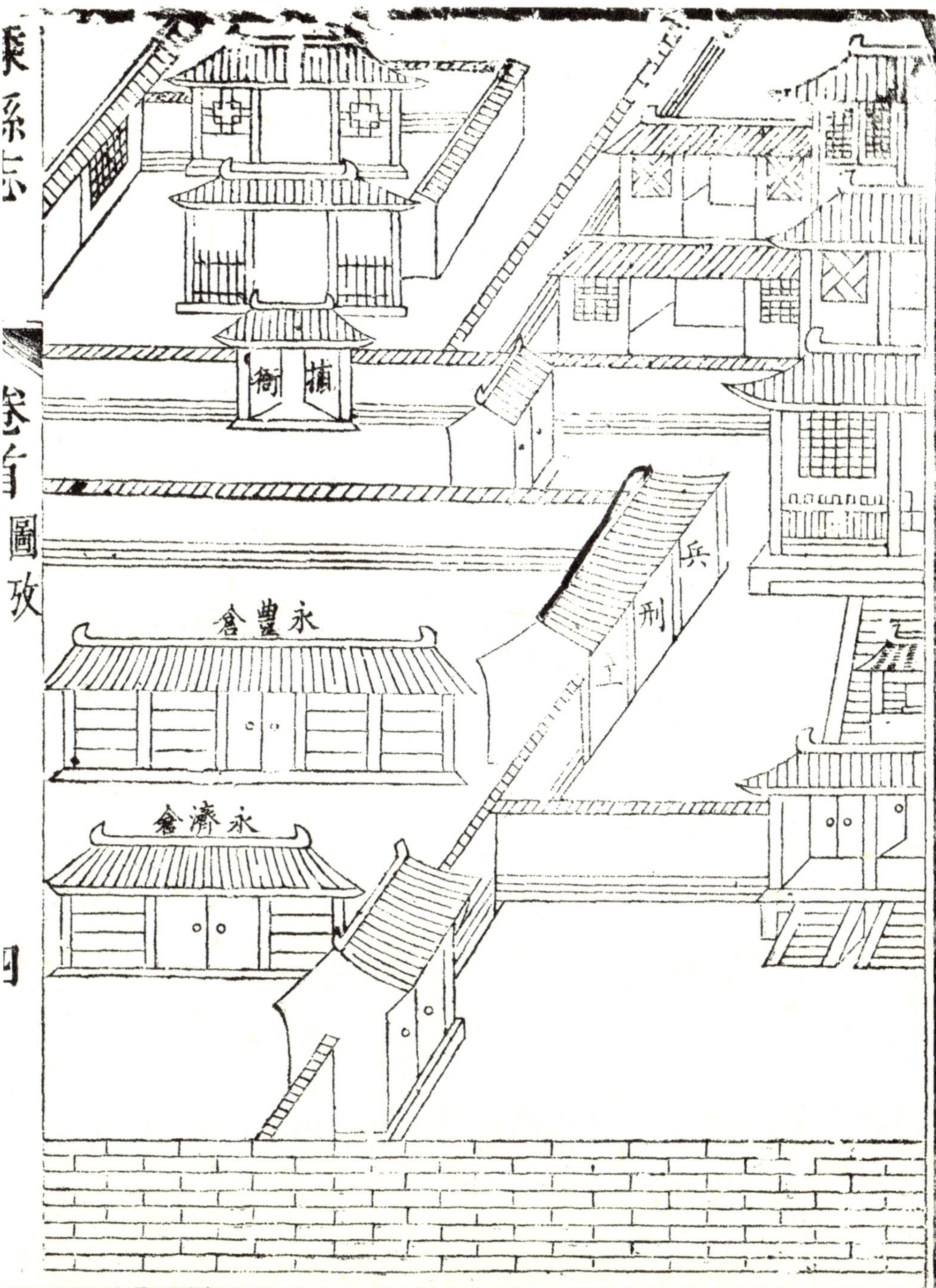
捕衙
永豐倉
永濟倉
兵
刑
工

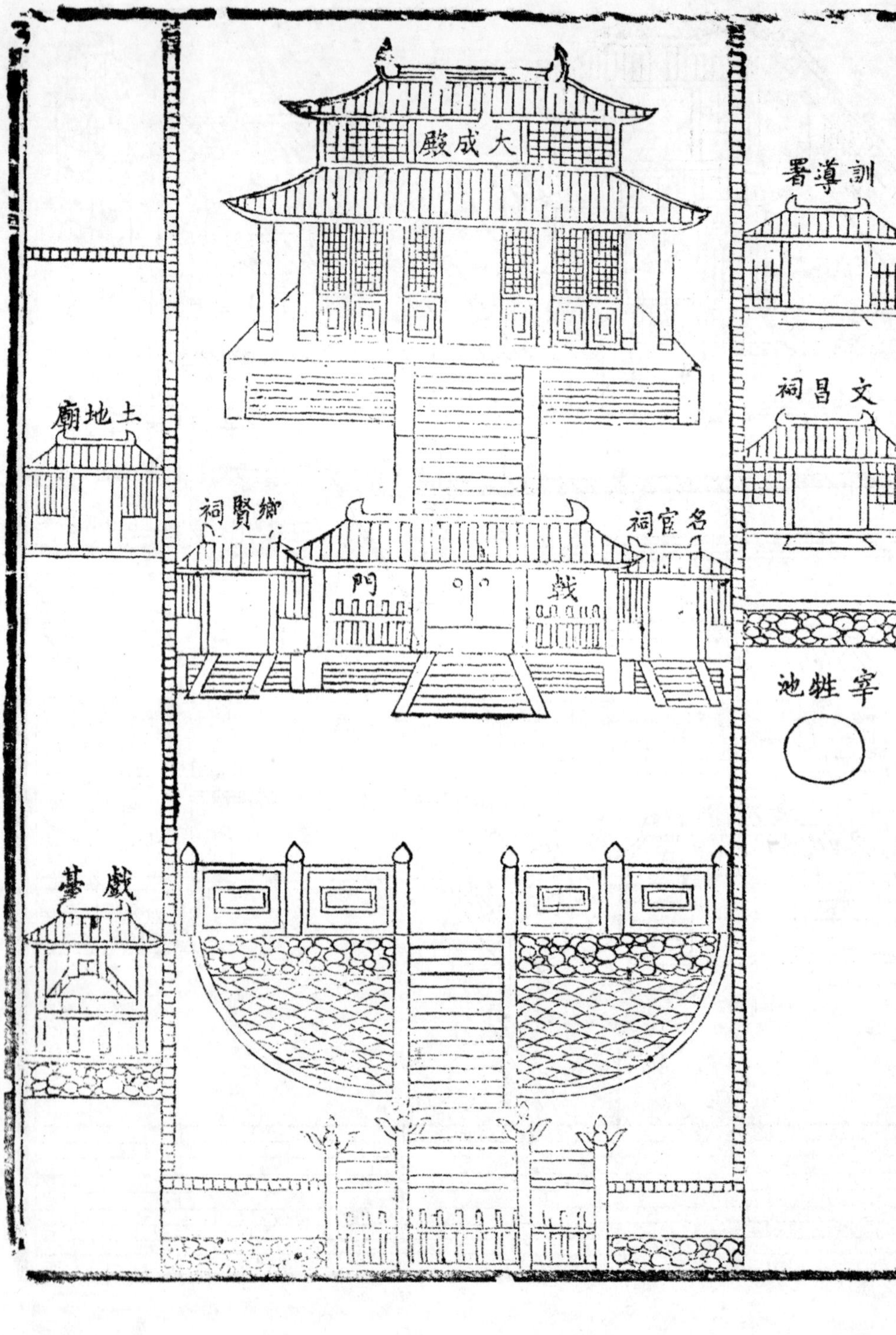

學宮

四

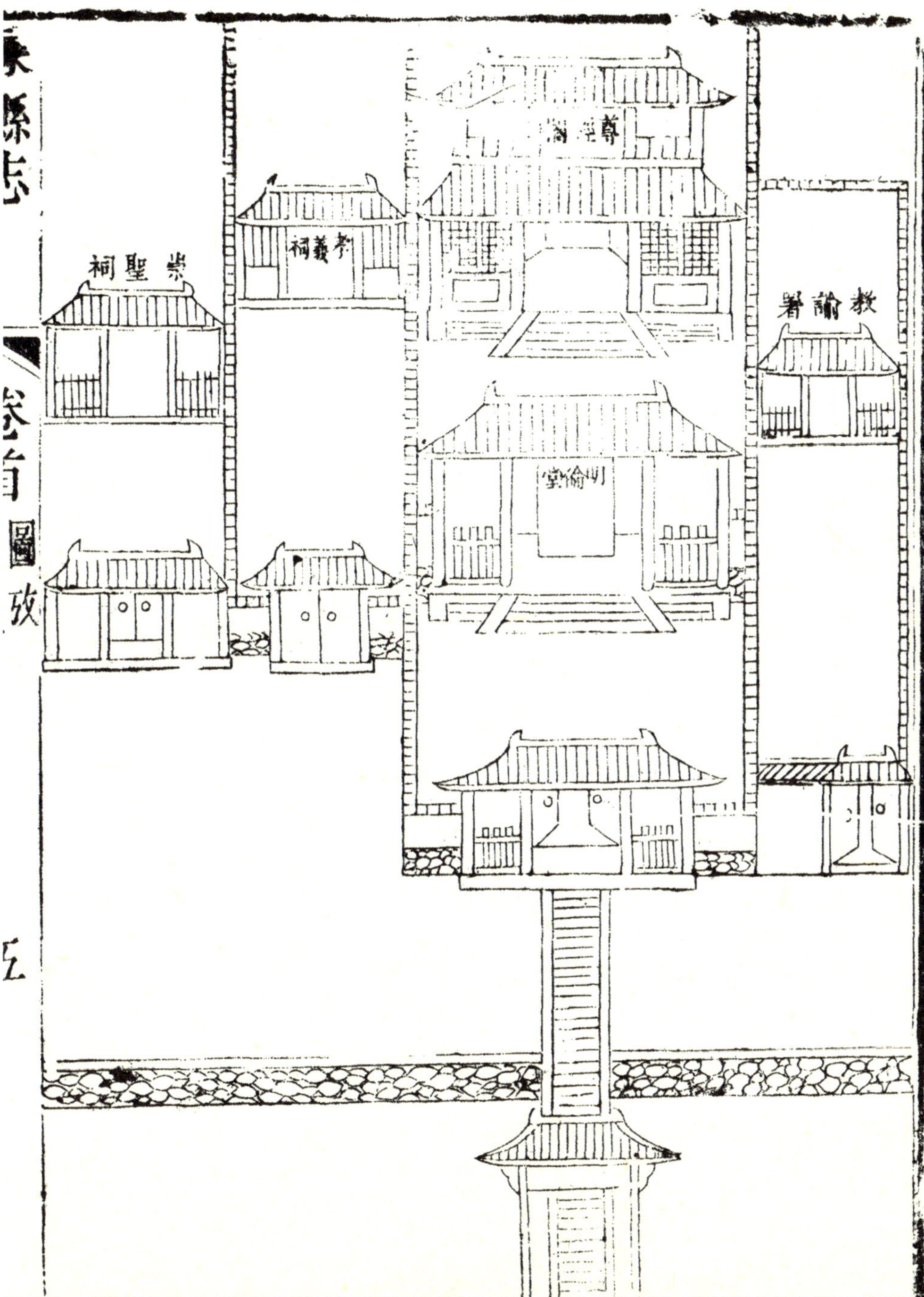
崇聖祠
孝義祠
尊經閣
明倫堂
教諭署

名宦惠獻祠

五

嵊縣志　卷首　仙巖　七

清風嶺

畫圖山

剡山

剡溪

嵊縣志

卷首　竹山

三

卧龍山

金庭山

名[illegible] 鹿苑山

西浦

嵊縣志卷一

地理志

古者設官分職必先辨位正方者欲其察地理稽天時以立民極也嵊邑巖巒流峙田疇錯衍足以瀦洩耕鑿誠進之以厚生正德之道有不比戶可封者乎按籍而求縱橫廣袤瞭如指掌矣志地理

沿革

自封建易而郡縣漢唐來代有更張嵊處偏隅或割或隸名稱亦數易矣然不過酌時之宜以爲損益其分并廢置可考而知焉

縣古名剡唐虞爲揚州地夏少康封庶子無餘於會稽國號於越地在封內商周沿之顯王時越亡籍諸楚時未有剡名秦始皇二十五年王翦滅楚二十六年罷封建置郡縣分天下爲三十六郡以吳越地置會稽郡治吳今蘇州府吳縣領縣二十四剡其一焉漢平帝時新莽改盡忠世祖建武初復舊名順帝永建四年陽羨人周嘉上書以吳越一國周旋一萬一千里山川險絕求得分置遂分浙江以西爲吳郡治吳會稽僑治浙江以東爲會稽郡移治山陰統縣十三剡亦隸焉三國至隋分置不一[illegible]剡隸會稽如故唐高祖武德四年平李子通唐鄭言有平剡錄一

卷 改置郡邑以剡與始寧爲嵊州而以[illegible]縣
八年廢嵊州及剡城仍爲剡縣隸越州梁[illegible]開平二
年吳越王錢鏐析剡東十三鄉置新昌縣[illegible]
石晉 改剡爲贍有贍都鎮宋復舊宣和三年方臘平越
鎮
帥劉述古以剡字有兵火請改之詔改剡縣爲嵊縣郡志
宣[illegible] 童 紹興時隸紹興府元[illegible]
貫議[illegible]
方谷珍據台溫張士誠據[illegible]
年明定越仍隸紹興[illegible]府[illegible]稱奏割會稽
縣[illegible]東[illegible]都舊里[illegible]
[illegible]大[illegible]嵩[illegible]爲望縣元[illegible]上縣

[illegible]縣向稱衝[illegible]六年[illegible]縣李之[illegible]

[illegible]九不歸那[illegible]

分野

[illegible]人特[illegible]合[illegible]人也而[illegible]

之[illegible]皆[illegible]星九州之[illegible]分[illegible]

以[illegible]

尚[illegible]之[illegible]

[illegible]故[illegible]分[illegible]記

唐[illegible]

[illegible]今[illegible]十[illegible]牛主[illegible]

地斗分野今之會稽九江丹陽豫章廬江廣陵六安臨淮郡皆吳分越地牽牛婺女分野禹後帝少康之子封於會稽晉天文志自南斗十二度至須女七度爲星紀周禮保章氏註星紀吳越也於辰在丑吳越之分野屬揚州注云費直起斗十度蔡邕起斗六度隋天文志南斗在雲漢下流當淮海間爲吳分牛去南河浸遠自豫章迄會稽南踰嶺徼爲越分列星度數斗第二星主會稽又女七度主越宋天文志會稽上應天市垣東南第六星張衡云會稽郡入牽牛一度虞翻云會稽上應牽牛之宿當少陽之會明誠意伯劉基清類分野書冠以唐志十二篇其編次紹興曰牽

牛婺女之野嵊縣同之蓋昔之會稽兼吳越地今之紹興隸此八邑疆域不及古十之一嵊又僅居八邑之一其所分度實與府屬同占也

區界

四至八到裴秀所謂分率準望也嵊介兩郡六邑間皆有崇山峻嶺奔流巨湍以爲之接壤度其幅幀儼然有屏藩之國矣

嵊縣東西廣一百七十六里南北袤七十里（紹興府志東西三百七十六里南北一百七十六里）與六邑界東北至郁樹嶺六十里上虞縣界東至陸蹓嶺一百四十里寧波府奉化縣界東南

至大湖山七十里南至湖塍一十五里俱新昌縣界西南至白峯嶺九十里金華府東陽縣界西至勞績嶺一百三十里諸暨縣界西北至孫家嶺七十里北至三界六十五里俱會稽上虞縣界至府治二百里至省城三百二十五里水陸等至京師水行四千六百四十里陸行四千五百四十五里

都里

都里之設保甲寓焉賦役出焉而舉善糾惡樂事勸功咸有專司誠念積里爲都積都爲縣都里之豐耗實縣盛衰所由係也求民之莫者尚其於此加之意

夫

城東隅領坊十五領圖三【坊】字民 清紀 成俗 齊禮 淳化舊名遷善
聯桂舊名通安 益詠舊名進德 嘉會 豐義
醴泉 仁德 桃源 絃歌 棲鸞舊名迎春 訪仙
舊志作訪戴今廢【圖】東一 東二 東三

城西隅領坊十領圖三【坊】秀異 集賢 化龍舊志作化民 繼孝 兆慶
繼錦 科貢舊名妙音以西門周氏改今名 格提 清河 仙桂今廢【圖】西一 西二 西三

方山鄉在縣南五里第一都領圖一領里五領莊十六
【里】全節 永壽 懷仁 通山 麗德舊志作光德【莊】王連市 五里鋪 章村衕 馬鞍
黃塘沿 貼水橋 周塘沿 三板橋 小山沱
廟 嘶埢 上楊 愛湖頭 缸窯山根 曹家 張
家頭
嶴

仁德鄉在縣東三里第二都領圖一領里五領莊十二

里 甘棠 永樂 餘豐 歸仁 金塘 莊 石板頭 黃塘橋 下陳 中渡 下東渡 大塘頭 下任 下楊 千人坑 朱家 笆衕 藕塘 花園地

康樂鄉在縣東十里第三四都領圖一領里五領莊三十二

里 遊謝 宿剡 竹山 康樂 感化 莊 蔣家埠 何家村 下林 㙦頭 王賢宅 艇湖 笁山 山前 朱家塽 吳家樓 下楊柳塘 官塘 柿樹頭 東塘 青 蔣家衕 過洪 葉塽 小溪 沙田 丁家山 鬧木 周家 王广春 紫竹篷 羊角溪 橋石頭 何村 樓坑 八广 大山 水堆頭 塽底

崇信鄉在縣東十五里第五六七都領圖四領里五領莊三十一

里 休祥 甘泉 竹山 懷安 剡中 莊 大屋 珠溪 招村 上林

杜潭　西山　坂坑　李家洋　新建　楊樹坑　俥
口　茹家村　沈家墈　湛頭　東坂　竹家山　唐
巖潭　拖塍　上江　官塘　溪下　[illegible]溪　謝[illegible]
無底井　高俞　湖頭橋　坂田　鐵店　玉山頭
後陳
花田

篴節鄉在縣東二十里第八九十都領圖一領里五領

莊三十三　里　灌濤　昇仙　馴　翟　思善　淦江　莊　東郭　裏蕩頭　外蕩頭　王
明堂　前周　艮村　青石橋裏　下塘　下葉　塘
頭　沙地　後丁　朱湖山　曹家洋　樺樹下　花
園地　山王　柏樹塘　閻家　裏外花鈿　湖頭
後棗園　胡宅　張家　周家　官地　湖頭滸　趙
家　白泥墈　方山　下楊棚
張家田　大塘頭　江家

靈山鄉在縣東三十里第十一二都領圖一領里五領

莊二十一　里　欽義　安　守義　下蘭　崇孝　靖　莊　許宅　麻車　下周　官園

溪頭　白塘　錢家　東山王　横路　大坑　凹[illegible]　坑邊　坑西　苧坑　魚溪　東嵩頭　石蟹　白塘　[illegible]裏　地坂　大漾

金庭鄉在縣東五十里第十三十四都領圖一領里五領莊十二

里　昌化　善政　惟新　永寧　歸德

莊　後山　晉溪　柿樹頭　下任　歡潭　柿樹頭　華堂　巖頭　觀下　上塢　念石　陳公嶺脚

孝嘉鄉在縣東五十里第十五都領圖一領里五領莊十一

里　石鼓　桐柏　安樂　忠節　安義

莊　靈巖　官地　蔡家　櫂樹嶴　山前　高峰　浹下　嶺塘　嶺下　日坑　任塢

忠節鄉在縣東七十五里第十六十七都領圖三領里五領莊三十五

里　三峰　孝嘉　石鼓　忠節　修仁

莊　東林　[illegible]　下　小[illegible]

水口　土塊　松溪　張婆塢　下董塢　堂塢

董家嶺下　門鼓　董塢嶺　大約　小約　下齊

濟渡　馬家塘　北莊　唐田　唐溪　吳家灣

聯溪　石門　皴坑　葛竹　溪西　湖潭　白竹口

俞家坑　盧田　俞大坑

董家广　張家青　東坑

遊謝鄉在縣東北三十里第十八十九二十都領圖五領

里五領莊六十

里　康樂　明登　宿

星瞭頭　吹臺

莊　張塊　鮑

家　盛溪

仁村　石舍　上塘　施家　八俞　烏坑　沙坂

前嶺　胡家塊　上店　董家　社壇　田頭宅

楊家宅　何村　陶村　莊田　金茅灣　[illegible]嶺　山

根溪后　居埠　慈家山　鄭家嶴　大松[illegible]　紫

竹箕　下王　曹家　田里　溪西　裘坂　[illegible]園

南山堂　油車嶺　大灣　碑山　白巖　[illegible]塘

向　強口　广坑　上朱　巖頭　謝嶺　[illegible]　西

鮑　後張　施家弄　禹溪　鳳穴嶺　漩水灣　張

墅　後王　石頭堆　冷飯嶺

山頭等　紡車圻　獅巖坑

靈芝鄉在縣北五十里第二十一二十二都領圖一領里
四領莊三十八里石牀　東節
正筠　化善莊樐樹　棗樹灣
沈家灣　石
山頭　水閣塘　陸村　康坂　官莊　裏外大山
涅溪　嶀大山　方山　謝家　祝嶴　南嶴　大王
箬嶺　唐嶴　王沙　獨山　嶀浦橋　姚墺　老
屋基　陸家溪　李家浦　王敎書嶴　傅家山　胡
村　白沙　疊石　楊家　盛墺　木爪
橋　李墺　鄭家　金村　周嚳　馬嶼

崇仁鄉在縣西北三十里第二十三二十四都領圖二領
里五領莊二十里感化　霞坵　靖
林　歸善　愛敬莊崇仁上
下安田
中安田　箝口　官莊　塘頭　上江　下江　湖下
溪灘　烏石衕　應家巖　秀才灣　下應　長郎
崗　楊仁橋　卞家　石
門　嶺頭山　大婆灣

孝節鄉在縣西二十里第二十五二十六都領圖三領

里五領莊二十九〈里〉新豐　崇化　招安　綏安　方山〈莊〉逵溪　宋家墩
胡村橋　董郎崗　地下菴　沭崗　坭塘　巖下
方田山　王家广　畚箕灣　横崗　仰當灣　龍
舌頭　木馬筊　花田坂　半山　廣利塘下　馬仁
村　新官橋　馬家坑　横墻衕　後岸　趙溪　趙
馬　西山頭　李家
宅　楊家　大洋

永富鄉在縣西北二十五里第二十八二十九都領圖
一領里五領莊十一〈里〉東遴　西清　東闌　餘風　禪房〈莊〉張家宅
前　三畝頭　下相　坑口　張村　淡
山　林家　李家橋　崇仁中　嶺下

富順鄉在縣西北三十五里第三十三三十一三十二都
領圖四領里四領莊三十六〈里〉長敬　新安　溫泉　慈烏〈莊〉富順
錢村　福坑　下相　金貂嶺下　西青　安家
楓田嶺　潭石　相平　山王　黃箭嶺下　九里斜

小夏　護國嶺　下東山　榆樹　榆樹嶺下　白
洋湖　石蒼　砩頭　穀來　城後　馬村　舉坑
下家山　箭潭　雙溪　呂墺　高脚峰下
坂　北墺　小崑　桃嶺　袁家嶺　淸董嶺

崇安鄉在縣西四十里第三十三三十四都領圖三領
里五領莊四十一　里　澄淸　懷善　依賢　化俗　淸安　莊　崇仁下　費院
三溪　王東山　坂頭　水門口　米壺　流沙
山脚下　石山屏　培坑　半程　年家山　鄭塢坑
鐃箭塢　苦竹　下郭　楊坑　上朝　硤石　梅
谿　葛村　徐家培　宣家崗　長坑　焦坑　下王
紫巖　上周　南山　范油車　何家　樓家　溪西
箭坑　蔡墅王　蔡墅丁　下路頭　下相　陸家
定林
寺

羅松鄉在縣西四十里第三十五三十六都領圖二領
里五領莊二十　里　紫巖　雙壁　中川　斷金　豐樂　莊　沈村　石王　白竹

朱村　新塘　方山　羅松　相家亭　黃垷塘
袁家　合典　溪頭　下張　寺根　趙宅　下陳
孔村　陸家
馮家潭　渭沙

剡源鄉在縣西五十五里第三十七都領圖二領里五領莊十五剡錄作剡元今以元爲源　里　尊賢　詹成　中和　光明　崇善　莊　金村
花園崗　半片樓　山口　劉田　劉田嶺　上下
鹿苑寺　下王　周村坂　市西園　苦竹　荷花塘
茶坊　吳家
灣　松明培

太平鄉在縣西七十里第三十八三十九都領圖三領里五領莊三十四　里　碧潭　擇賢　懷仁　建昌　懷信　莊　高墈頭　屋基
石砩　崑溪　黃家宅　下爬山　橫店　石下洋
上南　大崑　下南　前安　石刺嶺　下安　高
地塔　下坑　東園　前宅　橋頭　周莊　胡雙
板宅　果樹坑　張坑　水竹菴　上胡　麻家　安

宇　殿口　下富　渡村
深溪　新屋　錠山

長樂鄉在縣西南七十里第四十四十一都領圖二領
里五領莊二十二里陽明　毘山　昭　仁禮　義　寧安　莊金潭　厚仁　坂
宅前　尤家村　橫山　朱村　菱塘　上居　下
居　杏溪　貴門　下安　白宅墅　後宅　沙圻
呂墺　上塢山　塢巖坑　梓
溪　高沙　長樂　佛前

開元鄉在縣西南六十里第四十二都領圖二領里五
領莊十二里靖居　廻鄉　招　仁　居　居賢　水　魚　莊開元　官塘頭　西金　寺塘
頭　棗園　求家山　西珠　下英山
前王　朱溪　灘　石佛橋　下曹

繼錦鄉在縣西南三十里第四十三都領圖一領里五
領莊二十里馴善　攀轅　鳴　莊方山　上沙地
絃　戴里　遷　界　下沙地　寺

根 後史 王由來 祝村 花橋 丁莊 鄭莊
水路坂 湯圓 樓下 張家 湖前 湖頭 盧芳
羅村 方
口 西英

積善鄉在縣西南五十里第四十四四十五都領圖二
領里五領莊十九〔里〕南巖 雙壁 農 〔莊〕下路西
樂 中川 斷金 上路
西 上史園 下史園 陳家 寺塘頭 西景山
大路 張 王門頭 官嶺腳 塘頭 葉家 上朱
東王 西王 宋家 許
村 東張 黃坭山

桃源鄉在縣西三十里第四十六四十七都領圖四領
里五領莊四十〔里〕永閘 白泉 長 〔莊〕下倪 湖
樂 崇信 安居 頭 王箭
坂 下吳 中高 上高 王郎地 東王 章家墻
衕 宋家 高家 仙人橋 紅市橋 珏芝 官屋
基 求家塘 後愛坂 上莊 下王 上王 上湖
下湖 兩頭門 上屋 黃勝堂 倪家渡 戚家

前王　婁家大墩　后宅閣　梅鑑橋　上楊鴨舍坂　下沈　俞家碑　趙家　新塘　孫村　雅言樓　過村

清化鄉在縣西二十五里第四十八四十九都領圖五領里五領莊二十八〈里〉招賢　懷善　開明　欽賢　集善〈莊〉馬塘　溪邊　楊橋　魏家橋　東湖塘　謝家坂　祝村　西岙　王山頭　下杏村　支鑑路　上下杜山　竺家　朱家凹　范村　招龍橋　杜墓頭　前余　後朱　西金　浦橋　外宅　白泥墩　葉家岬　郭家車　後濡　江田　岻家碑

禮義鄉在縣西南六七十里不等第五十五十一五十二都領圖五領里五領莊四十七〈里〉長安　仙林　平樂　懷忠　新安〈莊〉李家　江下　光明堂　施任　孟愛　西求　金鷄山　坂頭　下張菴　西趙　卜家岬

唐家園 東山 利烏 高田 白巖 葉村 西施巖 嶺根 大坵巖 大溪 漢溪 毛嶺 丁家店 八宿屋 蔣家灣 下頭上 孟坑 寶溪 石岱山 西景屏 溪口 董村 相家嶺 高岸頭 蒼巖 長安 胡喬 棗園 盈山 殿前 田東 上舍 東陳 西陳 楊家屋 柿園

昇平鄉在縣西五里第五十三五十四都領圖四領里五領莊三十三

【里】永霞 靖豐 尚賢 太和 五山 【莊】南田 潭澄 燕巢 橋墅 塘下 上王 上宓家山 和尚山 藤纜樹下 抱寨 上碧 王秀灘 茶坊 巖下 上敷頭 下坳頭 南渡 高家 上墓 笆衕 馬家笆衕 上馬 下馬 江東 嶺頭 杜山 水家橋 白沙地 鵂日引 溪頭 車欄門 高坂 鄔家

德政鄉在縣北五十五里第五十五都領圖三領里四領莊二十六

【里】太欽 泰化 赤石 碧紗 【莊】長橋 升地 寺下 下嶼 大王

景山　陳村　杜家堡　溪灘　三界　金家山　楓
樹嶺　沈塘　朱家　蛟藤樹下　嚴家　任家衕
清水塘　墻衕堂　衕堂山　前巖　大董
溪頭　陳村　前墺　茶園頭　楓樹嶺

東土鄉在縣北六七八十里不等第五十六都領圖三
領里三領莊三十七　里美箭　謝公　迴潭　莊杜家山　張蔣　外崗山
錦溪　瑜宅　前山　東湖寺前　芝烏　孫墺
西斜　長嶺　袁墺　廟主　上王　萬家墺　石碑
橋　廷墺　沈墺　舒村　趙墺　銀沙　黃村　北
塔　嶺後　上村　顯潭　沙　椰樹下　胡村橋　陳家
園　李黃　李家　丁岸　塘里　雙
溪　馬溪　巖潭　溪西　下顯潭

考證　唐十道圖縣各有鄉有里宋熙寧三年行保甲
法始置都領於鄉改里曰保領于都元豐八年
廢都保復置附治地爲坊其郭外仍以鄉統里已又
分府城內爲五廂仍領坊元改廂爲隅縣各置隅鄉
爲都里爲圖嵊舊缺二十七都又有連數都爲一都
者故次都至五十六而實五十一其應役在城者曰

坊長在鄉者曰里長一里之中分爲十戶名十遞年逐年輪流國朝雍正十年李總督衛行順莊滾催法於開征時不拘錢糧多寡照冊內住居挨戶填單每月分定限期發總保交給首戶以次傳知不許差役分發而糧長現年戶首單頭之弊盡除矣

市鎮

觀於市鎮而知嵊邑之樸也凡列肆而居負販而趨者自日用常需外無奇靡淫巧之物以相眩鬻然生齒日繁逐末日多保無居貨待賈爲商民困者則禁僞飾而除詐禁物靡而均市又有權衡劑量之政焉

城市舊在招提坊久廢後遷化龍門內復以火廢康熙九年改建縣前望仙門內以單日爲期而東西北各街

近亦闤闠鱗次貨物蝟集

浦口市在縣東十五里以　日爲期

北莊市在縣東四十五里　三六九日爲期

王澤市在縣東南三十里嵊新界以單日爲期

上碧新市在縣南十五里以四七日爲期

兩頭門市在縣西南三十里以單日爲期

開元市在縣西北五十里以一四七日爲期

太平市在縣西六十里以二五八日爲期

長樂市在縣西南六十里以三六九日爲期

崇仁市在縣西北三十五里以單日爲期

三界市在縣北六十里以二五八日爲期
蔣岸橋市在縣北七十里界聯會稽以三六九日爲期
雙港溪市在縣北八十里以一四日爲期舊有上岡華堂蛟井黄城四市今俱廢
剡鎮在縣東南一百步今遺跡不可考
浦口鎮在縣東十五里宋元有驛明革有市有倉今廢
蛟井鎮在縣西二十里宋宣和四年置今廢
華堂鎮在縣東六十里
兩頭門鎮在縣西南三十里有市有倉
開元鎮在縣西六十里

長樂鎮在縣西七十里

崇仁鎮在縣西承富崇仁兩鄉

三界鎮在縣北五十五里隋始寧治初隸會稽明成化間改隸嵊有城隍廟鐘鼓樓皆始寧遺跡有常平倉便民倉申明亭公館設防守一員兵四十名今併廢

嵊縣志卷一終

嵊縣志　卷一　十三

嵊縣志卷二

地理志二

山川

越中佳山水剡爲最自晋以來高人逸士多溯洄登眺於其間而名益著抑知陰陽之和風雨之會地脉之辨界紀之分英俊之毓皆於是乎繫豈僅僅誇江東名勝已哉

剡山在縣治後介羣山中南當平陸湊羣流而特峙其巔爲星子峯峯上有亭曰星峰亭稍下又屹然一小峯曰白塔岡上有浮屠曰白塔寺宋僧仲皎結廬於此曰

閑閑菴四望數百里溪山宛在目中南下有坑深百餘丈曰剡坑相傳秦始皇東遊使人劚以洩王氣云

鹿胎山在剡山西南二里縣治跨其麓

考證　高似孫剡錄云昔獵士陳惠度射鹿于此鹿孕而傷既産猶以舌舐其子乾而死惠度因棄弓矢投寺爲僧日誦維摩經山因以名鹿死處生草名鹿胎草後僧徒日衆乃拓所居曰法華臺今惠安寺是也舊錄云宋淳熙間先賢朱熹入剡嘗登眺其上書額曰溪山第一山頂有宗傳書院明一統志剡山出二里許爲縣治又西南六十步更名鹿胎山

艇湖山在縣東五里康樂鄉出剡山之左山上有塔山下有子猷橋訪戴亭爲晉王子猷返棹處俗呼並湖山

竹山在縣東十里康樂鄉出艇湖山之左

象駱山在縣西五里昇平鄉出剡山之右形如象駱昂首臨溪而顧縣城下多人家客舍舊爲剡西烏船會宗處

福泉山在縣西十里清化鄉出象駱山右山如展屏峭壁凝丹女蘿蕩碧有觀音巖傳大士曾現形於此明嘉靖間左右崩裂深數丈長亘數里今名拆坑下有虎嘯巖十八巖巖有十八石昂然卓立排列如指一曰聽松石

考證紹興府志以上四山堪輿家謂是縣之輔弼

花山在縣東北三十里遊謝鄉

畫圖山　嵊山多怪石奇松畫圖尤勝從花嶼左出一巘茆可數丈許岑巒峬峭苺蘚斕斑幽松古薜參差相間下臨碧水舟行如織禽鳥和鳴與漁歌樵唱遠近互答唐人云圖山數尺可抹台蕩諸峯明知縣許岳英刻佳山水於崖陰

考證　石倉名勝志云去竹山二十里爲花山怪石奇松宛然圖畫而別無畫圖山郡志亦然是一是二存備參攷

嵊山　在縣東北四十五里遊謝鄉

考證　紹興府志云剡溪之口嵊浦之東凡遊謝鄉之太古會于山南名嵊溪至花山下橫入剡溪而嵊溪以北臨水諸山皆接嵊山水經注所云帶山臨江松嶺森翠者也山下舊有嵊亭梁張嵊所生處十

道志云自剡山至此此溪流湍險商客往來皆用束裝

逍遥山在縣東北五十里靈芝鄉相傳有趙將軍隱此逸其名

車騎山在縣東北六十里遊謝鄉

考證舊經云車騎將軍謝元爲會稽内史于此立樓居止後人因以爲名上有車騎故宅車騎坐石方石地甚光潔水經云樹下有三

箪山在縣東三十里靈芝鄉山勢平如凳箪考證舊經云山有白巖龍祠碧潭淵淵用干霖雨其下衆流趨導湍石迅激浮險四注

白雲山在縣東三十五里簽節鄉

卧龍山在縣東四十里靈芝鄉四山迤而西内有七十

二名勝爲邑進士王心純别業碧洞吞雲瑶泉捲雪怪石磊磊或竦或蹲穿徑而行蔭森杳遠有了真洞睡佛石

清泉山在縣東四十里金庭鄉

羅嚧山在縣東五十里遊謝鄉唐羅隱嘗往來於此

動石山在縣東五十里靈芝鄉山臨溪溪中巨石磊磊天欲雨則石必先動山有深潭以宅靈物

四明山在縣東五十里靈芝鄉高一萬八千丈周二百一十餘里凡二百八十二峰

考證按地記云四明丹山赤水爲第九洞天上有四門通日月星辰之光故名跨姚鄞嵊虞奉五邑

之境若舊志所載東曰驚浪山西曰奔牛隴少南曰芙蓉峯又南曰驅羊峰地宛轉吐出清澗一澗南流入鄞西南曰入囊山北曰走蛇之峭是繞四明而言不盡在嵊邑也又所載三朶峯少南曰芙蓉峯中峯有漢隸深刻四大字曰四明山心上爲賓風岩考〔名勝志〕皆隸餘姚縣又所載賓風岩之右爲石牕四面玲瓏亦名四牕考〔黃宗羲南雷文案〕在大俞村自麓至嶺十里削成石室高五尺深倍之廣如深而六之中界三石分一室而爲四謝康樂山居賦注云方石四面開牕不知其總在一面其謂之牕者凡石穴多在平地故稱之爲洞爲室此獨懸岑半出有似乎牕也據此則四牕不隸嵊邑并四面玲瓏之說亦謬矣

答響

〔石鼓山〕在縣東五十里孝嘉鄉有石如鼓人騎踐之輒

〔考證〕沃洲記云北對四明而金庭石鼓介焉古錄云疊石環瓏頗奇怪中容一二十人可坐上盤旋而出世傳王羲之池中鵞嘗飛至此故又名靈鵞山有鼓石磬石劍石筆石硯石鍋石帽石屏石枕石笏

石下有石鼓道院今廢按石鼓有二一在石鼓山所謂靈鷲石鼓也一在悟空寺側所謂西鄉石鼓也

金庭山在縣東六十里孝嘉鄉

考證 舊經云崇妙洞天金庭福地天台華頂之東門夏侯曾先地志云越有金庭桐柏與四明天台相連屬剡錄云積翠縹緲雲霞所與神仙之宮也山頂有二池可二丈許水赤色勺之潔白靈寶經所云下有丹池赤水也唐先天間敕女道士王妙行詣金庭山投龍即其處浙江通志舊名桐柏山以山上有桐柏合生名唐天寶間改丹池山宋晏殊類要越有桐柏之金庭養真之福地蓋指此真誥云桐柏山高一萬五千丈周圍八百餘里四面視之如一一頭在會稽東海際一頭入海中是金庭不死之鄉在桐柏中方四十里上有黃雲覆之樹則蘇紆珠碧泉則石髓金精其山臺盡五色金也經丹水而行有洞天從中過在剡臨海二縣之境東甌舊志山之西有小香爐峯南有卓劍峯前有五老峯後有放鶴峯東有毛竹洞洞口有竹生毛節覆一節唐裴通記云剡中山水之奇麗金庭洞天爲最其洞即道經所謂丹霞赤

城第二十七洞天也郡志作第六洞天其北門在小香爐峯頂人莫能見晉王羲之家于此有書樓墨池遺跡南齊道士褚伯玉建金庭觀乃其宅嘉泰志云桐柏在天台金庭在剡又以金庭爲桐柏蓋山隴本聯屬爾

覆卮山在縣東七十里遊謝鄉山高十里許北隸上虞南隸嵊縣東連百丈岡西透遮蟬聯至三界而止世傳爲神仙憩飲之所或謂劉宋謝靈運嘗登山飲酒覆卮巖上故名或又云其形似也相傳石峽中刻覆卮二字有人摹得者筆法甚奇中有龍眠石石竅水流不涸時有白雲出没亦名龍窟巓有石平廣可受數十人下瞰江海羣山羅列焉

錦山在縣東七十里忠節鄉狀如錦屏

〔考證〕紹興府舊志云有澗流亘山趾遇石壁折旋西去數十步有石如鎖貫澗中名石鎖傍有石卓立圓淨如米廩自石鎖沿澗下又數十步左右皆坡有石溜澗可三尺許深八尺長可五丈許澗流東入其中至溜口入石井南有小溜井水循而出井東平臥石龜大可三丈許跨溜上昂首南向背折入卦文下空洞可坐十餘人龜尾有大人履跡二龜足有石鼓扣之硿硿有聲有石梁繫下流水溢井溜莫別稍霽則漱石注下泠泠可玩

龜山在縣東七十里忠節鄉兩山皆如龜狀若子母然界乎二水合流之內

二峰山在縣東七十里忠節鄉三峯峭拔鼎峙中有龍池下有清隱寺傍有東林嶺

方山在縣南十里方山鄉高八尺廣二丈許突起田中平正如裁剪而土色又黃一名黃榜山

考證　舊志分方山黃榜山爲二今依紹興府舊志合之又名勝志載黃山一名方山在縣南十里今屬桃源鄉考地理志桃源鄉在縣西三十里其不同又如此

花鈿山在縣南十里筵節鄉有蹲石巖

謝慕山在縣南十里方山鄉即馬鞍山

拱北山在縣南十里昇平鄉俗曰潭遏山縣治學宮所向形勢北拱如拜

姥山在縣南十五里方山鄉林木蓊鬱蒼翠剡之南望也山外析爲新昌境

上壁山在縣南十五里昇平鄉

蒼巖山在縣南二十里禮義鄉石壁奇峭邑人咸采取之歲久成洞洞中積水爲池山下有蒼崖草堂傳俞母石氏課子昂讀書處

中白山在縣南三十里禮義鄉上有龍湫中有飛鶴峰前有書院傳宋進士求移忠讀書處

白巖山在縣南六十里禮義鄉有西施巖俗祀西施於巖下縣北亦有山曰白巖

金鷄山在縣西南十里禮義鄉平野中崛起一壟狀如展扆相傳有金鷄鳴

遁山在縣南四十里禮義鄉有支公嶺旁出一隴曰小遁山下有白雲塢漢車騎將軍求恭棲隱之處

獨秀山在縣南三十里桃源鄉

> 考證十道志云一名穿山又名刻石山碑目云上有衞夫人碑唐寶歷初觀察使元稹使人訪碑不獲又王十朋會稽賦苔封石刻是也上有風洞相傳過風雨輒聞樂聲晉王羲之嘗遊樂於此山頂廣平鸞池塋治在焉鄉人立祠祀之

還望山在縣西南四十五里積善鄉當繼錦開元南鄉之界俗呼遙慕

盧峰山在縣西南六十里長樂鄉峰高出雲山產蘆竹山半有龍井深不可測

上巖山在縣西南長樂鄉明正統間有上巖吟社

亞夫山在縣西南七十里禮義鄉相傳有老農嘗採薪於山遇一老人曰吾亞父也當宅此山明日見巖石間有足跡甚巨於是石與潭並以亞夫名

貴門山在縣西南七十里長樂鄉

考證名勝志云崖嶂下雲崚嶒森錯壁立萬仞一峯尤卓然曰天門嶺佳木老樹陰翳森挺下有仙人洞可受數人石穴有三泉迸出曰三懸潭潭口有石方整名拜龍石明白太守王嘗禱雨禮拜於此舊志云舊名鹿門山宋壽春呂規叔居此朱仲晦過訪爲易今名有卓筆岩即仲晦題貴門時所擲也又有疊書岩石方整層疊如書或指爲仲晦與規叔談道所遺下有普濟龍祠祠外數石類僧踞水崖相對危坐名羅漢石俗呼石和尚

九州山在縣西南八十里長樂鄉山頂望窮千里巖石如疊下有洞虛敞可容坐臥又名疊石巖

仕山在縣西二十五里桃源鄉曠野中崛而獨立俗呼壯山相傳爲姜神顯跡之所祠名洪

秋山在縣西二十五里孝節鄉

東湖山在縣西三十里清化鄉有元張爚藏書樓址

亭山在縣西二十五里崇仁鄉三峯聳秀上有曜文亭

瞻山在縣西四十里永富鄉挺然秀峙下有滌巾澗傳帛道猷滌巾處

石佬山在縣西四十五里崇仁鄉山多楓樹

天竺山在縣西四十里靈芝之鄉有九華峰峰頂有井泉味清美旁有安禪石有破石平破爲兩云按靈芝之鄉在縣東北疑誤

上周山在縣西六十里崇安鄉舊名子周山上有靈巖

太白山在縣西七十里剡源鄉爲縣治西障與東四明山相望

考證名勝志絶高者爲太白次曰小白面東者曰西白面西者曰東白在東陽者曰北白或名太平山又名岑山浙江通志云跨越三邑在嵊曰西白在暨邑曰東白在東陽曰北白剡錄云山極高峻出雲含景雙石對立如闕各高五六丈飛瀑從中流注曰天門石俗稱石笋舊經云魏末趙廣信修煉之所有廣信丹井廣信洞瀑泉怒飛清徹岩谷懸下三十丈稱瀑布嶺頂有仙女盤水旱暵不竭相傳七夕有仙女沐于此舊志云石笋上有天杜峰鋸石岩石方削十餘丈直裂如鋸又有叠石岩石叠起如屋可容數

十人孔曄會稽志云岩際有蜜房採蜜者以葛藤連結然後至南史云褚伯玉嘗隱居東白山立嘯猿亭疏山軒齊高帝勅于西白山立太平館居之旁有二禪師道場齊雲閣浙江通志云山有白猿赤玃有鳥文彩五色山吐綠綬長數尺蓋境異而物自殊也

鹿苑山向名鹿苑嶺在縣西六十里剡源鄉即小白山迤而南上有葛翁祠

考證宋華顗云漏善所集蔚有靈氣者產仙茗名勝志山巔二小石穴泉自穴湧流至山半有石甕二曰仙甕石赤觧丹竈泉復自甕間出名石甕泉流一里許石崖壁立懸瀑十數丈曰瀑布嶺下注石澗瀦爲龍湖對瀑有玉虹亭又有鹿苑上下寺水經注云白鹿山北湖塘上舊有亭吳黃門郎楊哀明居宏訓里太守張景數往造焉使開瀆作埭埭之西作亭亭埭皆以楊爲名孫恩作賊從海來楊亭被燒後復修立厥名猶在

龍恩山在縣西七十里

穀來山在縣西七十里

〔考證〕十道志云舜耕于此天降嘉穀

紫巖山在縣西七十里崇安鄉有仙巖上接雲霄有石洞盤古松前爲獨秀峯有三井龍潭有歇石巖爲沙門

茄蘆伏彪處

葛峴山在縣西北二十里遊謝鄉晉釋竺法崇居之上有孤石

石門山在縣西北二十五里崇仁鄉山有石門洞蘿薜引罩中有石牀石枕前有石礨傍有龍湫上下有沸水

出穴不竭

【考證】晉謝靈運集石門新營所住四面高山迴溪石瀨茂林修竹名山志云石門泝水上入山口兩邊石壁右石岩下臨澗水足盡幽居之勝紹興府舊志云石門在縣北五十里與此不同豈謝靈運隱居別有一石門也不可攷矣縣舊志云縣西北九十里三十三都亦有山名石門兩石峭立如門

五龍山在縣西北四十里承富鄉

【考證】舊錄云重岡複嶺岩壑蟬聯老木虬松青蓊失日水自眞如山其來迢迢或奔或滙爲龍窟者五有晉高僧帛道猷道場岩穴中有大豕五能鼓狂風爲祟道猷以術降之化爲五龍一名烏豬山其南出諸隴爲五百岡相傳五百阿羅漢過此分岡而坐山坡産薇爲異草

眞如山在縣西北五十里與五龍山並産茶就其水烹之味極香美茶葉浮於杯面有晉帛道猷禮拜石石上

有雙膝痕

榆樹山在縣西北九十里上有高脚峰將軍石

金波山在縣北二里山有荷花坪偃公泉宋學士高文虎築樓讀書其間有明心禪寺故又呼明心嶺

甑山在縣北十里傳大禹遺跡俗呼石蒸籠亦名甑石其地有禹妃祠

餘糧山在縣北十五里遊謝鄉一名了山大禹治水功畢委棄餘糧於此化而爲石磊磊如拳碎之內有赤糝名禹餘糧亦曰餘糧石有禹寺在焉

謝巖山在縣北三十里遊謝鄉

考證　舊錄云山興深峭被以蓁箐有巨澗奔激湍湍淵騰映帶左右入于溪下爲三墜嶺其深淵迂裊紺碧一色謝靈運嘗遊于此回顧放彈彈丸落處爲祠今有大石如丸有謝仙君祠在焉

舜皇山在縣北三十五里靈芝鄉大嶀東出一隴山矗嶺複與嶀山頡頏上有舜廟舜井井深無底相傳有金蛇生角今以石覆之啓則水立湧出

大嶀山在縣北四十里靈芝鄉高可干霄

考證　輿地志云自上虞七十里至溪口從溪口溯江上數十里兩岸峭壁勢極險阻乘高瞰下有深林茂竹表裏輝映名爲嶀嵊奔瀨迅湍以至剡也水經注嶀山與嵊山接二山雖曰異縣而峰嶺相連其間傾澗懷烟泉溪引霧吹畦風馨觸岫延賞王元琳謂之神明境又云嶀山路峻狹不得併行行者牽木稍以進不敢俯視西有孤峰特上飛禽罕至常有採藥者沿山見通蹊窮至山頂樹下列十二方石地甚

芳潔後再至路迷不可復覓上有華家岡義之耕酒蕩山蘆栖巒東嶂峰豹窟龍塘白竹黄鳥蚌峰龍角石鷹窠岩箬嶺梁諂亭等勝嵊施而東円小嶀山叠石巑岏虬松偃蹇竹林蘿綫曳紫搖青下爲剡曰水深而清曰嶀浦溪漾銀沙潭凝岩木霧晴霞明奇麗殊絶謝靈運嘗釣于此錢鏐舟至山下嘆賞其異駐舟賦詩留連不能去有顯應神廟普濟茶菴跨木有洞紛舊志龍角石傳爲神龍所蜕年久成石天欲雨則雲從石起

燕尾峰在明覺寺後

獅子巖在蒼巖山南半里許巖踞溪滸狀類獅頭尾四足皆具天成非椎鑿也而西北一石獅抱毬回顧有情勢如牝牡又西北天竺山石門山並有之

片雲巖在逵溪舊名滴水巖傳晉戴逵別業遺址旁有

巖石高丈許側立狀側掌痕迸裂如砌

百丈巖在縣西五十里有飛瀑瀉落下瀦爲潭巖壁常産銀蘭幽勝殊絶

聖巖在縣北二十五里高百餘丈上可步下可避風雨

仙巖在縣北三十里有馬蹄跡傳秦始皇東遊時馬足所踐

桂巖在二十四都崇仁鄉

梯雲巖在明倫堂前舊名桂嶺明永樂間教諭黃份易今名　國朝康熙十三年訓導謝三錫捐資砌石埠

剡嶺在縣東五里仁德鄉明金之聲廬其下

過港嶺在縣東十五里康樂鄉明盧鳴玉曰水從天落崖與阜平見遠天一隙直從石罅中入耳

花鈿嶺在縣東二十里仁德鄉

擔架嶺在縣東四十里遊謝鄉

童家嶺在縣東五十里遊謝鄉

東林嶺在縣東七十里忠節鄉壁立數百丈人用懸度

九雷嶺在縣東七十里孝嘉鄉

黃傘嶺在縣東七十里孝嘉鄉

陳公嶺在縣東七十里孝嘉鄉舊名城固嶺宋知縣明州陳著有惠政及代去民攀輿泣留祖帳夾道送之嶺

上因易今名嶺陡難下明宣德間鄉民王斯浩出資砌石二十餘里往來者德之
愛坑嶺在縣東九十里
陸照嶺在縣東一百四十里奉化縣界
郁樹嶺在縣東北六十里上虞縣界
潞田嶺在縣西三里昇平鄉
峨嶠嶺在縣西十里昇平鄉
太師嶺在縣西三十里永富鄉宋太師姚舜明遺跡
布穀嶺在縣西五十里富順鄉
葑田嶺在縣西五十里富順鄉

重沓嶺在縣西五十里崇安鄉

榆樹嶺在縣西六十里富順鄉

黄茆嶺在縣西七十里富順鄉

楊家嶺在縣西七十里兩岸峭立如門有石檻石棋枰

大崑嶺在縣西八十里太平鄉高數百丈山峽險逼下爲絶壑路窄處不容足斫木爲棧無異蜀道

細嶺在縣西八十里蘿松鄉

裹柏嶺在縣西八十里太平鄉

蟠塢嶺在縣西九十里富順鄉

白峰嶺在縣西九十里太平鄉東陽縣界郡志本作巖

袁家嶺在縣西一百里富順鄉

勞績嶺在縣西一百三十里富順鄉諸暨縣界

沸水嶺在縣西北二十五里孝節鄉

九曲嶺在縣西北五十里東土鄉

溜頭嶺在縣西北五十里東土鄉

孫家嶺在縣西北五十里東土鄉

剡坑嶺在縣北二里仁德鄉剡山之南

明心嶺在縣北二里明心寺右爲省郡孔道山徑崎嶇每當雨雪則泥濘不可上行者苦之邑人尹如環捐貲砌石遂爲坦道

三瑞嶺在縣北二十五里遊謝鄉嶺前深淵紆臯紺碧一色舊名三墜有嶺坍塌知縣陳昌期更闢之改今名

翁嶺在縣北三十五里遊謝鄉

清風嶺在縣北四十里靈芝鄉舊多楓樹名青楓嶺巖石峻嶮下瞰深淵波溜迅急宋臨海王貞婦爲元兵所掠至嶺嚙指出血題詩巖上投崖死遂名清風歷今數百載每陰風淒雨時遙望巖上血光猶隱隱不滅云

上館嶺在縣北五十里靈芝鄉會稽縣界

蒲棚嶺在縣西南五十里積善鄉舊志云明初嶺没入官向屬里民樵采有王咬儕佃葬祖墳爭爲祖蔭周漢

明訟於府斷以嶺之水碓山歸王黃泥嶴狗叫塘裏外金竹嶴等仍聽民樵採批縣入志云

白雲洞在縣東七十里與金庭山相近

〔考證〕紹興府志云風月之夕山中有聞吹笙者相傳本王子晉仙去後主治天台華頂號白雲先生往往來金庭之間今山下建白雲寺肖立白雲遺像天元陽敵往禱洞口雲橫雨即霖霈舊縣志云洞有棋枰石又縣西陽家嶺縣北大嶴山並有白雲洞

穿山洞在獨秀山

〔考證〕地志云洞口幽窄人可俯而入一丈許虛敞可受百餘人硃巖窮覆上下一色時有幽香襲人取炬窺之邃深無際十道志謂獨秀為穿山故名一名歷階而下見泉穴積水莫測其底側有石門半裂

桃源洞以洞在桃源鄉也

趙公阜在縣北三十里遊謝鄉

〔考證〕舊錄晉懷帝永嘉二年石勒亂太常樂工趙其與其徒二十四人避地於此故名或云一十八人

思國坪在縣東三十里

紫芝塢在明覺寺

釣臺石在黃覺寺前相傳葛仙翁嘗得魚化龍去石上有釣車痕路入石磴甚奇險

棋枰石在白雲洞又縣西陽冢嶺縣北大嶀山並有之

鎦公石在黃沙潭石當潭渚中方整高潤盈丈許以山陰鎦績常飲酒坐釣其上名

龍角石在大崿山傳爲神龍所蛻年久成石天欲雨則雲從石起

剡溪在縣南一百五十步迤而東且北下三界與曹娥江接凡六十餘里

考證 白易居沃洲記云東南山水越爲首剡爲面夏雷註以爲山水秀麗皆生於剡猶人之秀麗皆發於面也舊經云潭瑩鏡徹清流瀉注惟剡有之剡錄云剡以溪有名清川北注遠與江接合山流爲溪如顧凱之所謂萬壑爭流四面成溪者其源有四一自東陽之玉山折而北合太白山水至北注與青陽岡五龍山諸派合流經邑治南入於溪一自台婺界道新昌之彩烟下長潭東注上碧入於溪一自天台山北流會新昌溪至拱北山西與上碧溪合而東注入于溪一自奉化界道新昌之柘瀍與四明山泉瑩合注於清石橋繞黃澤折而東出浦口入于溪或奔或漲淺而爲灘瀨深而爲淵潭驟急而爲湍瀾曲折

迂迴凡五十里餘越嶀嵊二山之峽巨石突踞水上若將禦之過嶀浦而後達于江巖巒奇聳下爲潛鱗之窟江潮自此返其過峽處東嵊山西清風嶺相向壁立甚近而嶀山自西來若護若遮舟行距二三里外望之恍不知水從何出傳云此爲一山禹鑿而開之以決水邑舊志所謂絕壁東流是也剡之水得南而易于漲涝者以此然水口氣聚所以壯縣也自晉王猷訪戴而溪名乃顯故一時名流爲山水勝遊者必入剡有愛而移家者有未及遊而憶之者或稱剡江剡川剡汀或稱嵊水或稱戴灣戴家溪戴逵灘唐開元間賀知章乞爲道士詔賜鑑湖剡川一曲○宋樓鑰云一自天台山北流會于新昌入于溪一自東陽之玉山東流會于縣城南門入于溪一自奉化由沙溪西南轉北至杜潭出浦口入于溪一自寧海歷三坑四繞爲三十六渡與杜潭合入于溪者誤

棠溪在縣東十里崇信鄉流入浦口

浦口溪在縣東十里崇信鄉

黃澤溪在縣東三十里筮節鄉水一由新江之柘灘一由四明之晉溪合而西注清石港下東郭北流至滬口入江

漁溪在縣東三十里靈芝鄉爲四明小澗併流黃澤溪

嵊溪在縣東三十里游謝鄉水一出四明鄉梅坑歷小溪闊水入迯石溪一出覆巵山烏坑經石舍至將軍潭會迯石溪西注折入江一曰黃石渡

晉溪在縣東五十里晉王右軍所經歷處

平溪在縣東六十里孝嘉鄉水出金庭鄉折入下任埠合東林羣壑西注晉溪

晦溪在縣東九十里忠節鄉宋時里有畢崇道與朱元晦交嘗過訪之因名

新昌溪在縣南十里方山鄉水出天台經新昌入潭過港繞拱北山會上碧溪入剡溪水味較他處獨勝

上碧溪在縣西南二十里昇平鄉

寶溪在縣西南三十里禮義鄉水自台婺發源歷彩烟山下滙長潭經蒼巖入碧溪

江田溪在縣西十五里清化鄉合高古後潘二溪入剡江

後潘溪在縣西二十里清化鄉水出廣利湖下會石門

天竺二流逵福泉山麓至後潘入江田溪
逵溪在縣西二十里廣利湖水注流折環峨嶠山麓晉戴安道所居故名
高古溪在縣西二十五里清化鄉水出五龍潭經瞻山南且東折流入江田溪
西漁溪在縣西三十里桃源鄉滙蘿松溪會逵姥東派合流注入南溪
戴溪在縣西三十里桃源鄉湖溪入有戴逵故宅
蘿松溪在縣西四十五里蘿松鄉
剡源溪在縣西五十里剡源鄉水自暨陽界出鄮田東

注入西漁溪曰剡源者剡山所自來也

三溪在縣西五十五里崇安鄉水出暨陽界仙家岡衆壑奔湊滙梅溪後溪費院溪三水而東且南注入蘿松溪故曰三溪

珠溪在縣西六十里開元鄉爲剡溪上流

打石溪在縣西六十里富順鄉水發諸暨經仙家岡併流費院

西溪在縣西六十五里長樂鄉水出東陽界裹柏經黄沙潭出深溪之右北注入珠溪

昆溪在縣西六十五里太平鄉水出東陽玉山滙爲上

湖下湖居深溪之左南注入珠溪

深溪在縣西七十里太平鄉水自東陽界白峯經太白山麓入珠溪

雙溪在縣西七十里富順鄉一自青桐嶺逾北嶨一自桃源嶺逾呂嶨會流入西溪滙瓦窰潭入剡

梅溪在縣西八十里崇安鄉

了溪在縣北二十五里遊謝鄉一名嵩溪舊經云禹鑿了溪入方宅土

迴溪在縣北五十里靈芝鄉水出石門繚環大嵊山之陰會嵊浦

長橋溪在縣北六十里德政鄉水自龍巖山經蔣岸會前巖溪歷范洋折入大江

前巖溪在縣北六十里德政鄉水發自饒蔕蔀墩諸原環迴村落會長橋溪入大江

長橋溪在縣北八十里自會稽改隸延袤十里許達於江昔年爲林樾土石所淤居民鄭鐔捐貲疏之自是舟楫可通而沿溪之田因爲砩磧引流入漑歲旱不害苗其田價倍於昔矣此見郡志與邑舊志所載長橋溪異姑兩存之

朱公河在縣東北三里本名新河舊時剡溪由西而北環城岀艇湖後水暴漲溪南徙不循故道明隆慶六年

知縣朱一栢鳩工自東門外引河流迤北入古溪兩岸築以石隄邑人立石題曰朱公河然盈涸靡常萬歷四年夏知縣譚禮議濬治既祀告而以覲行署縣事教諭王天和縣丞林濟卿主簿鄭輅協力治之尋淤萬歷七年提學副使喬因阜檄縣挑濬復淤　國朝康熙五十九年知縣宋敳倡捐銀八百兩重濬今仍淤

艇湖在縣東五里仁德鄉晉王子猷返棹處舊曰並湖

愛湖在縣西南七里方山鄉

麗湖在縣西南十五里禮義禮

東湖在縣西三十里清化鄉廣五十餘畝遍蒔荷蕖夏

時紅白繽紛香聞十里

西湖在縣西四十里清化鄉廣八十餘畝今淤爲田輸課入公而民無水利矣

廣利湖在縣西北二十里孝節鄉俗名廣利塘環界三山築壩爲湖周一百五十餘畝四岸蒲栁叢生秋時水天一色鴈鶩滿渚不減彭澤鴈巖也

羅洋湖在縣北五十五都三界約廣百畝

嵊浦在縣北四十五里靈芝鄉與石關干相連蓋溪山奇絶之地

考證水經註云成功嶠以北有嵊浦浦水東流入溪兩岸峭立勢極險阻潭深千尺蛟龍宅焉爲剡

流水口江澗至此而返其下有王翁信舊居按成功嶠者僞傳謝元破苻堅歸會稽縣人榮之因磨石大書成功嶠三字深刻嶠山之上云

剡坑在剡山下剡錄云秦始皇所鑿濤湍瀉瀉行竹樹陰坑左右多果卉傍坑一潭穴泖泖可勺菴僧汲以濟雲水水味甘美每値大供必自停汲一日易水滿注爲異

過港坑在縣東十五里康樂鄉兩崖壁立一水縈流崖陰鐫高山流水四字

烏坑在縣東六十里遊謝鄉

强口坑在縣北二十五里遊謝鄉晉王謝諸人冬日至

此見水石清妙徘徊不能去曰雖寒猶當強飲一口故
名今其地出布名強口布
獅巖坑在縣北三十里遊謝鄉
福勝潭在福泉山巖石磊磊潭在石罅中深不可測潭
口兩石對峙名龍門石
元仲潭在縣東十里仁德鄉
杜潭在縣東二十里崇信鄉
簞山潭在簞山碧潭淵深湍石迅激衆流四注禱雨屢
應高似孫泉品第四
動石潭在動石山高似孫泉品第七

白龍潭在四明山潭水下注成飛瀑數百丈下復注爲潭幽險莫測又有觀音潭三角潭
石將軍潭在縣東五十里遊謝鄉潭深澄澈中有石突立如勇士
雪潭在上乘禪寺側高似孫泉品第十三
太湖潭在太湖山頂古稱赤水丹池深可二三丈水赤色勺之則清潔神龍居焉禱者有應
石井潭在錦山澗丈餘圓潔如琢磨成澄澈無底傳爲龍窟昔有人以物投井者後自海畔人家見之因謂與海通稱爲海眼今居人水旱祈焉

三峰潭在三峯山

白蓮龍潭在明覺寺後

亞父潭在亞父山高似孫泉品第十二

三懸潭在貴門山四山石壁如劚丹翠萬狀山半泉湧如噴三派瀦焉上兩潭中有石磅相界下滙一大潭潭口有石曰拜龍石外有海眼大小三所圓深莫測謂與海通爲神龍所出没絶壁虚敞如另闢天地亭中怪石魂磊奇幻足稱幽勝第一寒氣逼人六月如秋高似孫泉品第八

白雪潭在二十五都道場巖後山

百丈潭在百丈巖下山陰張岱云爲豐院水口萬道飛流至此出谷地多怪石齰齶如鋸齒湍沸盤礴嚙齕其間聲氣嘍嘈至山口奔放一瀉百輛雷輥潮趨東坡云項羽擊章邯差足擬之

下鹿苑潭在縣西鹿苑寺西嘉泰志云頃歲旱投簡潭内劃然有聲俄頃水盡黑雹自潭發雨驟至如響詳鹿苑山

靈巖潭在上周山

紫巖潭在紫巖山一名三井龍潭高似孫泉品第九

響巖潭在細嶺定林寺北雨下則巖響高似孫泉品第六

石門潭在石門山高似孫泉品第五

五龍潭在五龍山山絶危峻凡五潭高似孫泉品第三

稟潭即五龍潭之一一名浮收高似孫泉品第十

謝巖潭在謝巖山高似孫泉品第十七

醴泉在東隅有醴泉坊

孔氏泉在學宫後

竹山大井泉在竹山高似孫泉品第十六

福泉在福泉山泉穴甘洌天暵不竭

高山泉在寶積寺側

芙蓉泉在四明山泉出芙蓉峰巖石間冬夏淙淙味最

甘洌

洗卮泉在覆巵山泉穴甘洌泉口石坪方廣有仙人膝跡或傳爲謝康樂醉而振衣洗卮其上

白鹿泉在明覺寺

明覺寺泉在明覺寺高似孫泉品第十五

蛟井泉在獨秀山下

龍井泉在廬峰山

文公泉在貴門山以朱朱文公熹嘗過其地得名

八池泉在顯淨寺池小淸美

滌巾澗泉在瞻山下爲晉帛道猷滌巾處水痕如斁狀

瀑布泉在鹿苑山瀑布怒飛清被巖谷高似孫泉品第二

石甕泉在小白山為葛洪遺跡

葛洪丹井泉在太白山味如霜雪下通于澇上有石甃之高似孫泉品第一

趙廣信丹井泉在太白山之陽水冽於冰味甚清美四時不竭

沸泉在石門山山麓一坑紺碧周五尺許水如湯沸發下滾起四時不竭

清風泉在清風嶺下卽剡江也潭澄一碧水味甘美

獅巖泉在天竺山高似孫泉品第十八

偃公泉在金波山僧偃公施飲處高似孫泉品第十三

乳巖泉卓杖泉俱在大嵊山

龍宮泉在龍藏寺有巨井高似孫泉品第十四

放生池有四一在過越門外里許今無考　國朝邑進士尹巽於長春書院後即巳塘爲池一在東白門外邑司空周汝登立即溪爲池禁止釣罟池上有觀生閣閣後有放生菴明末廢　國朝康熙七年知縣張逢歡邑進士尹巽重建延僧明道居之一在鹿台門外張棟二侯祠前邑進士尹巽及邑人杜瑞宋龍等請官立亦即

溪爲池其禁止釣罟一以周池爲法一在四十三都普惠寺東名寺塘

二折水在縣西三十里涌沙迴旋繞居民屋舍皆有樓屢興屢廢蓋水勢悍急所搏射也見郡志

故港在縣東北三十里遊謝鄉自港以東爲康樂鄉港東即四明山東嶼山港旁有高冢曰小相公墓見郡志

形勝

周官列形方易象言地勢則山林川澤之迪當周知也嵊邑接江湖而控金台溪山流峙與爲屏蔽誠奥區哉而善圖治者正不全恃此天設之險焉

縣治居剡山之麓治東五里爲艇湖山又五里爲竹山治西五里爲象駱山又五里爲福泉山五里發脉自嶀一起一伏迤邐數十里分爲五支其勢南奔俱及剡涯而止俗呼五馬據泉以剡山處中而四山分列左右抱顧有情爲嵊城輔弼况東屹四明西巍太白南聳天姥北峙大嶀實爲四塞長江一帶巨塹天成雖邇三郡界六邑其六然白峰勞績上舘諸嶺行不得併渡必須緣惟自虞至新爲孔道而清風峻隘三溪阻深亦未易梯航也善撫其民而用之麗越之首壯台之門豈非雄邑哉

〔考證〕王十朋會稽賦曰嵊山巍東嶀山賦曰勢拔江湖岐分台越〔高似孫剡錄〕曰絕壁東流南新志口秀蘊剡溪風流嶀嶺金庭縹緲石鼓連綿〔周汝登〕日下嶠穿雲百川灌雪皆力寫嵊之形勝矣

古蹟

剡山本甲於越地靈之所鍾名賢之所萃其流風餘韻有不可泯滅者蓋不惟其蹟惟其人然舍蹟又曷以驗古也過墟而憑弔覽物而遐思遙遙千古若或遇之矣

宅王右軍宅在金庭山金庭觀之西北羲之既去官與東上八士盡山水之遊弋釣爲娛

〔考證〕〔嘉泰志〕按閣帖中宅園帖云近令送此宅圖云可得卌畝爾者爲佳可與水近共行視佳者決

便當取問其價似卽此宅蓋在郡日遣人覘者設在戢山則無須圖矣卌者四十字省也後捨讀書樓爲觀觀之東廡有右軍像及墨池鵞沼在焉古志亦謂其子孫世居金庭之側

戴安道宅在剡源鄉有戴溪後徙桃源鄉鄉有戴村村多戴姓者又節孝鄉逵溪云安道別業也

考證 世說郄超每聞欲高尚隱退者輒爲辦百萬資并爲造立居宇在剡爲逵起宅甚精整逵始往與所親書曰近至剡如入官舍

許元度宅在孝嘉鄉晉許詢愛剡山水自蕭山徙居此

謝車騎宅晉車騎謝元宅

考證 按水經註浦陽江自嶀山東北逕太康湖車騎將軍謝元田居所在右濱長江左傍連山平陵修通澄湖遠鏡于江曲起樓樓林悉以桐梓森聳可愛居人號爲桐亭樓樓兩面臨江盡升眺之趣蘆人

漁子汎濫滿焉湖中築路東出趣山路甚平直山中有三精舍高甍凌雲飛簷帶空俯眺平烟杳然在下水陸寧晏足爲避地之鄉郡志列入上虞十道志曹娥江始名浦陽則車騎之宅明屬上虞矣周志十謝

賢下註謝元居始寧屬上虞而猶系嵊

姑從舊志今仍之亦疑以傳疑而已

張忠貞宅在桃源鄉忠貞公嵊世居珏芝之里其裔孫文彬徙居秀異坊

姚太師宅在永富鄉宋太師開國男姚舜明遺址

杜御史宅在西隅明御史杜民表所居民表忠孝廉節風儀百世過其盧者輒多憑弔去

周侍郎宅在西隅明侍郎周汝登所居四方問道者多造焉

喻尚書宅在西隅明尚書喻安性所居安性謝職家居

二十餘年杜門謝客不以片牘干有司世爭重之

居阮肇故居在縣南五里今爲廟

謝靈運山居在石門山

考證北海馮惟訥曰靈運幽居之志猶以山南石壁爲未深故又卜北新營所住四面高山迴谿石瀨多茂林修竹按當時以嶀山爲嶀山東山爲北山也又過港有康樂鄉亦靈運遺跡

阮光禄居本傳阮裕居會稽剡山志存肥遯

朱放山居在剡溪

王緒舊居唐王緒居剡一曰王公别業

袁稠故居一曰家林

吳處士故居溪輿

王翁信舊居在嵊浦

獨孤處士山居

王編修舊居在靈芝鄉宋編修王銍居

李給事山居在貴門里宋給事李易隱居於此

許汝霖山居

堂增勝堂在惠安寺後宋時建

俯山堂在圓超寺側宋時僧法濟建

高山堂在寶積寺後宋時僧擇璘建

接山堂在上鹿苑寺後宋時建

玉峯堂在金波山明心寺東宋慶元中翰林學士高文

虎建

愛蘐堂在西隅明孝子俞祿孫

愛日堂在孝嘉鄉明南安訓導王鈍乞終養歸建

序倫堂在孝嘉鄉明處士王文髙建又迎渾瑞蓮二堂

留耕堂在剡源鄉明處士錢時寧建

世寶堂在永富鄉明郡庠裘尚絅字允奇建以藏經史

歸咏堂在卧龍山明進士王心純建

樓

讀書樓在金庭山晉右軍王羲之遺跡

釃雪樓在東巘門外舊訪戴驛之南宋嘉定八年知縣

史安之建下俯溪流前對叠嶂樓之下扁曰剡川一曲

半仙樓在望仙門外

藏書樓在東湖山元處士張爚建

花光水色樓在金庭山香爐峯之麓明宣德乙卯重建

閣潺湲閣在金庭山晉王羲之建清流激湍映帶左右

倚吟閣在金波山宋僧仲皎建一名閑閑菴

考證高似孫剡錄閑閑菴在星子峯下明夏雷修志改作金波山今從之

隱天閣在下鹿苑寺後宋時建

歸鴻閣在金波山宋治平三年建

冲霄閣在東門外

棲雲閣在惠安寺側明景泰間僧巨源建

勅書閣在孝嘉鄉明司訓王鈍建

凌虛閣在浦橋明崇徵間史氏建高三層

亭埭西亭在白鹿山北湖塘上

考證水經注吳黃門郎楊京明居嵊宏訓里太守張景數往造焉使開瀆作埭埭之西作亭亭埭皆以楊爲名孫恩作賊從海來楊亭被燒後復修立厥名猶在今不可考矣

嵊亭在嵊山梁張忠貞嵊生此

星峰亭在星子峯上一望四山昂然獨聳每逢重九邦人士多眺其上古有亭廢明萬歷元年知縣朱一柏建

梁詔亭在大嵴山舊傳梁武帝微時經嵴家娘爲婚後禪齊稱帝發詔徵之一名皇書亭

麗句亭唐秦系居在剡中里

考證舊志載麗句亭在秦君里誤秦君里隷蕭山縣戴叔倫贈詩曰北人歸欲盡猶自住蕭山閉戶不曾出詩名滿世間是也嘉泰志天寶間會亂系避地剡川居剡中里今亦不可考

戴溪亭在望仙門外宋知縣姜仲開建佳水清濡芋林古渡蔚茂平遠盡入臨眺尚書芮輝持節登此更名興盡今復故

挾溪亭在剡山圓超寺頂盡得溪山之勝宋時建

玉虹亭在鹿苑山與瀑布泉對故名宋時建

歸雲亭在明心寺

天香亭宋周汝能建

曜文亭在亭山居崇仁鎮巽位明萬歷間裘氏建俗呼裘亭

翠寒亭在剡山惠安寺明弘治二年僧廣達建

覽封亭在鹿胎山明萬歷間知縣施三捷建

恩波亭在北門外

天章亭在謝慕山明萬歷丁酉知縣文典章建當縣治之巽方爲一邑人文所繫今圮俗呼謝慕亭

舒嘯亭在孝嘉鄉處士王春建

毓秀亭在孝嘉鄉明王尚德建

勸農亭一在縣南五里鋪一在縣北楊橋側明成化九年邑人吳叔陽錢楚雄等爲知縣許岳英建

臺文星臺在拱明門外明萬歷丙午知縣文典章建未就知縣施三捷嗣成之搆樓于上爲剡溪砥柱 國朝順治己丑知縣羅大猷易樓以磚砌層臺焉俗呼羅星亭

松月臺在臥猊山巔

軒菊趣軒在桃源鄉邑觀察使張思齊建

一鑑軒在超化寺側宋時建

成趣軒在縣治後明嘉靖間知縣王淵建

水竹軒在開元鄉明周汝霖建

館太平館在西白山爲褚伯玉隱居處齊高帝建

齋宜內齋在桃源鄉邑長史張遁建

圃長春圃在望越門外邑州倅尹如度闢

養志圃在珠溪邑諸生孫大順植名花異卉以娛親

園止止園在孝嘉鄉明刺史王應昌搆負成功嶠而臨

平溪喬松古柏拂日參天環以修竹有渭川淇水之致

處謝公宿處一在康樂鄉一在遊謝鄉

王謝飲處在縣北二十里

求移忠讀書處在中白山飛鶴峯前

壇灌頂壇在惠安寺

葛仙翁壇在小白山晉葛元養真處壇有甕甕有泉泉

下流爲瀑布

塔

應天塔在惠安寺側梁天監二年建明景泰天啓閒僧巨元法瑞修　國朝順治二年雷震裂一角

艇湖塔在艇湖山明嘉靖二十四年知縣譚潛建崇正丁卯圮知縣方叔壯重建

萬鶚塔在縣東南巽位依城爲址高數級明萬歷巳卯知縣譚禮造二層丁亥知縣萬民紀嗣成之縣丞吳鶚鳴董其事稱萬重成功也天啓辛酉圮

古物

會稽嶽命鐘晉時邑人于井中得之長七寸二分口徑四寸五分上有十八字惟會稽嶽命鐘五字可辨

考證晉書郭璞傳元帝爲瑯琊王使璞筮遇豫之睽璞曰會稽當出鐘以告成功上有勒銘應在人

家井泥中得之繫辭所謂作樂崇德殷薦之上帝者
也及帝即位大興初會稽剡縣人果于井中得一鐘
璞曰蓋王者之作必有靈符塞天人之心與神物合
契然後可言受命矣觀五鐸啓號于晋陵棧鐘告成
于會稽瑞不失類出
皆以方豈不偉哉

許承瓢 上虞吳曇拔得許承瓢可受一斛贈褚伯玉伯
玉留付弟子宋僧標歷代寶之唐先天二年勅女眞道
士王妙行詣金庭觀投龍因持此瓢還長安

戴安道琴 比常製長一尺

顧歡琴 歡隱剡山齊高帝徵進元綱優詔稱善賜素琴

麈尾

玉硯 宋時開元鄉民斸土値硯色下巖也渾璞溲蝕受

墨處獨低中𣲖窪處唐以前物也有銘曰玉在深山有道則見山耶石耶陵谷幾變嗚呼此玉不晦不炫不以知貴不以棄賤

八角石硯宋劇丁發硯於破冢外背藝畫內鑿禹海有銘曰二火一刀研與人俱高甲乙丙丁研與數不逃石之饕志之勞文之騷人之豪

古端硯元大德中靈慶寺僧得之頹墻底下方潤五寸上三角有金紅點如星宿光動底有十八圓點具五色直透上面好墨研之流動順帝至元庚辰廉訪司賓宗茂索去銘字古莫識

秦系硯　系著老子穴山石爲硯

二大洗　剡錄宋嘉定間吳莊漁人得之歸章氏遺余銘則作銘者高似孫也銘曰金兮精火兮明土兮英水兮清器兮貞人兮聲

三足洗　周樞得之清化鄉銘曰尚古維人範模首智伊谷可陵厥用罔暨

翠壺　宋嘉定甲戌冬剡丁發諸荒墟不知何代也壺範簡古蘚花黛綠銅性空入手輕甚銘曰黛澤含靈苔花含蹟金性積蛻土膏輟蝕

物產

嵊地瘠而多山方物土宜不過民生日用之常非有奇異珍錯足侈盛美也然而動植蕃毓足以懋遷有無化居誠於此撙節而愛養之則飲和食德聿歌樂土矣

穀之屬　一曰稻有秔有穤　早白黏越人謂秠為黏一名六十日夏末登　早青秋初登凡八種　泰州紅秋仲登凡六種　下露白三秋皆有登凡十餘種○以上皆秔類宜飯宜糕　椏穤　青稈稉　水鮮稉八月熟　羊鬚稉　胭脂稉　早黃黏　黃殼穤　紅黏穤其芒赤穤之佳者○以上皆穤類宜酒　一曰黍秈黏大穗散穗等種秈者可飯黏者可餡可酒　一曰稷禮記明粢俗呼穄粟亦呼蘆穄嵊不多藝　一曰麥　大麥早熟一五秋播夏登

毛詩所謂牟也　**小麥**毛穗光穗二種毛詩所謂來也亦宜麪　**蕎麥**秋初播秋末登喜霧畏霜

方宜麪

一曰菽　**白豆**　**黃豆**　**青豆**　**烏豆**　**褐豆**

菉豆　**虎爪豆**　**清明豆**麥未刈播麥行中　**秋豆**清明豆未刈插豆行中

田豆清白二種刈早白播田中　**小白豆**播山谷中皆大豆也毛詩謂之菽可作腐

赤豆　**赤小豆**　**茶菉豆**圓長二種　**江豆**莢長尺餘最長而軟俗呼裩帶豆莢短者曰短江豆四五月熟俱可連莢蒸食

刀鞘豆莢長幾尺而厚形似刀俗呼醬豆

白藊豆其黑者曰白眼豆又名鵲豆紫花者曰紫眼豆莢長而尖者曰羊角豆皆一種連莢可蒸食

毛豆一名七日豆　**羅漢豆**一名蠶豆麥秋時刈莢可食苗可糞　**晚豆**褐白二種麥秋時刈子可食苗可糞

考證　顧炎武日知錄戰國策張儀說韓王曰五穀所生非麥而豆民之所食大抵豆飯藿羹姚宏註

曰史記作飯菽而麥下文亦作菽古語但稱菽漢以後方謂之豆揚惲傳種一頃豆落而爲其

一曰麻

芝麻黃白黑三種可醡油味香美 胡麻以大宛種也道家以爲飯葛稚川云胡麻中一葉兩莢者名巨勝 苧麻可爲布

蔬之屬

芹一名水英 芥方言蘇芥草也有青紫白數種生四月者名春不老 白菜 油菜二三月食其心最美俗謂之菜禾子可榨油 苦蕒菜蕒音俗芑也俗呼芸臺菜 茼蒿 蒿菜 生菜 波稜菜北戶錄婆羅國獻稜菜火熟之能益食味菜以國名 甜菜一名莙薘菜有冬夏二種 菘俗呼塌菜 萊菔一名蘿菔俗呼蘿蔔一種黃者名胡蘿蔔葉似胡荽 石耳生四明山絕頂 石芥亦產四明山 木耳 茄一名落蘇紫白二種 薑 韭 蔥 薤 蒜一年爲獨蒜二年爲大蒜 胡荽 芋卓王孫所謂蹲鴟也 筍品類甚多冬月取猫筍萌土中者曰潭筍尤爲

嵊土產之最

薯蕷俗名山藥〔北戶錄〕云儲也爲麪餅味極美　蓴葉如荇菜而紫莖大幾如箸葉底莖外天生一層明如木晶柔滑可羹合鯽魚食之佳　薺〔月令〕靡草即燕麥也　蕨味似蔞蒿其根爲粉可當麪食　櫸粉　茭白〔嘉泰志〕云今謂之茭首蓋茭心生臺至秋如小兒臂其白如藕而軟美異常每年移根濯洗極潔種之則無黑脈經年不種則黑脈生矣一名菰首　溪蓀　苜蓿俗呼盂菜　天茄可作蔬可蜜餞

茶之屬

仙家嵒充貢　瀑布嶺　五龍山　眞如山　紫巖　焙坑　大崑　小崑　鹿苑　細坑　蕉坑俱以產之地名而西山者最佳　苦荖生四明山中

果之屬

梅金剛拳大如桃肖梅堅脆經秋不落　杏沙杏梅杏二種　李綠黃紫三種〔郡志〕云惟剡溪者見稱　桃匾桃方桃盆桃棉桃秋桃酸桃紫桃夏白桃臙脂桃又冬熟者名雪桃

枇杷一名炎精（郡志）云惟剡坑吳莊最多　棗（郡志）云嶀山東嶴次有一種青者今亡

栗（陶隱君云）剡栗皮薄更甜又小者有茅栗櫧栗二種　橘種有大小又有如彈丸者名金橘如棗者名金棗如豆者名金豆　柹區柹方柹朱柹萊柹牛心柹丁香柹等種　柰（漢武內傳）會稽有果名㮏亦柰屬也　林檎與柰絕相似但差小王右軍帖所謂來禽也北人謂之沙果俗名花紅齊民要術林禽堪爲麨　梨俗名梨頭　櫻桃（禮記）仲夏之月天子羞以含桃先薦寢廟鄭注今櫻桃爾雅楔荊桃郭璞注今櫻桃有大小二種　香櫞　郁李毛詩謂之唐棣有千瓣子如櫻桃

蓮藕　核桃　橙　榧粗細二種　榛　芡（方言）鷄頭子　蒲萄種出大宛水晶瑪瑙二種　石榴俗呼金櫻避錢武肅王諱也（郡志）剡中者佳有大紅水紅白瑪瑙五色千瓣結果　銀杏俗謂之白果粗細二種　楊梅（異物志）五月中熟熟時似梅其味酸甜　無花果不開花結果　凫茨以凫好食得名俗呼葧薺皮厚黑色者肉硬皮

薄菜色者肉脆　甘蔗〔通雅〕一名諸蔗一名都蔗一名諸蔗或作甘蔗可熬糖　黃精〔博物志〕太陽之草名黃精餌之可以長生有呴吻似黃精食之殺人　山查俗呼山裏果生太白四明五龍諸山者樹高盈丈實如大腹子

蓏之屬　王瓜〔禮記〕仲夏之月王瓜生　西瓜〔學圃雜疏〕云金主征西域得之洪皓自燕中攜歸故以西名　甜瓜〔郡志〕云西太平鄉產奇瓜紺翠如筩　苦瓜　南瓜

絲瓜　冬瓜　香瓜　壺蘆　瓠子　金瓜　北瓜

〔考證〕〔說文〕在木曰果在地曰蓏有核曰果無核曰蓏植生曰果蔓生曰蓏木實曰果草實曰蓏

木之屬　松　柏有渾側二種又有一片如手掌者名手掌柏　桑　柘

楡　梛　楓　櫧　檉似柏而香出四明山爲多一明河梛　檜柏葉松身

椿剡溪谷多此木葉香者可菹　杉有刺杉溫杉　檀〔郡志〕宋南渡禮製五輅須檀爲輻取

諸嵊　黃楊　槐花可染布　柞（風土記）始寧剡界多柞木吳越之閒名柞爲櫪　桐（圖經）出烱柏山其類有四青桐枝葉俱青無子梧桐皮白葉青有子白桐有花與子其花三月開黃紫色岡桐似白桐無子岡桐宜作琴瑟　梓（千道志）越城多生豫章每風雨鬬鐘鼓聲豫章即梓也生四明山或云梓即楸　漆　椶櫚（千道志）剡山谷間多植之一皮一節可爲雨具　穀一名楮皮可爲紙　樟　皂莢長短二種可除垢　櫸　橡櫪杼栩一物異名子可瀝粉斗可染皂　朴（草木記）厚朴得之剡溪皮雖香不若嵩番者尤厚　楝子可油　柏亦可燭　石楠（魏王草木志）石楠野生三月花開剡山谷多此冬萌芽尤可愛　檫（輿地志）嵊多此宜爲櫥　冬青　白楊　相思木（吳都賦注）理堅斜斫之有文可爲器　櫟　樗皮可染綱

竹之屬　龍鬚竹　鳳尾竹　斑竹　紫竹可爲笛管九節者佳　苦竹筍味苦不堪食有黃苦青苦白苦紫苦等細而直可作筆管（圖經）越出筆管是也　蘆

櫧竹郡志嶀山有蘆棲灣（竹譜）竹膚是蘆　石竹（山居賦注）石竹本科叢大以充屋茂巨者竿挺之屬　淡竹可煮以爲紙　桃枝竹（爾雅）桃枝四寸有節可作簟（西京雜記）所謂流黃簟也小而密人家多植以爲籬援　毛竹生金庭山節節有毛　猫竹一作茅亦作毛　雷竹　方竹　慈竹冬月筍生外繞其母故又名孝順竹又名王祥竹（酉陽雜俎）夏月經雨滴汁下地生蓐似鹿角色白食之已痢　水竹依水而生四季生筍人家以爲宅援　對青竹（成都古今記）竹黃而溝青每節若剖出此竹惟會稽頗多彼人名黃金間碧玉或稱閃竹亦曰越閃竹

篛竹即箬竹剡中多有有早筆蹺笙黃筆綿筆　燕竹以燕來時出筍甚美故名　人面竹剡山有竹徑幾寸近本逮二尺節極促四面參差（竹書）如魚鱗而凸頗類人面（爾雅）莽數節　筋竹（羅浮山疏）堅利可爲矛（酉陽雜俎）筍未竹時可爲弩弦　箭竹其名曰篠（左傳）會稽之竹箭蓋二物也五龍山有一節三尺者

花之屬 梅花白梅紅梅玉蝶梅照水梅菉蕚梅行臺閣重開者（郡志）千葉黃梅剡中爲多今亡 蠟梅（郡志）亦剡中勝花有紫心者青心者紫者色濃香烈謂之辰州本 桃花單瓣者有大紅粉紅重瓣者有絳碧二種又緋桃花如剪絨又二色緋花開二色 杏花 牡丹花有紅紫粉數種稱富貴者花如狀元紅（郡志）有單葉而著花至數十苞者剡人尤好植之 芍藥紅紫白單瓣千瓣諸種 海棠兩府紫錦爲上垂絲貼梗木瓜次之秋開者曰秋海棠 紫薇俗名百日紅 凌霄花其蔓倚木直上 水仙有兩種一名金盞銀臺 丁香 白丁香剡山絕多 山茶單瓣大者曰日丹瓣重疊差小者曰寶珠 荷（爾雅）曰芙蕖其花菡萏紅白二種皆結蓮有錦邊白蓮四面蓮並頭蓮品字蓮臺蓮花謝房復吐蕚又有金蓮色黃今亡 芙蓉一名拒霜 桂一名木犀有黃白紅三種（草木記）木之奇者剡溪之紅桂 四季桂（寶慶續郡志）植在剡之雪館 葵有向日葵蜀葵錦葵戎葵洛葵紅葵等種 菊古作

鞠字（郡志）剡中高氏雪舘種菊一二百本最奇者紫菊丹菊　波斯菊　萬壽菊

薔薇有牛棘牛勒山查薔蘼等名有紅黄白三種　杜鵑杜鵑啼時開故名一名映山紅一名紅躑躅　梔子花一名玉樓春陶貞白云梔子剪花六出剡房七道芬芳特甚相傳即西域薝蔔花或曰非也薝蔔金色花小而香梔子花白有二種山梔生山谷中花瘦長香尤奇絶水梔生水涯花大倍于山梔而香差減又有千葉梔六月初開　瑞香生西白山紅白二種一作睡香　山礬

木槿毛詩謂之舜紅有白單瓣重瓣等種　荼蘼亦作酴醾有紅白黄三種黄者尤可愛

玉簪紫白二種　玫瑰　木香黄白二種　木筆一名辛夷　石竹有白紫有五色　罌粟一名米囊花有單瓣重瓣　萱俗名鹿葱花毛詩作諼　木棉花可布可絮　紅花可染　雁來紅即後庭花又名老少年　長春花即月月紅

茉莉　剪春羅　剪秋羅　鳳仙花　粉團　虞美

八　海繡毬　玉蝴蝶（紫花二種又有金絲蝴蝶亦名金絲海棠）　雞冠（五色）

丈有矮雞冠　一丈紅（五色）　姊妹花（一叢七八蕊）　子午花（午開子謝）

夜合（一名合歡一名青囊）

草之屬

鹿胎草（詳見鹿胎山下）　芝（石芝木芝草芝菌芝）　蘭　蕙（耐園異名考一幹一花而香清雅者爲蘭正月開一幹五七花而香濃濁者爲蕙三四月開又一幹六七花秋間開者曰建蘭亦蕙也）　珠蘭（花如金粟甚香）　長生草（又名卷柏生四明山取懸簷壁雖甚枯得水卽蔥翠）

恒春草（一名千年潤）　鬱金香草（古人以釀酒供祭祀曰鬱鬯）

昌蒲（莖也一名菰一種有脊如劍一種節甚密生石上名石昌蒲又名昌歜一種虎鬚昌蒲）

艾　薜荔（在屋曰昔邪在墻曰垣衣）　芭蕉

羽之屬

雞　鶩　鴨（〔戶子〕家鴨爲鶩野鴨爲鳧）　燕　鳩　鴞

烏 廣雅純黑而反哺者謂之烏小而腹下白不反哺者謂之雅烏白頸而羣飛者謂之燕烏 鵲 一曰乾鵲俗呼喜鵲（淮南子）鵲巢向太乙（博物志）鵲背太歲 鷗 鷺鷥 鳧 鷹

鴿 鵓 雀 鴿 鶉 鳶 布穀 毛詩所謂鳲鳩也一名戴勝（月令）戴勝降于桑 紫背 鷓鴣 背臆前有白圓點文多對啼啼則自呼其名曰鉤輈格磔 姑惡 鵜鶘 形似鶚頷下胡大數升用以盛水貯魚好羣飛沉水食魚其名自呼一名淘河一名洿澤嵊不多有見則大水 鸕鷀 漁人蓄之以取魚 百舌 畫眉 黃頭

鵓鴣 竹雞 充貢形如鷓鴣褐色斑赤文啼曰泥滑滑白蟻畏之古諺云家有竹雞啼白蟻化作泥 白鷴 告天 斲木 伯勞 鸂鶒 魚鷹 鷦鷯 鶯 毛詩謂之黃鳥一名倉庚 山鵲 尾長 雉 錦雞 似雉而多文采

鸛 形類鶴春至巢高木上哺子秋去海上 鶺鴒 雀之屬長尾腹下白頸下黑飛則鳴行則搖

鸑鷟　婆餅　翡翠　黃雀白露來霜降去　拖白練郡志嵊玉岑最多尤可愛玩　雪姑色蒼白冬月羣飛鳴則大雪　吐綬生太白山狀如雞文彩五色日吐綬長數尺古今註謂之舒囊　杜鵑一名子規夜啼達旦血漬草木凡鳴皆北嚮啼苦則倒懸於樹一名謝豹　白頭翁　鵪鶉

毛蟲之屬　牛　羊　犬　豕　馬　驢　騾　虎

豹　豺　麀大者為麖　麈大者為麖　貍有九節貍五叧貍玉面貍元時充貢

熊產西山有狗熊猪熊人熊　猿有白者　赤玃西白山趙廣信登仙處有之呂氏春秋猿五百年化為玃　貉　狐　蝟　兎　猫　鼠　貛猪　野猪

栗鼠　松鼠　川山甲

倮蟲之屬　蜂一名蠟蜂　蠶陽物也食而不飲再蠶謂之原蠶一名魏蠶土人謂之夏

蠶亦曰熟蠶晚蠶春蠶四眠餘蠶三眠越人
謂蠶眠爲幼以蠶死則謂之眠熟故諱之
蟋蟀一名促織　絡緯一名莎鷄俗呼紡績婆　蝸牛　蜥蜴一名守宮俗呼蝘蜓蛇　寅
蚧一名錦襖上春寅月出　蛙　螢（月令）腐草爲螢有挾火據火熠燿等名　蛺蝶
粉翅有鬚名蝴蝶（列子）鳥足其葉爲蝴蝶　蜻蜓　蚯蚓　蟬　蜈蚣　蛀
蜘蛛　伊威　壁虎　螃蟹　蝙蝠　蟫蠹魚也　螳
螂　螻蟈　蝨　蚤　蚊　蚱蜢　蝦蟇　蟻
（鱗之屬）　鯉紅色脊中鱗一道大小共三十六數　鱸剡溪有之　鯖　鯔色黑
如緇而匾秋自江而上九月則去味最佳　白魚嵊祠下巨潭大者二三尺頭昂者亭一乇須者曰追
紅白　鰱毛詩所謂鱮也　鱖桃花時最美　鱨　鱧黑色諸魚中惟鱧魚膽甘可食
有舌鱗細有文與蛇通氣其首戴星　白鰷（莊子）儵魚也形狹而長若條然　石斑　吹

沙鱓 鮋 鰻 鯽一名鮒喜聚遊鯽言相即鮒言相附也 金魚

虎頭魚

介之屬

龜嶀浦潭有大方丈許者時出曝沙間 黿 鼈 蟹酉陽雜俎蟹八月腹內有芒眞稻芒也長寸許向東輸于海神未輸芒不可食 鰕 蚌 蛤 蜆

螺螄 鼃土人謂之田雞

藥之屬

天門冬 麥門冬 白朮 蒼朮 茯苓

何首烏 芍藥 川芎 貝母 沙參 丹參 苦參

元參 石斛 烏藥 卷柏 青箱子 石韋 鹿含草 管衆 白河車 薯蕷 半夏 五味子 南星 桔梗 牛膝 細辛 薏苡仁 瞿麥 旋覆花

干葛　茵陳蒿　前胡　主黄連　香附　紅花
杜仲　黄檗　厚朴　牡丹皮　五加皮　蒲公英
威靈仙　射干　柴胡　玉竹　百部　小茴香　山
梔　枸杞子　牛蒡子　車前子　女貞子　迎仙子
五倍子　鈎藤　百合　蘇子　無名異　皂角
地膚子　桑白皮　防巳　骨碎補　青木香　仙靈
脾　劉寄奴　金銀花　夏枯草　毛茨菰　黄精
紫花地丁　穀精草　欵冬花　仙橋草　馬鞭草
烏喙草　益母草　龍膽草　望月砂　牽牛　白蘞
白薇　鬧楊花　澤蘭　豨薟草　蒼耳草　剪刀

草　金沸草　薄荷　艾　枳殼　括蔞　千里光

石葦　芡實　禹餘糧一名仙奇糧　半枝蓮　旱蓮　鹿

茸　鶴虱　蒴芘　鳳茄　秦椒　桑寄生　紫背天

葵　六角蓮　萹蓄　過山龍　山海羅　金蒂鐘

金線重樓　蟬蛻　夜明砂

貨之屬　綿布　強口布強口地名（嘉泰志）以麻爲之機織殊粗而商人販婦往往競取以與吳人爲市　綿紬古謂之繭布（毛詩傳）袍繭也（禮記玉藻）纊爲繭　絹　縐紗

嘉泰志剡山尤精其絕品以爲暑中燕服如絓冰雪然雖剡之皆人亦不能常得矣　綾（嘉泰志）出剡縣

昔所謂十樣花綾者今不盡見惟樗蒲綾最盛註以狀如樗蒲子名　苧布　土扇　瓶

紙　泥缶　靛青　剡藤紙名擅天下式凡五藤用椎擣治堅滑光白者曰

牋瑩潤如玉者曰玉版牋用南唐澄心紙樣者曰澄心堂牋用蜀人魚子牋法曰粉雲羅牋造用冬水佳敲冰爲之曰敲冰紙今莫有傳其術者

風俗

咨示以儉儉示以禮一道德而同風俗有不外乎教化者史載剡俗勤儉敦厚嚴尊卑之分先民遺意猶有存焉者乎則因其性而導之矯其習而馴之又誰曰古今人不相及哉

時節之俗元旦舉家夙興長幼正衣冠然香燭治酒饌茶果南向拜神次拜先祖次拜尊長次卑幼交拜然後出拜宗黨戚友謂之拜年親故各酒餚相徵逐謂之新

年酒

立春前一日官僚迎春東郊民間童子彩裝乘騎前導鼓樂諠闐謂之迎春故事迎土牛入縣視牛色以辨雨暘豐歉次日打土牛謂之鞭春

考證夢華錄立春前造土牛于門外是日有司爲壇以祭先農官吏各具綵仗環擊土牛者三論衡立春爲土象人男女各二乘耒耜又立土象牛順時應氣示率下也舊志舊城內居民各姓分扮康熙八年周丁二姓爭先後相鬬知縣張逢歡定議遇天晴每坊止取十名以東一圖西二圖爲先後遇雨則止

穀日天氣晴明之夜仍裝童騎佐以燈爆金鼓迎於城隍廟縣堂及各街道以祈穀謂之打燥今議與扮春仝

〈考證〉東方朔占書歲後八日一日爲雞二日爲狗三日爲豕四日爲羊五日爲牛六日爲馬七日爲人八日爲穀其日晴主所生之物育陰則天

上元民間各於祠堂社廟結綵幔懸花燈鰲山銀海爲傀儡戲獅子戲窮極奇巧比戶屈竹爲棚挂燈於下爛熳街衢謂之街燈鄉社人擎一版版聯二燈簇兩端而貫接之長數十丈前後裝龍頭龍尾可盤可走謂之龍燈又謂之橋燈自十三夜起至十七夜止士女遊玩常至達旦

社日用牲醴延巫禱於社廟謂之燒春福巨族演戲先後不以期限近則競事繁文列筵至五六桌碗大盈尺

高二尺許果肴必陳難得以相誇耀炫綵張燈左弦歌右鼓吹窮五晝夜曠日靡費殊失先王立社之深意矣

〔考證〕月令二月之節擇元日命民社鄭註云謂祀社稷也春事興故祀之以祈農祥元日謂近春分前後戊日元吉也

〔清明〕緣門插柳用黏米粢菁苗爲餻刲羊豚祭先塋挂紙加土祭畢聚族人讌飲謂之清明酒或偕少長行賞郊外謂之踏青

〔端午〕以角黍及品物相餽遺設蒲觴屑雄黃末於酒中饗其先乃自飲仍懸艾虎女子或以繭作虎小兒則綵繩繫臂綴繡符簪艾葉榴花采藥合藥率以是日

考證〈提要錄〉五月五日午時爲天中節〈風土記〉仲夏五日曰端午端初也俗重之與夏至同烹鶩進筒糉一名角黍以菰葉裹黏米粟棗以灰煮令熟蓋取陰陽包裹未散之象

夏至祀先祖薦新麪

考證〈三禮義宗〉夏至爲節者至有三義一以明陽氣之至極二以明陰氣之始至三以明日行之北至故謂之至

六月六日曬書畫衣飾以除蠹損

七月七夕爲牽牛織女聚會之夜女子陳瓜果於庭以乞巧采槿樹葉沐髮謂能滌垢

考證　按〈戴德夏小正云〉是月織女東向蓋言星也〈春秋斗運樞云〉牽牛神名略〈石氏星經云〉牽牛名天關〈佐助期云〉織女神名收陰〈史記天官書云〉是天帝外孫〈傳元擬天問云〉七月七日牽牛織女會天河

此其事也

七月十五日古謂中元節俗謂之鬼節僧舍營齋供聞里作盂蘭盆會祀先以素饌浮屠然燈人家或然燈於樹或放水燈間這以簫鼓兒童則壘瓦塔然燈云以饗鬼

考證　盂蘭盆會相傳爲目連比卽救母事梵語盂蘭猶華言救倒懸也盆則中華器也華梵雙舉耳

中秋夜置酒賞月

重陽飲茱萸酒或登高

考證　魏文帝與鍾繇書歲往月來忽復九月九日九爲陽數而日月並應故日重陽俗嘉其名以爲宜于長久故以宴享高會續齊諧記汝南桓景隨費長房遊學長房謂曰九月九日汝家當有災厄急宜

去令家人作絳紗囊盛茱萸繫臂登高山飲菊花酒景歸如言舉家登山至夕還見雞犬皆暴死長房聞之曰代之矣今九日登高飲菊酒婦人帶茱萸囊以此

十月朔下元祀先

冬至祀始祖於祠堂用餛飩亦或宴飲然不拜賀

考證　孝經說曰斗指子爲冬至至有三義一陰極之至二陽氣始至三日行南至故謂之至月令章句冬至爲三極晝漏極短去極極遠晷景極長

十二月二十四日俗謂之臘月念四人家男子以是夜祭竈女子不至丐婦於先數日送糖謂之祭竈糖自是人家各拂屋塵換桃符門神春帖春勝備過年品物僧道則作交年保安疏以送檀越而醫亦餽蒼术辟瘟丹

於常所往來家親戚酒擔食盒互爲餽問謂之餽歲

〔考證〕〔許慎說文云〕冬至後祀百神曰臘五經異義云顓頊有子曰黎爲祝融火正祝融爲竈神姓蘇名吉利婦姓王名搏頰〔雜五行書曰〕竈神名憚字子郭衣黃衣夜披髮從竈中出知其名呼之可除凶惡〔淮南子曰〕炎帝作火官死爲今之竈神〔司馬彪註莊子曰〕浩竈神也如美女衣赤衣〔山陰王環中管豹〕漢陰子方臘日見竈神以黃犬祭之謂爲黃羊陰氏世蒙其福俗人競尚以此故也

除夕自過午即灑掃堂室挂紙錢於闌旁向暮然紙砲以代爆竹遠近膈膊之聲相聞不絕設祀曰送神已乃闔門集少長歡飲謂之分歲然長燭熾長炭圍爐齋坐謂之守歲

〔禮儀之俗〕冠婚喪祭故家右族多遵文公家禮間參以

王學博之纂要周司空之禮圖其他編戸有不盡然者

冠禮 冠義曰冠者禮之始嘉事之重也男子十六以上垂髮總角長而冠其在明時多於元旦加網巾於首冠盛服拜天地祖宗及尊長親故不復筮賓卜日另設燕飲費省而禮廢矣 國朝以帽頂定品級貴賤之儀秩然

婚禮 媒妁既定議男家以啓求女家以啓允卽古問名之遺嗣餽銀繒盤酒盞以釵鐲卽古納吉納徵之遺嗣仍餽銀酒盤盒較前減三之二卽古納采之遺可婚矣餽銀盤以爲催粧卽古請期之遺臨婚前三日餽鵞雞

蒸羊豚肩茶果之類卽古奠雁之遺娶之日不親迎用樂婦扶掖成婚雜用踏藁牽紅傳席交盃諸儀卽日拜翁姑以及其家衆又每歲有端節歲節禮費頗繁也

考證 儀禮婚有六禮納采問名納吉納徵請期親迎鄭氏婚禮謁文曰納采始相與之語采擇可否之時問名謂問女名將歸卜之也納吉謂歸卜吉往告之也納徵用束帛徵成也請期謂吉日將至親迎謂成禮

喪禮 始死遷屍於牀三日而殮不用布絞用本等服飾下有席有褥上有衾實棺以絮四日成服緦麻以內皆給服緦麻以外皆給巾帛受弔時族及外親皆有奠近有遲久受弔鼓吹迎賓開筵燕客者七七卒哭皆哭奠

近有作佛度死演戲奉喪者三月一月而葬近有惑於堪輿停柩不葬者去禮遠矣

【祭禮】始祖則於冬至高曾則於春祖則於夏禰則於秋祠堂則於二分墓則於清明高曾祖禰之生辰諱日皆有奠節日皆有薦近世族家率增置祀田間有不肖子孫私行盜賣或借公事蕩廢則風亦不可漸長也

【士之俗】嵊自晉宋來世家大族多比廬而居其子弟皆束脩自好能以名節相砥礪故出而服官猷守並多卓絕即伏處衡茅亦潛心著述炳烺成一家言蓋橫經負道外物不足以誘之也　國朝培養人才振興士氣較

前代爲加渥膠庠被化駸駸日盛而甲第遂于曩疇此何說焉或疑山邑質朴富者食租稅率治產積居與時逐貧者又織嗇筋力急于謀生志紛而業因之荒其信然歟誠能父誡兄勉毋以謀利之心妨其正誼之學則衣冠文物何難媲美前休乎

民之俗嵊處萬山中率直鮮緣飾是非不枉其眞農工商賈各安本業皆能節儉衣食以足伏臘雖極窘乏不鬻兒女爲人僕妾風俗最爲朴茂乃生齒日繁墾闢日廣積儲日裕而風尚亦日流於靡麗起居服食必倣大家作爲無復昔時儉嗇之風矣又尚氣好鬬雀角微嫌

田土細故輒齗齗搆訟喜乞養異姓生女或溺之畜婢老死不嫁夏志嘗以爲憾蓋由來已久而今尚未盡革云

婦女之俗風化起於閨房而嵊邑閫教爲最肅崇質朴不事艷裝炫服內外之辨截然即至戚鮮從識面專女紅克修婦道其不幸而孀未亡人率能矢志完貞以故數十年來得膺　旌典獨多間或佞佛信因果入廟爲龍華會者不過老嫗而已若乃愍愚村婦偶爾忿激動即輕生有轉移風教之責者可不時加勸導以化其陰柔之性乎

附丐戶　丐戶莫知所自始相傳爲宋罪俘之遺故擯之曰墮民丐自言則曰宋焦光瓚部落以叛宋投金故被斥其內外率習汙賤無賴男子每候婚喪家或元旦則羣索酒食婦則習媒或件良家新娶婦又爲婦質便見鑷攘尤善爲流言亂是非間入骨肉四民中居業不得占彼所占民亦絕不冒之業男捕蛙賣餳拘竹燈檠編機扣塑土牛土偶打野胡方言跳鬼女則爲人家拘鬏髻梳髮爲髢羣走市巷兼便所就四民中所籍彼不得籍彼所籍民亦絕不入籍曰丐戶即有產不充糧里長亦禁其充四民中即所常服彼亦不得服蓋四民向號曰是出於官特用以辱且別之者也舊志帽以狗頭裙以横布不長衫褊其門以丐而籍與業至今不亂服則稍僭而亂矣其詳載別賤錄丐以民擯已若是其甚也亦競盟其黨以相訟僥必勝

於民官茲土者知之則右民偶不知則力時左民民恥之務以所沿之俗聞必右已而後已於是丐之盟其黨以求右民者滋益甚故會稽志曰丐者俗之瘤也雍正元年御史噶爾泰　題准照山陜樂戶削除其籍俾其改業自新與民同列毋得習爲汚賤乃籍雖削除而業終未改云

嵊縣志卷二終

嵊縣志卷三

建置志

掌一縣之教治政令自城郭溝池樹渠以迨宫室郵傳備荒講武諸大政孰不當次第經畫哉夫䀋其阡陌堂輿以知賢否則因時以舉事因勢以宜民有夙夜匪懈者慎毋因陋就簡來城惡道茀之譏焉志建置

城池

易曰王公設險以守其國明無恃險之理旣險而又重之以守也嵊峰巒壁削幾成天塹而歷考志載凡遇變獲全者卒不在山川而在城郭則重門擊柝以

待暴客夫固有豫之道焉

縣城不知何昉或以爲吳令賀齊云剡錄漢剡縣城在今縣東北孔曄會稽記縣治在江東吳賀齊爲剡令始移今治嘗開城門擊破奸吏族黨則今城亦齊所創建嘉泰志剡城在縣西一十五里舊經在縣西四十五里周一十二里高一丈厚二丈一統志剡州城在縣西南一十五里唐武德四年置八年廢水經注城開東門向江江廣二百餘步宋宣和三年縣遭睦寇城圮守帥劉述古掃清之命縣令張誠發修城完壁高堞自是寇至不爲害慶元初溪流湍悍城存纔二三尺知縣葉珽通志

郡志俱作範累石爲堤百餘丈城賴以全後二年水決東渡城壞提舉常平李大維通志作李天惟郡志作李大惟增築又明年秋大水城復壞知縣周悅增築一百二十餘丈元制禁民無完城城曰圮近東者强半蹴爲民居僅存五門東曰東曦一名迎春南曰望仙西曰西城一名繼錦北曰通越西南間曰化龍明洪武初信國公湯和毁嵊城移磚石築臨山衞城由是城益無餘堤亦就壞弘治甲寅知縣臧鳳以承平久城雖可緩然水害急不可無堤於是計築堤之費請於藩臬借府帑羨餘及徵於民以築之高三仞廣稱是袤二百四十五丈邑人稱爲臧堤亦曰臧圩岸十

一年水勢汎濫堤之潰者又數百尺知縣徐恂以暖金三百五十餘兩復于堤外築護堤七許堤以永固嘉靖三十四年倭患作知縣吳三畏力請築縣城尋其故址臨溪跨山築高二丈有奇厚一丈有奇周圍共一千三百丈有奇內外具甃以石爲四門東曰拱明西曰來白南曰應台北曰望越門外有甕城門上各有樓顏其樓東曰凝翠南曰可遠西曰長淸北曰迴峰東北開有陡門陡門上有亭顏曰溪山襟帶北門右有瞻宿亭一稱四山閣東門右有亭曰騰蛟西門左有亭曰起鳳爲敞鋪二十四所敵臺四所城內有餘城六尺餘城內有馬

路六尺城外路與內稱是年倭寇兩臨邑境民恃無恐萬歷十二年知縣萬民紀重開化龍門十三年修四山閣天啓七年風雨四山閣可遠樓廻峰樓化龍門樓俱圮崇正元年知縣方叔壯重建十三年知縣鄧藩錫增修城堞　國初五門樓四山閣城堞俱圮順治五年知縣羅大猷重建東北城樓十五年部院李率泰檄府行縣每堞增高五尺知縣郭忱如檄築康熙六年知縣張逢歡重建四山閣九年霪雨西北城壞五十餘丈知縣張逢歡補築典史毛鼎鉉董其事後漸圮雍正間知縣宋徵議捐甲修築不果今現在計丈數揣高卑度厚薄

仞溝洫詳請建工云

署廨

官之有署政教於是乎敷禮樂於是乎秩兵刑於是乎肅力役錢穀於是乎課此作考攸墍制實重之居是堂者當思振民育德毋勞而非時毋蠱而勿飭失王政之大經焉則無忝厥職矣

縣治在剡山南鹿胎之麓漢三國時吳縣長賀齊所卜因高爲址歷坡而升剡錄云樓觀聳峙頗似府譙宋政和間建迎薰堂一名德星東園四山閣嘉定八年知縣史安之撤舊而更之增建詔旨亭頒春亭霞書堂面山堂累

石爲山玲瓏盤錯因山之址注水爲池雜蒔卉木相與映發臺榭凡十餘所元至大間達魯花赤高閭爲東廳尹佽治作後堂冷瓚作譙樓至正二十年燼燬於兵明洪武三年主簿張安道知縣江有蘭因舊址再建天順中燬知縣王琦建未備成化宏治間知縣李春許岳英劉清臧鳳徐恂縣丞帥玠方玘相繼營葺中爲治廳顏曰牧愛堂萬歷間知縣萬民紀更曰節愛知縣王志遠又更曰親民　國朝順治四年圯六年知縣羅大猷重建後圯雍正九年知縣傅珏重建顏曰日新治廳東爲幕廳明宏治二年知縣夏完建後圯　國朝康熙六年

知縣張逢歡重建爲里民輸納之所幕廳北爲冊庫南爲吏廊治廳西爲龍亭　國朝康熙八年知縣張逢歡重建龍亭北爲銀庫南爲吏廊明成化間知縣李春重建崇正順治康熙間知縣方叔壯羅大猷焦恒馨次第修葺治廳後爲燕思堂堂後爲儆齋齋後爲令廨有門有廳有寢宋政和間建元明圮葺不一雍正九年知縣傅珏鼎新之治廳前有甬道元至正初尹仇治築中爲戒石亭明洪武九年知縣高孜奉制建亭南爲儀門折而東爲大門門上爲譙樓元至正四年尹冷瓚重建二十年燬明洪武三十一年知縣江有蘭葺復燬嘉靖天

啓間知縣林森縣丞江子循重建後圯　國朝康熙雍
正間知縣焦恒馨傅珏重建大門內稍東爲土地祠有
戲臺康熙九年知縣張逢歡縣丞胡玨典史毛鼎鉉及
胥役捐貲重建後燬雍正十一年知縣傅珏重建譙樓
東爲賓館即舊典史廨遺址萬歷間知縣施三捷建
崇正十六年知縣蔣時秀修後圯　國朝康熙三年知
縣劉廸穀建樓於舊址址上祀文昌星樓下爲館縣治
俱繚以垣順治九年温賊壞垣剽庫十一年知縣徐恂
修築厚六尺高一丈二尺周一百三十丈五尺大門外
東爲旌善亭即詔旨亭遺址明洪武三年建西爲中明

亭節頒春亭遺址明洪武八年建後兩亭相繼燬宏治
崇正間知縣臧鳳方叔壯葺今皆圮惟善亭南爲總鋪
有門有廳三間有屋十餘間繚以週垣　國朝康熙九
年燬知縣張逢歡捐資重建申明亭南爲獄成化丙申
洪水衝垣因多壓死知縣許岳英暫移禁於儀門西二
十一年署篆事餘姚縣丞李實修建增廳三間屋九間
補砌繚垣東西廣一十二丈二尺南北袤一十六丈二
尺雍正八年知縣王以曜捐造五間九年知縣傅珏又
動支添建五間鋪獄前皆有挂榜亭舊在儀門東明萬
歷間知縣施三捷移建今所東西各三間崇正間圮

國朝康熙九年知縣張逢歡重建後燬廢雍正九年知縣傅珏逼詳動用罰鍰銀并捐俸通行修葺而規模宏整矣

舊丞廨在縣東南七十步清紀坊有日哦軒宋嘉定八年知縣史安之徙縣廨東元末燬明洪武間建復燬宏治間知縣徐恂縣丞王誼重建後圮萬曆十四年縣丞吳鵠鳴建半間堂清嘯臺　國朝康熙二年縣丞門有年建東軒三十九年縣丞奉裁廨圮五十九年知縣宋毗連廳署空址改建東書廳廳後添設平房三間東側建亭顏曰來碧復名清妙雍正十一年知縣王以曜

重建適時雨降顏曰稼雨堂

典史廨在縣廨西本主簿廨也舊在縣西三十步鹿胎山頂有朔風堂宋嘉定八年知縣史安之徙今所元末燬明洪武間建復燬宏治間主簿周嗣祖重建後軒三楹知縣徐恂主簿沈蘭復葺之有門有廳有寢萬歷三十六年主簿裁改作典史廨 國朝雍正十一年典史王大德重建正廳儀門廨舍并增置東西廂房

舊典史廨在縣東南一百步舊丞廨東宋乾道間尉謝深甫建吏隱軒元至正十一年徙縣南仙桂坊明徙縣治內丞廨前宏治間知縣徐恂典史蔣進重建萬歷三

十六年徙居主簿廨遂廢

行署布政分司在縣治西南一百一十五步折而東五步舊稱旬宣坊係三皇堂故址明成化間知縣許岳英重建後燬

國朝乾隆六年爲　惠獻貝子王祠

按察分司在布政司折而東明知縣許岳英建後燬知縣劉清重建今廢

侯謁館在布按二司之間明萬歷六年知縣譚禮建後廢爲兵部尚書喻安性祠

府館在喻祠前二十餘步成化間知縣許岳英從秀異坊徙建於茲後燬知縣劉清譚禮重建

代驛館在望合門外爲駐節亭舊址明萬歷五年知縣譚禮重建改名敬亭十二年邑士民爲巡撫蕭廪巡按龐尚鵬知縣林森朱一桂祠今亦廢

公館郡志作勞勞亭在縣北六十里三界明宏治間知縣徐恂建萬歷十四年知縣萬民紀縣丞吳鶚鳴重修

申明亭五十三所在城三所在鄉五十所

旌善亭制與申明亭同

考證顧炎武日知錄洪武中天下邑里皆置申明旌善二亭民有善惡則書之以示勸懲凡戶婚田土鬬毆常事里老于此剖决不由里老處分而經訴縣官者謂之越訴景泰四年詔書猶曰民有怠惰不務生理者許里老依教民榜例懲治

迎恩亭在北門外二里爲接詔赦之所

雜署陰陽學明洪武十五年設今廢

醫學在縣治前三十步街之西洪武十五年設成化中知縣許岳英重建知縣劉清復遷街東以故公館舊址易民居爲之後圯嘉靖間知縣林森重建於城隍廟右後圯崇正間以遺址前作關帝祠後作天妃祠

惠民藥局在府館左後圯　國朝康熙六年疫知縣張逢歡延醫施藥就寅賓館爲藥局

僧會司在惠安寺

道會司在桃源觀

養濟院在來白門西明成化間知縣李春許岳英徐恂相繼增葺正廳三楹扁曰施仁後地有住房十一間有門繚以垣直長三十一丈横一十丈 國朝乾隆五年知縣李以琰增建廂房十間分男女居住

育嬰堂在城隍廟左 國朝乾隆三年知縣張彥珩郎廣仁倉改葺

廢署稅課司在縣東南一百五十步明宣德間除今布政司址 宏治間重置在縣北六十里三界知縣徐恂建隆慶間除今公館即其地

鹽酒稅廨在縣東南二百步

稅務酒務在縣南

鎮守司在東壩門外

訪戴驛在縣左嘉定六年知縣史安之移東𡏖門外五十五步元至元中置驛縣北六十里三界

米倉在縣北一十步宋時設

倉厫

耕三餘一耕九餘三爲足食計也然民之自爲計不若上之爲民計故常平義倉之設歷代不廢而我朝念切民依立法爲更善或掌之有司或任之民間頒歛聚散各以其時三星在罶之歌可不作矣

預備倉在城隍廟左又名城隍倉東西北三面有厫東十間西十間北四間明弘治間圮知縣徐恂重建崇正十六年知縣蔣時秀改北厫爲正厫每年額存經費役銀四十兩
國朝雍正十三年知縣黃道中重修更名廣仁倉乾隆二年知縣張彥珩以逼近山麓山水灌注易致紅朽捐貲改建育嬰堂另建二間於永濟倉側又建四間於常平常側以補廣仁倉之額

濟留倉在西吏廊南今廢

便民倉二一在縣北五十五都三界今圮一在縣西養濟院右知縣萬民紀縣丞吳鶚鳴重修有官廳一間後

堂一間門樓三間東西厫三十二間周圍墻凡七十六丈今圮

〔考證〕許志曰倉爲運糧兌軍而設使小民艱于遠運者于此需納令糧長領部以輸故曰便民云

〔義倉〕一名社倉凡四一在縣東六都浦口官廳一間東西北厫各三間門樓一間繚以垣一在縣西四十六都兩頭門官廳三間東西厫各三間門樓一間繚以垣一在縣南一都阮廟官廳三間南西厫各三間門樓一間繚以垣一在縣西北二十九都西淸官廳三間南厫三間西厫二間門樓一間繚以垣俱明正統間知縣單宇建宏治間知縣徐恂修崇禎間縣丞周士達重修今俱

圯

常平倉二一在丞廨前舊典史廨址東　國朝康熙七年知縣張逢歡建縣丞胡玨董其事一在縣治頭門內土地祠北側五間雍正六年知縣李之果詳請動建又四間知縣張彥珩補建以足廣仁倉之額

永濟倉在縣治儀門西側公廨基內地十三間雍正七年知縣黃道中詳請動建又二間亦知縣張彥珩補建

永豐倉在公廨內永濟倉後十二間雍正八年知縣王以曜詳請動建十一間其一間則捐俸添設

郵舖

知一邑之事所以宣政令達民情者惟郵傳是賴嵊通三郡界六邑水陸之所會亦幾絡繹矣而民力不憊者則
皇仁浩蕩有以奠其居安其生使得專其司也志郵鋪不隱然見德之流行云

嵊惟南北爲通衢故鋪之在南北者凡八所縣前二十步曰總鋪由總鋪渡江而南五里曰五里鋪在一都又十里曰天姥鋪新昌縣境界也在一都由總鋪而北八里曰八里鋪一名迎恩鋪在三都又十里曰禹溪鋪在十九二十都又十里曰仙巖鋪在十九二十都又十里曰楮林鋪在二十一都又十

里曰上館鋪在五十五都二圖五里至三界爲上虞會稽二縣境界館各有廳三間有廊房有郵亭有門繚以周垣明玄治間知縣臧鳳及徐倘重修萬歷十四年知縣萬民紀重修四十六年知縣張時陽重修　國朝康熙九年知縣張逢歡典史毛鼎鉉重修

總鋪驛使一人鋪司鋪兵四人

五里鋪鋪司一人鋪兵四人

天姥鋪鋪司一人鋪兵五人

八里鋪鋪司一人鋪兵四人

禹溪鋪鋪司一人鋪兵四人

仙巖舖舖司一人舖兵四人
楮林舖舖司一人舖兵五人
上館舖舖司一人舖兵五人
縣吏一人總之是曰舖長各舖鑼鼓旗帽傘燈日晷之類俱全

兵防

剡固無金革之警也自劉宋謝靈運爲永嘉大守鑿山開道而天台之路始通寇盜出没往往由此則消其未萌正不可不預爲防也建置者其有綢繆牖戶之思也夫

駐防把總一員協防外委把總一員馬步戰守兵丁五十名

民壯明額設一百名嘉靖間海寇汪五峯亂增置一正一副共二百名霜降操演教習戚繼光鴛鴦陣法國朝康熙七年裁存十六名九年復至五十名後因捐解俸工裁汰雍正二年奉旨准各省州縣額設五十名俱選募年力壯健之人充補內分領學習鳥鎗二十名弓箭二十名長鎗十名與兵丁一體防守城池四年奉旨准將馬快八名添入班內合爲一役習學長鎗以專操

習十年裁存三十三名內撥大嵐山三名

考證 王雨謙康書戚繼光爲浙江都司僉書以義烏人故勁慓言督府請練爲兵募三千試之而江南菹澤多走險不北江北地夷可兼驅者乃爲鴛鴦陣陣十有二人隊長前次夾盾次夾筅兵次四人夾矛次夾短兵樵蘇居後其節短其數分明其步伐合地宜其器互相鬭

鄉兵 明天啓間流寇亂每里設鄉兵一名共七十六名

國朝順治五年四山皆寇知縣羅大猷每坊置十名每里增置九名共八百二十名糧皆里給順治八年裁去四百名十六年又裁去二百名十八年又裁去一百十八名仍存八十二名康熙七年盡革

教場 在拱明門外爲武生試射民壯演武之所舊有演

武亭三楹今圮

管解寨在二十三都永富崇仁二鄉宋紹興二十年浙東諸司奏置設官一員弓兵百名後改廵檢司明革

長樂寨在白峯嶺去縣城八十里宋宣和三年知越州劉述古奏置設官一員額兵二百名弓手九十八人元改廵檢司明革

鮑家寨在五十三都禮義鄉無考

軍器明崇禎間置弓矢長鎗鳥鎗火毬火磚火藥各若干以鼓樓下東側爲武庫　國初廢

橋渡

達川澤之險阻王者之政也而嵊沙衝水激其鷩石爲梁者尚難經久況綴竹緝木乎則時其經畫以通往來當無俟諸水涸之候矣至設船濟渡雖曰小惠亦勝病涉故君子猶有取焉

大橋在東隅

三板橋在東隅

南門橋在南門外南津渡當南北通津元末有浮橋廢明宏治十年邑人夏雷上書知縣請復之不報嘉靖二十六年知府沈啓檄縣造木橋尋圮萬歷元年知縣朱一柏置渡船二隻渡夫二名每年修理與工食銀共一十四兩四錢俱派入條鞭內三十六年秋七月邑進士

周汝登請知縣施三捷建今橋石磩石梁長亘里許廣厚過輿馬一名施恩橋汝登捐銀五十兩爲倡嗣知縣王志達縣丞王文運修之天啓間推官李應期崇禎間知縣方叔壯相繼增造復爲怒濤衝圮行人病之國朝康熙間知縣張逢歡捐銀二十兩縣丞胡珏捐銀十五兩典史毛鼎鉉捐銀二兩連年修葺乾隆八年知縣李以琰重修

西門橋在西津渡宋時建二十五船浮橋廢繁橋兩石柱猶存明宏治間建邑民黃漢二捨銀甃石爲洞橋甫成而壞更造石磩橫以木嘉靖二十四年知縣譚潛增磩爲十四易木以石萬歷二十九年知縣吳濟之縣丞

鄃斗重建　國朝洪水衝激傾壞康熙七年知縣張逢歡縣丞胡玒典史毛鼎鉉邑進士尹巽各捐銀延僧明道募助脩葺九年大水撤壞嗣是失脩者數十載圯隤過半人多病涉乾隆八年知縣李以琰創捐重建

文昌橋在朱公河口明萬歷間知縣譚禮建今廢

傳公橋在朱公河口　國朝雍正十年會稽謝士先僑嵊創建趙葛氏助銀六十兩過圯士先子單力脩之

子猷橋在艇湖山麓晉王子猷返棹於此舊有橋明成化十年知縣許岳英重修隆慶間縣丞王廷臣立碑識之萬歷十八年西隅義民喻裁重建

蔣家埠橋在縣東三里明萬歷間甃石爲洞下可通舟

上虧石欄人稱花橋

謝靈橋在縣東五里以謝靈運得名明成化間知縣許

岳英重修

直瀆橋在縣東十里魏姓建旁有茶亭曰一心

和尚橋在縣東十里

許宅橋在縣東二十五里　清石橋在縣東三十里

胥溪橋一名會龍在縣東三十里明宏治間邑巡檢姚順坐

濟度橋在縣東七十里明景泰間邑民王湯仲建有屋五間

苹靈橋在縣東七十里　通濟橋在縣東七十里陳公

嶺下

瑞昌橋在縣東七十里

金山橋在縣東八十里上有廊屋

三板橋在縣東南七里

上碧橋在縣東南十里邑人袁國望建

姚家橋在縣南十里

謝公橋在縣西一里以盡蓮得名

石佛橋在縣西二里

應家橋在縣西五里

山頭橋在縣西七里邑人馬元宰建

茅岸橋在縣西八里邑人馬元宰重建

浦橋在縣西十里

十五板橋在縣西十五里

新官橋在縣西十五里橋首有菴暑月施茶

道堂橋在縣西十五里　江田橋在縣西十五里

于村橋在縣西二十里　倪家橋在縣西二十里袁思臯建

高古橋在縣西二十里

梅澗橋在縣西二十五里　胡村橋在縣西二十五里

阮橋在縣西二十五里阮肇遺跡張文珊張公泰重建

宏士橋在縣西三十里　宋家橋在縣西三十里

錢神橋在縣西三十里　相家嶴橋在縣西三十里

五馬橋在縣西三十五里張氏宦顯有五馬之榮故名

周郎橋在縣西三十五里　瓦窰頭橋在縣西三十五里

魏家橋在縣西三十六里　積善橋在縣西四十里

三轉橋在縣西四十里　楊神橋在縣西四十里

新橋在縣西四十五里　方橋在縣西六十里

西金橋在縣西六十里　楊公橋在縣西北一里以楊公簡得名

洗屐橋　招隱橋在縣西北十四里跨逵溪上下流兩橋皆戴公遺蹟

廣陵橋在縣北一里　獨松橋在縣北十里

了溪橋在縣北二十里　碑山橋在縣北二十里

广坑橋在縣北二十五里　王沙橋在縣北三十里

强口橋在縣北三十里

望仙橋在縣北四十里舊名嶀浦橋明萬歷元年主簿

吳祺重建崇禎五年山陰胡氏易址徙建去舊址十步後石橋爲洪水衝斷亦以竹木屢修屢壞　國朝康熙六年知縣張逢歡捐俸十兩縣丞胡珏捐俸四兩典史毛鼎鉉捐俸二兩邑進士尹巽助銀二兩鄭二生助銀七十兩幹首鄭大生沈全等延僧自一募助易址重建洞橋

打石橋在縣北六十里

長橋在縣北六十里

沐恩橋在縣北六十里舊爲木橋明宏治間邑人鄭岳易甃以石

蔣岸橋在北七十里

東津渡在拱明門外三里俗呼下東渡

南津渡在應台門外宋明置浮梁後易兩渡船　國朝

初建橋旋圮乾隆八年知縣李以琰復置船爲渡鄉耆陳凡嵩字太岳建普慈庵置田二十五畝延僧焚修又於南津曾捐資建木橋後易以石旋圮伊男承綸孫庠生堯光助渡船田五畝三分係三十三都坂頭崇安鄉人邑人沈維之同弟道之男福舟助渡船田十畝係五十一都麗湖禮義鄉人

西津渡在來白門外舊置二十五船爲航後廢今有橋

考證　嘉泰志水經注云江流巽縣轉注故有東渡西渡爲東南二渡過臨海並汎單船爲浮航西渡通東陽併二十五船爲橋船宋以前江水逕西門故有此三渡今則溪流直東下非舊道矣北門猶存古溪蹟云且橋圮隤過半乾隆八年知縣李以琰捐率重建董事尹遠服陳堯光等勒石以誌

浦口渡在縣東十里桃花渡在縣東十五里國朝雍正十年監生吳熙述設渡船建永濟庵於東岸延僧司事

黃澤渡在縣東三里胡塍渡在縣南十五渡茶坊渡在縣南二十里

山頭渡在縣西七里有橋景岸渡在縣西八里孟愛渡在縣西十五里明知縣孟文嘗勸農於此今有橋倪家渡在縣西二十五里有橋

求家衕渡在縣西三十里有橋瓦窰頭渡在縣西三十里有橋

橫店渡在縣西六十里太平鄉竹山渡在縣北十里三壑潭渡在縣北三十里遊謝鄉明知縣王淵捨船爲渡有田地以給舟人今廢

黃石渡在縣北四十里白沙渡在縣北五十里

水利

作田興水以地利之瀦洩備天時之旱溢重農事也嵊田多高仰衆流奔瀉其藉水也倍乎他邑不先事而圖一旦密雲不雨苗則槁矣開源均利俾享慶豐自碶塘外若井若濠若水碓水磨皆水利之一端也故並志之

碶

上渠碶　下渠碶各長一百五十餘丈里下設碶長領之。以上一都

陳塘碶長五丈。二都

桃花碶長二十餘丈

吳家碶先爲洪水坍塞明萬歷三年修築今廢以上三都

大巖碶長二十丈。五都

守山碶　臨安碶　縱枝碶各長一百餘丈

前花碶即東郭

碑令把桃花碑各長五十丈○以上六都

黃濟渠碑賴石碑各長五十丈黃澤碑長八十丈康熙四十三年魏胡葉張四姓重修灌田一千五百畝下通賴石碑灌田三千畝宕頭碑大淺碑以上八九十都

許宅碑長十丈任泉碑長三十餘丈○以上十一十二都

梅林碑長十五丈○十五都

于浦碑長二十丈曹娥碑長十丈○以上二十二都

油草碑長六丈道士碑以上二十二都

秋頭碑黃城碑各長三十丈澄塘碑長二十丈○以上二十六都

柏家碑長二十丈黃巖碑長六丈黃石官碑青水碑以上二十八都

洪婆橋碶長二十餘丈 油草碶長二十丈 康熙間縣丞胡玨督濬
胡洋碶以上二十九都
下黃坂碶長十八丈 樣頭碶長十二丈 秋禄碶長二十餘丈以上三十都
城後碶長十丈 黃家塘碶長二百餘丈○以上三十二都
下齊碶長十丈三十三都 苦竹大碶長二十丈三十四都
苦竹碶三十五都 鐺黃碶長二十丈三十六都
新石碶長三十丈 石硑碶長十餘丈○以上三十七都
白肚碶長百餘丈 橫溪碶長百餘丈○以上三十八都
古碶三十九都 沿巖碶長三百丈四十都
前田碶 石古碶 苦竹碶以上四十一都

通渠碶　胡家碶　菖蒲碶長三十丈○以上四十二都
沈郎碶　史鐵碶以上四十三都
皂角碶長二十丈　新橋碶以上四十四都
宋家碶四十五都　康郎碶四十六都
俞家碶長百餘丈　臯溪碶　新石碶以上四十七都
楊廣碶長數百丈　龍西碶長三百丈○以上四十八都
碑石碶　戚家碶長四十丈○以上四十九都
浩江大碶長五百丈　石鼓碶長二百丈崇禎間鄉民李嘉壽倡
濬後淤康熙間典史毛鼎鉉督濬以上五十都
浩江大碶長五百丈　陳村碶長二十丈○以上五十一都

深林碶長一百二十丈　潭遏碶長七十丈　湖塍碶長一百三十丈。以上五十三都

源通碶長二百餘丈　益通碶長一百餘丈　萬歷間洪水衝坍，邑人趙明峰復修，畚牐踰歲。以上五十四都

陳大碶長五十丈，五十五都

塘

何家塘廣十畝，崇信鄉七都　任憐塘入九十都　妳烏塘十四都

西山塘十五都　清隱塘十六都。以上縣東

愛湖塘一都　黃塘沸泉冬夏不竭，二都　洌潔塘五十三都。以上縣南

麗湖塘五十一都　古跡塘長四十丈，五十一都。以上縣西南

道塘四十六都　貫家塘四十六都　新塘　東湖塘　西湖塘

俱四十八都　官塘三十六都　普惠塘四十二都　蘆塘二十七都　沃塘二十都。以上縣西　廣利塘界十九二十十五都　漢塘二十五都。以上縣西北　俞家塘十九二十都。以上縣北　縣丞胡玨歲廵阡陌以時修濬長享其利

井　東廊頭井　五顯廟井　東門裏井　抽塘井　桃源觀井　閣王廟後井　太祖廟井　縣前井　城隍廟井　城隍嶺井　惠安寺井　寺嶺井　雙井　明倫堂前井　集賢坊井　科貢坊石井以上在城　大寺井在宣妙寺　竹山大井　白鶴井在顯淨寺西廡　明覺寺

井有七所大者濶十丈深五丈有一靈鰻如椽　蛟井　巨井在龍藏寺水色紺寒凡見山水條內者不入○以上在鄉

濠　邑內故有渠廣深具八尺許周流兩隅近俱壅塞而蹟未盡湮有陡門濠導繡衣坊集賢坊二渠之水環司前後一遶櫛頭街經東門二巷一遶丁家橋經趙祠前二巷並入濠出會流河又北門街一渠北遶長巖濠出城滸會於河寺嶺街前街二渠會於西濠自城下溝入溪西門渠科貢坊渠會於化龍門濠自城下溝入溪俱有渠址存壆越門外坑導剡坑濶流入荷華塘會於河

水碓　藉水之力以舂有三制平流則以輪鼓水而轉峻

流則以水注輪而轉又有木杓碓碓斡之末刳爲杓以
注水水滿則傾而碓舂之唐白居易詩雲碓無人水自
舂是也

水磨以水轉輪以輪轉磨又水車置流水中輪隨水轉
周輪置大竹管經水中則管皆滿及轉而上管中水乃
下傾用以代桔槔劄皆機巧韻書水推曰繙車

嵊縣志卷三終

嵊縣志卷四

民賦志

均田均輸均徭一周官土均法也而輕重復除代不一制國朝政尚寬恤丁銀徭役悉按畝攤徵不使偏枯貽累良法美意曠古未有亦何至如曩者折變重役紛紜于士夫之門哉志民賦

戶口

民爲邦本王者重之登諸天府實寓生養保息然未有永免滋生之賦如

聖世者我

皇上欲知其數而預爲之備復諭督撫令各州縣每歲仲冬將戶口據實奏聞較之司民歲獻民數有深仁焉

宋大中祥符四年剗戶三萬二千五百七十八口五萬五千六百

嘉泰元年戶三萬九千七百九十二口五萬三千五百七十七不成丁一萬七千四百七十八

嘉定七年戶三萬三千一百九十四口五萬八千七百一十三

元至元二十七年戸四萬六千二百八十二口七萬四
千五百三十八
大德十一年戸三萬八千二百口四萬七千三百七
十六
明洪武二十四年戸二萬八千七百六十五口九萬三
千六百九十二
永樂十年戸二萬二千三百八十五口七萬七千
天順間戸一萬八百五口四萬九千五百三十九
成化八年戸一萬六百三十一口五萬二千四百三
十八又割會稽二十五六兩都入嵊增戸一百六十

五增口三千八百三十四舊志作弘治十三年割入誤

宏治五年戶一萬四百三十三口四萬二百一十一

嘉靖二十年戶一萬一千三百口二萬一千六百一十八

萬歷三十七年戶一萬一年六百一十二口五萬八千七百一十七內市成丁每丁科銀一錢二分一厘市不成丁每丁科銀六分二厘三毫鄉成丁每丁科銀一錢四分四厘七毫米一升四合七勺鄉不成丁每丁科銀八分七厘一毫米一升四合七勺

考證按明制官吏庶民俱有司開具戶口名數赴運司支鹽而計口散給官吏每口食鹽一十二觔市民每口食鹽六觔納鈔一貫鄉民每口食鹽二觔二兩五錢納米四升三合一勺二抄五撮迨後閩志

運撥多曠日耗費遂不復赴領而鈔米仍納如舊隆慶間知縣薛周定額市民鹽鈔銀每丁五厘一毫七忽四微一塵二渺四埃六沙鄉民鹽糧米每丁五升六合八勺四抄六撮一粟八粒每丁又派額辦坐辦銀二分三厘六毫雜辦銀四分三毫七絲均徭銀三分三厘一毫民壯銀二分一厘三毫至萬歷時知縣施三捷酌定額數 國朝仍之又按元豐九域志有主客戶主客丁元時有南北戶南北口明萬歷間又分民戶軍戶匠戶官戶生員戶醫戶捉捕戶弓兵皂隸戶水馬夫戶窰冶戶諸名色 國朝惟别以紳戶衿戶民戶竈戶而紳衿例得免差

國朝原額人丁一萬八千有四 内分市民成丁鄉民成丁市民食鹽鈔鄉民食鹽鈔四項

考證 按府志口之賦二曰鹽鈔曰鹽糧米俱責辦于市鄉成丁之人今以不成丁者作食鹽之數與明少異又向合衆口爲戶今則以丁抵戶是一萬八千四口實則一萬八千四戶非有登耗之殊也

康熙六年清出人丁一十五口共一萬八千一十九
內市民成丁人口一千三百七十五每口徵銀一錢
二分一厘共徵銀一百五十八兩一錢四分七厘鄉
民成丁人口一萬二千六百七十六每口徵銀四分
四厘徵米一升四合七勺共徵銀一千八百三十四
兩二錢一分七厘二毫共徵米一百八十六石三斗
三升七合二勺市民食鹽鈔人口一百九十一每口
徵銀六分二厘三毫共徵銀一十一兩八錢九分九
厘三毫鄉民食鹽鈔人口三千八百四十五每口徵
銀八分七厘一毫徵米一升四合七勺共徵銀三百
三十四兩八錢九分九厘五毫共徵米五十六石五
斗二升一
合五勺
以上共徵銀二千三百三十九兩一錢六分三厘共
徵米二百四十二石八斗五升八合七勺每田三項四十一畝
三分一厘一毫八絲一忽泒市民成丁一口每田二
十三項三十五畝五分七厘三毫四絲八忽七[illegible]

市民食鹽鈔丁一口每田三十五畝一分九厘二毫
五忽八微七塵泒鄉民成丁一口每田一頃一十一
畝一厘九毫三絲八忽五
微泒鄉民食鹽鈔丁一口

考證　按田地人丁向分兩項原因田地額係一定而丁口歲有增除難以歸并然有戸絶人亡者名曰赤腳光丁即欲僉報頂補胥役賣富栽貧錢糧無著官民兩病不若攤泒田糧之爲得也查浙省丁銀有照糧照田之別即如紹屬八邑山陰蕭山諸暨餘姚皆照糧起丁惟上虞新昌及嵊邑照田起丁而嵊自明隆慶間知縣薛周將丁銀泒入三辦均徭即已隨田徵輸末季仍籍人丁窮民竄徙避征不堪其累
國初知縣吳用光仍循舊例泒丁民困始蘇其例市民田五十畝聽一丁鄉民田二十五畝聽一丁至
順治十三年頒行賦役
全書又另行分泒云

康熙五十二年欽奉
上諭嗣後直隸各省滋生人丁永不加賦而嵊邑審增

一千四百三十八口實計一萬九千四百五十七口

康熙六十年原報原額人丁一萬九千八百八十口

雍正四年實在人丁二萬八百一十八口

雍正九年編審舊管人丁二萬三百一十二口新收人丁二千一百八十九口開除人丁一千六百八十三口實計二萬八百一十八口內市民成丁一千四百四十七口除原額完賦外實滋生土著市民一百七十口鄉民成丁一萬四千一百七十二口除原額完賦外實滋生土著鄉民一千八百一十口市民食鹽鈔丁二百四十四口除原額完賦外實滋生土著市民食鹽鈔丁八十二口鄉民食鹽鈔丁四千四百四十九口除原額完賦外實滋生土著鄉民食鹽鈔丁七百七十九口統計滋生人丁二千八百三十九口永不加賦

乾隆元年編審統計增除實在額報人丁二萬一千六百四十口

乾隆五年十一月欽奉

上諭每歲仲冬各省督撫將各州縣戶口增減詳悉摺奏部議自辛酉年編審後舉行即不値編審之年照保甲門牌所列戶口除去流寓人等將土著數目造報不必挨查滋擾即可得其總數以仰副皇上周知民數預爲籌畫之至意

乾隆六年編審新收人丁二十四百九十口開除人丁一千八百一口實計二萬二千三百二十九口內市

民成丁一千四百九十三口鄉民成丁一萬五千二百八十八口市民食鹽鈔丁二百八十六口鄉民食鹽鈔丁五千二百六十二口

田土

有土斯有財國用民食于是乎藉故慶讓有法殿最有典焉我

朝勸墾之詔頻頒又緩其陞科給以牛種斯生齒日繁田土日闢而戶享盈寧之樂也爲舉歷代盈縮而臚列如左

宋嘉定咸淳間籍田三十六萬七千三百一十二畝

元大德至正間籍田三十八萬二千四百六十八畝三

角三步

明洪武二十四年籍田土六千六百八十八項一十六畝五分二毫內田四千一百一十六項九十二畝六分有奇地一千五百五十三項九十二畝有奇山九百六十一項七十三畝有奇塘五十五項九十六畝有奇

永樂十年籍田土六千四百八十九項二十五畝有奇內田四千一百一十六項五十畝有奇地一千三百五十四頃九十二畝有奇山九百六十一頃七十七畝有奇塘五十六頃四畝有奇

成化八年籍田土六千四百九十九項一十七畝七分有奇後撥會稽二十五六兩都入嵊增田土五百五十四項三十二畝五厘五毫內田五千九百一十六頃五十九畝七分

有奇會稽撥增田二萬八千四百一畝地一千三百六十四頃七十四畝四分有奇會稽撥增地六千六百六十四畝七分三厘五毫山九百七十一頃七十七畝有奇會稽撥增山二萬二百三十三畝五分七厘塘五十六頃五畝五分有奇會稽撥增塘一百三十二畝七分五厘

成化十年知縣許岳英履田土七千一百四十二頃六畝二厘四毫內田四十三萬七千一百五十四畝一分五毫地一十四萬三千二百五十畝五分四厘四毫山一十二萬八千一百二十七畝二分五厘二毫塘五千七百七十四畝一分二厘三毫俱分別官民兩項

隆慶四年知縣薛周履盈田二百頃五十七畝九分時因歷年坍缺以所履盈[illegible][illegible]攤于四則田內以補其數而田土之額如故間坐減未盡及盈出山塘入儒學贍士

萬歷九年知縣姜克昌度盈田土十七頃三十畝四分八厘五毫統計合邑田土酌量攤減而不加賦

萬歷二十四年知縣王學夔履勘歷年坍荒田土共一十七頃九十畝四分五厘五毫除抵九年盈數外將缺額田糧均攤

合縣官民田條起

萬歷三十七年知縣施三捷訂立全書計田土七千三百四十八頃二十六畝五分四厘七毫內一則田每畝科銀四分八毫米一升四合四勺四則田每畝科銀三分八厘米八合一勺遊謝一則及各鄉四則遊謝長樂科四則每畝均科銀三分四厘八毫米不科地每畝科銀九厘二毫山每畝科銀二厘三毫塘每畝科銀一毫

國朝順治原額田地山塘仍如明舊内田四千四百五十八頃二十三畝二釐四毫計各鄉一則田二千三百九十九頃二十六畝七分六釐五毫每畝科銀六分七釐米八合三勺各鄉四則田一千九百五十五頃三十二畝三分七毫每畝征銀六分二釐五毫米四合三勺遞長鄉四則田一百五十六頃六十三畝九分五釐二毫每畝征銀六分一釐二毫地一千五百頃三十畝八分二釐每畝征銀一分六釐三毫山一千三百二十六頃三十畝二分三毫每畝征銀四釐塘六十三頃四十二畝五分每畝征銀一毫八絲

考證　按舊志明初有官田寺觀田站田餘田民田而官田又分職田才賦田平糴田廣利田沒官田斷沒官田俱免差徭寺觀例有香火田三十六畝因其時僉民戶充糧長解納北折賠累傾家惟寺觀不與故民田多詭寄寺觀曰續置田以圖倖免餘田分義沒莊田學院田二項民田戶四則一磷田二塘田三坑田四天田各則科米又分四等各視其鄉爲多寡地有官地寺觀地學院地天漲地民地山有官山

民山寺山塘有官塘民塘寺塘等則繁多歲久滋弊隆慶時知縣薛周戛平之以官寺站田及民田之一二三則者曰一田四則者仍曰四田米無多寡而科有重輕其地山塘又各均爲一則後遊謝長樂二鄉援往例告減乃以遊謝之一則準各鄉之四則若遊長之四則又視各鄉爲更輕焉于是民均稱便今仍舊稱曰一田曰四田而于遊長之四則俗稱遊四田以別之近更誤遊爲由莫知所自矣

康熙六年丈出一則田一頃五十畝五釐三毫四則田一頃一十一畝一分一毫丈缺地一頃一十七畝七分八釐一毫丈出山八十八畝八分四毫

康熙三十一年陞科四則田三分

康熙三十三年陞科一則田一畝六分五釐八毫陞科四則田八畝四分

雍正七年首報四則田一畝七分七厘首報地一畝
雍正十一年陞科四則田五十二畝三分六厘二毫
陞科地二頃四畝五分一厘七毫地改塘八分三厘
一毫又地塘改爲一則田三畝二厘八毫地改四則
田五十畝九分三厘三毫除地五十三畝六分七厘
二毫除塘一畝三分
雍正十二年陞科四則田五畝一分二厘一毫陞科
地二畝七分五厘又地山改四則田六十畝五分三
厘除地五十四畝五厘二毫除山六畝七厘八毫
乾隆元年陞科四則田二百五十六畝九分九厘陞

科遊長鄉四則田一十一畝四分六釐六毫陞科地八十四畝五分一釐六毫陞科塘一畝一分五釐八毫除原山三畝八分連前共一則田二千三百九十七頃八十一畝六分八釐四毫該徵銀一萬六千六十五兩三錢七分二釐八毫二絲八忽八微米一千九百六十六石二斗九合八勺八撮八圭各鄉上則田一千九百一十頃七十九畝八分一釐四毫該徵銀一萬一千九百四十二兩四錢八分三釐三毫一絲二忽五微米八百二十一石六斗四升二合七勺五抄一撮九圭遊長四則田一千五十六頃七十五畝四分一釐八毫該徵銀九百五十九兩三錢三分五釐五毫八絲一忽六微地一千五百頃九十五畝六分九釐八毫該徵銀二千四百四十六兩五錢五分九釐八毫九絲七忽四微山一千三百二十七頃九畝一分二釐九毫該徵銀五百三十兩八錢三分六釐五毫一絲六忽塘六十三頃七十六畝七分二釐一毫該徵銀一百一錢四分七釐八毫九忽七微八塵

以上額徵銀三萬一千九百四十五兩七錢三分五
厘九毫二絲五忽二微八塵外加收零積餘米改徵
銀一十八兩八錢六分六厘五毫九絲三忽一微顏料臘茶新加銀四十四兩八錢
二分四厘一毫一絲二忽二微一塵匠班銀四十一兩八錢一分四厘孤貧口糧改
徵銀七十二兩外賦入地丁稅鈔銀五兩不入地丁科徵鹽
課茶芽課鈔銀二十三兩六錢三分六厘六毫五絲共實徵銀三萬二
千一百五十一兩八錢四分七厘二毫八絲五微九
塵連丁銀共三萬四千四百九十一兩一分二毫八
絲五微九塵遇閏加銀五百二十五兩五錢五分六
厘七毫八絲三忽九微一塵二渺九漠一埃四纖四

沙額徵米二千七百八十七石八斗五升二合五勺六抄七圭內除收零積餘米一十八石八斗六升六合五勺九抄三撮一圭孤貧口糧米七十二石共實徵米二千六百九十六石九斗八升五合九勺八抄七撮六圭連丁米共二千九百三十九石八斗四升四合六勺八抄七撮六圭遇閏加米一百石

貢賦

任土作貢則壤成賦爲國大經其輕重調劑各有章程未容絲毫紊也宋元明額數舊志多前後矛盾雖徧加考核終未明備惟

國朝賦役悉準全書故條欵爲獨詳

宋貢未詳

宋賦夏戸人身丁錢五千八百八十九貫八百五十文

紬九百二十疋二丈六尺三寸

絹一萬一千三百六十七疋三丈二尺六寸

綿五千九百七十七屯一兩六錢五分

秋苗米一萬九千九百二十七石四斗一合九勺

淳熙間和預買絹一萬七千九十八疋二丈二尺五寸

考證按寶慶志太宗時馬元方爲三司判官建言方春民用乏絶預貸官錢至夏秋令輸絹于官曰

和買然止一時權宜及熙寧新法乃行之天下而浙
東絹與爲尤重後來錢既乏支而所買之額不除建
炎間累詔寬減淳熙十六
年又特減舊額用紓民力

役錢二萬一千九百七貫七百三十文

水陸茶錢七百四十貫一百一十七文

職田米三百三十三石七斗

小綾錢一百五十疋折錢一千五百四十二貫一百
五十文

折帛錢五萬三千五百三十四貫五百三十五文

折紬綿五千二百一十九兩

折税絹麥二百九石五斗

折苗糯米四百八十三石四斗

考證按郡志支移折變八邑多寡不同惟會稽以攢宮所在得免其餘尚有經制錢總制錢頭子錢朱墨勘合錢各名色無晰數可稽故不載

課利祖額二千五百九十三貫七百二十一文遞年趁到三千五百五十一貫六百七十七文

酒祖額一萬二千七百七十四貫九百二十文遞年趁到四千五百八十六貫六百六十六文

元貢玉面貍額未詳

元賦至元間官民田正米九千二百五十八石二斗四升九合免糧田正米五百三十石七斗六升四合六

勺

【考證】按元時有夏稅麥租鈔酒醋課鈔稅課鈔茶課鈔曆日鈔鹽課鈔諸款無可查核故仍舊志止載秋糧米數云

【明貢】洪武時貢芽茶八觔成化時撥會稽二十五六兩都入嵊又增十觔附會稽縣解又有玉面貍活竹雞雜色皮弓箭弦絲金綫桑穰皮派入額辦銀起解不徵本色

【明賦】洪武二十四年夏稅麥三百九十二石七斗六升九合四勺

苗麥四百二十八石六斗二升四合八勺

稅鈔七百九十一貫一百九十三文
秋糧米一萬七千七百八十石八升二合
租鈔七千四百三十九貫五百一十九文
賃房鈔一百一十四貫三百二十五文
永樂十三年米一萬七千九百八十一石六斗五升
二合一勺
租鈔七千四百七十三貫三百三文
成化八年秋糧米一萬七千八百六十五石五斗八
合會稽撥增一千八百六十石九斗三升六合六勺
租鈔七千五百三十一貫七百九十文會稽撥增租

鈔九百六十九貫四百三十七文

宏治五年秋糧米一萬九千六百八十六石九斗四升九合三勺

租鈔一千七百錠一貫二百七十二文

考證 按楊炎定兩稅唐以後遂爲定法夏稅毋過八月秋稅毋過明年二月州縣徵輸各以其時爲斷舊志于永樂成化宏治止載秋糧周海門亦謂舊志夏稅數多互異以隆慶時爲的

隆慶間夏稅麥八百七十二石七斗四升四勺

稅鈔一百七十一錠二貫七百八十四文 內起運者一曰京庫麥存留者四曰本縣儒學倉麥曰定海廣安倉麥曰本府泰積庫鈔曰農桑額徵絹俱折色

秋糧米一萬九千五百一十九石五斗四升四合七

勺

租鈔一千六百七十七錠三貫一百一十二文二分

內起運者四曰京庫北折米曰南京各衛倉南折米曰水兌正米曰派剩米一解太倉一解光祿寺存留者四曰本府預備倉米曰餘姚常豐三倉米曰常豐四倉米曰本府秦積庫鈔亦折色惟常豐三四倉本折各半其折價多寡不同至天啓二年知縣黃廷鵠申請秋米盡改折色每石定價八錢　國朝順治初衛軍復挑成議欲仍運米索費知縣羅大猷奉文酌議每石定價一兩加貼解費二錢共銀一兩二錢

〔考證〕按郡志明時有北折南折備折存折抑折改折海折等款南北折以輸兩京抑備海等折以輸軍門或年有年無而存留本色若存折備折則以供官吏軍伍之俸及飢年之賑

萬歷間本色米四千九百七十二石九斗五升二合六勺

條折銀二萬四百六十六兩七錢三分九毫

零積餘米二十一石二斗二升六合九勺折銀二十八兩四分八釐八毫

兵餉銀五千四百三十一兩九錢三分八釐六毫二絲九忽二微六塵

考證 按明嘉靖三十四年越有倭患海寇汪五峯復乘機擾亂沿海郡縣朝廷發兵捕勦因于正賦外加派畝分總制胡宗憲始全浙派銀共四十七萬五千四百餘兩而嵊縣分派五千四百三十一兩九錢有奇民困重斂後廵撫趙炳然劉畿奏減之考之郡志嵊時額解止二千七百四十三兩六錢四分九釐何以至萬曆閒奏減之後尚有此數而舊志又稱舊額頗多也不可考矣

東餉銀六千六百六十六兩六錢七分九釐萬曆四十八年

每畝加銀九
厘九毫八絲

馬價銀四百五十六兩九錢七分

〔考證〕寧波府志先是永樂間河南荒歉馬政無辦暫借浙中人戶丁糧近上之家編爲馬頭到彼應直正德間浙江巡按御史車梁奏革馬頭于田丁內均派徵銀解府轉解布政司交納聽彼驛上司差官領回雇役應當遂以爲常浙民累有陳奏未得豁免　國朝順治九年裁扣充餉

府站銀一千七百一兩九錢七分三厘三絲

〔考證〕按明成化八年撥會稽縣兩都入嵊而民苦于役嘉靖間知縣陳宗慶請將東關驛歸併曹娥驛然驛雖裁驛夫館夫等項仍派銀幫貼萬歷十八年裁減驛夫銀七十九兩六錢七厘　國朝漸次裁拒而協濟之累始除

油榨銀一兩二錢七分六厘

門攤鈔一十九兩八分一厘三毫三絲

課程額徵鈔一百二十七錠二貫九百四十五文折銀

一兩二錢七分五厘八毫九絲

考證　按課程古關市之征也宋茶酒礬鹽皆官自賣之元設歷日鈔明初置稅課局大使領之歲辦諸色課程并商稅課程皆收鈔後鈔壅不行乃以課鈔降依時價折銀視原價不及十之一萬歷間并罷官吏附縣帶征　國朝順治初課程諸名色無定例康熙十六年內奉文始定契稅等額

稅課額徵鈔二千一百四十二錠四貫八百八十文

折銀二十一兩四錢二分九厘七毫八絲

額辦銀二百六十二兩五錢三分六毫五絲八微內有

硝鹿皮狐狸皮銀　桐油銀　藥材銀　弓箭弦條銀　胖襖褲鞋銀俱解府轉解

坐辦銀一千三百五十兩四錢二分一釐八毫遇閏
加增內有牲口銀　果品銀　蠟茶銀　葉笋銀
南京并布政司歷日紙料銀　淺船料銀　漆
木料銀　軍器民七料銀　四司工料銀
歲造緞疋銀　茶芽銀俱由府轉解
雜辦銀二千三百七十二兩五錢七分六釐八毫六
絲遇閏加增內有本府拜進表箋綾函紙劄銀　本
縣拜賀習儀香燭銀　祭祀合用猪羊
品物銀　諭祭銀　文廟　啓聖祠二祭
銀　社稷山川厲壇祭銀　鄉賢名宦祠祭銀　清
風祠祭銀　陳侯祠祭銀　鄉飲酒禮銀　迎春芒
神土牛春花三牲酒席銀　上司并府縣門神桃符
銀　科舉禮幣進士舉人牌坊銀　武舉供給筵宴
盤纏銀　歲考生員試卷果餅激賞花紅紙筆併童
生果餅進學花紅銀　提學道考試生員搭蓋篷廠
工料銀　季考生員試卷果餅激賞花紅紙筆銀
起送科舉生員酒禮花紅卷資路費及各官陪席銀
迎宴新舉人合用捷報旗匾銀花綵緞旗酒禮銀

起送會試舉人酒席路費卷資銀　會試舉人水
手銀　歲貢生員路費并旗匾花紅酒禮銀　孤老
花布米柴銀　三院司道按臨并本縣朔望行香香
燭講書紙劄銀　三院觀風考試試卷果餅激賞花
紅紙劄筆墨銀　布政司清軍道公用紙劄銀按
察司直堂公用銀　交際公費銀　兵巡道巡歷心
紅紙劄油燭柴炭士夫交際公費銀　巡視海道交
際公費銀　三院查盤委官駐劄合送心紅油燭柴
炭吏書供給造冊紙張銀　上司各衙門并府縣及
查盤取用卷箱架扛鎖索棕單白牌等項銀　部運
南糧委官水手銀　省城各上司到任隨衙下道家
伙等銀　貢院雇稅家伙募夫等銀　上司經臨及
一應公幹官員合用心紅紙劄油燭柴炭門厨皂隸
米菜銀　本縣新官到任祭門猪羊酒果香燭銀
府縣陞遷給由并應朝官員起程復任公宴祭門祭
江猪羊三牲酒果香燭等項銀　府縣心紅紙劄等
銀　軍器路費銀　戰船民六料銀　雕塡漆匠役
銀　省城募夫工食銀　上司并公幹員役經臨本
縣中火宿食廩糧飯食等銀　經臨公幹員役搬送
下程油燭柴炭銀　上司經臨并過往公幹官員合

用門皂銀　雇夫銀　本府越望亭并執傘夫本縣
修造座船銀　雇馬銀　雇船銀　修城民七料銀
修理本縣城垣銀　修理府縣廳堂公廨監房土
地祠等處并新官衙宇銀　修理本縣公所衙門銀
修理儒學教官衙宇銀　修理府縣鄉飲公宴祭
祀新官上任齋宿幕次器皿什物及經過公幹官員
轎傘幃褥等銀　司道衙門書吏工食銀　修理官
船水手等銀　預備雜用銀　表箋通數銀　協濟
昌平州銀　三院司道取給舉人貢生路費卷資銀
獎賞孝子節婦善人米布銀　按察司進表承手
銀　修理院司公館家伙什物銀　恤刑按
臨合用心紅紙劄油燭柴炭吏書供給銀

均徭銀一千八百五十三兩一錢七分三厘九毫六
絲五忽　南京額班直部柴薪皂隸銀　南京直堂把
門看倉看監隸兵銀　解京富戶銀　撫院
健步銀　按院轎傘夫銀　鹽院完字號座船水手
銀　布政司解戶銀　馬丁銀　左布政司員下聽
事夫銀　督糧漕務道轎傘夫銀　分守溫處道聽
事夫銀　按察司巡視海道皂隸銀　兵巡紹台道

轎傘夫銀　兵巡溫處道甲首銀　兩浙運司將盈
庫看守募丁銀　本府柴薪皂隸銀　皂隸銀　甲
首銀　泰積庫役銀　司獄卒銀　捕盜應捕銀
新官家伙銀　府學齋夫銀　膳夫銀　本縣柴薪
皂隸銀　馬丁銀　門子銀　皂隸銀　獄卒銀
捕盜應捕銀　巡鹽應捕抵課役銀　新官家伙銀
歲貢生員赴京路費銀　預備倉經費役銀　書
手銀　修理倉廒家伙銀　盤量籮夫銀　風車簟
銀　紙劄銀　常豐二倉經費役銀　看守布政分
司按察分司府館門子銀　三界公館門子銀　三
界稅課局抵課巡攔銀　上虞儲林羲鋪三鋪司兵
銀　驛使銀　縣前五里仙巖馬溪大壁岙鋪司兵
銀　南門渡渡夫并修船銀　本縣儒學齋夫銀
膳夫銀　門子庫子掃殿夫　啓聖公祠門子銀　數
官家
伙銀

【考證】按明制供御用曰歲進供國用曰歲辦歲辦之
中分類征派有額辦坐辦二差國家大課例不
優免官府公費曰雜辦惟官員舉貢生員優免二辦
皆十年輪轉九年併力一年坊里之長當雜辦往往

傾其家嘉靖四十五年御史龐尚鵬以雜辦酌爲定費均派概縣丁田每歲輸銀入官令執事者領銀供辦不役坊里長其二辦亦年年均輸無併力之艱是謂三辦均平役分銀力二差十年以次輪編分別戶之三等配以煩簡輕重吏得上下其間弊孔百出嘉靖四十三年餘姚知縣周鳴塤議將銀力二差一概征銀雇募亦經龐尚鵬題准通行隆慶元年餘姚知縣鄧喬材謂夏稅秋糧及三辦內織悉名色不下三四十項歷陳多科重征誤收侵盜諸弊請將各色額稅并爲一王征收名曰一條鞭派征則攢爲一總起解則分項開銷盡除贈耗收頭及欺勒小戶之弊具呈三院如議通行後頒其法于天下而賦額大減紙二項曰本色米條折銀其不入條鞭者惟鹽糧塩鈔油榨門攤等項而已嵊至萬歷間始行此法知縣施三捷重纂全書而規制畫一矣

國朝貢賦

〔考證〕按順治十三年命戶部右侍郎王弘祚將各省額定征收起存總撒實數編撰成帙名曰賦役

全書錢糧則例俱照萬曆年間其啓正時加派盡行
蠲免地丁原額以萬曆刊書爲準除荒以覆奉俞旨
爲憑若九釐銀增前書所未載宗祿銀改存留爲起
運漕白悉依舊額行月必令均平胖襖盔甲解本色
者易爲改折南糧本折留南用者抵作軍需經費定
有新規裁冗改歸正項本色顏料銅錫茶蠟等項已
改折者照督撫題定價值開列解本色者照刊書價
值造入須布天下官民遵爲令式又康熙二年左布
政使袁一相條議錢糧既以一條鞭征收亦應以一
條鞭起解除輕賚淺貢行月解糧道站銀解驛道鹽
課解運司採辦本色解府外凡部寺各項彙爲一
條解司司又自分款項解部嗣後遂無紛紜之弊

起運本折正賦裁扣等銀三萬一千三百六兩三分
八釐三毫七絲四忽七微九塵二渺三漠八埃六纖
六沙內

戶部起運本色銀一百四十兩五分一釐七毫二絲

五微三塵一渺二漠五埃鋪墊解擯滴珠路費銀九兩二錢六分八厘七毫三絲六忽九微九塵七渺五漠順治十八年實辦銀硃價銀四兩八錢三分鋪墊路費銀五錢七分九厘六毫　賦硃價銀七錢八分七厘五毫鋪墊路費銀九分四厘五毫　實辦烏桕價銀一錢五分九厘鋪墊路費銀一分九厘八絲

實辦黃熟銅價銀一兩一錢一厘七毫五絲鋪墊路費銀一錢三分二厘二毫一絲　黑鉛價銀七錢三分五厘鋪墊路費銀八分八厘二毫　五棓子價銀七分三厘四毫七絲二忽六微五塵六渺二漠五埃鋪墊路費銀八厘八毫一絲六忽七微一塵八渺七漠五埃　黃蠟價銀一兩六錢二分三厘八毫七

絲五忽鋪墊路費銀一錢九分四厘八毫六絲五忽

桐油價銀一兩八錢鋪墊路費銀二錢一分六厘

順治十八年改折銀硃銀五兩五錢二分　改折賦硃銀二錢七分　改折烏梅銀一錢四分一厘改折黃熟銅銀一兩四錢四分七毫五絲　改折桐油銀二兩二錢九分五厘　全折生漆銀一兩七錢

一分六厘七毫一絲八忽七微五塵　全折嚴漆銀
一兩一錢七分九厘九毫三絲七忽五微共鋪墊路
費銀三兩三錢五分一厘一毫五絲八忽七微五塵
　順治十八年改折銀硃加增時價銀二十五兩六
錢八分　烏梅加增時價銀四錢二分三厘　黃熟
銅加增時價銀四錢七分一厘七毫五絲　桐油加
增時價銀三兩四錢四分二厘五毫　生漆加增時
價銀一兩七錢一分六厘七毫一絲八忽七微五塵
嚴漆加增時價銀一兩七錢八分九厘九毫六忽
二微五塵　賦硃加增時價銀五分四厘　順治十
六年改辦本色十八年仍改折色黃蠟銀一十二兩
四錢七分一厘一毫五絲九忽六微二塵五渺　又
折色黃蠟銀四十九兩五分六厘二毫七絲一忽路
費銀五錢二分五厘八毫三絲七忽六微七塵五渺
改折芽茶銀二兩七錢九分六厘四毫一絲六忽
二微五塵　折色芽茶銀四兩七錢七分六厘一毫
二絲三忽七微五塵路費銀四分七厘七毫六絲一
忽二微三塵七渺五漠　折色葉茶銀二兩五錢六
分六厘二毫五絲路費銀二分五厘六毫六絲二忽
五微　順治十八年黃蠟加增時價銀一兩七厘八

毫二絲三忽五微路費銀一分七絲八忽二微三塵五渺芽茶加增時價銀六兩三錢九分八厘九毫七絲五忽葉茶加增時價銀三兩八錢五分四厘八毫一絲二忽五微路費銀三分八厘五毫四絲八忽二微二塵五渺

禮部本色起運銀四兩九錢八分八厘九毫袋袱簍損路費銀七兩五分四厘四毫五絲康熙七年奉文折二解一白芍藥銀二錢二分二厘八毫八絲一忽二微五塵牡丹皮銀一分一厘八毫八絲六忽半夏銀八分六厘六毫六絲八忽七微五塵天門冬銀八厘六毫六絲六忽八微七塵五渺豬牙皂角銀六厘一毫九絲六微二塵五渺紫石英銀一毫三絲九忽二微四渺南星銀七分四厘二毫八絲七忽五微茯苓銀二錢六分二絲八忽一微二塵五渺通共津貼路費銀三錢三分五厘三毫七絲四忽一微六塵四渺五漠藥材改折銀一兩四錢三分八厘一毫五絲一忽六微七塵一渺加津貼路費銀七錢一

分九厘七絲五忽八微三塵五渺五漠　全折吳茱
萸銀二分九厘七毫一絲五忽　黄藥子銀六分六
厘九毫四絲一塵三渺　康熙三十二年折徵薦新
茶芽銀二兩八錢八分　黄絹袋袱旗號簍損路費
銀六
兩
丁部本色起運銀三十五兩五錢二分七厘三毫六
絲五忽鋪墊路費銀二十二兩五錢八分七毫七絲
五忽二微二塵五渺　桐油銀六兩六錢一分七厘八
毫四絲二忽五微墊費銀二十
一兩一錢九分一厘六毫八絲　桐油改折銀二十
二兩二錢九分一厘六毫八絲路費銀二錢八分九
厘九絲五忽二
微二塵五渺
戶部折色起運銀八千六百五十三兩五錢七分五
厘五絲七忽八渺二漠滴珠路費銀八十六兩八錢

三分八厘九毫二絲三忽七塵四渺一漠一埃三纖
四沙京庫麥折銀一百四十一兩一錢七分三厘九
毫滴珠路費銀三兩八錢一分一厘六毫九絲
五忽三微京庫米折銀一千六百六十一兩一分
一厘一絲五忽滴珠路費銀二十八兩六錢四分七
厘二毫九絲七忽六微七塵五渺　農桑絹折銀五
兩二錢五分路費銀五分二厘五毫　派剩米折銀
一百五十兩二錢五分一厘一毫三絲三忽一微三
塵路費銀一兩八錢三厘一絲三忽五微九塵七渺
五漠六埃　折色蠟價銀一百八十四兩七錢一分
路費銀一兩八錢四分七厘一毫　富戶銀一十六
路費銀一錢六分　昌平州銀四兩路費銀四分
南部柴薪皂隸直堂隸兵等銀一百二十五兩三
錢路費銀一兩二錢五分三厘　江南藥價銀二錢
七分九厘五毫五絲津貼路費銀五分五厘九毫一
絲顏料改折并價扛損解銀二百四十四兩六錢
二分二厘二毫六絲三忽二微一塵二渺五漠路費
銀二兩四錢四分六厘二毫二絲二忽六微三塵二
渺一漠二埃五纖　塩鈔銀三兩四錢五分二厘一

毫二絲三忽二微八塵五渺七漠路費銀四分一厘
四毫二絲五忽四微七塵九渺四漠二埃八纖四沙
　九厘銀六千六百六十八兩六錢七分九厘七毫
七絲路費銀四十六兩六錢八分七毫五絲八忽三
微九塵　歷科銀四十八兩八錢四
分五厘二毫九絲二忽三微八塵
禮部折色起運銀五十二兩五錢七分八厘八毫路
　費銀四兩九分三厘三毫八絲牲口銀二十八兩路費銀二錢八分藥
材折銀七兩二錢八分八毫津貼路費銀三兩六錢
四分四毫　光祿寺果品銀一十三兩三錢路費銀
一錢三分三厘　光祿寺菜筍銀三兩九
錢九分八厘路費銀三分九厘九毫八絲
工部折色起運銀一千八百七十兩二錢四分四厘
八毫七忽路費銀六兩五分六厘二毫八絲三忽白硝
麂狐皮銀一兩八錢　雕填匠役銀二兩六錢二分
八厘三毫路費銀二分六厘二毫八絲三忽　漆木

料銀三兩二錢五分二毫　弓改牛角銀六百三兩
路費銀六兩三分　箭銀一百八十三兩一錢　弦
銀一百一兩一錢　胖襖褲鞋銀八十二兩二錢三
分七厘七毫七絲　四司工料銀三百五十兩　歲
造緞疋銀三百五十六兩四錢九分二厘九毫　軍
器民七銀一百四十兩六錢五分一厘二毫路費銀
四兩一錢七分九毫　匠班
銀四十一兩八錢一分四厘
舊編存留裁改起運銀九千五百七兩四錢四分五
厘四毫九絲七忽九微八塵七渺九漠三埃六纖六
沙路費銀四兩五錢六分九厘七毫　軍儲倉餘存充餉銀二百九十
九兩四錢九分三厘六絲八忽六微四塵九渺　順
治八年南米改折充餉銀五千九兩七錢四分二厘
順治九年裁扣本府捕盜應捕銀十四兩四錢
本縣捕盜應捕銀四十三兩二錢　鹽捕抵課并滷
珠銀一十八兩一錢八分　上司按臨并本縣鄉堂
行香講書紙劄筆墨香燭銀三兩　外省馬價銀四

百五十六兩九錢七分路費銀四兩五錢六分九厘
七毫　本縣預備倉經費銀二十二兩　餘姚常豐
二倉經費銀一十五兩六錢　本縣預備雜用銀四
十九兩八錢　各役工食裁剩銀三兩八錢三分七
厘五毫五絲四忽一微九塵六渺一漠　收零積餘
米銀二十六兩一錢三分二厘五絲七忽七微五塵
三渺二漠三埃六纖六沙　收零積餘米易銀一十
八兩八錢六分六厘五毫九絲三忽一微　本府知
府倉庫書庫子銀一十六兩八錢　通判門子燈夫
銀四兩八錢　本縣知縣修宅傢伙銀二十兩　吏
書門皂馬快民壯燈夫禁卒轎傘扇夫倉庫書庫子
斗級銀一百九十三兩二錢　縣丞書門皂馬銀八
兩四錢　典史書門皂馬銀八兩四錢　順治十二
年裁扣知縣迎送上司傘扇銀八兩　順治十四年
裁減本府准表委官盤纏銀四錢九分　分守寧紹
台道轎傘扇夫銀八兩四錢　本縣知縣薪銀油燭
傘扇銀三十兩四錢九分　縣丞薪銀八兩三錢二
厘　生員廩糧銀一百二十八兩　上司經臨公幹
官員薪送下程油燭茶炭銀四十九兩四錢　門神
桃符銀一兩五錢　鄉飲酒禮銀八兩　提學道考

試搭蓋廠銀一兩一錢 歲考生員試卷果餅激
賞花紅紙劄筆墨并童生果餅進學花紅銀一十七
兩五錢季考生員試卷果餅激賞花紅紙劄筆墨
銀一十四兩 備用銀兩扣按察司進表水手銀七
錢五分 膳夫銀四十兩 里馬銀一十六兩八錢
八分 順治十五年裁優免銀一百九十五兩五錢
九厘三毫八絲七忽八微三渺四漠二埃 康熙元
年裁本縣知縣吏書銀七十二兩 縣丞書辦銀六
兩 提學道歲考生員試卷果餅激賞花紅紙劄筆
墨并童生果餅進學花紅府學銀一十兩 縣學銀
二十五兩 全裁考試搭蓋廠工料銀二兩二錢
康熙二年裁本府知府倉書庫書銀十二兩 本
縣知縣倉書庫書銀十二兩 學書銀七兩二錢
康熙三年裁本縣教諭俸銀三十一兩五錢二分
喂馬草料銀一十二兩 門子銀二十一兩六錢
齋夫銀三十六兩 康熙八年裁驛站經臨中伙宿
食銀五十兩 公幹官員心紅紙劄油燭柴炭銀二
十二兩 門皂銀六十兩 康熙十四年裁扣司備
用銀七十七兩七錢二分五厘四毫一絲 知縣心
紅銀二十兩 修理倉監銀二十兩 知府修倉備

辦刑具銀一十三兩五錢九分六毫九絲四忽二微
八塵九渺六漠　儒學喂馬草料裁半銀六兩　季
考生員試卷果餅花紅紙劄筆墨裁半府銀二兩縣
銀五兩　修理府縣鄉飲祭祀新官到任齋宿幕次
器皿什物各經過公幹官員轎傘等銀三兩二錢五
分　修理官船水手銀四十八兩　康熙十四年裁
扣修城民七料銀二十一兩八錢七分　季考生員
試卷果餅花紅紙劄筆墨裁半府銀二兩縣銀五兩
縣備用銀三十三兩三錢一分八毫九絲　修理
本縣城垣銀二十兩　康熙十五年裁扣各院觀風
試卷果餅紙劄筆墨府銀四兩　本縣新任祭門銀
一兩八錢五分　紳衿優免丁銀三十七兩八錢二
分二釐一毫一絲二忽一微九塵六渺五漠八埃
康熙十六年裁扣迎春裁半銀二兩　儒學喂馬草
料裁半銀六兩　本縣歷遷給由應朝起程復任公
宴祭門祭祀銀二兩五錢　康熙二十四年裁寧紹
道轎傘扇夫銀四十二兩　康熙二十七年裁歲貢
赴京路費銀三十兩　續裁科舉禮幣進士舉人牌
坊銀七十兩四錢一分二釐八毫　會試舉人水手
銀三十二兩　武舉筵宴銀四錢五分　貢院僱稅

家伙并募夫銀二兩　迎宴新舉人旂匾花紅旂帳酒禮府銀二兩五錢縣銀四兩　起送會試舉人酒席路費卷資府銀八兩三錢八分四厘四毫縣銀九兩三錢三分三厘四毫　賀新進士旗匾花紅酒禮府銀二兩縣銀二兩　起送科舉生員花紅卷資路費酒禮府銀四兩四錢縣銀一十二兩六錢五分三厘三毫康熙三十一年裁本府各驛銀一千一百三十兩八錢六分七厘八毫三絲　應差夫銀一百二十九兩六錢　差馬銀二百七十兩　僱船銀六十兩康熙五十年裁縣丞俸銀四十兩　門子六兩皂隸銀二十四兩　馬夫銀六兩　康熙五十六年裁本府拜進表箋綾函紙劄寫表生員工食香燭銀一兩七錢五分　雍正三年裁歷日紙料銀一十兩九錢二厘　雍正六年裁扣本府通判燈夫銀一十二兩　本縣燈夫銀二十四兩　東關驛館夫銀七兩二錢　雍正十二年裁扣民壯工食銀一百二兩

舊存充餉裁改起運銀一萬一千四十二兩六錢三

分六厘二毫二絲七忽二微六塵五渺田地山銀三千七百一十一兩八錢四分五毫七絲四忽三微六塵　均徭銀六十六兩　預備秋米折銀八百七十八兩二錢七分八厘五絲四忽九微　民壯銀七百九兩八錢二分　本府倉歲餘米銀一千五百一十三兩三錢四分二厘二毫八絲四忽　續撥軍儲銀三千二百二兩五錢五厘三毫一絲四忽五渺　歷日銀四兩七錢五分　會稽兌役銀八百三十兩一錢　協濟龍游縣夫馬抵解兵餉銀二十六兩七錢一分　江山縣夫馬抵解兵餉銀一十八兩　常山縣夫馬抵解兵餉銀八十兩二錢九分

司道各款銀一千二百七十九兩三錢三分一厘八毫三絲一忽五微一渺鹽院完字號座船水手歸解布政司解部充餉銀一兩　戶役銀三十兩　戰船民六料銀三十九兩一錢四分九厘一毫　運司鹽課苦滷稅銀三兩車珠銀五分一厘　糧儲道隨漕折色原編解船政同知裁改解道淺船銀二百九十九兩八錢三分三厘七毫

貢具銀五十三兩七分三厘九毫三絲一忽五微一渺　驛傳道本府各驛銀五百六十三兩九錢五厘二毫　養膳應差夫四十名共銀二百八十八兩　夫頭一名銀三兩三錢二分

府縣經費存留銀六百七十三兩一分六厘六毫六絲本府諭祭銀六兩六錢六分六厘六毫六絲本縣拜賀習儀香燭銀四錢八分　文廟釋奠二祭銀六十兩　崇聖公祠二祭銀一十二兩　文廟香燭銀一兩六錢社稷山川壇二祭銀三十二兩　關帝二祭銀六十兩　邑厲壇三祭共銀二十四兩　厲壇折木銀六兩　鄉賢名宦祠二祭銀一十二兩　清風祠二祭銀八兩　陳公祠二祭銀八兩　迎春芒神土牛春酒銀二兩　知縣俸銀四十五兩　典史俸銀三十一兩五錢二分　儒學教諭訓導同食俸銀三十一兩五錢　乾隆元年增給俸銀四十八兩四錢八分　廩糧銀六十四兩　廩膳銀四兩　鄉飲酒禮二次銀八兩　歲貢生員路費旗匾花紅酒禮府銀七錢五分　縣銀三兩　孤貧四十名花布木柴銀二十四兩　口糧銀一百四十四兩

外協濟新昌縣經費不敷銀一百三十六兩九錢六分一厘六絲六忽

府縣徭役存留銀一千一十四兩七錢本府庫子四名銀二十四兩　通判門子二名銀一十二兩　知縣門子二名銀一十二兩　皂隸十六名銀九十六兩　馬快八名銀六十四兩　民壯三十名銀一百八十兩　仵作三名銀一十二兩　禁卒六名銀四十八兩　轎傘扇夫七名銀四十二兩　庫子四名銀二十四兩　斗給四名銀二十四兩　典吏門子一名銀六兩　儒學皂隸四名銀二十四兩　馬夫一名銀六兩　齋夫三名銀三十六兩　門子二名銀一十四兩四錢　衝要三鋪司兵各五名共工食銀一百三十五兩　偏僻五鋪司兵各四名共工食銀一百四十四兩　外馬快陸路製械水鄉造船解司銀八十六兩四錢　看守布按分司府館三界公署門子工食解府銀一十八兩九錢　奉撥大嵐山同知民壯三名銀一十八兩

起運存留本折糧米二千九百三十九石八斗四升

四合六勺八抄七撮六圭解糧儲道隨漕本色月糧二千九百石折銀三千四百八十兩重因口糧米三十六石奉文撥解紹協鎮歷丈兵米三石八斗四升四合七勺六抄七撮六圭乾隆五年詳准折色銀三兩八錢四分四厘四毫六絲六忽七微六塵

額徵加閏銀五百二十五兩五錢五分六厘七毫八絲三忽九微一塵二渺九漠一埃四纖四沙加閏米一百石起運本折正賦裁扣等加閏銀三百七十一兩九錢八分一厘八毫二絲五微九塵九渺五漠八埃一纖司道各款加閏銀六十六兩九錢三分三厘三毫三絲三忽三微三塵三渺三漠三埃三纖四沙存留經費徭役加閏銀八十六兩五錢五分八厘三毫隨漕本色月糧加閏米一百石折解銀一百二十兩

外賦

學租銀一兩七錢九分五釐

牙稅銀二十六兩八錢上則一十九名每名徵銀八錢中則十名每名徵銀六錢下則一十四名每名徵銀四錢

契稅買產每兩徵銀三分盡收盡解

牛稅每兩徵銀三分盡收盡解

附鹽

嵊無場竈所食鹽例由商人從上虞縣曹娥場票運每歲額銷五千引兼銷新昌縣五百引雍正間李宮保衞總督浙江時有引額不敷聽詳請增銷之文自是歲無定額

〔考證〕按舊志稱自宋元明初坐派錢清曹娥三江石堰四塲鹽又稱昔以寧海縣鐵塲巡司鹽運至本縣東北鄉任賣天台縣清溪鎮鹽運至本縣西南鄉任賣路途阻遠販運艱各鄉不能接濟嘉靖四十一年舊任知縣陳宗慶在京呈請巡按請開曹娥等塲私鹽之禁使民得食上虞會稽產鹽與上文向食錢清等四塲鹽之說迥異又不聲明曹娥等塲何年奉禁寧海天台等鹽何年坐派殊未明晰蓋舊志之前後不相照應者多如此

嵊縣志卷四終

學校志

郡縣之立學校也舊矣歷考右文之世必多明道之儒而我
朝壽考作人尤亘古罕覯涵濡既深化裁自易況嵊代有偉人流風未遠誠能鼓舞而振興之則翀中襮外彬彬乎皆文學之選矣志學校

學宮

嵊邑學宮凡三遷而始定蓋宗其道者思奠其居宜若是慎重也今規制備而秩祀嚴矣然惟誠斯通又

有在乎觀瞻之外者謹載典禮並歷誌因革興廢亦
猶鄭人游於學而可以知執政善否之意也夫
文廟舊在縣東南一百步宋慶歷間知縣沈振遷縣治
西南五十步建未竟徙官去八年知縣丁寶臣嗣成之
宣和中燬於盜建炎元年知縣應彬建前殿三年知縣
范仲將置廊廡紹興五年知縣姜仲開拓大之十二年
知縣毛鐸增葺乾道九年丞相謝深甫尉劉時與主簿
江濤重修嘉定七年知縣史安之遷建縣治西二百步
鹿胎山之嶠繼錦坊惠安寺左以迄於今前殿後堂齋
四曰居仁由義達道養蒙東有秀異亭淳祐八年知縣

水邱家繕治以事去尉施復孫竟其工元元貞二年尹余洪命儒士率里胥葺殿堂後至元二年尹張元輔至正五年尹冷瓚先後增葺二十一年兵燬二十三年守帥周紹祖字繼先陳臺人復建屬攝縣事邢雄建廡宇明洪武初制因故爲新廟前左右爲兩廡甬道而南爲戟門門之南爲泮池池外爲欞星門二年十月詔重學校及鑄設科分教令式於學仍降臥碑制書三年詔頒鄉射禮儀令生員每月上旬習射二日下旬習射五日十一年詔頒鄉飲禮儀正統三年知府白玉視學令知縣孟文闢泮池及欞星門前地地爲應温遠業子直勿受成化

初知縣李春敎諭戴粢復增闢地爲樓秉直樓克剛所捨知府戴琥高其義命識之明周汝登曰舊志戴粢作戴士雍查職官志敎諭有戴時雍而無士雍且時雍涖任在萬歷間安得與成化時之李春同闢學地記中載戴公之姪廷節來守郡查府志職官傳有戴琥字廷節浮梁人與粢同縣仕又同時則爲戴粢無疑今正之四年縣丞方玘更闢學門外之壥者裘守艮裘守儉裘彥功同捨地已上捨地列義行傳迄今頌胙爲常宏治元年提學副使鄭紀過嵊謁廟行釋奠禮謂制隘勿稱命知縣夏完拓而大之幷修齋廡十年知縣臧鳳重覆廟瓦飾其榱桷十一年知縣徐恂修兩廡嘉靖九年知府洪珠視學命知縣吕章遷廟於明倫堂左是爲今所泮池欞星等門俱從而左逢慶

六年知縣朱一柏修廟廡以磚砌周垣凡數百丈萬歷

十一年知縣姜克昌修廟訓導傳遜董之三十二年知

縣文典章重建廟廡櫺星門徙泮池於門外跨橋其上

邑人俞華章崇正四年知縣方叔壯重建易殿楹以石

捐銀五十兩

鑄鼎勒名　國朝順治九年頒臥碑於學制如舊十六

年知縣史欽命修殿康熙二年縣丞門有年捐俸建兩

廡六間九年知縣張逢歡修廟廡建櫺星門甃泮池修

石欄訓導謝三錫董之十年訓導謝三錫捐俸構兩廡

神座造先賢先儒神主二十三年頒懸

御書萬世師表扁額三十三年頒

御製孔子贊四子贊勒碑學宮雍正三年頒懸

御書生民未有扁額八年知縣王以曜重建兩廡戟門及

入聖牌坊十年署知縣傅珏續修欞星門戟門外垣添

設兩廡神座乾隆元年教諭沈錫培訓導謝超詳請捐

修二年署知縣張彥珩重葺殿用甎甃桁棟楣椽盡撤

舊而新之增置神龕十五座是年頒懸

御書與天地參扁額

崇聖祠在訓導西廨之西故寶聖寺大殿廢址舊名啓聖祠雍正

三年奉

旨改今名乾隆二年知縣張彥珩增建臺門一座儀門三

間週圍築墻以蔽行路

文昌祠宋時在桃源觀內元至元二十三年守帥周紹祖尹邢雄徙學宮旁萬歷初重建明倫堂東久廢康熙五十七年知縣任儀京改建於鹿胎山巔雍正六年知縣李之杲移建大成殿外東偏兼爲訓導衙署乾隆五年知縣李以琰葺并倡捐添建前殿五間祀神而仍以舊祠爲訓導公署

名宦祠舊無專祠隆慶四年知縣薛周教諭王天和申請肇祀姑就鄉賢祠中分之萬歷三十二年知縣文典章始建在廟門左久廢康熙五年訓導龔自淑改建明

倫堂大門左六十年知縣宋數改建明倫堂左側復圯
雍正十一年知縣傅珏仍建於廟門外左
鄉賢祠舊在明倫堂東南隅成化六年教諭陳烜初建
萬歷三年知縣朱一柏重建廟門之左三十二年知縣
文典章改建廟門之右康熙五年訓導龔自淑改建明
倫堂大門左六十年知縣朱數改建明倫堂右側復圯
雍正十一年知縣傅珏改建廟門外右
忠孝祠雍正五年知縣張泌奉　文動支創建在　崇
聖祠東側乾隆四年署知縣黃珏詳請改建於明倫堂
之西添建大門一座其地舊爲文昌閣基址

尊經樓在明倫堂後舊爲敬一亭嘉靖七年建勒石刻
御製敬一箴五經解久廢乾隆二年知縣張彥珩即遺址建尊經樓三間爲藏書所增築圍墻六十餘丈以山高風勁閣難垂久也

神廚在明倫堂左夾室

祭器庫在明倫堂右夾室

宰牲房在修德齋後

學署

官必有舍況博士丞邑師執經請業者屨常相錯也昔胡安定瑗教授蘇湖爲設經義治事兩齋使之

服習道義科條甚且仁宗乃下學取其法爲太學程
然則居是室者可知所自重矣
明倫堂舊在大殿北堂額爲宋先賢朱熹書元至正九
年尹趙琬修并建仰高亭堂東爲修德齋西爲凝道齋
明洪武二十七年教諭徐輔修成化二年知縣李春修
兩齋五年知縣許岳英修堂嘉靖九年知縣呂章於堂
南建道義門隆慶六年教諭王天和遷儒學門於道義
門南通射圃直達莊衢邑舉人喻思化捐貲爲之今廢萬
歷十三年知縣萬民純重建儒學門崇正十四年知縣
鄧藩錫重建易堂楹以竹　國朝康熙十年訓導謝三

錫造大鼓懸架與鐘兩稱五十四年知縣任儀京重建

號舍在修德凝道齋後明成化十六年知縣周庳修

治十一年知縣徐恂新建九十楹葺舊五十餘楹今廢

考證明徐渭路史號號舍本名校舍由東漢書儒林傳論相沿而訛故以爲號者起於房額上編號也

會饌堂舊在廟西明　治初知縣夏完建嘉靖閒知縣

呂章遷建崇聖祠東隆慶初爲訓導廨故寶聖寺觀音殿址

應奎亭舊名咏歸亭在泮橋明宏治元年知縣夏完建

十一年知縣徐恂遷明倫堂後改曰應奎今廢

教諭廨在明倫堂後明成化五年知縣許岳英修教諭

陳烜另編藩爲南閣有孔氏泉陳公石鳳尾竹虎鬚蒲

胭脂桃翠絲栤玉帶水寶塔鈴弘治十年知縣臧鳳增建解宇萬歷二年教諭王天和於廨內建聚奎堂三楹

兩訓導廨一在修德齋後一在明倫堂後宏治五年訓導王洪建璞菴於西廨竹林蘭砌甚幽雅十一年知縣徐恂建抗塵樓於東廨訓導周俅居之隆慶初東廨圮徙居會饌堂

射圃在明倫堂東宏治十一年知縣徐恂建觀德亭嘉靖九年以故泮池外地爲之今廢

考證　會稽俞忠孫聖朝典制考周立四代之學祀舜于虞庠祀禹于夏庠祀湯于殷學祀文武于周膠尊曰先聖配享當時左右四聖者曰先師自天下通祀孔子而舜禹湯文武之祀廢按魯祀自魯哀公

癸亥始至漢武立太廟永平己未詔郡縣學合祀周公孔子周公南面坐孔子西牖下魏晉六朝來或祀闕里或祭郡雍無定制唐武德己卯詔國學立周公孔子廟各一貞觀戊子用左僕射房元齡奏停祀周公升孔子爲先聖顏子爲先師庚寅詔州縣皆立孔子廟顯慶丁巳以周公配武王龍朔壬戌以周公爲先聖孔子爲先師配東西並峙開元辛未詔兩京諸州各置太公廟與聖廟東西峙己卯詔兩京國子監及州縣孔子廟皆南面元成宗命郡國通祀伏羲神農黃帝如先聖釋奠禮明洪武丁卯始盡革諸祀專祀孔子而謚則魯哀公之誄曰尼父始漢元始辛酉詔謚褒成宣尼公又爲孔廟制典謚宣之始北魏太和壬申改謚文聖尼父隋文帝贈先師尼父唐貞觀戊子尊爲先聖丁酉尊爲宣父顯慶丁巳復爲先聖開元己卯追謚文宣王宋大中祥符戊申加稱至聖元至大戊申加號曰大成至聖文宣王明嘉靖庚寅從大學士張璁請改稱至聖先師孔子而謚始定其避聖諱也向特讀如某音或作古體丘字　國朝雍正乙巳奉

詔除四書外遇此字並加卩爲邱讀作期音以昭尊崇

曠古未有也塑像始于漢而見于元魏典和甲子兗
州刺史李仲璇修建碑記明宋濂孔子廟堂議謂國
唐開元庚申制按開元庚申特用國子司業李元瓘
請改顏子等十哲立像爲坐像塑曾參像坐十哲次
圖畫七十弟子及何休等二十二賢于廟壁耳金明
昌辛亥易兩廡羣弟子及先儒畫像爲塑像明洪武
壬戌南京太學成去像設木主正統戊辰命中外學
宮悉改元時所塑孔子像之爲左袵者天順丁丑范
金飾銅祀文淵閣閣臣每入必先行四拜禮壬午知
蘇州府林鶚撤郡學宮像並從祀諸賢皆爲木主嘉
靖庚寅通撤天下學宮像祀以木主從張璁請實本
先賢朱熹議也衣以王者袞冕之服始唐開元己卯
宋大中祥符己酉加冕服桓圭從上公制冕九旒服
九章崇寧乙酉用王者制冕十二旒袞服九章大觀
庚寅改鎮圭金大定甲午改用冠十二旒服十二章
祀以六代之樂始漢元和丙寅宋元嘉乙酉舞用六
佾樂用軒懸唐開元己卯樂用宮懸舞用六佾宋期
惟用判懸太祖用永安之樂仁宗用登歌明洪武乙
丑命儒臣更製樂章迎神奏咸和奠帛奏迎和初獻
奏安和亞獻終獻奏景和徹饌送神奏咸和命製大

成樂器頒天下學宮舞用六佾成化丁酉增用八佾嘉靖己亥仍用六佾　國朝因之其樂迎神曰咸平初獻曰寧平亞獻曰安平三獻曰景平徹饌送神望燎曰咸平樂章俱全亦七奏惟多望燎少奠帛耳十籩十豆自宋徽宗始明初國子監用籩豆各十天下府州縣各八成化丁酉加籩豆各十二外府州縣各十嘉靖庚寅仍照洪武初制　國朝仍照成化丁酉制廟門立戟始宋建隆壬戌止十六大觀庚寅增二十四明制撤戟更大成門曰廟門改文宣王廟曰大成者始宋崇寧乙酉改先師廟曰文廟者明嘉靖庚寅也門曰欞星釋義謂取疏通意四川通志載元元貞初鮮緝職教成都于綿州學瓦礫中得宋修學故磚云古營造法式八上天帝座前三星曰靈星王者之居象之孔子爲萬世絕尊用天子禮樂故名作欞星或作凌霄者並誤是亦一說也禁婦女合雜巫覡淫祀始北魏延興王子禁祀釋老宫始明永樂乙酉也祀七十二賢始漢永平壬申一本作元和乙酉顏子配享闕里志載始漢高帝丙午金邦柱聖廟徵繹謂始魏正始丙寅曾子並配始唐總章戊辰孟子並配始宋元豐甲子王安石與顏曾孟並配始崇寧甲

申淳祐辛丑黜王安石從祀以子思從祀始大觀戊
子以顏曾思孟並配而升子張于十哲始咸淳丁卯
加復聖宗聖述聖亞聖公者元至順辛未也七十二
賢畫像前設酒脯祭品始後唐長興丁卯弟子追贈
始唐總章戊辰而封公侯伯始開元己己明嘉靖庚
寅盡去封號改題兩廡孔子弟子爲先賢左卯明下
爲先儒　國朝康熙丙寅
特
旨進東廡宋儒張載程頤朱熹並稱先賢穀梁赤至
胡居仁並稱先儒進西廡宋儒周敦頤程顥邵雍並
稱先賢公羊高至薛瑄並稱先儒按諸賢儒之從祀
也左卯明卜子夏公羊高穀梁赤伏勝高堂生戴聖
毛萇孔安國劉向鄭衆杜子春馬融盧植鄭元服虔
何休王肅王弼杜預范甯二十一賢始唐貞觀丁未
至開極開元稱二十二賢而有賈逵逵之祔入莫考
自始也荀況楊雄韓愈始宋元豐戊午周敦頤張載
程顥程頤朱熹始淳祐辛丑張栻呂祖謙始景定辛
西邵雍司馬光始咸淳丁卯許衡始元皇慶癸丑吳
澄始明宣德乙卯胡安國蔡沈真德秀始正統丁巳
楊時始弘治丙辰薛瑄始隆慶辛未王守仁陳獻章
胡居仁始萬歷甲申羅從彥李侗等始萬歷乙未洪

武丙子以行人司司副楊砥議罷楊雄進董仲舒而闕里志載董仲舒從祀在元至順庚午嘉靖庚寅以張璁議罷申黨公伯寮秦冉顔何荀況戴聖劉向賈逵馬融何休王肅王弼杜預吳澄而進后蒼王通胡瑗歐陽修又改祀林放蘧瑗鄭元盧植鄭衆服虔范甯于鄉以行人司司正薛侃議進陸九淵崇禎壬午詔升左邱明周敦頤邵雍張載程顥程頤朱熹位七十二子下漢唐諸儒之上進稱先賢　國朝康熙壬辰

詔升朱熹位十哲末丙申

詔范仲淹從祀位司馬光下雍正甲辰

詔廷臣議覆享廟廷諸賢有先罷而宜復者舊缺而宜增者有當升而祔者乃議復林放蘧瑗鄭康成范甯秦冉顔何六人增祀縣亶牧皮樂正子公都子萬章公孫丑諸葛亮尹焞魏了翁黃榦陳淳何基王柏趙復金履祥許謙陳澔羅欽順蔡清陸隴其共二十人乾隆丁巳

詔復祀元儒吳澄戊午

詔升東廡先賢有若配享十哲之次而天下學校通建崇聖祠祀聖父叔梁紇也始明嘉靖庚寅以顔無繇

曾點孔鯉激公宜配宋程珦朱松蔡元定從祀萬歷
乙未增祀周輔成雍正甲辰以張迪祔位周氏下又
追封孔子五代並加王爵改啓聖祠爲崇聖祠令天
下儒學建先賢祠左祀賢牧右祀鄉賢者始明洪武
戊申改稱名宦鄉賢得分祀者成化時特典也令天
下儒學建忠義孝弟祠祀鄉之忠義孝弟者雍正癸
卯
特旨也以太牢祀始漢高帝丙午詔出王家錢給大酒
河南尹給牛羊豕各一大司農給米始元嘉壬辰照
依社稷出王家穀春秋行禮始建寧己酉
詔郡縣春秋二祀增用太牢始雍正乙巳
詔除荒減費之州縣於存公銀內撥補以足原額務令
粢盛豐潔者始雍正癸丑祭丁非其土產得屈以羊
代榛栗等項以所產果品代者始正統丁巳祀以犬
特見于漢明帝耳祀辟雍始魏主芳正始辛酉漢以
來皆祀闕里也以皇太子釋奠始泰始辛卯有司享
薦始北魏太和壬申遣官釋奠令守令主祭始唐貞
觀丁亥武職與祭始康熙庚寅四時之祭始晉泰始
丁亥定春秋二仲始隋開皇間月朔行禮始北齊天
保庚午朔望焚香始宋淳化癸巳詔諸王卿相至郡

先廟謁而後從政始漢高帝丙午詔郡長以下詣學行香始明洪武甲子改幸學爲詣學以示尊師重道之至意者雍正甲辰

特旨也貢士釋褐謁廟始唐開元戊寅建學始魏黄初辛丑立學教聖裔始宋真宗封孔子後裔爲褒成君始漢初元癸酉元始辛酉改封褒成侯唐開元己卯改封文宣公宋至和乙未改封衍聖公歷代仍之而襲封五經博士也顏子之裔始嘉靖庚寅曾子之裔始嘉靖戊戌子思之裔始正德初孟子之裔始景泰壬申卜商言偃之裔始康熙庚子冉伯牛仲弓冉求宰予子張有若之裔則雍正甲辰奉

詔增補此聖廟因革之大畧也遊聖人之門宜知始末故詳考而備志之

禮器

禮莫大於釋奠備器備物所以昭敬也設駿奔在廟而筐筥錡釜之未析升降揖拜之未嫺是先無以告

虔矣追塈愾然如見悦然如質乎用舉會典祀典諸書而纂志之俾知示誠示慎斷在散齋致齋之先

正殿

至聖先師孔子

祭品

帛一（白色） 牛一 羊一 豕一 登一 鉶二 簠二

簋二 籩十 豆十 酒罇一 白磁爵三

四配

復聖顏子 述聖子思子 宗聖曾子 亞聖孟子

祭品

帛四白色　豕一　羊一　鉶一　簠二　簋二　籩八
豆八　酒罇一　白磁爵三
十哲東六位
閔子損　冉子雍　端木子賜　仲子由　卜子商
有子若
祭品
帛一白色　豕一　鉶各一　簠各一　簋各一　籩各
四　豆各四　豕首一　白磁爵三
十哲西六位
冉子耕　宰子予　冉子求　言子偃　顓孫子師

朱子熹

祭品與東六位同

東廡六十二位

蘧瑗　澹臺滅明　原憲　南宮适　商瞿　漆雕開

司馬耕　巫馬施　顏辛　曹卹　公孫龍　秦商

顏高　壤駟赤　石作蜀　公夏首　后處　奚容

蒧　顏祖　句井疆　秦祖　縣成　公孫句茲　燕

伋　樂欬　狄黑　孔忠　公西蒧　顏之僕　施之

常　申棖　左邱明　秦冉　牧皮　公都子　公孫

丑　張載　程頤　公羊高　孔安國　毛萇　高堂

生　鄭康成　諸葛亮　王通　司馬光　歐陽修
胡安國　尹焞　呂祖謙　蔡沈　陸九淵　陳淳
魏了翁　王柏　許衡　許謙　吳澄　薛瑄　王守
仁　羅欽順　陸隴其

祭品

帛一色　豕三　鉶蔡簠一簋一　籩四　豆四　銅
爵各一

西廡六十一位

林放　宓不齊　公冶長　公晳哀　高柴　樊須
商澤　梁鱣　冉孺　伯虔　冉季　漆雕徒父　漆

雝哆 公西赤 任不齊 公良孺 公肩定 鄡單
罕父黑 榮旗 左人郢 鄭國 原亢 廉潔
叔仲會 公西輿如 邽巽 陳亢 琴張 步叔乘
秦非 顏噲 顏何 縣亶 樂正克 萬章 周
敦頤 程顥 邵雍 穀梁赤 伏勝 后蒼 董仲
舒 杜子春 范甯 韓愈 范仲淹 胡瑗 楊時
羅從彥 李侗 張栻 黃幹 眞德秀 何基
趙復 金履祥 陳澔 陳獻章 胡居仁 蔡淸

祭品與東廡同

儀注

每歲春秋二仲月上丁日行釋奠禮先期承祭官分
獻官陪祭官齊赴堦下行一跪三叩頭禮一節教官
滌器視牲一節瘞毛血一節至期黎明各官衣朝衣
及各執事俱公服序立一節盥洗一節就位一節迎
神樂奏咸平之章跪叩一節各官行三跪九叩頭禮
一節初獻樂奏寧平之章詣
至聖位前獻帛獻爵讀祝各跪叩一節詣　四配十二
哲及兩廡位前獻帛獻爵各跪一節復詣
至聖位前亞獻樂奏安平之章獻爵跪叩一節三獻樂
奏景平之章獻爵跪叩一節飲福受胙跪叩一節謝

福胙跪叩一節各官復行三跪九叩頭禮一節徹饌樂奏咸平之章跪叩一節送神樂奏咸平之章跪叩一節望燎樂奏咸平之章一節

樂舞

學校敎人先以樂德次以樂語次以樂舞非特和人心於行列綴兆之間亦用以祭祀庶誠無不格和無不逼也我

朝尊師重道頒發樂器頒設樂舞生俾樂師敎之何如鄭重是八音之節奏三變之儀容不可不講之有素也詳志於左豈僅僅爲執籥秉翟者設哉

樂章

迎神 麾生舉麾唱曰樂奏咸平之章遂擊柷作樂每歌一句擊鼓三聲無舞

大 太四 哉 南工 至 林尺 聖 仲上 道 太四 德 仲上 尊 林尺 崇 仲上 維 南工 持 林尺 王 仲上 化 太四 斯 林尺 民 仲上 是 黃合 宗 太四 典 黃合 祀 太四 有 仲上 常 林尺 精 南工 純 林尺 並 太四 隆 仲上 神 黃六 其 南工 來 林尺 格 仲上 於 林尺 昭 仲上 聖 黃合 容 太四

麾生偃麾櫟敔樂止

初獻 麾生舉麾唱曰樂奏寧平之章擊柷作樂諸舞生按節而舞

自 太四 生 仲上 民 林尺 來 仲上 誰 太四 底 黃合 其 仲上 盛 太四 惟 南工 師 林尺 神 仲上 明 太四 度 黃合 越 仲上 前 仲上 聖 太四 粢 仲上 帛 太四 具 仲上 成 林尺 禮 黃合 容 太四 斯 林尺 稱 仲上 黍 太四 稷 南工 非 黃六 馨 林尺 維 南上 神 林尺 之 仲上 聽

太四

亞獻麾生舉麾唱曰樂奏安平之章擊柷作樂諸舞生按節而舞

大太四哉仲上聖黃合師太四實南工天林尺生仲上德太四作仲上樂太四以

崇林尺時仲上祀太四無林尺斁仲上清黃六酤南工惟仲上馨仲上嘉林尺

牲仲上孔黃合碩太四薦太四修南工神黃六明林尺庶南工幾林尺昭仲上格

太四

三獻麾生舉麾唱曰樂奏景平之章擊柷作樂諸舞生按節而舞

百仲上王南工宗林尺師仲上生林尺民仲上物太四軌黃合瞻黃六之南工洋

林尺洋仲上神林上其仲上寧太四止黃合酌太四彼黃合金林尺罍仲上惟南上

清林尺且太四旨仲上登仲上獻太四惟林尺三仲上於黃六嘻南工成林尺禮

仲上

徹饌 麾生舉麾唱曰樂奏咸平之章擊柷作樂諸舞生直執其籥無舞

犧仲上象太四在仲上前林尺豆太四籩仲上在黃合列太四以太四享南工以

林尺薦仲上旣仲上芬林尺旣太四潔仲上禮黃合成太四樂仲上備太四人南工

和林尺神仲上悅太四祭黃合則太四受仲上福林尺率黃合遵南工無林尺越

仲上

送神 麾生舉麾唱曰樂奏咸平之章擊柷作樂無舞

有太四嚴南工學林尺宮仲上四黃合方太四來仲上崇太四恪黃六恭南工祀

林尺事仲上威南工儀林尺雝仲上雝太四歆仲上兹林尺惟南工馨林尺神仲上

馭太四還林尺復仲上明黃六禋南工斯林尺畢仲上咸南工膺林尺百仲上福

太四

望燎麾生舉麾唱曰舉望燎樂與送神仝擊柷作樂無舞

舞譜

初獻

自稍前向外開籥舞生蹈向裏開籥舞民合手蹲朝上來起辭身向外高舉籥面朝誰兩兩相對蹲東西相向底合手蹲朝上其正揖盛起平身出左手立惟兩兩相對自下而上東西相向師稍前舞舉籥垂翟神中班轉身東西相向立惟兩中班十二人轉身俱東西相向明舉翟三合籥度稍前向外垂手舞越蹈向裏垂手舞前向前合手謙進步雙手合籥聖回身再謙退步側身向外高手回面向上粢正蹲朝上帛稍舞躬身挽手側身向外呈籥耳邊面朝上俱正揖成起辭身挽手復舉籥正立禮兩兩相對交籥兩班俱東西手執籥容正揖斯向外退挽手舉籥向

外面朝上稱回身正立黍稍前舞稷正蹲朝上非左右垂手兩班上下俱雙垂手東西相向馨起合手相向立惟左右側身垂手向外開籥垂手舞神右側身垂手向裏垂手舞之正揖朝上聽躬而受之躬身朝上拱籥而受之三鼓畢起

亞獻

大左右進步向外垂手舞哉右向裏垂手舞聖向外落籥面朝上師退向正身立實正蹲天起身向前轉身向外舞生向裏舞德合手謙進步前雙手合籥蹲謙作兩兩相對自下而上兩班相舉籥東西樂上下俱垂手惟兩中班上下十二人俱垂手轉身東西相向以轉身東西相向立崇相向立兩班上下以翟合籥時稍前舞蹈兩班上下俱垂手向外祀向裏垂手舞無合手謙進步向前垂手合籥斁回身再謙兩班上下東西相向合籥立清稍前舞向外開籥翟酤向裏舞惟雙手平執籥翟開籥翟馨合籥翟朝上正立嘉側身垂左右手兩班俱垂手向外舞

牲躬身孔雙手舞籥碩躬而受之躬身朝上薦一叩頭
正揖翟躬身拱籥受之一鼓而起舉右手
叩舉左手復舉右拜一鼓畢卽起三舞蹈舉
頭羞叩頭神手叩頭明躬身三鼓平身庶籥向左躬
身幾舉籥向右昭舉籥復向格拱籥躬身
舞躬身舞左躬身舞而受之

三獻

百向外開王向裏開宗側身向外師朝上生兩班上下
籥舞籥舞面朝上正立兩兩相對
交民合手朝物側身向軌合籥朝瞻向外開之向裏開
籥上正蹲裏落籥上正立籥舞籥舞
洋開籥朝洋合神向外開其向裏開寧進步向前止回
上正立籥籥舞籥舞雙手合籥身
東西相酌向外開彼向裏開金開籥朝嚳合籥朝惟向
向手謙籥舞籥舞上正立」正立外
垂手清向裏垂且朝上旨躬身而登躬身向左獻躬身
舞手舞正揖受之合籥舞向右
合籥惟躬身復向三合籥朝上拜於側身向外嘻側身
舞左右籥一鼓便起身垂手舞向裏

垂手成朝上禮躬身朝南受之
舞正揖禮三鼓畢起身

祭器

爵三十六隻　登一個　罇六座　鉶二十四個

簠簋共三十個　籩六十四個　豆六十四個　鼎

篚八個　牲俎大小二十二個

（考證）按舊志（爵）酒器也或瓦或木或金玉三足前脩後仰上兩柱取飲不盡之意（山罇）盛酒器也或瓦或木或金玉兩旁有螭首紐畫山于腹日罍洗罍酒以勺用貯初獻酒（象尊）範金爲象形穴背受酒覆以蓋瀉酒以鼻用貯亞獻酒（犧尊）範金爲犧牛形制與象罇同惟紐在前瀉酒以口用貯終獻酒（登）本爲之高一尺四寸用薦太羹（鉶）範金爲之三足口有兩耳覆以蓋施三紐用薦和羹（簠）以木爲之外圓內方兩旁有紐覆以蓋用薦黍稷（簋）以木爲之外方內圓兩旁有紐覆以蓋用薦稻粱（籩）以竹爲之上覆以蓋

用薦果脯之類（豆）以木爲之用薦葅醢之類（篚）以竹爲之長二尺廣五寸深四寸足高一寸五分上覆以蓋用盛幣帛帛長十丈八尺（俎）以木爲之高二尺七寸濶二尺三寸長三尺下有趺上覆以蓋兩端施鋼用載牲體祭則舉環而去其蓋（祝板）以木爲之高九寸濶一尺二寸用白紙寫祝文貼板上祭畢揭而焚之

樂器　雍正十年學院李清植頒學

麾一座　金鐘十六口　玉磬十六塊　鼓一架

搏拊二面　柷一座　敔一座　琴四張　瑟二張

排簫二柄　笙四執　簫四枝　笛四管　塤二箇

篪二箇

舞器　雍正十年學院李清植頒學

節二架　翟二十四枝　籥二十四管　干二塊

戚二柄

樂舞生

乾隆五年奉文舞用六佾毋學額設三十六人再選四人以備充補

執事

文廟正獻官知縣　分獻官教諭訓導　陪祭官把總典史

通贊一人　引贊一人　讀祝一人　陳設五人

瘞毛血二人　司盥二人　司罇二人　司爵二人

司帛二人　飲福受胙二人　司庫十人　監宰四人

東配陳設五人　司爵二人　司帛二人　引贊二人

西配

同

東哲陳設五人 司爵二人 司帛二人 引贊二人

西哲

同

東廡陳設五人 司爵二人 司帛二人 引贊二人

西廡

同

崇聖祠

凡祭

先師則先期行禮

肇聖王木金父公正中南向

裕聖王祈父公東一室南向

詒聖王防叔公西一室南向

昌聖王伯夏公東二室南向

啓聖王叔梁公西二室南向

祭品五案

帛五白色　羊一　豕一　鉶一　簠一　簋一　籩八

豆八　酒罇一　爵三

配位

顏氏無繇　孔氏鯉位東　曾氏點　孟孫氏位西

祭品每位一案

帛一白色　豕首一　簠一　簋一　籩四　豆四　豕

肉一　每位爵三

東廡

周輔成先賢敦頤之父　程珦先賢顥頤之父　蔡元定先儒沈之父

西廡

張迪先賢載之父　朱松先賢熹之父

祭品

帛二白色　簠一　簋一　籩四　豆四　豕肉一　每

位爵三

禮節同正殿惟不用樂

執事

正獻官教諭　分獻官訓導

通贊一人　引贊一人　讀祝一人　陳設五人

瘞毛血二人　司盥二人　司爵二人　司帛二人

司罇二人

東配陳設五人　司爵二人　司帛二人

西配同

東哲陳設五人　司爵二人　司帛二人

西哲同

祀文昌祠

每歲于春秋上丁日繼

文廟祭之祭儀同兩廡

祀名宦祠

每歲于春秋上丁日繼
文廟祀之祭儀同兩廡

南齊邑令僕射冀州刺史張公稷

宋邑令贈朝散郎宋公旅

宋邑令改知平樂縣寶謨閣學士楊公簡

宋邑令陳公著

宋邑令知台州府事宋公宗年

明邑令同知廣信府事吳公三畏

明邑令陞順天府推官施公三捷

明邑令通判本府事王公志達

國朝浙江巡撫陞四川總督諡勤愍朱公昌祚

國朝浙江巡撫陞浙閩總督謚忠貞范公承謨

國朝浙江總督文華殿大學士兼吏部尚書李公之芳

國朝浙江全省軍務提督塞公白理

國朝太子太保浙江總督李公衛

祀鄉賢祠

每歲于春秋上丁日繼

文廟祭之祭儀同兩廡

晉右將軍會稽内史王公羲之

晉七州都督建武將軍謝公元

晉處士戴公逵

晉處士戴公顒

梁侍中開府儀同三司謚忠貞張公嵊

梁吏部尚書漢昌侯朱公士明

宋寶文閣待制國子祭酒姚公勔

宋徽猷閣待制贈太師文安縣開國男姚公舜明

宋戶部員外郎樞密院編修姚公寬

宋端平殿學士遷叅知政事姚公憲

宋廸功郎太學國子學錄許公㮚

宋定城尉特贈通直郎張公愁

明保德州知州周公山

明處士張公燦

明鄉大賓贈兵部尚書喻公袞
明湖廣興寧縣知縣贈兵部尚書喻公思化
明靜海縣訓導贈光祿寺卿周公謨
明處士贈定番州知州王公尚德
明戸部侍郎贈工部尚書周公汝登
明雷州府同知王公應昌
明薊遼總制兵部尚書兼右副都御史喻公安性

祀孝義祠

毎歲于春秋上丁日繼
文廟祭之祭儀同兩廡

明孝子王公瓊

明孝子俞公祿孫

明詔旌義民馬德忠

國朝武學生給八品頂帶馬公驊

飲射

飲以敬老射以觀德並行於鄉禮最重也今飲行而射廢然矍圃之名猶存禮儀之節具在謹編次之有志復古者循而行之可焉

鄉飲酒禮儀節

每歲正月十五日十月初一日於儒學行禮前一日設座習儀一節至日黎明宰牲具饌一節速賓僎一節迎

賓一節拜賓一節迎饌一節拜饌一節司正揚觶告語一節讀律令一節供饌一節主獻賓饌酒交拜一節賓僎酬主人交拜一節介賓三賓衆賓以次酌酒一節飲酒一節供饌一節徹饌一節徹饌各交拜一節送賓一節

凡鄉飲酒禮序長幼崇賢良別奸頑其坐席間高年德劭者居上高年淳篤者並之以次序齒而列其有違條犯法者不許干於良善之席違者罪以違制敢有諠譁失禮者揚觶者以禮責之

士知縣爲之大賓以致仕官爲之位於西北僎擇於里

年高有德之人位於東北介以次長位於西南三賓以賓之次者爲之位於賓主介僎之後除賓僎外衆賓序齒列坐其僚屬則序爵司正以教職爲之主揚觶以罰贊禮者以老成生員爲之

樂章

初歌鹿鳴之首章次歌南山之首章三歌湛露之首章終歌天保之首章

鄉射

鄉射禮舊例歲以春秋二仲之望縣令學師率諸生習行今廢

射器

弓　矢　侯　之　旌　福　決　拾　鹿中　籌

朴　豐　觶　勺　壺　篚　洗　罍　尊　斯禁

職射

賓　僎　主　士　衆賓　司射　司馬　樂正

耦　釋獲　揚觶

樂器

瑟　琴　笙　簫　磬　鐘　鼗

執事

通贊　引贊　司尊　設福　設中　洗觶　張侯

執旌　儐者　約矢　執弓矢　樂生　司鐘　司

鼓　司磬　司簫　司笙　司琴　司瑟　工歌

典籍

士不窮經無以致用而詁解紛紜又轉滋繁藏我

皇上念士子之莫適所從也廣頒

聖祖仁皇帝御纂於天下學宮而經學始明什襲藏之用

光膠庠若夫學士大夫之撰述散見本傳未敢並列

云

四書大全　五經大全　性理大全　十三經註疏

資治通鑑　大禮集義　聖學心德　五倫全書　文

章正宗　爲善陰騭　孝順事實　五箴解　敬一箴

以上明朝頒今無存

聖朝訓士典謨碑帖　聖典訓士碑帖　聖諭十六條碑刻　聖諭萬言廣訓　聖諭廣訓註解　御製朋黨論　世宗憲皇帝上諭　上諭律例　御纂周易折衷　尚書傳說彙纂　詩經傳說彙纂　春秋傳說彙纂　御纂性理精義　朱子全書　禮樂祭器圖攷　平定青海碑　訓飭州縣規條　學政全書

以上國朝頒現存

書塾

國家造儲人材詔直省修振書院又令州縣於大鄉巨堡各立社學萃子弟而教之數年來士習端而文風盛其明效歟嵊爲文學之邦如宋之淵源堂明之事斯堂名稱籍籍而今皆不可問起衰舉廢以襄文明之治予又有厚望焉

小學在城隍廟西祀朱文公崇正十二年知縣劉永祚建延布衣尹志廢張仲選爲師今廢

社學明洪武八年奉制立坊都凡六所後圮成化間知縣許岳英建今莫考　國朝順治九年令每鄉各置社學一區雍正元年令州縣於大鄉巨堡置社學一區於

生員中擇其學優而行端者補充社師

姚氏義塾宋晉溪姚景崇字唐英號自愛翁建

周氏義塾宋周瑜建書舍數百楹中爲淵源堂旁有細論堂蘊秀軒同襟館蘭馨館時永嘉王十朋居師席遠近從遊者甚衆周氏一門登第七人

金庭王氏義塾在孝嘉鄉宋王愷建置義田三百畝後廢明裔孫王文高復田百畝又廢七世孫王應昌捐復顏曰心傳書院鼎革又荒廢過半子心一捐田五十畝改建於臥龍山麓正屋三楹奉先聖先賢及宋元明大儒側有養正堂凝道堂悠然軒躬訓族姓及來學之貧

者晨習禮暮咏詩朔望課功南明學者咸集焉

經訓堂書塾明鄭邦賢建

二戴書院在縣北一里故戴逵及子顒讀書所元元貞二年浙東僉事完顏貞尹余洪建至正五年令冷瓚修二十年燬於兵二十四年守帥周紹祖重建後復燬明成化十年知縣許岳英重建今廢

慈湖書院在北門內桃源坊明嘉靖三十三年提學副使阮鶚檄知縣吳三畏爲宋楊簡立簡號慈湖宋時爲縣令

鹿山書院在城內鹿山之巔明隆慶元年邑諸生袁日新袁日化丁則綬周汝登宋應光趙志伊張希秩袁日

請爲鹿山八士文行合一之會繼而王應昌李春榮等與焉萬歷十五年積貲剏建以待邑之凡有志於學者知縣萬民紀捐俸助成并顔其額

宗傳書院在鹿山書院前萬歷二十九年海門周汝登建堂廡凡十五間又搆海雲菴於左稱海門書院門人余懋孳令山陰顔曰宗傳會稽陶望齡額曰事斯崇禎二年海門卒八年豫章文德翼行部至剡集諸生發明海門證學之旨有語錄及倡和詩康熙三年門人吳天璿孫周捷重建後圮乾隆四年裔孫某并其地出售六年知縣李以琰捐俸贖之將復還舊制云

剡溪書院在東隅萬歷十一年王嘉相建今廢

長春書院在北門外邑州倅尹如度建

鹿鳴書院在城隍嶺下邑貢士喻恭復建知縣張淑率士會課其中

義學在東門內聯桂坊乾隆四年知縣楊玉生倡捐紳士協力落成計中廳三間後樓六間外門樓二間石坊一座則宋尹氏偕子璿綮捐地建也

學田

學有田以濟廪餼之不及也明隆萬間置田地山塘租入解院以濟貧生萬歷二十五年增置田地山塘

則移學爲課士資舊志鈌載增置者今並列入并附

義學田庶使後有所考云

五十四都度出盈田一十二畝二分地二百六十七畝九分二厘二毫山一百三十七畝九分六厘九毫俱坐一啚塘一百一十畝六分八厘四毫坐二啚隆慶四年知縣薛周置

十九二十都田六畝三分嘉靖四十年生員尹紹元以易官山者土名木塘坵坐八里洋坂

三十都田十畝隆慶元年義民鄭廷諧捐

三十六都田三畝二分二厘坐後岸坂歲字二百四十八十四號

九都田四畝七分九厘一毫一來字一百四十三地三號一二百一十九號畝二分六厘八毫義民魏國濟捐

四十六都田九畝八分義民王世儀捐

十六都田八畝三分六厘五毫一陳家塢八十一號一廟簾坂三號一六號一九號一十號一十一號一十二號一十三號民王徭討王積寶唐生告爭入官者知縣姜克昌置

五十三都田二十四畝八分七厘七毫二裔東山坂一談字九十六號一八十一號并三十二號一湖塍坂二百五十三號一董姑坂一山四十四號起至一百五十一號止凡八號

無號田四畝九分二厘五毫坐吳塍坂四坵吳尚春告爭入官者

三都地七畝二畲凡二坵湯希文入官者

五十三都田一畝三分五厘坐董姑坂吳中貴入官者

以上每歲各佃共納租銀一十兩七錢九分五厘

解司轉解學院賑給貧生膏火之用

寺前坂田三十六畝三分零二毫山五畝五分地九分九厘八毫

苦竹上坂田二十五畝塘六分

苦竹後坂田三畝七分

蓮塘西坂田二十畝三分二厘三毫

苔石東坂田十畝零一分八厘四毫

寺西園坂田一畝六分四厘七毫山三畝三分
周村下坂田一畝零一厘
周村西坂田一畝三分八厘二毫
以上萬歷二十五年知縣王學夔度鹿苑廢弛寺田移籍學宫每歲額租田二十四兩有奇山地塘四錢有奇爲課士日用之費今田租止一十八兩九錢零地租一錢山久荒無租
義學田附
吳家洋上坂一田九畝四分九厘四毫四田六畝三分零六毫塘九分五厘

吳家洋下坂四田十四畝七分五厘一毫塘一畝五分
厂坑坂一田六畝九分零八毫塘一分
瓦窰坂出四田一畝三分五厘六毫
了溪下洋坂由一田一畝五分
山下坂一田三畝零二厘
以上康熙六十年知縣宋敦置在西一圖十甲輸
糧爲延師膏火之用

嵊縣志卷五終

嵊縣志卷六

祠祀志

祀典掌之秩宗而通於郡縣自壇壝外凡有功德於民者咸得薦馨香而申報賽葢入廟思敬過墓思哀情之所注禮斯出焉若夫梵宇丹臺何關敎治而旋黜旋興其勢不可衰止或者祝釐答佑亦有所取焉爾故並列之志祠祀

壇

社稷壇在繼錦門外西嶺上宋嘉定八年知縣史安之自縣西南遷此明成化九年知縣許英岳重修弘治十二年知縣徐恂建齋房宰牲房彞圯國朝雍正九

年知縣傅珏奉文捐俸築壇圍以土墻四面開門各建
門樓一座
〔考證〕周禮小宗伯掌建國之神位右社稷鄭元註社稷土穀之神有德者配食焉共工氏之子曰句龍食于社厲山氏之子曰柱食于稷湯遷之而祀棄此社稷之神也晉漢而下天下通祀之明徐渭路史云社五土之神稷五穀之神稷非土無以生土非稷無以見生生之效故社稷同祭也明洪武七年始定壇制　國朝因之東西南北各二丈五尺高三尺四出陛各三級繚以周垣自北門入石主長二尺五寸方一尺埋于壇南正中只露圓尖五寸仍用木牌二朱地青書一書縣社之神一書縣稷之神歲以春秋二仲月上戊日致祭木牌寄供西嶺菴臨祭恭請到壇祭畢仍寄供菴內
祭品
制帛二黑色　豕一　羊一　鉶一　籩四　豆四　簠

四　簋四　白磁爵四

祭儀

凡承祭官衣朝衣就位一節瘞血毛一節盥洗一節詣香案行三跪六叩頭禮一節初獻獻帛獻爵讀祝叩頭一節亞獻獻爵叩頭一節三獻獻爵叩頭一節飲福受胙一節謝福胙叩頭一節徹饌復行二跪六叩頭禮一節望燎一節

先農壇在縣東北朱公河西岸　國朝雍正四年知縣李之果奉文建

考證會典壇高二尺五寸寬二丈五尺正房三間奉先農神牌高四寸寬六寸座高五寸寬九寸五

分東貯祭器農具西貯耤田租穀配房二間東備祭品西住農民南向大門牌坊一座四面繚垣躋壇耤田四畝九分耕牛黑色農具赤色籽種箱青色每歲仲春亥日致祭正印官承祭文武官員各照品級隨班行禮祭畢各官衣蟒衣補服照九卿耕耤例行九推之禮正印官秉耒佐貳執青箱播種耆老一人牽牛農夫二人扶犁

祭品祭儀同社稷

風雲雷雨山川壇在縣南方山鄉明宏治十二年知縣徐恂建齋房宰牲房皆圮 國朝雍正七年禮部議奉
上諭以雲師雷師庇國佑民靈應顯然宜特建廟宇崇祀九年知縣傳珏於舊基築建高寬丈尺無制一如先農壇

【考證】周禮大宗伯以槱燎祀風師雨師漢祀風雨唐加以雷元分祭雷風雨師明洪武元年命府州縣設壇祭山川二年復命合風雲雨師于一壇六年又以風雲雷雨同爲一壇又合祭城隍于其間今制風雲雷雨山川同爲一壇每歲春秋二仲月上戊日致祭設三神位風雲雷雨居中山川居左城隍居右初獻先詣風雲雷雨次山川次城隍

祭品祭儀同社稷

厲壇在縣北仁德鄉明洪武二十九年建宏治時知縣徐恂築周垣六十丈南有宰牲池

【考證】禮記王爲羣姓立七祀有泰厲諸侯爲國立五祀有公厲大夫立三祀有族厲續文獻通考明洪武己酉特勅郡邑里社各設無祀鬼神壇歲以清明日七月望日十月朔日晡時祭先三日有司移牒城隍神奉主于壇之正中南向以主其祭又明制有里社壇鄉厲壇每里自戶立壇今皆廢

祭品

豕三　羊三　飯米三石

祭儀同社稷

廟城隍廟在縣之西創始失考元至正年間燬守帥周紹祖同攝尹事邢雄重建明洪武成化宏治間知縣江瀾劉清徐恂先後增葺萬歷間知縣萬民紀鼎新之

國朝康熙八年知縣張逢歡重修

考證按周禮八蜡之祭有水庸庸城也水隍也城隍之名昉此至唐始令天下通祀城隍守令謁見其儀在他神上自宋迄元神亦漸著其名洪武元年

詔封天下城隍在應天府者帝開封臨濠太平三府和滁二州者王餘爲公爲侯爲伯三年改題曰某處城隍之神是年六月命各府州縣城隍廟宇俱如其

公廨設公座筆硯如其守令造爲木主毀其塑像舁
置水中取其泥塗壁繪以雲山其在廟廡者亦如之
後各處塑像如故四年令新任者必先與神誓
期陰陽表裏以安下民謂之衙齋今因之

祭品祭儀同社稷壇

東嶽廟在渡南康熙十二年邑諸生宋大猷建

考證（神異經）帝出自少海氏母曰彌輪仙女疏金虹
氏自伏羲來掌天仙六籍掌地獄六案以及貴
賤之分死生之期迄周秦漢魏俱稱天都府君唐武
后尊爲天齊君元宗封天齊王宋眞宗祥符中封禪
始加仁聖帝明太祖正五岳祀典曰自有天
地即有五岳何假人世名號止稱東岳之神

關帝廟在縣之西久圮　國朝雍正十一年知縣傅珏
同貢士尹遠服等捐資重建每歲春秋仲月五月十三
日致祭雍正三年奉

旨令天下郡縣祀以太牢又追封其曾祖光昭公祖裕昌公父成忠公置主崇祀本廟後殿

考證　田易天南一峯集公謚壯繆代醉編云繆當爲穆謚法克亂不遂爲壯執義布德爲穆與公爲當而妖僧附會聽名助兵取玉泉顯聖援普淨爲鄉人又云公與顏良爲普女仇者最爲褻誣且普安元僧江西人去漢甚遠也　王元美云宋寧宗時蚩尤壞鹽池上勑天師張名公與戰勝之鹽池復封公爲真君道家訛傳公于伏魔洲伏魔大帝明初定祀典稱漢前將軍漢壽亭侯嘉靖十年南太常卿黃芳奏改稱漢前將軍漢壽亭侯列南京十四廟　國朝勑封忠義神武關聖大帝乃世妄傳蚩尤之戰公攝諸少壯者以助及戰勝諸少壯者體已壞魂不得返皆令得附廟以食故今廟最繁而禱亦輒應

祭品　後殿係公爵不用牛

帛一　牛羊一　豕一　籩豆各十　五月十三日

用果品不用籩豆

儀節 後殿用二跪六叩頭禮

承祭官衣朝衣盥洗一節就位一節上香一節行三跪九叩頭禮一節初獻獻帛獻爵一節讀祝各跪叩一節亞獻獻爵跪叩一節三獻獻爵跪叩一節復行三跪九叩頭禮徹饌一節望燎一節

龍口廟在縣東門內明萬歷間進士周光復與弟光臨建

武安王廟在北門內東隅諸社立順治間邑人尹逢吉重建

溫元帥廟在縣治前創不知何時　國朝嘉慶五年居民拓基重建

太祖廟一在縣前一在縣後一在陡門一在西鄉東湖山一在北靈芝鄉一在開元鄉

〔考證〕舊志明王勍封不知何始相傳來嵊賑飢民感其德故隨在祀之稱曰太祖

西倉廟在縣治西西南鹿胎山前　國朝康熙六年建爲西隅社會之所祀明王

五顯廟在東門內　國朝康熙七年建今爲財神堂

〔考證〕會稽陶及申筆獵按天官書有五帝內座禮文月令以帝爲太皞炎帝少昊顓頊之屬而配以勾芒之神實司五行故祀所服各繪其方之色焉或曰五行者水火木金土與穀爲六府有國者之大用

也祀神以五報其所自亦等乎里社土穀故其號特避帝而稱聖聖也者其諸神之通謂也明與釐定祀典南京十四廟有五顯靈官秋季致祭此神祀所由著沿及郡縣迨于民間而不知者且以五通例之則妄甚矣又按顯聰昭應乎仁廣濟王顯明昭烈乎義廣祐王顯正昭順乎智廣惠王顯直昭佑乎信惠澤王顯德昭利乎愛廣成王以端午日誕生

晏公廟在北門內

考證 山陰許尚質越州祠祀記公名戍仔江西臨江縣人元初爲文錦局堂長因病歸登舟卽尸解有靈顯于江湖立廟祀之又明太祖渡江取張士誠舟將覆紅袍救上且指之以舟者問何神曰晏公也後豬婆龍攻崩江岸復爲老翁示殺鼉法問何人又曰晏姓也太祖感之遂封神霄玉府都督大元帥仍命有司祀之今誤以公爲劉晏也（徐渭路史）封平浪侯

仙姑廟在北門內邑人趙鄭相建 以上縣城內

旗纛廟舊祀於教場之演武亭

考證 周禮大司馬仲秋教兵如振旅之陳辨旗物之用旗之設昉此續文獻通考明制祭旗纛以每歲仲秋祭山川日遣祭于壇內之旗纛廟霜降日又祭于教場歲暮享太廟日又祭于承天門外按此則霜降日教場之祭所由來也

東鎮廟在東門外明嘉靖十六年邑人尹鑾建為東隅社會之所

黃姥岑廟在縣東二里

白巖廟在簟山禱雨輒應世稱陳長官祠

考證 嵊浦在北響王在西天岳在南白巖在東故俗稱四柱神按郡志嵊浦白巖俱云祀陳長官而于城隍亦云神舊稱陳長官意長官威靈無往不著故祀之者衆耶

東石鼓廟在孝嘉鄉世稱周宣靈王廟

考證　會稽俞公穀湖北紀遊周宣靈王名雄字仲偉杭新城人母汪夢龍浴金盤淳熙戊申三月四日誕王童髫以孝聞嘉定初母構危疾晨夕籲天請身代郵吉徵發有顯神母促往禱王不敢母厲聲責之則抱悸往旋次衢聞訃內裂僵逝舟中篙師胡伯二貨舟結廬奉爲鄰之知王者時載鯗狙禮敬自後相傳謂王有神江以南咸祀之端平嘉熙間一一時國事賴王至有翊應正烈之封而其事不詳

勤石廟在勤石山以上縣東

金龍四大王廟在南門外　國朝順治年間邑進士尹巽建

考證　山陰王岵浣雲集王姓謝名緒錢塘安溪里人籍會稽諸生祖達死爲神建炎時率冥兵驅北騎咸淳七年疏請立廟封廣應侯有孫綱紀統皆爲神王其第四孫也曰金龍四大王者于常建白雲亭

于金龍山巔也宋末隱茗溪慨然有澄清中原志度宗甲戌秋大雨天目山崩嘆曰天目臨安主山也主山崩宋其絕乎遂不仕及帝昺亡誓衆曰吾生不能報宋死若有知必展此志中夜起作詩赴茗溪死則茗水忽漲高至丈餘若憑其怒氣者土人異之立廟金龍山至明太祖與蠻子海牙戰于呂梁洪敵在上流我師決利渉而風濤忽捲黄河爲之北注海牙大敗太祖夜夢神告之曰臣謝緒也太祖驚寤遂封爲黄河神其後縴復漕河屢著靈異天啟四年蘇茂相督水涸舟不前王祭禱爲拔請封當以水報蘇具疏梁洪波浩蕩萬檣飛渡得書封護國濟運金龍四大王

神廟在南門外明崇禎間知縣方叔壯剏後燬康熙九年知縣張逢歡募貲重建

義廟在方山鄉爲阮肇故宅以上縣南

白廟在上宋莊

廟在長樂鄉元末盜起曾顯靈異明洪武間錢則

後錢氏世葺之縣西南

廟在昇平鄉世傳於兵事有功

廟在昇平鄉祀昇平鄉主

鼓廟在崇仁鄉吳赤烏間建神稱護法越王

證郡志剡多石鼓廟村聚往往有之歲常以春秋祭皆能福其民

女廟在烏石衕廟右有三大塚相傳塚中磚勒梁大

年號

楊廟在清化鄉

顯應廟在永富鄉吳赤烏二年建紹興十一年詔賜今

額封靈祐侯

武肅王廟在剡源鄉邑人錢宇之建祀吳越王錢鏐

考證 通志 吳越王錢鏐微時即驍勇有智畧唐僖宗乾符間以破黃巢功爲杭州都指揮使光啓三年擊斬越州劉漢宏有功拜刺史景福時陞威武軍乾寧二年董昌據越州叛鏐擊取之進鎮海鎮東軍節度賜鐵券天復二年封越王天祐間改封吳王梁開平元年封吳越王二年册尊鏐尚父三年鏐卒諡武肅

響王廟在剡源鄉

上蔡墅廟在崇安鄉邑人夏大有捨基建 以上縣西

温泉廟在富順鄉

五龍廟在烏猪山

五廟在永富鄉宋時爲五姓聚居之地故名祀太祖明王廟宏整歷久不傾亦無蛛網門左鼓石偶觸之輒震響再舉則寂然　國朝順治間裘氏修之

木馬廟在西鄉頗著靈異以上縣西北

北鎮廟在北門外一里

靈輝廟在縣北三十里水旱祈禱輒應民稱靈威于宋乾道八年賜今額

舜帝廟在靈芝鄉舜皇山即嶀山之南嶺鄉人置田贍僧居守　國朝康熙間比丘尼惠超擴佛殿于後

考證　按舊志靈芝鄉疆域志在縣北五十里山川志又云在縣東五十里凡此舛錯不可枚舉或一

從舊縣治核計一從新縣治核計故仍之然而紊矣

禹王廟在禹糧山禹治水了功于此後人立祠祀之

嶀浦廟在靈芝鄉祀陳長官額曰上善濟物侯宋慶元二年詔賜額曰顯應廟

始寧城隍廟在三界古始寧治也有廢廟居民葺以祀

社

回向廟在會稽界爲德政鄉祀社之所以上縣北

祠

倉帝祠在關帝廟之前乾隆元年布政司桐城張若震檄飭各郡邑收惜字紙五年知縣李以琰捐俸率紳士建祠爲惜字之會

考證 徐渭路史 倉帝史皇氏名頡姓侯岡重瞳號四目翁禪通紀頭雙角四目靈光龍顏侈哆河圖玉版云倉頡爲帝南巡陽墟之山臨于元扈洛汭之水靈龜丹甲青文負書以授遂窮天地之變仰觀奎星圓曲之勢俛察龜文鳥羽山川指掌而剏文字形位成文聲具以相生爲義天爲雨粟鬼爲夜哭龍乃潛藏河圖說徵曰倉帝起天雨粟青雲扶日帝壽二百十五歲崩有五鳳萬鳥啣土成墓墓在河南開封府東北利鄉亭南一統志載墓在陝西白水古彭衙地頡彭衙人也述異記載墓在北海俗呼藏書臺

惠獻祠在縣南一百十餘步 國朝乾隆六年闔邑紳士商民呈請建立用報全城之功而以知府許宏勳參將滿進貴知縣張逢歡配

考證 會稽田易平定浙東紀畧 康熙甲寅三月二十四日靖南王耿精忠叛于閩直犯浙東連陷當山諸縣伏莽騷動紹郡奸民亦羣起應之如金國蘭邱思章楊四邢起國胡雙奇王稅俞鼎臣等僞稱都

督總兵者凡四五十人各擁衆互爲聲援時郡中防兵奉檄調援三衞存不滿百于是諸暨上虞嵊縣新昌之賊遂乘釁于七月十二日直抵博古嶺進逼常禧門鎮將許捷方合婚張樂置警報于不顧知府許宏勲集家丁民壯得數百人分道出擊斬首百餘級日晡賊從清門渡河攻稽山門門故僻陋又城垣傾頹不可守宏勲連夜堵塞并撤春波橋遏賊之衝復命善射者從堞隙叢射多應弦斃有內薄先登者則推巨石擲壓之賊又從箬簣山渡河移柵五雲門縱火燒民舍城中多賊諜諜內應弘勲令家懸一燈人自爲守晝聽與賊夜禁行者羣黨因不得逞次日賊攻五雲門宏勲部署士馬啓門出戰斬首四百餘級溺水死者無算十五日會城寧郡援兵至乃啓常禧門出師襲擊郡圍以解而散之他邑仍肆橫如故八月大將軍康親王　固山貝子寧海將軍奉

天子命來討耿逆師次杭州商酌攻取次第貝子曰逆賊甫叛而即寇浙是以浙爲藩籬也欲平閩必先平浙平浙又必先平台台平而後取温入閩勢如破竹矣康親王大喜嘉納九月　貝子統兵赴台州將至嵊縣聞郡城敗回之賊復陷嵊城　貝子曰嵊

紹邑也介于杭台我前而彼後其能兩顧乎命參將滿進貴知府許宏勳知縣張逢歡急發兵殲之撥兵一千授以方畧凡殺賊百餘其黨分竄石山頭官莊溪頭上王蔣岸橋楊長橋等處　貝子命把總馬國常防守縣城而檄參將滿進貴知府許宏勳都司王德輔守備周鳳滿明侯知縣張逢歡分路進攻一敗之于沿溯再敗之于崇仁富順等鄉三敗之于長樂太平開元等鄉斬首共一千八百餘級奪還俘掠無算釋良民之被脅入賊者一百七十五人民慶更生而俞鼎臣趙亦賢等復合潰兵溯剡溪而上沿途劫殺　貝子謂山谷險阻亡命依為巢穴朝集暮散可計取不可力攻也乃佯檄班師大合僚屬鼓樂侑飲賊偵知亦即申劇飲至二鼓客遣進貴等三路進擊賊倉皇不知所措生擒卯恩章等九十餘人悉斬之　貝子曰治軍原以綏民弭盜不全恃武餘黨之盤踞于山谷者宜廣招徠勿草菅民命也宏勳等遵諭奉行遂有原任尤溪知縣虞薇道考授州同知虞卿監生章尚策等深入賊巢開陳禍福一時賁僞勅幸衆歸順者以億萬計而王茂公楊四邢起國胡雙奇金國蘭等復結聯土豪連陷浦江諸暨餘姚等縣守

兵討之大敗于紫閬山而貝子所遣李蘭大張碩
志者又大敗王茂公于上虞之平家堡由是各邑之
賊悉平按此則貝子之生全不僅嵊邑矣至攘除
羣醜康靖海國無關紹郡嵊邑者姑闕不書

尹和靖祠在縣治東

考證本傳尹焞字彥明本洛人師事程頤嘗應舉發策有誅元祐諸臣議焞不對而出告頤曰焞不復應進士舉矣頤曰子有母在歸告母母曰吾知汝以善養不知汝以祿養頤聞之曰賢哉母也于是終身不就舉靖康初用种師道薦召至京師不欲留賜號和靖處士及金人陷洛焞闔門被害焞死復甦劉豫以兵劫焞焞抗罵不屈夜徒步渡渭潛去紹興八年除秘書少監兼崇政殿說書直徽猷閣極論和議之非又書責秦檜乞致仕其壻邢純迎養于嵊第四世孫仲熙仲亨遷剡立祠祀之

吳公祠在望越門內祀知縣吳三畏置田三十六畝祭

喻公祠在縣司旁祀明南京兵部尚書安性

節孝祠在百步街東側雍正五年奉文建以上縣城內

右軍祠在孝嘉鄉金庭禪院左

石真君祠在孝嘉鄉沃州石氏宫歸有浮石附行數百里怪之奉歸立祠累著靈異神乩自撰碑文

白雲祠在金庭白雲洞祀昇仙太子晉

靈濟侯祠舊在南門外嘉靖三十四年知縣吴三畏築城徙建於東門外萬歷十五年知縣萬民紀拓大之邑士民置田三十七畝地六畝以奉祀事康熙四十八年燬僧祖來建未竣復燬乃去繼者僧岳宗假建祠名私售祀田至控追不已雍正十二年邑紳士汪宗燦等呈

知縣傅珏仍請祖來住持乃重新殿宇復還祀田襄其事者其徒傳月成宗也（以上縣東）

它山祠在南門外明嘉靖初建北向 國朝順治間徙城下南向

張陳二侯祠在南門外即陳侯故址邑人以二侯捍水有靈立祠祀之順治間南埠杜端朱龍等重修

龐蕭二公祠在應台門外今廢

考證　按嘉靖四十五年巡按御史龐公尚鵬均平額坐雜區辦銀力二差蘇東關通役萬曆十二年巡撫都院蕭公廪檄縣條革糧里長折解及見面禮等弊百姓祠祀之以知縣朱一栢配

施公祠在應台門外祀知縣施三捷後士人借供大士

像而祀公像于側以上縣南

陳公祠在杏溪祀宋龍圖學士陳襄縣西南

考證舊志陳襄字述古號古靈先生閩之侯官人以論王安石出惠卿專政斥歸過嵊訪邑令過旦嵊人祀之

姜仙祠在清化鄉明萬歷丁未知縣施三捷以禱雨驗建

考證按紳名洪禱雨輒應所施雨辛大如注連日夜不休諺云姜公放雨葫蘆傾底萬歷丁未知縣施三捷禱之驗爲建祠爲詳仙釋

應公祠在桂巖里居人祀其祖宋知縣應彬

佑順侯胡侍郎祠在繼錦鄉

〔考證〕本傳胡則字子正永康人宋端拱己丑進士歷官兵部侍郎嘗奏免衢婺二州身丁錢民懷其德戶皆立像祀之紹興府志云廟初未有封爵宣和中封方巖神爲佑順侯永康之民遂牽合以爲胡侍郎而嵊亦承誤焉〔按宋胡廷直赫靈廟記廷直四世從祖尚書兵部侍郎保定公于婺州爲鄉里其生也利有以惠之其歿也功有以庇之婺之人廟公于方巖歲時奉祭甚謹鄰境別祠又甚多宣和中盜起清谿保險方巖恃池水以濟一日盜首魏九夢神人飲馬于池明日水涸盜懼遂降廉訪使王導以聞封佑順侯倉卒不審止用方巖神奏而逸其姓氏衢婺之人凡厥祀事板祝旗幟皆實公爲佑順侯從舊也繼而閭邑士民狀于有司力請正名紹興三十一年廷直爲建安縣丞遂請于上朝廷可之賜廟曰赫靈明年二月命下據此則方巖神仍侍郎也府志云誤或亦因奏請時止稱方巖神耳今附正之〕

葛仙翁祠在太白山

靈佑侯祠在永富鄉吳赤烏二年建〔以上縣西〕

王烈婦祠在清風嶺烈婦臨海人宋末爲元帥所刼嚙指血題詩嶺石上曰君王不見妾嘗災棄女抛兒逐馬來夫面不知何日見妾身還是幾時回兩行怨淚頻偷滴一對愁眉怎得開遥望家鄉何處是存亡兩字苦哀哉寫畢投嶺下死血漬入石天陰雨墳起如新元至治初縣丞徐端鑿石爲屋樹碑表之又五年僉浙東廉訪桂秉彝搆屋四楹于石屋之南至正中旌曰貞婦十八年屋燬守帥周紹祖重建明詔有司春秋致祭後參政俞仕悦知府白玉戴琥知縣徐恂相繼修葺萬歷五年知縣譚禮額曰元貞婦祠十三年推官陳汝璧按嵊改

題曰宋烈婦祠　國朝康熙五十七年巡撫朱軾檄紹興府知府俞卿重修

仙君祠在遊謝鄉仙君即盧運也　以上縣北

寺

惠安教寺在剡山晉義熙二年僧道深建號般若臺寺唐會昌中廢咸通八年重建改法華臺寺天祐四年吳越武肅王改興邑寺宋大中祥符元年改今額明宣德中僧永寧支彬邑人劉文敏重建景泰弘治間僧巨源廣達次第增建嘉靖十七年燬僧道玦智方慧崇理佩原昭原祥等建山門觀音閣石磴闌干更衣亭今皆廢　國朝康熙間僧明瑫重建觀音閣

寶性禪寺在鹿胎山麓唐乾元中建號泰清院宋大中祥符元年改今額後歸併下鹿苑寺明永樂十一年復建　治三年僧福榮重修嘉靖十六年知縣呂章廢之改正殿爲啓聖祠周通判震搆屋爲居而佃其殿西空基及山萬歷二年復捐爲寺更建獅子菴爲寺下院又廢　國朝雍正十三年純學重建

圓超講寺在惠安寺東南舊於剡山之巔奉觀音大士曰靈鷲菴晉天福末年號奉國院宋大中祥符間改今額明永樂十一年僧法濟復建宏治元年提學副使鄭紀命徙於今所而空其址　國朝雍正八年張忠涓同

釋遠山重修添建側屋三間以上縣城內

福山寺在六都晉天福二年建名報恩寺宋大中祥符元年改福感寺明萬歷三年重建國朝順治十年僧智音重修改今額晉石氏墓像在

普安教寺在八九十都宋元嘉二年建唐會昌中廢後唐清泰二年重建復廢明正統間里人魏胡二姓捐建國朝康熙初釋智琮募貲新之以上縣東

寶積寺在十八都後唐長興四年建號興德院宋大中祥符初改今額舊傳永嘉郡護法寺僧智希善相山自四明至此築菴未幾邑人錢氏爲創寺[illegible]

資福寺在靈山鄉唐乾元中建後圮晉天福二年重建
國朝康熙五年僧惠啓等新之
華藏教寺在十一二都晉開福二年僧茹蘭建名雲峯
院宋大中祥符元年改今額明景泰中重建
尊聖寺在十一二都晉永嘉二年建名後山菴宋元嘉
二年擴而大之唐會昌間廢咸通天福間再建宋治平
三年奉詔葺改今額
上乘寺在十三都梁永明二年建名安福寺唐會昌五
年廢宋景福元年重建改今額
法祥寺在十五都宋元嘉二年建名延福院唐會昌廢

後唐清泰二年重建宋大中祥符元年改法朗寺又改法祥寺明爲教寺近廢

上金鐘寺在四明山三朶峯下漢平子捨宅建施山爲祝聖香燈元廢　國朝順治間僧元勢重建康熙庚申閩僧雪崧恢復寺產寺基

下金鐘寺在四明山下

清隱寺在三峯山唐大中七年建名三峯院宋治平二年改清隱院明改爲寺嘉靖中燬萬歷二年僧會奇重建

考證舊邑志云三峯鼎峙中有龍池有靈龜金線文蛇見則雨寺初創時塑佛像壓鎮池上每風作

佛座下湧水泛溢後遷龍神于寺北十里外峻山有泡沫處至今禱雨者趨之○以上縣東

明覺寺在縣南十里梁大通元年僧智遠奉勅建號祇林寺唐會昌中廢晉天福元年重建宋大中祥符元年改今額明萬曆二年僧智榮修　國朝順治丁亥僧淨地募邑人袁士阜建大殿改北向馬元宰又建大悲閣於殿後

考證 按郡志云寺始營于長安老僧遠望一處有壺光現遂遷剡詢其地曰光明堂後聞山間有鐘磬仙樂之音又遷二里許卽今所也相傳殿堦有靈鰻井鰻大如椽腰首白色毎現則必雨○縣南

空相寺在四十四都宋太平興國元年建號開明院大中祥符元年改爲寺明萬曆四年僧能震重剏

皇覺寺在四十都後漢乾祐二年過栯建捨田四百畝號仙巖院宋大中祥符初改爲寺有遥碧軒以上縣西南

雨錢寺在縣西二十里齊永明元年安南將軍黃僧成家雨錢數萬億以造寺號錢房院梁天監時改禪惠寺唐會昌廢咸通二年復建明嘉靖中僧惠輝新之國朝康熙初僧淨地建大殿禪堂寮舍加高敞焉

報恩寺在四十九都晉太康中掘地得古甎有大同太年肇法師號唐乾寧元年卽其地建寺後晉天福開運間僧遇明新之宋大中祥符改報恩院明洪武萬歷天啓間僧成順宗道慧月修葺舊有菊花院開遠樓雲栖

樓今廢

天竺寺在二十五都晉天福七年五都葉仁贊捨宅建鐘像皆有贊名寺後即贊墓週圍皆寺業初號西明院宋大中祥符間改今額明景泰三年重建山麓數里有道場巖爲張綱建亦名西明院

考證　按葉仁贊一段或謂非剡志原本致僧俗搆訟不已然剡志已亡何從知爲袁尚衷添入耶

資國寺在二十六都即資國大明禪院後晉天福七年建相傳有姚氏女捨宅爲之名崇明宋治平二年改大明寺明正統十二年僧覩超重建後廢　國朝康熙八年僧法淨大歡重建改今額

〔考證〕按舊志云寺西有坑東有聖姑橋意姚氏女即鹿苑寺所謂姚聖姑也但鹿苑創自宋元嘉七年先晉天福七年五百餘載則又未敢附會矣

〔顯淨寺〕在四十六都齊永明中建號清林寺唐會昌廢後唐長興元年重建宋大中祥符元年改今額寺在平嶼中有八池水清美

〔定林寺〕在三十四都宋元嘉二年建號松山院唐會昌中廢晉天福八年重建宋治平間改今額

〔靈巖寺〕在三十三都唐乾符三年於古石門寺基建號靈巖明隆慶中燬圮萬曆二年重建

〔上鹿苑寺〕在剡源鄉宋元嘉七年有姚聖姑者赴下鹿

苑梵宫不納遂乘雲駕山止處有靈犬隨之遂立寺號披雲院唐會昌間廢咸通七年重構吳越王改名披雲寺宋易今額後歸併下鹿苑寺

下鹿苑寺宋元嘉二年建號靈鷲寺唐會昌中廢咸通十四年重搆宋治平元年改今額

普惠寺在四十二都齊永明二年建名安養法華院唐會昌中廢乾符六年復建宋治平中改今額明洪武間歸併報恩寺嘉靖間殿圮實性寺僧殊謙重建

安國寺在三十九都後晉天福七年建初名太平院宋治平三年改今額

平田寺在西白山今廢以上縣西

眞如寺在二十八都即後晉時寶壽院宋大中祥符間改今額元廢明天順間復建嘉靖中僧能達智信又新之

證道寺在二十八都晉高僧帛道猷道場名五龍院宋治平間改今額元末燬

考證　舊志載晉安運元年建按晉無安運年號或後晉開運之誤耳

戒德寺在二十九都齊永明二年建號光德院宋治平三年改今額元符間宣議黄願拓基重建　國朝康熙九年僧淨地重建以土田併歸兩錢若下院然

印月寺去縣三十里唐龍紀元年王時儉舍宅建後爲法華接待寺明改今額萬歷二年王嘉客等合族重建

皆空寺在崇仁鄉後周廣順元年建號保安院卽古烏流寺基宋治平二年改今額

宣妙寺在三十都宋元嘉二年建名崇明寺宋治平二年改今額明洪武中歸併下鹿苑寺嘉靖時又廢惠安寺僧惠綜鼎新之以上縣西北

善化寺在二都晉天福七年建號水陸院宋大中祥符初改超化院明景泰間重興崇正乙亥寺基爲周司空墓邑人尹立文捐基捨田移建于基左國初僧行然葺

考證明經周熙文曰寺門外有橋曰畧彴門右山横挿曰琴山門左邱壟枕石潛伏古木參差曰子猷林門内有墖曰留雲池曰放月西北一池則名一鑑皆戴安道遺跡備載夏志而續修者脫畧至大悲閣西額聽星餐霞東額問松青來則僧鐵峯暨行然建也

明心寺在二都唐顯德七年邑民蘇老賓請于錢氏為借院宋建隆二年陳承業又捨宅增建號黃土塔院治平三年賜今額慶元中翰林學士鄭人高文虎于寺側作賓廬後卒葬焉　國朝康熙九年僧自度崧月重興

龍藏寺在靈芝鄉梁天監二年建號龍宮院唐李紳少嘗經遊後領郡因新之會昌間廢咸通十二年重建宋大中祥符初改今額明嘉靖間僧能明剏新之

考證　嘉泰志院有巨井深沒水色紺寒疑有蛟龍居之龍宮之名以此

廣愛寺在五十五都吳赤烏二年建號德正院宋改今額慶明正統初重建

瑞峯寺在五十五都創建失考

佛果寺在五十六都創建失考以上縣北

法華院在縣東二百步唐龍紀元年建今廢

南巖禪院在縣東二百步唐龍紀元年建今廢以上城內

天屋禪院在縣東北二十里許明萬歷十七年僧佛身建徒孫能富能仁置田百畝尋廢　國朝康熙十九年僧無二重建司李徐一鳴襄其事又燬僧自建自亮葺

永明禪院在一都湖下張氏建康熙間僧知禧拓大之

白雲院在四明山高堂

翠虬禪院在孝嘉鄉以古松得名初號真相祠王氏創僧仁祥智覺重建

解珠禪院在尤家村順治十六年僧明淨實德募過恩美建知縣焦恒馨題額

瑞象院舊在縣治聯桂坊唐景福元年吳越王建後燬明萬歷四年黃尚絅請於知縣譚禮徙建五十四都西嶺西捐地十餘畝平湖大理卿陸光祖給匾

玉虛道院在四十八都元隱士張燴建裔孫文禮修

指西禪院在桂巖　國朝僧智遠募應嗣殷建

永寧禪院在餘糧嶺東康熙八年僧本頂創建置田二百餘畝地五十畝永爲接衆施茶費本項新昌呂氏子也

菴幽遠菴在惠安寺

永昌菴一在鹿胎山頂喻一仲建喻少屏又於西側建屋三楹以祀三官一在五十四都里民趙昌之建

棲賢菴在瑞象院右北即法信建中奉大士傍祀周夢秀

紫雲菴在北門內武安王廟後明丁永忠建

茶亭菴在縣前西隅史孝嘉建

馬衙堂茶亭菴康熙庚午喻允尊建以憩行旅捐田十七畝零爲供茶費

市心茶亭菴康熙四十九年國學生喻恭韶暨喻懷三徐道佐各捐基址慈芳僧謚言出資築室以施長茶韶父允尊捐田七畝韶兄劭捐田二畝七分恭超捐田七畝韶自捐田二十五畝爲薪水之費終年賴之以上城內

豹伏菴在十九都康熙二十九年僧洪濟建置田二十餘畝

東屏菴在十九二十都康熙十年生員張治建

芝興菴在十九二十都徐廷芝建以上東北

慈芳菴在東門外　國朝康熙三十二年李光華捨基僧德端建僧置俗捐共田百畝

康樂菴在故港有身公塔

遠濟菴在饒頭僧自相建以施茶並構木橋濟渡

永濟菴在七都桃花渡雍正二年吳熙逝設渡船于此因建菴募僧司事

種玉菴在八九十都二酉康熙二十二年張茂遴建

勝樹菴在陳家門坂康熙四十四年僧一聞置田二十畝其法嗣遜宗成章又置田四十畝

耕菴在四明山大石厂上僧知遠建

毓秀菴在孝嘉鄉諸生安景奇建

毓瑞菴在金庭鄉邑人袁祖輞建置田四十餘畝

潛菴在濟渡之岻山里人王心一建

西谷義菴在陳公嶺趾明王文高建以施茶以上縣東

望台菴在渡南康熙二十六年諸生宋大猷重建置田三十餘畝

藥師菴在一都里人王廷玉建

福慶菴傳心菴在一都明嘉靖隆慶間楊祖慶先後建置田百十三畝分捨兩菴卒瘞福慶菴側迄今寒食僧

數其子孫爲墓祭云

壽積菴在燕尾峯前明嘉靖間僧三七捌萬歷間僧平山拓建之　國朝康熙初僧應微海涵海覺增葺以上縣南

放生菴在西門外旁有觀音閣明周司空汝登建

寶林菴在長樂鄉康熙初僧瑞明建里人共襄成之

孝思菴在長樂鄉明崇禎間里人錢進吾同妻邢氏女守光建以奉先故名

法雨菴在白沙地順治十七年史少泉妻馬氏建康熙丁亥釋省凡善賦詩知縣張逢歡顏其齋曰林巖托迹

雨華菴在逵溪一名滴水巖明萬歷間僧古愚建僧聖

因聖山又于巖東建大悲殿並置田二百餘畝

晚翠菴在逵溪順治間僧正信置地構

中隱菴在二十五都雍正二年僧道光就廢址重建并置田供香火

福泉菴在二十六都

顧復菴在二十六都僧智灌建

指月菴在二十六都僧隱西建

高湖菴在縣西明宣德中建

護祠菴在四十九都江田史起韻建

石井菴在三十三都金大海建

白竹菴在三十五都

四顧坪菴在三十三都今名永福菴邑人張爾檝重建昔湛禪師悟道處

慈雲菴在下院庄康熙八年僧渠成置基建

華家塢菴在三十三都僧佛完建

普濟菴在三懸巖頂明洪武三年邑人屠氏捨基建初名普濟龍祠知府白玉置田三十六畝

福勝菴在白泥灣里人俞松建

秀峰菴在二十八都行僧德錦建今其派最盛江浙謂之秀峰派以上縣西

迎恩菴在北門外僧原宗建施長茶

靈源菴在十九二十都明成化十三年建

甘露菴在永寧院前崇禎間里人童法建捐田三十畝

施茶康熙七年僧本頂重葺

金峯菴在二十一都僧光明自一建置田三十畝

太平菴在二十一都明崇禎間僧智和建茅房施茶置

田六畝後廢　國朝康熙間僧自一重建

定心菴在星子峯下邑知縣王玉田捨基僧成恩建初

名剡坑菴後僧佛身徒法瑞拓大之順治九年僧本頂

重建以上縣北

觀

桃源觀在道越門內唐武德八年建在城外楊公橋側號太清宮後廢漢乾祐三年楊施民育民捨基徙建今所額題桃源觀明洪武十五年於殿左置道會司成化十二年被水冲塌弘治七年楊克明克誠捐建大殿楊藴清允清重修嘉靖三十三年提學副使阮鶚檄知縣吳三畏建慈湖書院於道會司所尋廢里人改作吳公祠　國朝順治十二年知縣吳用光重建

金庭觀在金庭山晉王羲之捨宅建初名金真館又改金真宮南齊永元三年道士褚伯玉啓明皇帝於此山置金庭觀正當羲之舊宅後觀廢改名禪院

墓　漢朱買臣墓在縣北六里相傳墓前石羊猶存

考證　按買臣西漢時守郡有破甌越功郡人多立廟祀之上虞洗硯池俗謂買臣遺跡已不免傅會至指墓爲在嵊尤誤嘉典府志云福城寺雷音閣之後爲朱買臣墓

晉阮裕墓在縣東九里裕以疾築室剡山徵金紫光祿大夫不就卒葬此

戴顒墓在縣北一里王僧達吳郡記曰顒死葬剡山今石表猶存宋紹興三年令范仲將作亭庭墓下嘉定三年四明樓鑰爲書本傳立碑道左知縣史安之又建墓亭左右繪剡先賢像以配之元至正間縣丞汪庭作杏溪精舍於墓左明弘治十三年知縣徐楷重建墓亭

王右軍墓在金庭瀑布山又名紫藤山僧尚杲爲作墓志
【考證】孔曄記右軍墓在諸暨苧蘿山孫綽作碑王獻之書碑亡已久或云在會稽雲門山智永傳云欲近祖墓傾資捨移居雲門寺則在雲門者近是然今雲門無其迹也永師爲右軍七代孫雲門或其別祖墓云
山桐公墓在縣東故港有高塚世傳以爲謝氏祖墓郡志稱小相公墓
許元度墓在孝嘉鄉濟渡村蓋元度居濟渡在
褚伯玉墓在縣西白石山今名西白山南史齊高帝於此山立館居伯玉伯玉常坐一樓及卒葬焉

朱侯墓在桃源鄉馬榆山齊朱士明官至吏部尚書粲

封漢昌侯

邑令張稷墓在獨秀山白泉塢

張嵊墓在獨秀山稷墓旁

陳靈濟侯墓在縣西浦橋之上侯之孫某築亭墓上奉

時祀

縣令宋宗年墓在大洋

高文虎墓在金波山

吳大有墓在縣北戱頭墓左

邑令蔣志行墓在北門外一里有石碑

宋元忠墓在禮義鄉蓮花山

王夢龍墓在蛾眉山

宋多見墓亦在蓮花山石獸猶存

姚參政墓在縣北靈芝鄉

考證舊府志云姚太師舜明墓在諸暨長寧鄉今門參政墓者疑其其爲祖墓耳許汝霖曰姚世居剡後遷諸暨葬宜在嵊或其其祖墓生參政者故人呼參政墓云

姜參政墓在福勝灣宋理宗勅賜祭

王忠襄墓在峨嵋山南崇貞間賜勅葬

邑令高孜墓在星子峯下

周侍郎墓在城北超化寺右崇貞間賜勅葬

喻尚書墓在縣東石屏山

王監司墓在香爐峯

邑令楊學嗣墓學嗣良鄉人舉人康熙三十六年任卒於官柩不能歸遂葬是子峯後令於寒食日特設牲醴委典史行禮歲以爲常云

連枝墓在鳳凰山

考證裘德琪妻章氏仲弟德璇妻費氏季弟德瑜妻沈氏二十九年人娣姒相覩賢于鄉郡章爲伉扱配雲南曲靖衞回旋攜瑜子釋安往探俱病死金陵之產屑墩章費以節終合葬鳳凰山後沈卒亦願歸娣姒氏夫瑜從其志三氏遂同塋墓上木連生三枝人奇之稱曰連枝墓

義塚在東門外新河之左往年以造塔餘資建墻垣表

備不免芻牧崇貞年間因洪水冲塌知縣劉永祚嗣葺
立碑曰漏澤園又北門一處西門一處西嶺頭一處康
熙初巡撫范檄縣建廣孝阡於北門外
考證 嘉泰志宋熙寧三年有詔收葬枯骨凡寺觀旅
櫬二十年無親屬及死人之不知姓名乞丐或
遺骸暴露者令州縣命僧主之擇高原不毛之土收
葬名漏澤園周以墻柵既以土地所宜易生之木人
給地八尺方磚二刻元寄之所知日月鄉里姓名者
併刻之露暴者官給轊葬日給寓錢及祭奠酒食墓
上立峯有子孫親屬而願葬園中者許之給地九尺
已葬而願遷他所者亦聽郡縣官違戾弛慢皆置之
法有司奉行頗過至有分爲三閣良賤有別又葬日
及歲時設齋醮置吏卒護視守園僧以所葬多爲最
得度牒及紫衣遂有析骸以應數者久之始詔裁損
自軍興多故遂益弛中興後郡縣或自以意廣朝廷
惠澤至今爲利顧炎武日知錄漏澤之
設起于蔡京不可以其人而廢其法

嵊縣志卷七

官師志

邑之政令賞罰掌之者令也而又有丞簿尉以佐之學師以薰陶之防禦以捍衛之設官分職不綦嚴乎蓋教養分而職任專綢繆預而疆圉靖孰賢孰否有歷久載之口碑者則覩題名一碑應凛凛深靖共爾位之思矣

誌官師

縣令

縣正設於周官而剡令之著稱自漢三國吳始歷考七百餘年姓名之可考者僅三十五人嗣後紀載闕

缺總政事不傳要皆父母斯民與邑相維繫者爲

東漢　薛　棠有傳

三國　下　靜字元風吳郡人　賀　齊有傳

晉　周　翼高平有傳　謝　奕安之兄有傳

謝　裒　山　遵

李　充有傳充字弘度見晉書舊志以充爲克又分弘度爲兩人殊失考

戴　巡　路萬齡

殷曠之陳郡人仲堪父有傳

南宋　王鎮之有傳　周　顒元徽初任遷山陰有傳

漆　斯　裴襲連

陸終

齊張稷 永明中任祀名宦有傳　周廸　宗善才

梁王懷之　賈叔熊

羊羹 郡志作美　劉昭 有傳

陳徐陵　徐孝克 東海郯人天嘉中任

烏璵　成式

唐張子胄　王球

崔 名佚江西觀察使貞觀十八年以殿中諭治剡

崔諷 高陽人由衢州須江令移剡　薛 名佚

洪虬　陳示郡志作永秩誤

郭謙之

〔宋〕周在田　晁　名佚

陳求古　譚雍

魏球　林槃善詩

章珣　葢參

沈振慶歷初任有傳　丁寶臣有傳

過昱皇祐三年任有傳　高安世嘉祐中以給事郎太子中舍來知嵊

聶長卿熙寧三年任　胡格

江相　鄭宗回

劉繪　晏明遠

宋順國祁之子　施佐一名仲素

侯臨　蘇駟

賈公述元豐六年任是年新官制行　宋廣國祁十四子元祐初年任前令餘姚

錢長卿　王知元

吳賁　史祁

劉旦　張諤

呂必强　俞應之

符綬　程容

張慶遠　鄒秉鈞

孫汝秩夏志作張姓誤　宋旅宣和中任有傳

孫潮　張試發宣和中任

莫伯軫　楊植

應彬建炎元年任有傳　宋宗年祁之孫有傳

范仲將蜀人紹興初任有傳　姜仲開紹興四年任

錢墉　趙不退

毛鐸三衢人紹興十二年任　郭康年

蔡純誠　韓聹

李耆年　趙焕之

郭弆夫　趙伯懋

任望之　蘇　詡

吳　幬　陳嘉謀郡志作嘉謨

李耆碩　張商卿

韓元修　鄭逸民

季光弼夏志作李姓誤　成欽堯

裴　洼　李　拓

陳　謀郡志作謨　劉　渠

詹乂民郡志作詹實有傳　葉　鐃慶元中任壘堤捍城

周　悅　滕　璘

胡大年　謝渠伯

蔣現奉化人慶元末任　楊簡乾道中任

趙汝遇太祖世孫　史安之嘉定初任有傳

蔣志行嘉定初任　趙彥傳嘉定十三任

魏岠　范鎔

陳厚之　趙師鑱太祖八世孫

王埜　劉欽

趙崇伯郡志作宗伯太祖七世孫　莊同孫

王藼　水卯袤錢塘人進士淳祐中任修拓學宮

李億郡志作袁億　張槃

袁徽　陳自牧

王文子　何夢祥寶祐中任
俞埈　張必萬
汪懋　周茂育
劉同祖　陳著咸淳四年任有傳
李興宗婺州人咸淳八年任

元

赤都馬丁至元間任　乞思監
沙的　火你赤元貞元年任
麻合謀大德二年任　馬合麻別大德七年任
高閭至大二年任有傳　拜降皇慶元年任
朵魯不解延祐二年任　伯都魯迷失延祐五年任

別都魯丁至治元年任　教化的泰定元年任有傳

阿里海牙泰定四年任　伯顏不花至順元年任

馬合麻回回人元統元年任修儒學

也速達兒字季常蒙古人至正四年由國子監生升司鑰宰嵊廉慎有聲

也的迷實海牙至正七年任　篤魯迷實海牙至正九年任

安普唐兀人進士至正十一年任初授諸暨判官歷校書郎

丁從正字彥端至正十三年任　大都沙至正十四年任

以上達魯花赤元制縣各有達魯花赤掌縣印以知縣爲縣尹掌判院事

［元］王桂郡志作珪列李璠下　黨天祐臨海人至元二十四年任

王喜二十八年任　鄔濟民寧海人三十年任

李　璠大都人三十一年任畋新昌　　余　洪元貞二年任有傳

宋也先大德三年任有傳　　萬　愿附高閭傳

韓持厚皇慶元年任　　張忙古歹延祐二年任

王　瑞七年任　　司　名伏泰定元年任

王　檜大歷元年任用賄以贄因名拜見禮病疽卒于官

趙思誠至順元年任　　張元輔後至元元年任能詩

呂惟良至元四年任　　仇　治有傳

完　顏至正四年任　　冷　瓚字彥中膠西人進士授江浙營勾五年任嵊修學舍諸祠廨各有記

金興勤

文彭仲字一飛八年任　　趙　琬河南人有傳

崔　彬字文質至正十六年任是年詔南行御史臺治紹興府爲臺下邑事繁

陳克明至正二十三任時天下大亂奸民竺氏糾衆爲變執克明至婺州以獻方國珍自是朝廷官不復至而世運更矣

邢　容以邑人攝縣事公平有威亂世賴之後與其弟歸順于明

以上縣尹

明

高　孜洪武七年任有傳

江　瀾廣信人二十年任修學校壇廟

龍　淵三十二年任有傳

譚思敬永樂十年任有傳

湯　禎蕪湖人進士十五年任

劉應祖江西人宣德中任豈弟愛民

胡　深直隸人勤于政事以憂去

嚴　恪江西人公平坦易士民愛戴

徐　雍常州人正統元年任有傳

嚴　獻毘陵人三年任有才能政尚嚴

徐士淵完遠人四年任有傳　單宇南昌人進士五年任有傳

孟文山西人八年任有傳　王琦江寧人景泰五年任修西門圩岸五載以廨宇毀謝事去

張鵠銅梁人天順中任此見郡志　敖瑜新喻人天順二年任

李春成化二年任有傳　許岳英五年任有傳

張鵠銅梁人十三年任置學宮祭器以憂去

劉清字一之德化人進士十六年任決訟如流振興文教未幾以憂去

周曆字克禮武進人十八年任　夏完字秉圭華亭人二十年任修學校

臧鳳曲阜人進士弘治五年任有傳　徐恂十一年任有傳

李吉四川人進士十八年任　李昆正德三年任

張萱五年任一作暄有傳　林誠通六年任有傳
鄭㬋十一年任清而有才　姚惟寶江陰人十五年任
謝秩分宜人嘉靖五年任　譚崧德化人七年任有傳
呂章歙縣人十一年任陞通判　楊旻射洪人十八年任
譚潛太平人二十三年任　鍾天瑞番禺人廿六年任非罪繫獄憂憤卒
姜周太倉人二十八年任潔己愛民八月以憂去民立碑思之
温易鬱林人三十年任博學慈愛三月以憂去
吳三畏莆田人三十一年任有傳　朱資莆田人三十七年任
陳宗慶金谿人三十八年任有傳　林森四十一年任有傳
張持番禺人四十三年任民稱慈惠　薛周岳州人隆慶元年任有傳

朱一柏寧國人五年任有傳　譚禮新淦人萬曆四年任約己節用省刑薄罰門無餽遺民思戚之

姜克昌丹徒人八年任　萬民紀南城人十二年任議修邑志

林岳偉晉江人十七年任慈祥豈弟百姓建祠祀之

王學夔福建人二十二年任　鄺延緒湖廣人二十七年任

吳濟之恩平人二十八年任　文典章攸縣人三十二年任修學宮建文星亭謝墓亭

施三捷福清人三十五年任有傳　王志達龍谿人四十五年任有傳

張時暘當塗人四十五年任有傳　王應期六安州人四十七年任有傳

黃廷鵠清浦人天啓元年任詳申改折秋米六議見藝文志

張逵中 分宜人四年任　方叔壯 南漳人崇禎元年任

劉禾祚 武進人七年任徵輸有法課士得人講學鹿山

丁儒端 江南人十一年任　鄧藩錫 金壇人進士十三年任陞兵部職方司主事歷袁州府知府死難

蔣時秀 零陵人十六年任

國朝

陳昌期 貴州人順治初任　蔚應提 朔州人三年任

羅大猷 南昌人四年任　吳用光 高陵人八年任

郭忱 華州人十四年任有傳　史欽命 清河人十六年任

焦恒馨 鴻澤人十六年任　劉廸穀 安邑人康熙三年任

張逢歡 閬中人五年任修邑志有傳　溫毓泰 邯鄲人進士十二年六月任

陳繼平 遼東人二十年任
蔣[illegible]煒 遼東人二十三年任
訓　瓚 惠來人庚子舉人二十八年六月任
陶大宗 大興人二十九年任
王朝佐 遼東人三十年任
王勲蔭 大名人三十四年任
楊學嗣 良鄉人壬子舉人三十六年任
徐　匡 嘉定人乙卯舉人四十二年任
趙　珏 茂城人四十七年任
任僕京 大興人四十八年任五十八年賑粥
宋　斅 長州人貢生五十八年任有傳
張　泌 上谷人丙子舉人雍正二年任
李之果 仁和人六十年由新昌調任重建常平倉
黃[illegible]中 鄞縣人歲貢七年任建永濟倉
王以曜 大行人戊子舉人八年任九年調武義縣去
倬　珏 奉天人拔貢九年任有傳
楊　生 三原縣人十三年題署
張彥珩 銅山人十三年任

李以琰字崑山博白人康熙甲午舉人乾隆四年由湯溪調繁修邑志

林　斌字石峯閩縣人雍正元年舉人乾隆十一年任十二月外艱去

施繩武字東廬崇明人候補浙江鹽運副司乾隆十一年十二月署任十三年■月去

縣丞

縣之有丞所以佐令教養斯民者也後魏惟大邑有之宋熙寧後邑無論大小槩得置丞明制縣不及二十里者裁減嵊舊有丞而奉裁於康熙之五十一年葢割地新昌亦化洽風淳令與尉自足敷布設施焉

隋格德仁許州俊儀人　唐杜　佑有傳

宋季祐之　林　遹

苗元裔　沈　昇

毛亶　常偉

趙士叟　許殼

魯虓（夏志作魯誤）　劉佺

呂横　王中孚

時琦　韓愿胄

章駒　周玭

吳栩（郡志作補夏志作相俱誤）　高子津（郡志作子洼）

陳戊（夏志作戌誤）　梁立

吳道夫　陳彭壽

項鶚　唐仲義

蘇彬　陳昌平

楊浚　樓潚四明人參政鑰之子嘉泰元年任

俞杭　沈俊心

解汝爲　楊遵

張子榮　應泰之

趙崇諼太宗九世孫　劉厚南

王彝倫　高不佔

章世昌　董夢程

姜琛　黃傹

呂元珪郡志作圭　葉發

汪煇　吳如淵

程梓　木德藻

方士說

元

李德恭　何公茂

張顯　汪庭至元中任改建戴溪亭爲雪溪精舍置田八十畝供二戴祀

劉宗益　張弘毅

王郁　劉信

劉澄　張吉

魯名佚乞石列答蘭　劉元輔

韋安　徐瑞至治中任強敏有爲吏民畏之

馬合麻沙　苗暢

郭性存諸暨人和易近民　伯顏不花蒙古人

于愷臨海人元統中任通暢敢爲　俺都剌哈蠻

郭世英　王光祖郎壘人至正中任有能聲

李伯顏不花　王顯祖

方埜遷　闊名佚　桑哥失理

明

鄒高江西人永樂十一年任　方顯觀正統中任

郭柎舊志失載　張祥隴西人天順中任

郭斌北直人天順中任優厚有爲　方玭溧水人成化五年任端慎

齊倫 博興人十三年任典學恤民　程賢 四川人十八年任

帥玠 建昌人宏治元年任有能聲　陳璧 六合人五年任

何裕 蘇州人八年任　王讃 德平人十二年任

霍鐸 正德五年任舊志失載　許鏌 六年任

王倌當 十一年任有傳　何鳳 十五年任

黃知常 西安人嘉靖元年任　許錦 五年任

鄒頤民 濟南人八年任　馬鏌 上海人十一年任

藍佐 十三年任　潘佾 宣化人十六年任

張東陽 慶符人十八年任　陳德明 吳州人二十三年任

張綸 上海人二十六年任　林文芳 龍溪人二十八年任

李　曉上元人三十二年任勤慎老成　陳文標福清人三十八年任

王廷臣三十九年任署印得民　甘　蕃豐城人四十四年任有才能

奚　偉揚州人隆慶元年任　童　夔歐寧人四年任

黃　衮通州人萬歷三年任愼官箴　林濟卿福建人四年任

李時春蘄州人九年任　陳嘉謨南城人十一年任

吳鵾鳴宣城人十三年任　周希旦

金得淳　郤　斗

吳承鼎　袁士充

程希京有循攻　王文運江西人

芮應耀　梁聘孟渾厚詳明署印得民

江子循歙縣人天啓二年任署印得民　高守紳

周士達江南人崇正年任勤慎　張應宿鳳陽人

施于政江南人　嚴斌美建平人

張[illegible]　陳應昌揚州人

國朝

高鳳起黄岡人順治二年歸順仍任縣丞　石起鳳華亭人五年任

季春元靈州所人十年任　趙勉大興人七年任

門有年安平人康熙初任有傳　胡玒孝感人五年任

李芬芳冀城人十七年任　王開基膚施人十八年任

魏四訖文安人二十二年任　徐秉政遼東人二十二年任

李發英江華人恩貢二十五年任　張仲傑寧羌人三十八年任

蘇　潤宛平人三十三年任

縣丞缺於康熙五十一年奉裁

主簿

水利之職主簿掌之宋嘉定後小邑有以簿監丞者嵊處千巖萬壑間時其蓄洩因勢利導所關倍於他邑明之萬歷間以冗員汰去而宋而元官斯土者固班班可考也

宋

文纓世　劉士野郡志作仕野

吳　雍　陳友仁

司馬僖郡志作馬思僖　蔣　鐔郡志作鐸

聞人安世有傳　刁駿

靳擴　蘇林

江濤郡志作儔括蒼人乾道中任脩學有記　趙崇規友宗九世孫

葉梓　鄭圭

趙善恕　陳秉禮

鄭伯衍　鄭宰

錢觀光　邊沂

姜强立　趙源夫

李容　陳廸

徐愿嘉定中任贊史安之遷學　趙崇層

沈忞舊誤文心　沈文煥

趙必鼎太宗十世孫　王字孫

劉興祖　吳松

王鎔　賈煥

臧子文　沈炎

元

閔濟至元年任　董貞二十二年任

程嶸二十六年任　周敬之二十九年任

耿伯通三十一年任　劉仲達元貞元年任

楊謙大德二年任　傅光龍五年任

辛貽七年任　趙與仁十年任

劉乃鑾至大四年任　張華皇慶元年任

魏恭延祐二年任　薛良弼　月倫帖木兒

韓汝楫泰定四年任　傅偕至順元年任

諸敬元統元年任敬舊誌作苟　元大明至元元年任

魏邦凱至元四年任慈谿練達　程中全椒人至正中任舊志缺

徐天錫至正十年任　相哥失理

塞理沙　不別沙

明

張道明郡志作道安洪武三年任　康寧九年任有傳

徐遠成清流人正統中任質朴愛民　馬與正定人剛直有理

劉清山東人成化二年任沉靜簡易　馬騰文安人五年任

牛麟永平人十三年任　郝達懷慶人十六年任

鄭瑀建昌人弘治元年任　周嗣祀郡志作仕祖蕭田人五年任

阮淮池州人八年任沉默能守　遲銘高郵人十一年任

沈瀾如皋人十二年任勤慎有聲　張鵬正德三年任

王通郡志作黃通十年任　江紀

韓椿嘉靖元年任　朱組華亭人五年任鋤强剷盜民賴以寧

符廷祥曲阜人八年任　秦錫祥符人十三年任

許佑嘉定人十八年任　張大典興縣人二十三年任

朱顯三十年任佐邑有儒林八政碑署新昌縣事有聲

夏金三十二年任　姜偉

譚章三十七年任　韋希舜四十一年任

宗之鳳建平人四十四年任　郭璘贛州人隆慶三年任

吳祺四年任有傳　汪一鳳紹興人萬歷三年任

鄭幹南城人四年任　張羅八年任

楊愼春九年任　林顥香山人貢士十二年任

邢箴高淳人十四年任　張文洛

陳大禮　章文選宛陵人二十八年任慈谿佐治

魏繼孝三十一年任有循聲　孟昇熙三十五年任

主簿缺萬歷三十八年奉裁

縣尉

縣尉官卑而任重親民之職直與令等其在昔時故甚尊也唐郭元振之尉通泉牛僧孺之尉伊闕皆以功業著杜審言之尉隰城王昌齡之尉汜水皆以文詞著隨入爲御史而刻之謝深甫且歷階丞相矣今

聖朝用人往往不限資格則尉雖卑誠能與令休養斯民安必無不次之擢如昔日者哉毋以尉自卑薄也

唐劉迺補傳

宋吳秉　宋易

薛鎡　韓晝郡志作潘晝

丁閎郡志作牙閎　楊矩郡志作炬

程　衍郡志作衍
侯　杞郡志作祀
林懋能
趙　舉郡志作趙舉
陸　釜
祝　溥
吳正國
杜師顏郡志作師賢
魏興祖
張　永
張芝孫
楊文隆
劉次中
張德羽
趙師向太祖八世孫
謝深甫有傳
于汝功
陳　紀
林　昇
鍾　闡

向士貴　李補

胡之部　錢聞善

趙崇原太宗九世孫　宋元老

趙彥垠　文文

任謙之　吳元章

姜漸　黃飛

汪之幹　郜三傑

孫寬夫　趙善嗣郡志嗣作士太宗七世孫

向儀　趙時邇

施復孫臯磯人淳祐年任佐水卸衰修學　曹艮度

趙必巽太宗十世孫　於　珍

徐　渙

元

張　棟至元二十一任　韓　進二十六年任

馬　驥以廉幹聞二十九年任　禿亞撒理　范天祐

孫德慶郡志作應慶元貞元年任　郭　忠大德二年任

張元嗣大德五年任　張德温十年任

胡漢卿延祐二年任　徐　垓五年任

羅從善至順元年任　葉　仁元統元年任

謝元琮至元元年任　茂　圭

到剌沙　沙　的色目人至正五年任以廉慎自持

明

石友璘 洪武三年任

符　綽 正統五年任有傳

馮　和 清流人景泰五年任誠心愛民

唐　琛 清遠人成化二年任

孫　敬 高郵人二十年任

戴　鎬 星子人八年任

蔣　進 郡志作俊平江人十二年任

吳　榮 六年任

劉　玉 十五年任

馬　容 淮安人八年任

舒　紳 池州人宣德年任

王　琮 正統八年任識治體有才能

陳　彪 河南人天順二年任有才幹

劉　雲 掖縣人五年任

趙　鉞 上海人宏治元年任

張　京 十一年任

貢　悅 正德五年任

鄒　崑 十一年任

韓景宣 鳳陽人嘉靖五年任

盧　崑 莆田人十一年任

鄭誠 十六年任
徐紱 常州人二十一年任
李大節 應城人三十年任
徐紳 四十一年任
何欽 隆慶五年任
羅位 八年任
傅秉伊 上高人
湯邦啓 十四年任
熊國寶
李宗舜 豐城人

程伯卿 福建人十四年任郡志程作鄭
蔣銀 湖廣人二十一年任
孫汝明 三十一年任
陳周 嘉定人四十四年任
周守陽 永新人萬歷三年任
李陽 十一年任
王文華
蒙嘉約
戴豸 仙遊人
馬識道

黃維翰　張尚緒

趙艮璧涇縣人天啓年任居官誠謹　姜堯

王瓌選崇正年任　白彤都陝西人

郭邦鎮福建人　程宏道新安人卒葬剡山

李永春　楊時中

國朝

王垓江南人順治初任　彭延祚湖廣人五年任

楊萬程富平人十二年任　周明鼎麻城人十六年任

陳王鼎富平人十七年任　李天錫大興人康熙元年任

毛鼎鉉武陟人二年任　劉琮太原人十九年任

支茂衡水人二十年任　耿明玉阜城人三十六年任

方憲章大興人四十六年任　張從訓大興人五十年任

董文松河內人五十三年任　王大德保定府左所人雍正三年任

教諭

學師者教化之源人材所自出也

聖天子崇儒右文於澄清吏治外特嚴教職非經明行修勿以任而又隆其品級給與全俸所以鼓勵而振興之者亘古罕覯然則有司課士之任者尚其加意作人登諸俊乎

宋

解南翔昌州人景定二年任自著記事於學　徐應家桐廬人郡志徐作孫

洪一鶚天台人咸淳年任　馮子廣紹興四年任後裔居馮家潭

〔元〕周潛孫 至元初年任　　俞己千 字北山

何翥 字平遠，邑人　　趙文炳 字實齋，二十一年任

張杰　　劉悌 上虞人

俞揚 二十二年任　　張炎發 郡志作文發，二十六年任

李子紹 蕭山人，二十九年任　　張蒙亨 上虞人，三十年任

韓悅道 會稽人，三十一年任　　汪宜老 慶元人，元貞元年任

葉元善 温州人，二年任　　鄭大觀 餘姚人，大德二年任

王瑞 三年任　　楊仲恕 慶元人，五年任

徐鵬學 處州人，七年任　　胡得助 諸暨人，十年任

楊至 天台人，四年任　　丁裕 鄞人，皇慶元年任

黃德允 太平人延祐二年任　趙　復 鄞人至大七年任

趙　源 至治元年任　孔克樵 鄞人

項　昱 溫州人　沈　讓

楊國用 餘姚人延祐中任　崔　存 湖州人至正中任後居本邑

明

周　巽 洪武中任舊志失載　王文合 本邑人元㬎人三年任

湯　輔 弋陽人二十四年任有傳　黃　份 永樂五年任有傳

劉士賢 十一年任　舒　伸 宣德中任舊志失載

楊　贊 福建人正統五年任郡志作贊貫　簡 名佚八年任

馮　鋌 甌寧人景泰元年任以性學訓多士又手授春秋

戴　委 浮梁人天順年任剛正有志操而待人以和

陳　烜福建舉人成化二年任有傳　林元立舊志失載
顧　纘莆田人成化十八年任　孫　敬舊志失載
吳　泰二十一年任有傳　俞　成海陽人宏志十一年任學政克舉同夏雷纂邑志造泮橋
房玉節金堂人舉人十八年任　許　選漳浦人舉人正德三年任
葉　欽德興人六年任　王　崑宜川人舉人嘉靖五年任陞國子助教
武　時溧水人舉人造士有方勁節不撓　黃　仁歸善人十一年任
劉以眞安福人舉人十六年任　蔡于蕃仙遊人二十三年任
王　臣南平人二十六年由本學訓導陞　張　梅三十一年任有傳
林朝卿江陵人舉人三十五年任　喻　曉潛江人舉人三十七年任

雍世哲　閬中人舉人二十九年任
王言　長樂人四十三年任有傳
韓天衢　涇陽人舉人隆慶元年任
張惟表　長樂人四年任
王天和　萬歷三年任有傳
王振漢　福建人八年任
章木　鄞人十一年任朴實有學
陳墊　淸江人十二年任
楊繼朝　內江人十四年任
鄧斂　新安人陞舞陽令
杜承芳　新城人陞福建汀州府教授
洪應科　定海人
方叔儆　蒲田人
戴時雍　玉山人
陳士彥　三十六年任有傳
虞應節　永嘉人
金以諫　臨海人四十五年任
嚴法乾　歸安人四十七年任
徐行忠　餘杭人天啓元年任中崇正戊辰進士

葉禾　秀水人崇正元年任　王尚行　嘉興人四年任陞南陵令

江養潛　定海人十年任　王汝勸　處州人十二年任

張養淳　烏程人十四年任

國朝

吳應祺　永康人順治初任　鄒謙吉　無錫人三年任

陸鳴時　錢塘人八年任陞國子助教　費萬程　海寧人康熙三年任。是年奉裁

陳泰徵　富陽人十六年任。是年復設　張雋　湯谿人十七年任

盧璉　錢塘人壬子拔貢十九年任陞知縣

邵遠聲　仁和人歲貢三十年任陞台州府學教授

朱宸枚　海鹽人歲貢四十六年任　陳琰　海寧人舉人六十年任引年歸

沈錫培　仁和人副榜雍正十三年任

訓導

縣學之有訓導也猶司成司業而外復益以博士助教乎葢崇四術立四教順先王禮樂詩書以造士非一人任也顧舊例兩官共食一俸制稱雜職而今則授以修職佐郎且各照品級論俸典至鉅也今而後同寅協恭殫心教化則嵊雖山陬浸浸乎風教宏長矣

元趙辰孫字深甫至元中任

王逌叟字蒙泉。以下十四人皆爲二戴書院山長

連　山字棲碧　　徐德嘉二十一年任

時應龍字文叔　葉仲禮

朱枋二十二年任　朱道坦三十六年任

謝慶集慶人二十九年任　楊瑞三十年任

周宗元巴西人三十一年任　趙必恭元貞元年任

伯顏字近仁二年任　王仲庸大德二年任

戰惟肅三年任

〔明〕錢莊本邑人洪武二年任　施震天台人七年任模範端重工古文

胡虞鄞縣人九年任博學贍文以禮自繩　吳元亮仙居人三十二年任○建文、永樂間佚

王蘭本邑人宣德中任工詩著有林泉稿

周詢廬陵人正德八年任嚴立科條激厲生徒陞均州教諭

王敏 河南人天順中任　　鄭亨 華亭人舉人

李灝 固始人舉人　　王洪 江寧人成化五年任

林元立 福建人　　連銘 福安人十三年任

許昌 同安人十八年任　　胡啓 南平人二十二年任剛方不苟取

方興 廣平人弘治元年任　　湯浩 丹徒人五年任

林世瑞 閩縣人舉人十一年任博學治聞與夏雷同纂邑志

周俅 莆田人十二年任學行俱優同纂邑志

馬玹 舊志失載　　歐陽英 太和人十八年任

胡顒 辰州人正德六年任　　何隆 邵武人十一年任

王佐 臨川人嘉靖元年任　　王貢 泰州人七年任

曾伯宗東鄉人八年任　　鄭琛惠安人十一年任
許梁福清人十三年任　　王臣閩本學教諭
石泰長沙人十六年任　　黃積慶金谿人十八年任有傳
謝恪當塗人二十三年任　　張德輝來安人二十六年任
江學曾青陽人二十八年任　　徐鑾上饒人三十一年任
韋棠江浦人三十二年任　　陳僖廣德人三十五年任
李瑚吉水人三十七年任　　車軒咸寧人三十九年任開導不倦
徐鐸南城人四十四年任　　華國章無錫人四十五年任
郭克昌廬江人隆慶二年任　　王天和三年任有傳
曹文儒永樂人萬歷三年任　　潘恒懼景寧人三年任

傅　遜　蘇州人八年任博學能文著有春秋辨行世

王汝源　九年任有傳

趙　棟　武康人十二年任

陳　賓　連江人十四年任

張可久　十九年任陞浦江教諭

金可器　二十五年任陞太和教諭

趙褒詩　湖廣人二十六年任講學淑人

王致恩　分水人

林文華

趙　褢　合肥人二十九年任

趙　珣　東平人三十年任

韓　鋹　浦江人三十年任

任汝光　寧海人三十年任

成克勳　直隸人三十五年任

劉希儒

方一輝　淳安人

盧季綰　天台人

張聯璧　江西人

李洵岳　義烏人四十七年任

張宏漑安吉州人郡志張作陳　晏逢時麻城人天啓元年任郡志晏作吳

朱文暉臨安人三年任陞桐江教諭　徐應亢遂安人六年任

蔣龍芳湖廣人崇正元年任　朱應宸義烏人三年任

周克中定襄人三年任　王有爲蘄州人五年任

洪名盛平漢人六年任　欽有爵長興人十年任

葉祺乂秀水人十二年任　嚴爾衡安吉州人十三年任

王希商桐廬人十三年任仁厚坦誠秩滿去諸生立碑思之

吳之翰鄞縣人　郭賚贛州人

國朝

江皐佩仁和人順治三年任　林允文定海人九年任

龔自淑西安人十六年任有傳　謝三錫太平人康熙七年任

周雲桂　慈谿人十四年任

章兆豫

鄧巖貞　臨海人歲貢三十年任

郁頲　石門人歲貢四十一年任

盛禾　秀水人歲貢四十九年任

潘調爕　浦江人歲貢五十年任引年歸

滑崧　仁和人歲貢五十五年任

滑槤　仁和人歲貢五十六年任

陳天寅　富陽人歲貢雍正四年任

謝超　建德人歲貢九年任

王允鼎　德清人歲貢乾隆五年任

嵊縣志卷八

官師志二

殊勳

邑志官師自令以上懼僭越勿敢列抑知大災大患有非令之所能安集者則豐功偉烈又安得不大書特書乎志殊勳其有不忘崇報之意也夫

唐張伯儀李光弼將也寶應元年台賊袁晁爲亂往來剡邑伯儀平之

王式太原人舉賢良方正爲安南都護樹芀木柵以禦寇大中十四年浙東賊裘甫等攻陷象山官軍屢敗明

州城門晝閉進逼剡縣有衆百人浙東騷動觀察使鄭祇德遣討擊副使劉勍副將范居植將兵三百合台州軍共討之正月乙卯浙東軍與裘甫戰於桐柏觀前范居植死劉勍僅以身免乙丑甫帥其徒千餘人陷剡縣開府庫募壯士衆至數千人越州大恐鄭祇德遣牙將沈君縱副將張公署望海鎮將李珪擊之二月辛卯與甫戰於剡西賊設伏三溪之南而陳於三溪之北壅溪上流使可涉既戰陽敗走官軍追之半涉決壅水大至官軍大敗三將皆死於是山海諸盜及無賴亡命之徒四面雲集衆至三萬分爲三十二隊其小帥有謀畧者

推劉暀勇力推劉慶劉從而羣盜皆遁逃詣幣求屬麾下甫自稱天下都知兵馬使改元羅平聲震中原朝廷知祇德懦怯議選武將代之宰相夏侯孜曰浙東山海幽阻可以計取難以力攻西班中無可語者前安南都護王式雖儒家子在安南威服華夷名聞遠近可代也遂以式爲浙東觀察使徵祇德爲賓客又詔發忠武義成淮南等諸道兵援之除書下浙東人心稍安裘甫方與其徒飲酒聞之不樂式分軍東南進討與賊十九戰皆捷又分軍海口以拒之六月甲申賊從黃罕嶺復入剡壁其東南府中聞甫入剡復大恐式命趣東南兩路

軍會於剡辛卯圍之賊城守甚堅攻之不能拔諸將議絶溪水以渴之賊知乃出戰三日凡八十三戰賊敗請降諸將以白式式曰賊欲少休耳益謹備之功垂成矣賊果出又三戰庚子夜裘甫劉暀劉慶從百餘人出降遥與諸將語離城數十步官軍疾趨斷其後遂擒之壬寅甫等至越州式腰斬暀慶等二十餘人械甫送京師剡城猶未下諸將以擒甫不復設備劉從簡率壯士五百突圍之諸將追至大蘭山從簡據險自守秋七月丁巳諸將攻之克台州刺史李師望募賊相捕斬以自贖所降數百人得從簡首以獻諸將還越八月裘甫至京

斬於東市加王式檢校右散騎常侍諸將官賞各有差

其後弟寵復爲浙東觀察使人皆舞路迎之祀名宦

考證 按史裘甫之亂在宣宗十三年冬十二月而平裘甫在明年七月至十一月懿宗始改元時尚無咸通年號也故從善本書大中十四年又名勝志云裘甫從王愛山入剡通鑑謂黃罕嶺者誤

宋劉述古越守帥也宣和二年睦寇方臘爲亂連陷州縣嵊令宋旅戰死丁壯爲俘廬舍悉燬明年述古將兵掃除督令張誠發繕城以守未幾賊黨復至掩殺幾盡建議於白鋒嶺置長樂寨守之嵊乃平

朱熹婺源人淳熙八年詔監司郡守條具民間利害熹時知南康軍上疏甚懇切會浙東大饑易提舉浙東常

平茶鹽事即日單車就道即移書他郡募米商蠲其征面陳七事而行比至部米已輻輳與僚屬鈎訪民隱行部乘輕車簡御徒秋毫不及州縣雖深山窮谷拊循不遺官吏憚風采有解印綬去者由是所部肅然明年正月七日入嵊三界發米六萬八千石奏劾侵漁官米指揮使荒政克舉民賴全活

黃由字子由長洲人淳熙中進士第一通判紹興至嵊督行荒政改糴爲賑發米五萬石與民不取直嘉定初以正議大夫知紹興時嵊有虎患訛言虎有神能變僧人獲狙獪忽莫可蹤跡由虔禱於神設伏捕之由是嵊

民始得安居云

元游偰紹興路判官泰定元年越旱飢嵊邑尤甚偰奉檄來賑初發官廩賑給饑民凡四千八百餘人不足則募諸富民又不足則市米他邑親至鄉村散給之所全活以億萬計郡士嚴光大請山陰韓性爲之記

明龐尚鵬廣東人嘉靖四十五年巡按浙江時嵊苦東關力役坊里輪辦往往至傾其家尚鵬酌爲定費均派丁田毎歲輸銀入官令執事者領銀供辦而嵊邑之累始甦百姓比之包孝肅爲立專祠春秋祀之

蕭廩字可發萬安人萬歷十二年巡撫浙江釐嵊弊政

民大寬省又念嵊東關役曰吾以是不平者屢屢顧其事未易言終不可無言姑須之無何入爲兵部侍郎卒民聞之淚下並祀龐尚鵬祠先是嘉靖間有顧廷對者宦湖中奉部使者委往來台紹間過東關聞夫廩多輸自嵊既入嵊則供夫廩者仍嵊人廷對愀然曰奈何一邑而兩役之民必不堪受之者能自晏然耶作尹湖末議以明其事人謂與蕭廩意後先一轍云

國朝趙廷臣字君鄰鐵嶺人康熙初總督浙閩澄清夙弊四年八月輶軒涖嵊革除濫派歲省民貲不下八千金而清丈田畝較定糧戥毋使胥役得上下其手所造

福於嵊者爲吏臣及卒民哀思之
寧海將軍固山貝子者名福喇塔輔國公裴揚武子宗
室也年十七隨侍行間畧前衛地後以官兵殲李自成
餘孽綏靖湖湘追擒賀鳳翔於粵西鄭國姓寇漳泉剿
平之江寧海賊甘輝望風宵遁忠勇之烈早著旂常康
熙十三年靖南王耿精忠繼吳三桂尚之孝叛於閩先
寇浙東
子命和碩康親王佩大將軍璽符固山貝子爲寧海將
軍偕往督師八月師次杭州時金衢溫處之間賊兵充
斥山寇乘間蠭起靡然騷動貝子與康親王密議權其

先後度其多寡相其水陸籌其糗糧選將調兵未啓行而台州告急矣貝子曰台州爲取温入閩要地賊帥曾養性朱飛熊皆渠魁也是非親征不可遂辭康親王赴台途次聞賊棲嵊縣貝子曰賊以天兵方問罪於閩故橫行無忌緩之適以害民於是以兵一千授叅將滿進貴知府許　勲知縣張逢歡咨議進勦未至嵊而賊趙沛卿邢其古趙亦賢王茂公楊四等已陷城刼庫焚燬公廨矣急令滿進貴張逢歡統師擊之凡殺賊百數十餘黨奔潰貝子給把總馬國常戍兵二百名令防守縣城而檄叅將滿進貴知府許弘勲都司王德輔守備周

鳳滿明侯知縣張逢歡領馬步兵分路進勦大敗僞總兵俞鼎臣於沿湖追至蔡家灣九里泉戮僞副將以下四人越三日復擊之生擒賊首董懋斬首七百餘級賊奔崇仁富順等鄉越五日又及之賊復逸至太平長樂開元等鄉貝子嚴檄督戰進貴等益用命分兵奮擊大破之斬首一千餘級奪還俘掠無算釋良民之被脅入賊者一百七十五人數十村男婦歡聲震天地慶再生焉夫何僞總兵俞鼎臣趙亦賢王茂公趙沛卿復招合潰兵溯剡溪而上沿途劫殺貝子曰是當以智取也乃佯檄班師大會僚屬置酒作樂賊偵知亦劇飲不設備

至二鼓寄遣進貴等統兵三路進擊生擒邱恩章趙沛
卿等之有名號者七十餘人悉斬以徇而楊四王茂公
金國蘭胡雙奇邢起國等潛竄上虞餘姚等處貝子名
許岙勳張逢歡而諭之曰嵊雖平然崇山峻嶺此輩尚
多安保其不復爲患今台州告警未可頓兵善後之策
是在守令當念今之流賊卽昔之良民或逼飢寒或出
脅制盡取而殺之亦屬可憫宜勦撫兼行毋純任武焉
岙勳等遵諭率紳士深入賊巢宣諭德意一時領衆歸
順者不下億萬咸頌貝子之仁武不殺也貝子愼於用
兵慮出萬全而後動故每戰必捷台温寧延諸郡以次

恢復究以盡瘁薨於福建行省時康熙十五年十一月
二十七日也康親王疏奏
旨貝子傑係宗室親爲國勤勞軍前病故誠大可矜所裁
錢糧馬匹草料仍照常發給蓋贖典也櫬囘
特遣內大臣一等公坡爾遠至天津視靈弔問
諭祭建碑
旌論藎獻浙閩多祠祀之嵊人向設位於惠安寺春秋致
祭乾隆五年更建專祠以報功德云
許宏勲字無功又字元公遼陽人以父爾顯蔭除刑部
員外歷雲南順寧知府丁艱起復補紹興康熙十三年

三月耿精忠反福州浙東羣盜並起連陷諸暨嵊縣新昌七月攻郡城時副將許捷玩寇方合婚置酒張樂宏勳毅然曰古太守任兼文武我當受難乃去冠服服短褐持尺刀周視城垣賊至挺身先上麗譙民競持杖不呼而集亦且數萬命紳士分門登陴絡繹警察乃歷廵各堞均給餐飯人人歡呼咸願死守賊攻常禧門何守備戰於斑竹菴不利而退賊遂圍城乃出家丁及民壯數百人分兩道出斬首數百餘級溺死者無算次日賊攻五雲門宏勳啓門督壯士出戰而親率藤牌手陳勝等左右翼擊賊披靡而會城援兵又至乃解圍遁援兵

宣言賊已入城欲放掠宏勲反復力爭至長跪以百口
爲一郡請命且出家財犒賞得寧釋八月郡兵東討
上虞餘姚大嵐山宏勲慮破賊日山民横罹鋒刃乃隨
軍單騎至大嵐山絶頂諭降剿賊賊齊聲曰此神人也
咸卸甲去九月寧海將軍固山貝子親征台州廵撫提
督以宏勲知兵命從之行至嵊縣偕叅將滿進貴由仙
巖取道進攻長嶺連破長樂太平開元蔡家灣諸砦賊
勢大衰至貴門山班師計陣斬及生致僞文武各數十
人賊首數千級獲軍資刀械無筭　勲輙慨赤子蹈水
火列榜招諭降其餘衆萬餘新嵊悉平而前所遺僚屬

分將西擊蕭諸羣寇者亦皆克捷八邑奏寧宇焉總督李之芳疏薦陞浙江按察副使分守紹寧累官河南布政司使卒於官

名宦

上之所及於下下之所期於上者以其實不以其名然實至而名歸之如嶺以陳著河以朱稱直道自在人心也吏茲土者誠能絕去智巧與民休息則畏壘之築安在不再見於今日乎志名宦所以誌遺愛風有位焉

吳賀齊字公苗會稽郡山陰人本出王子慶忌以慶爲

平四年遷沇州刺史明年甘露復降庭前樹從事馮巡主簿華操等相與褒樹表勒棠政酈道元水經注金鄉城内有沇州刺史薛棠像碑

吳賀齊字公苗山陰人本出王子慶忌以慶爲姓伯父江夏太守純避漢安帝父清河王諱改賀氏齊少授剡長有縣吏斯從輕俠爲奸齊立斬之從族黨遂糾衆攻縣齊率吏民擊破之威震山越轉守太末長平豐浦反民侯官長商升起兵應王朗齊誅降之領都尉事累立破賊功遷秩賜輧車驂馬吏卒兵騎如在郡儀嘗從孫權攻魏合肥魏將張遼襲權於津北齊將兵迎於津南

脫權於難後與陸遜破尤突降丹陽三縣得精兵八千拜安東將軍封山陰侯遷後將軍領徐州牧

〔考證〕〔抱朴子〕吳遣將軍賀齊討山越越有善禁者每當交戰官軍刀劍不得拔弓弩射矢皆還自向輒致不利賀將軍長情有思乃曰吾聞兵有刃者可禁蟲有毒者可禁其無刃之物無毒之蟲則不可禁彼必是能禁吾兵者也必不能禁無刃物矣乃多作勁木白棓選有力精卒五千人爲先登盡持棓彼山越恃有善禁了不嚴備于是官軍以白棓擊之禁者果不復行〔浙江通志〕自賀齊討平山越始立爲郡縣

〔晉〕周翼字子卿陳郡人郗鑒之甥永嘉喪亂鄉里以鑒名德傳共飴之鑒常攜兄子邁及翼往鄉人曰各自饑困以君之賢欲共濟君耳恐不能兼有所存鑒於是獨往食輒含飯著兩頰邊還吐與二兒並賴得存翼爲剡

令鑒亡遂解職歸心喪三年後歷青州刺史少府卿

謝奕字無彦陳郡陽夏人安之兄少有器鑒辟太尉掾爲剡令有一老翁犯法奕罰以醇酒過醉而猶未已安時年七八歲在奕膝邊坐諫曰阿兄老翁可念何可作此奕改容曰阿奴欲放去耶遂遣之累遷豫州刺史

李充字宏度江夏人父矩江州刺史充少孤父墓柏樹爲盜所砍充手刃之由是知名辟丞相掾記室參軍褚裒爲征北將軍又引爲參軍充以家貧求外出裒將許之爲縣試問之充曰窮猿投林豈暇擇木乃授剡令

【考證】按窮猿投林語舊志謂是殷浩知充貧欲其屈志百里而充答之不識何所據今依晉書改正

宋王鎮之字伯重瑯琊臨沂人父隨之爲上虞令因家焉鎮之始令剡再令上虞又令山陰並有聲爲桓　錄事參軍銜命賑恤三吳糾會稽內史王愉不奉符旨爲貴盛所抑以母老求補安成太守母憂去職在官清潔妻子無以自返乃棄家致喪還葬上虞服闋爲征西司馬南平太守後爲御史中丞執正不撓百僚憚之出爲廣州刺史蕭然無營去官之日不異初至宋臺建遷祠部尚書終宣訓衛尉

周顒字彥倫汝南安成人長於佛理兼善老易嘗著二宗論宋明帝好　理引入內殿親近宿直元徽中爲剡

令有惠政齊建元初遷正員郎轉國子博士兼著作郎太學諸生慕其風爭事華辨著有四聲切韻行於時

齊　張稷字公喬吳人幼有至性生母劉遘疾時年十一侍疾終夜不寢及終哀毀瘠立父及嫡母繼歿結廬墓側六年州里謂之純孝永明中爲剡令會山賊唐寓之作亂稷率衆拒之保全縣境俸祿皆頒親故家無羸財入梁爲僕射遷青冀刺史爲州人徐道角所害祀名宦

考證　按稷臣梁武後始爲左僕射舊志書入爲僕射殊混又書遷冀州刺史尤誤稷出爲青冀二州刺史冀即青所分是爲南冀州南朝州縣多僑設蕭齊仍劉宋制青冀刺史以鬱州爲治所詳宋地理志

梁　劉昭字宣卿高唐人昭幼清警通老莊義及長勤學

善屬文外兄江淹早相稱賞天監中累遷中軍臨川王記室爲剡令卒于官注後漢書及孝童傳並行於世

宋丁寶臣字元珍晉陵人第進士初知剡聽決精明賦役有法民畏而安之已改令諸暨暨人喜曰此剡人所戴以爲慈父者吾邑何幸焉而寶臣亦用治剡者治暨大有政聲以材行遷編修校理祕閣英宗每論人物屢稱之其卒也歐陽修王安石表識其墓

過昱府志云名公彥一字彥專皇祐三年以祕書丞來知縣事時歲饑流民集城下昱勸富家出粟賑之明年又饑出常平錢萬緡請糴得羸米幾萬斛予流民又割俸麥爲

種役饑民耕種超化院左之官田明年得麥五百餘斛復予流民使歸復業流民感激而去熙寧己酉昱已亡劉彝過故院覩所耕田與僧追誦噓唏題詩院壁曰昆田十頃接晴烟曾假過侯救旱年倖麥一車開德濟流民千里荷生全人嗟逝水今亡已俗感遺風尚泫然獨對老僧談舊事斜陽春色漫盈川

宋旅字延實莆田人大觀初第進士宣和中知剡縣方臘既陷歙睦杭衢婺五州旦犯越越盜亦起應之縣吏多遁旅遣妻子浮海歸閩獨與民據守以忠義相激勵部勒隊伍為預備計俄而盜衆大至旅率壯銳冒矢石

雖多殺獲終以力不敵死之越帥劉韐上其事詔贈朝散郎錄其四子祀名宦

宋宗年祁之孫建炎中令剡金人攻越守李鄴以城降屬邑皆潰宗年城守獨堅民賴以安官至中散大夫因家於剡卒葬大洋祀名宦元時子孫居集賢坊今徙一都愛湖傍

范仲將蜀人姜仲開緇川人紹興初相繼爲令仲將峻明高爽健於立事而仲開剛明廉肅政在急吏寬民性行畧相似仲將先拓孔子廟創戴顒墓亭仲開復建學堂移殿廡與門南向皆重學崇儒建監偉然先後稱二

仲仲開卒葬福泉山其子孫居江田村

史安之字子由四明人浩之孫也嘉定初令剡清訟剔蠹奸黨屏息考正經界刋定稅籍宿弊一時盡洗嘗捐俸以代民輸奏蠲和買絹四百餘匹百姓歡呼載路飛蝗入境禾稼不傷人謂德政所感卜地徙故學宮拓其制既廪士子程課不輟築城修倉百廢具興而民不以爲勞嘗購面山堂於治北時時引客觴詠其間風致灑然求高似孫作剡錄剡文獻百世藉之

陳著字子微奉化人登文天祥榜進士初監饒州商稅改白鷺洲山長景定初相國吳潛等以著才可大用相

繼薦於朝時賈相當國諷其及門著曰寧不登朝不爲此態遂出授福安令咸淳四年改知嵊先是宗室外戚有居嵊者持一邑權前令率坐是譴去闕令者十有七年於是豪貴橫行每於僻地剽繫行人至家胥靡役之謂之奪僕又造白券牽合證佐占人田產無敢問者著至獨持風采政教並舉諸豪貴始歛戢相戒無敢犯民賴以安在嵊四年遷通判揚州代者至民乞留不得去祖帳遮道數十里至城西嶺依依不能舍因名嶺曰陳公嶺以志去思代者李與宗謂著何以處我著曰義利明而取予當教化先而獄賦後識大體而用小心愛細

民而公巨室如是而已累官監察御史知台州府

〈元〉余洪字仲寬益都人元貞初尹嵊洪廉介明決爲民蘇困補偏邑夏稅絹準鈔過重洪請得綢鈔減貫之半先是田稅重而山與地不科洪倣史安之例酌步以均之秋糧輸布民既輸半會淮郡旱蝗復令改徵米洪力陳不便乃得免退既復徵米三千有奇洪又力陳請留備本邑春歉民咸稱便新廟學創書院除免儒戶里胥民愛之爲立遺愛碑

宋節一名也先大德間爲邑尹操履凜然一介不苟取政多惠愛上下和洽調奉化知州陞監察御史

高閭蒙古人至大二年爲嵊達魯花赤政尚嚴肅裁吏卒之冒濫者若干人才名籍甚鎮守千戶縱戍卒擾民閭繩以法尋白帥府罷鎮守司民獲安堵與尹萬愿並以嚴毅有守稱循良云

教化的怯烈人泰定元年爲嵊達魯花赤能潔己愛民以糧稅輸郡道路艱阻請折以布民感其惠爲立石志思

仇治字公望至元初尹嵊首定役法民咸稱便時達魯花赤馬合麻縱吏卒爲暴治逮捕數十輩械府悉論罪縣境肅然亡何竟爲馬合麻所中傷罷去治練達果斷

不畏強禦嘗曰手執鈍斧斫無名樹樹盡山空樵夫歸去足以想其疾惡矣

趙琬字仲德河南人元至正間尹嵊剛果有才幹抑強扶弱爲吏卒所畏累遷台州路總管元亡自縊死先是其兄璉爲淮上參政治行嚴毅淮寇張九四起高郵亦殉義死時稱二難

〔明〕高孜洪武七年知嵊涖政斂刑愛民如子三載卒邑民莫不悲號相率葬於北門外星子峯下歲時祀之

龍淵字景雲洪武末令撫字有法政在寬猛之間識者謂爲得體秩滿陞監察御史轉淮慶知府

譚思敬湖廣人由鄉舉永樂間令嵊政先教化時以孝弟格言告諸父老使歸訓其子弟邑無少長咸誦所訓曰敎我孝者譚平因呼爲孝譚九年秩滿民懇留之復任九年愛嵊山水遂家於禮義鄉子孫世爲嵊人

徐濰毘陵人正統元年知嵊潔已愛民勞問民間疾苦憂勞遘疾子彥華刲股以療匆愈卒

單宇南昌人由進士正統間來令政識大體先學校重農事創義倉以備旱暵民不告勞善吟詩所著有菊坡叢稿

徐士淵定遠人由鄉舉正統間知嵊時值旱蝗力請於

上得米八百石以賑甦而濟饑憂皇成疾卒於官橐無
餘金百姓哀之
孟夫鄧州人由鄉舉正統八年任居官廉能見范蕭之
時縣丞方主簿徐典史符民爲之謠曰孟青天方索錢
徐老實符酒顛十一年處州賊爲亂奉都御史檄率民
兵往勦參預軍機踰年寇平賚金旌賞未載考滿引年
去
李春咸貢人由鄉舉成化三年來令性嚴毅寡言吏卒
畏憚不敢爲奸布蔬以臨民民雖畏而可親有歌云勸
課農桑民樂業作興學校士登科謂爲實錄三載丁外

憂去行李蕭然

許岳英字邦賢潮陽人由鄉舉成化中知嵊清慎警敏爲政以教化風俗爲急當春出郊視農事民爲立勸農亭比之甘棠澤行藍田呂氏鄉約崇奬節孝率諸生習射於射圃又開社學教民子弟建廟學齋廡及豆籩罍爵等一切省視修飭嵊田土舊多詭冐賦役不均特爲丈田均賦宿弊一洗蓋爵然稱能吏云

臧鳳字瑞周曲阜人第進士宏治中知嵊重農恤民摧抑豪右鎮撫郭榮者素善結權要至是有犯訊者咸摧避莫能決鳳承檄立訊之竟寘于法城南臨大江舊惟

土堤洪水一至則嚙堤漂屋屢爲民患鳳乃相基壘石周遭若干里長堤屹然至今賴之三載擢監察御史百姓莫不流涕累官南京兵部尚書

徐恂字信夫嘉定人由鄉舉宏治間來令勤敏有吏幹百廢具舉翻刻學庸冠冕續編清風祠集聘夏雷作邑志尤能以文飾吏治

張暄由鄉舉正德間任强毅英明清操凜凜人稱張彊項時中官橫肆使者下邑誅求莫敢誰何暄立笞其使中官識暄名置不問上官以所不便檄令諸邑奉檄不敢後暄封還之間爲論駁於是上官之檄不敢妄下民

賴以寧

林誠通由鄉舉正德間令貞廉絕俗入覲遇盜啓篋俻數金盜曰廉吏也還金而去誠通恬澹厚重嚬笑不輕假或謂才不稱德而申裁冗費數事民以寧息又才者難之官至叅議

譚棨德化人嘉靖初知嵊簡靖和易一意拊循百姓有譚外公之稱

吳三畏字日寅莆田人由鄉舉嘉靖間以臨海學教諭陞嵊令嵊舊無城時倭夷方充斥所過殺掠三畏曰邑無城是棄其民也乃周遭相度則城故有址多屋於民

三畏立令撤去將庀材鳩工而計費當巨萬緡計役當數萬衆或有難色三畏曰城則勞民不城則無民攻惜其勞而驅之死亡乎於是翕然惟命三畏晝夜省督寢食俱廢城始半賊自天台來望見燎火燭天呼譟動地以爲大兵遂宵遁明年城成賊復至三畏登陴守禦賊不能犯嵊人以是知城功之大也三畏短小精悍而敏慧遇人訟牒盈庭立口决手判去善大書遒勁有古法五年陞廣信府同知祀名宦又特祠祀於望越門內子應台生臨海長於嵊成進士歷官浙江左右布政體恤嵊民加摯

陳宗慶金谿人由鄉舉嘉靖間令嵊至邑勞問民瘼上書論列兩事其一謂嵊協濟東關重役不均當首免也且東關曹娥僅隔一衣帶水何煩兩驛誠得合併可減費十之四五其一謂嵊例食台鹽道里險阻官鹽既壅年不至而私鹽之禁又厲是使民卒不得食鹽也寧會鹽場與嵊接壤宜以彼鹽令商人告稅載發抵嵊使窮民得以商鹽展轉貿易官民兩便書上皆不報改官去至都猶上書徧謁諸貴人爲嵊民請命卒無信者十年而兩驛併又十年而商鹽通其言大驗民益思之官至通判

林森侯官人由鄉舉嘉靖末知嵊奉母至孝嘗語人曰始吾幼時母憂吾不得長今長矣又憂吾老何以慰母惟當爲好官耳舊有糧長常例金森至首革之屏去一切公費其政務恤困窮抑豪右定圖均役吏胥束手然不能曲意上官竟坐調象山瀕行止餘贖金數十曰此嵊金宜爲嵊要發修譙樓行李蕭然里老醵百金爲贐曰必橐中無一錢我心始安卒不受上官署其考曰氣高如山心清如水人以爲知言

薛周壽州人由歲貢隆慶間爲嵊令精沉有心計時水患衝坍田缺糧浮周請度田均賦豪猾無所用其詭漏

其催科也一遵條鞭而侵攬之弊遂清民永賴之

朱一栢寧國人弱冠舉于鄉隆慶五年除知嵊縣始至人疑無治幹甫月有胥玩法懲之一老胥抱牘陳事微言欲中以秕又懲之人始悚惕糧里役於公者月有限非限令且去卒無廢公事讞獄平允又能委曲勸導使其自解而訟日以簡嵊邑向多科名今不舉於鄉者且三十年一栢遍詢父老有知者揖而言曰宋時溪流環邑若抱今南徙矣文風不振職此之故一栢曰有是哉吾爲之濬乃循故道計日興役鑿渠增埠引而歸之不數月河成又建亭星子峯上於是進士人而詔之曰地

道巳舉盡修人道集士子於學宮厚其旣稟月凡三試親爲甲乙終歲無惰容是科得雋者三人一柏胸無城府不矯飾以立名而令行禁止吏絶其奸民樂其生治行推循良第一五年陞南京光祿署正歷官慶遠府知府

施三捷字長孺福清人由鄉舉萬歷丁未知嵊彊毅有爲事或不便於民輒予豁除豪右歛手聽命惴惴無敢置一辭精律例毎聽訟手錄兩造辭立剖決去事上撫下有繩度在任五年無以公事差提來擾邑中者蓋上官皆敬憚之也嘗捐俸倡建南門橋邑人德之名曰施

恩公餘闢署圃種菊人擬爲河陽縣花陞順天府推官或題云鄉爵愛斯人淡如菊今憐人去菊猶存立祠南門橋首祀名宦

王志達號升齋龍溪人由鄉舉萬歷壬子知嵊政尚惇大視編氓如赤子無市名沽譽意人稱王外公甫下車旱甚徒步禱祈不避炎歊奉檄須賑雖僻壤無不徧歷在嵊五載巷有絃歌囚無冤枉陞判本府待嵊民尤厚每曰嵊民老實也祀名宦弟志遠先以進士判越嘗署嵊曉暢治體一以子惠爲先時稱漳水二難云

王應朔字我辰六安州人由鄉舉萬歷庚申知嵊性清

剛明決奸猾望風屏跡事無巨細言出即洞知肺腑與衆酬應歷歲月能一一記所訴祠民誇爲神無繁刑重罰堂清如水嘗自銘其堂云天地好生動念須充不忍聰明忌盡凡事務留有餘蓋精明中不失渾厚也試士公明所拔皆寒素二載調繁桐鄉去民祀之

國朝郭忱華州人由鄉舉知嵊剛斷能任艱鉅每有徵發委曲調劑冀寬民力台海之變士馬屯南郊者以萬計鞭笞勒犒胥役皆竄匿忱往來供億絲毫不以累民憲檄開道營弁督伐民間墓木鄉人以茗進忱曰爲民父母不能保此撫心自痛尚忍下咽耶辭不受叛兵自

餘姚走嵊提師領兵追勦日夕馳驅山谷間心身俱困以中暑卒於官忱在事甫期月當士馬繹騷之際能恫瘝乃身而究以勞瘁死惜哉

張逢歡號玉臺閬中人居官廉靜周知民間疾苦凡一利可興一弊可革無不悉心爲之康熙甲寅山寇胡雙奇金國蘭等乘耿逆之亂蠭起爲盜城內外擕遷無寧宇逢歡多方捍禦并集鄉勇爲團練長俾各保護而勢終不能制則赴郡請援會寧海將軍固山貝子福喇塔統兵征台州道經嵊邑逢歡以亂離狀啓貝子憫之給綠旗兵一千名命同參將滿進貴知府許宏勲分路進

勦連賊之於開元太平長樂等處又親詣賊巢招撫餘黨嵊邑乃平顧鋒鏑之餘廬舍荒涼村無烟火逢歡休養而安集之遍瘞道路之殺傷飢殍者爲之課其農桑寛其力役卹其貧苦而元氣漸復又能興學校官舍橋梁川澤諸大政至旱可禱虎可渡則誠無不格矣嵊人至今思之與知府許宏勲並配祀忠獻貝子王祠

王朝佐遼東人康熙三十六年來知嵊邑以嵊多火災令每家門首貯水一甕每甲十家合造撓鉤鎗二潑水木杓二麻搭二各加長柄設架貯公所有警則合持赴援甚利賴焉

王勲蔭號敬菴籍大名本山陰人也果毅能任事寛以撫民而馭胥役也則又甚嚴性耿直凡豪右之武斷鄉曲者痛繩不稍狥坐是被誣罷職遠近寃之

徐匡字漢衡嘉定舉人知嵊五載催科不擾訟減刑清民皆戴之善賦詩每公事至鄉過山水佳處即豪吟寄志嘗自銘柱云關節一毫無地入公平兩字有天知又云居養無殊蓬戶日擔當恐負秀才時又云五斗米可以有爲倘愛髮膚安得人呼父母一文錢不容苟取若朘膏血豈非自食兒孫可想見其操持矣後以計典降調去人謂上官未免苛求云

宋數字約齋長洲人由貢生知嵊年少有老成風度善于決獄康熙辛丑大旱數捐俸募賑設粥廠于城鄉自十二月至三月所全活以萬計有儈俗爭田者剖應入官數以四十三畝歸義學以三十畝歸清風祠養士崇節舉兼得之嘗濬朱公河又請增歲科入學額四名最得士心雍正二年以父濟寧道虧空撤回另補

張泌字清之上谷人丙子舉人居官廉潔政暇每進諸生與之飲酒賦詩相得甚歡一言涉干請輒怒形于色甚或訶斥立屏去之其任事也頗有幹局以峭直不善依同上官謂其短于吏治擬調學博尋以他故罷去

王以曜大行人以舉人令嵊敏于政治喜與士子談論詩文甫蒞任首捐俸三十金重建學宮兩廡戟門紳士多向風輸助積貲數百金方將庀材鳩工聿新　聖殿尋調武義未訖事而去邑人至今稱之

傅珏字連璧奉天人拔貢性明敏能以片語抉摘民隱人稱平允居官四年凡學宮祠宇署廨譙樓咸撤而新之調慈溪令去攀轅而送者直至三界傳爲去思盛事

以上縣令

唐杜佑字君卿京兆人以蔭入仕補濟南郡參軍剡縣丞德宗朝致位宰相佑學問該博撰通典二百卷行世

明王伯當直隸人正德間爲嵊丞清白自持人不敢干以私歷數載如一日遷令去士民繪氷壺秋月圖以贈

童夔歐寧人由監生隆慶四年爲嵊丞傴僂短小而性率直所操執卽豪貴不能奪知縣朱一柏之改濬溪流也委夔董役夔風雨不避夙夜匪懈以勞瘁卒

國朝門有年博野人康熙初由歲薦爲丞蒞剔奸蠹左右無敢撓捐俸修學宮兩廡而先賢先儒之位始不至露處力興文教每朔望至鹿胎書院與諸生講學孜孜不倦嚴飭婦女不得入廟禮佛風俗爲之丕變後爲奸蠹所忌匿名訟府事雖得白而志不伸以疾卒以上縣丞

宋閩人安世字漢卿嘉興人尚書建次子初授汾州文學改杭州文學終剡縣主簿有政聲子昌時遂家餘姚

明康寧洪武初爲邑主簿政務恤民民懷之凡賦役不煩勾稽而遇事明決案無留牘

吳祺無錫人由監生隆慶初官邑主簿祺素貧聚徒授章句至是歎曰簿所得俸視塾師不啻過之于分足矣又目其子曰兒癯不勝衣與過其涯將階之禍吾當以清白全汝元年常俸外終不索一錢祺廉潔剛介淸而有用葢近世卑官之鱗鳳擢邑丞不就致仕 以上主簿

宋謝深甫字子肅臨海人舉乾道二年進士尉嵊歲饑

有死道旁者一媪哭訴曰吾兒也傭於某家遭掠而死深甫疑之廉得媪子曰汝奈何匿子而誣人也媪驚伏曰某與某有隙賂我使誣告耳皆抵罪自是人不敢欺爲浙漕考官一時士望皆在選中曰文章有氣骨可望而知調知靑田侍御史葛邲顏師魯交薦孝宗召見深甫言今日人才拘中侈外者多失誕矯訐沽激者多炫囂激昂者急於披露而或鄰於矜夸剛介者果于植立而或鄰於太銳靜退簡默者寡有所合而或鄰於立異故言未及酬而已齟齬事未及成而已挫抑於是趨利狗利之人專務身謀習爲軟熟因緣攀附遂至通顯施

施自得氣熘陵人一有緩急莫可倚仗臣願任使之際必察其實其人果賢則涵養之以蓄其才振作之以厲其氣栽培封殖勿使沮傷上嘉納之除大理丞江東大旱擢爲提舉倉平講行荒政所全活者一百六十餘萬人累官右丞相致仕有星隕於居第遂卒先是深布衣時由丹邱赴南宮嵊嶀浦廟神告以富貴期既登科來尉嵊禱神甚謹入樞筦請封神爲顯應廟

明

舒伸池州人宣德初典史姿儀俊偉通經史喜接賢豪長者留輒經句飲酒不輟視一切聲利澹如也又十餘年有符縡不知何許人正統間爲典史耽詩酒詢能

詩者羅致幕中日與揮籌舉白迭咏爲樂紆出口卽驚座善恢諧有淳于優孟風令長知其志不槩以政而縛亦踸踔不檢或呼爲酒顛云以上縣尉

明湯輔字師尹弋陽人洪武二十四年由進士除教諭講經授徒無虛日與訓導施震胡愚及諸生謀捐俸廩修餙明倫堂并倉庫庖湢煥然一新成化二年陳烜字上華福建人由省魁除教諭有志操訓迪不倦以邑無鄉賢祠爲掌風教者羞乃節俸以倡諸好義者創爲堂三楹祀晉以來名賢若干人蓋先後一轍云

黃份字原質佚其籍永樂間爲嵊諭王洪字宗大江寧

人成化間爲嵊訓俱能詩胸次灑然份自號楚雲於舍後編籬爲圃圃有孔氏泉陳公石鳳尾竹虎鬚蒲胭脂桃翠絲柳玉帶水寶塔鈴校士之暇盤桓圃間一物一咏稱野雲八咏夾道植松檜蒼翠可愛洪搆居爲竹林蘭砌扁其居曰璞菴自謂官閒心靜境隨意會不知天地間何物足易此樂亦有八詠曰蘭窓琴操竹院棋聲秋夜書燈雪天畫意石影茶烟金猊香靄欹枕詩懷圍爐酒興皆璞菴中物也

吳泰江陰人成化二十一年以舉人除教諭志趣恬澹不遂勢利兩上春官不第遂飄然解職去

張梅字元卿句容人少閎肆於文章嘉靖間以親老由舉人除教諭振刷學規督厲諸生諸生非公事不得履縣庭有執贄進者問其家之裕否爲受卻性耿介不肯曲意令長曰我賓師也令長亦不能屈更加禮焉

王言長樂人文行爲鄉邦推重以歲貢授武康訓導嘉靖間遷嵊教諭古貌古心動循禮法雖跬步必謹耄益精明與諸生談五經四書究析微奥陞教授去

陳士彦錢塘人由鄉舉爲嵊教諭一以行誼造士遇好修者必折節禮之持已廉介而賑卹貧士又惟恐不及署嵊篆留心風俗著戒訟戒溺女文梓於嵊以艱去歷

官知縣

國朝朱宸枚字枚臣海鹽廩貢生補授嵊邑教諭時學廨久圯僦居民舍宸枚平西廡荒山及豪民之侵佔者建屋七楹鑿池栽竹而後乃有寧宇焉康熙丁亥大嵐山寇竊發擾及邑界宸枚督修戰具分守西城協力以禦明年知縣趙珽奉檄監修貢院隨入文武二闈委宸枚攝邑篆會大水百姓環署哀籲慨然曰民命攸關也敢不以告乃力陳被災情形知府勞可式勘驗得實轉詳請題遂得免錢糧十分之三民甚德之嘗捐胙及俸葺大成殿左偏築明倫堂周圍墻垣又贊助知縣宋斅

剏建義塾置田延師以課士子文風爲之一振辛丑歲

試送考卒於郡城公署遠近皆嘆惜泣下去以上教諭

（明）吳元亮仙居人洪武間爲嵊訓導沉靜方嚴動必以

禮講明正學以開後進及卒與僚友諸弟子訣整衣拱

手端坐而逝

黃積慶金谿人嘉靖間由貢授訓導布袍蔬食不事紛

華以端嚴律已而待士子則盎然和易士樂親之博學

好古著有樂律管見行於世

江學曾青陽人由歲貢嘉靖間爲訓導受業王文成至

嵊以致良知啓迪多士士多興起能疎財取與不苟有

詩名

王天和字致祥吉安永豐人由歲貢隆慶間訓導萬歷間陞敎諭在邑几十餘年蚤遊鄒守益聶豹之門刻意問學砥礪名行至嵊首以冠婚喪祭古禮誨導諸生著全禮纂要使遵行之尤嚴居喪酒肉之禁舊鄉飲賓多富者天和獨延禮布衣袁榜篤行有志操邑人由是知所勸諸生貧不能喪葬者捐俸以助尤能奬勵節義引拔後進與邑令議建名宦祠遷學門增置廟器著邑事數月以廉能著聞爲忌者所中不獲薦用遷南安敎授去嘗修邑志未就今究覈賢宦名實猶以其言爲折衷

云

王汝源烏程人爲其邑唐一菴高弟也以歲貢除嵊邑訓導學敦實踐動循繩尺與人柬牘必手書點畫不苟其小物克謹類如此授諸生性理講論亹亹不倦巡撫蕭廩鮮所許可獨稱其學淵源行高古時謂知言所著有貢選二約性理圖書二述歷義烏教諭績益懋先是王教諭言稱行素先生而汝源亦號憶素姓號同學行又同狀貌亦酷相類云

國朝龔自淑西安人順治間由貢任學訓教麗廉潔足以式靡消吝待士有禮捐俸搆鄉賢名宦二祠及學宮

戟門卒於官先一年喪妻命子扶柩去比淑卒一媳一孫煢煢無以爲殮知縣張逢歡贈櫬邑紳士醵金爲賻乃得奔喪歸

鄧巖貞天台人以歲貢爲嵊儒學訓導敦尚名教日以詩書課士子性澹泊無所營亦不屑詭隨博時俗歡人皆重之嘗捐俸葺崇聖祠以疾卒於官諸生請祀名宦不報

陳天寅富陽人歲貢生除訓導制行端恪論文一規先正親授諸生經從遊日衆一日失俸銀十兩衆咸知爲某也請斥之天寅曰斥之則辱之矣毋以我故墮人名

行其母再言蓋溫厚和平多此類二十三載卒于官以上訓導

唐劉迺字永夷洺州廣平人天寶中舉進士補剡縣尉

德宗朝官至兵部侍郎朱泚之亂迫脅不從絕食而卒

新唐書入忠義傳縣尉補

乾隆嵊縣志

2

紹興大典

史部

中華書局

嵊縣志卷九

選舉志一

天地生才自足供一代之用王者每多其途以羅致之而嵊皆與其選周志謂典籍殘佚名氏多湮沒不傳謹博考遐稽間爲補亡其他譜牒所載既不見書史復無科分可考何能以邈遠華胄啓無徵不信之譏也志選舉

薦辟

以文取士法至良也而亦有奇才異能不特以文表見者斯徵辟以佐科目所未逮我

國家道明氣昌風雲之會日隆猶復察舉茂才時頒
明詔嵊士風醇謹有膺舉而謙讓未遑者由今探古知
必名副其實也

宋阮萬齡 侍中見隱逸傳　　齊朱士明 舉茂才見鄉賢傳

黃僧成 居三十三都景明中官安南將軍　　王衡 字孟平羲之之後居孝嘉鄉黃門侍郎義興太守

梁張嵊 見忠節傳　　隋張茂先 嵊之後官洗馬

唐許丑 諭之後官秘書郎　　張欽若 嵊之裔貞觀中官鳳翔府尹

張復之 嵊之裔官尚書郎　　宋童蒙初 居裏坂里開寶間授景陵令

周忠和 字誼嘉居開元鄉通文學兵畧熙寧丁巳薦授度支使紹興乙亥贈三司大將軍

王宏基字立本居孝嘉鄉大觀間舉明經授亳州教授宣和間爲國子直講秘書省正字

姚宏舜明子附父傳

周宗字從海居開元鄉薦授翰林中書壂大理寺評事贈亞卿

呂祖璟見鄉賢傳

求多問字守謙居禮義鄉高宗時收伏魔寇薦補承信郎監常熟縣商稅務

錢宇之字光疇本臨安人靖康之亂侍父奎徙剡源鄉紹興間應賢良方正直言極諫科授國子助教

張僎字仲穎性穎悟究心墳典隆興中以獻策授廸功郎後遷領漕薦除龍泉縣主簿當官廉勤吏不能欺轉婺州法曹內翰洪邁李顯彥舉僎獻議平恕轉儒林郎致仕賜銀緋

周俊字景威宗之孫博涉經史嘉泰已已薦授兩淮浙東總幹有政聲贈嘉議大夫

錢揚祖　字之之孫嘉定間舉博學宏詞科授廬陵令陞吉安太守

〔考證〕周汝登舊志云此據夏志及考許志則以爲揚祖之父植植之父介之植自天台徙剡長樂鄉揚祖由鄉薦魁南宮未知孰是兩存之

邢宜　居太平鄉嘉定間舉博學宏詞科仕至婺州通判

張愗　見忠節傳

商日新　見鄉賢傳

史昱　字康夫紹定中薦任兩淮幹辦公事兼提刑獄以伸理寃獄有聲陞大理評事

胡岳　字伯仁居花嘐理宗時薦授台州路學教授陞定海知縣

錢弼　字文佐宇之之曾孫景定末詔崇經術考德行累官嘉興軍節度使僉判

周天祥　字麟之行誠一故舊志稱誠一由汝南徙于杭咸淳末薦授臨安教諭元至元三十一年棄職歸剡爲剡人

王昌肩 字文于居孝嘉鄉薦授河陽尉轉保寧軍節度推官宣城知縣

張子襲 嵊之後由漕貢進士官至秉義郎差監右騏驥院

王伯昌 字公盛居孝嘉鄉累官沿海制置司叅議

考證 周志云已上三人不知其歲姑附于此今按王氏譜伯昌居思節鄉後至元十四年進士初授嚴州軍事判官改御史臺檢校遷沿海叅議又別無他書可考也

單庚金 見理學傳

元

錢諧 字與祖宋僉判弼之子至元間應求賢詔授諸暨州學教諭改江山學

胡宗道 居東隅宋尚書璟之後□至元戊寅任江西貴溪主簿當閩越之衝以勤自勵愛民如子而民亦戴之辛巳解任歸

夏推 字勉誠聰穎博學至大三年薦授江西龍興路稅課司提舉時權利太急引疾歸

周承祖字紹立宋教諭天祥之子四年薦授浙江儒學提舉

甯崇字志高後至元間薦授漳州路提舉　俞子開至正間以人才薦授四川副使

宋鉞字秉心居集賢坊宋令宗年之後以詩文薦授蕭縣訓導

王斗機字吉甫居孝嘉鄉薦授汀州路學教諭

舒奎字文昌居西鄉以博學薦授諸暨學訓導

王碩字景蕃居孝嘉鄉任蕭山縣學教諭　王宗孫居孝嘉鄉以儒術薦任贛州大使

錢晁濟之孫元季舉孝廉授本府經歷洪武初官博興知州

王君盛薦授江西提舉

明

張思齊洪武初以孝廉薦授陝西參政　張翰英三年舉懷才抱德科授知縣

龔文致字志端三年舉懷才抱德科授河南按察司經歷

趙友誠　四年兵部主事改合肥丞　王　美　四年舉孝廉科授襄陽同知

喻顯中　四年舉人才科授愉次典史　王　璛　見隱逸傳

單復亨　見儒林傳　周　隹　字元美五年舉人材科授福州同知

竺汝舟　居四十八都十三年舉賢良方正科授福州知府

王文鉉　字鼎仁十五年居賢良方正科授侯官縣丞

王　佐　字子叅十六年舉賢良方正科授合浦知縣恪恭其職

應均立　宋邑令彬之後十七年舉賢良方正科授廣東鹽課提舉

錢　莊　字則敬舉懷材抱德科任本縣訓導　韓信問　字用敬俊之弟薦授雲南經歷

宋思義　十八年舉人材科授洪同知縣　盧允中　舉人材科授西寧衛知事

竺　班　名得義十九年舉孝廉科任淮安知府

張原輝居四十八都二十三年舉賢良方正科授登州同知

喻克銘二十四年由耆老薦授涇縣知縣　單季元二十五年舉明經科授處州通判

卜弘德居西隅舉賢良方正科授山西監察御史

屠任見鄉賢傳　邢汝節二十六年舉人才科授廣州同知

應彥昌二十七年舉明經科授嘉興教授　劉大序二十八年舉賢良方正科荊州同知

尹克成二十九年舉明經行修科任國子監學錄

許得吉舉懷材抱德科僉事○見郡志周志袁志俱軼

單斯泰三十一年舉懷材抱德科任海康知縣

沈信年居西隅三十二年舉經明行修科任廣西布政司左叅議舊志作廣東誤

史進賢舉懷材抱德科任萬寧縣丞　王滮字施道薦授宣城縣丞著有宣城稿

黃彥通　舉人材科授新會縣巡檢給事俞驅復舉節操爲嘉興知縣

高時澤　永樂元年舉經明行修科入國子監母老乞歸

張　遜　字宜中三年舉經明行修科任谷府紀善遷長史

袁均正　居五十三都六年由人才薦授江西萍鄉縣知縣

王胥道　居十六都十五年以楷書薦○府志入歲貢條

李克温　居靈芝鄉貌魁偉讀書知律宣德四年薦授當隸驛丞

王　蘭　字元芳居忠節鄉正統二年以經明行修薦任本縣訓導

張士服　居清化鄉讀書好古諳琴畫四年以賢良方正薦授鐘山驛丞

韓　咨　字景明俊之弟六年以經明行修薦授秀水訓導遷德府長史

王　鼎　蘭之弟八年以賢良方正薦授臨清縣丞

韓　昇　字景魁啓之弟景泰元年舉賢良方正任蒼梧知縣

史　昶　字國通居清化鄉天順二年以賢良方正薦授候官縣丞○府志作知縣

〔考證〕明洪武元年令禮部行所屬選求民間經明行修賢良方正材識兼茂及童子之類六年詔科舉暫且停罷令有司察舉賢才每舉者至京師上親校閱不稱旨者輒坐舉主往往有謫戍者永樂元年令内外諸司文職官于臣民間有沉匿下僚隱居田里者各舉所知

歲貢

國家薪槱天下士于賓興外復立歲貢之制而遇有大慶則恩選並舉又六年則拔其尤者縣各一人而士乃無淪棄之歎嵊由茲登進者往往出樹功名否亦爲

朝廷儲才學校不愧經明行修也爲編年敘次如左

〔明〕胡　觀 洪武十七年　沈　常

高如山 二十三年居昇平鄉四川道監察御史陞湖廣按察司僉事

單汝信 居晦溪里廣昌訓導陞太和縣教諭○郡志作洪武時舉懷材抱德科任教諭周志作天順七年大河縣教諭俱入薦辟條

毛道德 二十五年居禮義鄉刑部主事

袁道溢 二十六年居五十三都丹徒知縣　王谷保 二十七年

宋　莊 二十八年字以端居西隅黃州同知改除工部主事

李　恆 二十九年一名常居西隅延平府同知

張得壽 三十一年　竺仕俊 居下八都句容知縣

俞　晒 三十二年居禮義鄉兵科給事中正直不阿頗盡言職

史　鯨永樂元年望江知縣　王可彦三年

宋　純四年居西隅邢臺知縣　王復阜五年見鄉賢傳

郭顯名六年居仁德鄉寧國典史　袁道距七年道溢之弟

竺原艫八年居金庭鄉　王恕敬九年山東濱州知州

張　謙十年　俞　祚十一年字克新騙之侄

胡德潤十二年字廣心居東隅德安同知　陳士基十三年居孝節鄉

史成尹十四年居西隅教諭　施　重十五年入上舍永平同知今村名上舍

馬　欽十六年字敬夫

張　琮十七年字玉蘊居崇安鄉興化知縣　吳　文十八年知縣

任　倫十九年居昇平鄉　婁希賢宣德元年見鄉賢傳

俞　機二年字伯愼暨之姪長樂知縣　姚孟章四年居金庭鄉

王允祥五年居仁德鄉海州教諭　張宗義七年居東隅

王玉田九年居東隅承豊知縣有政聲　黃孟端十年見鄉賢傳

史浩傳正統二年居清化鄉武驤衛經歷　趙　斌四年居東隅青州府經歷

王以剛六年肯道子南京工部主事　王　鈍八年居孝嘉鄉

竺時達十年居忠節鄉贑州推官　陳　昱十一年居康樂鄉平樂府照磨

江　鐮十三年居東隅　胡　鉞景泰元年居西隅上杭知縣濬築城池起譙樓以才幹稱未幾卒于官

王貴舟二年居東隅

相永忠三年居永富鄉　陳　勳四年居清化鄉

黃　瑒五年字叔圭居西隅延平衛知事歷武進丞

王樞　六年見鄉賢傳

尹儀　天順二年字鳳翔居西隅清江學訓導改除新淦學致仕

劉蘭　二年府學貢揚州同知民懷其德

陳昶　四年字允輝居孝節鄉仕嶧縣丞

錢濟　六年見方技傳

馬良　七年字士賢居東隅歷官安平教諭

胡昱　字克昭居西隅平原訓導

謝翀　字克通居昇平鄉新蔡訓導

劉箎　字本陽居西隅懷遠縣主簿

宋郁　字文盛居西隅歷官龍巖教諭

宋敏　字克修居西隅登州訓導○以上六人皆應例一歲同貢

張軫　八年字器之居清化鄉登州訓導

王尼　成化二年字怡仲

楊綺　四年字蘊夫居東隅龍江遞運所大使

周桼　六年見孝義傳

馬政　八年字廷治居孝節鄉古田訓導

史晞　十年字國暘居清化鄉見舉人

張昇　十四年字廷高居積善鄉泉州訓導　王輔　十四年字廷佐居仁德鄉陵縣訓導

婁克剛　十六年字以柔居崇安鄉新泰訓導著有寓陵集

楊浩　十八年字本洪居清化鄉蘄州訓導有賢名著有滄齋稿

李穆　二十年字敬之居靈芝鄉雲夢訓導　裘鈴　二十二年字洪振居崇仁鄉建寧訓導

鄭仁恕　號弦齋居德政鄉

鄭瑛　號恥齋居德政鄉四川籍貢　鄭璲　居德政鄉

張濬　宏治元年字原哲琮之子景陵訓導　張址　二年居積善鄉泉州教授

王荃　三年字德馨暄之姪　過許　五年字正之居長樂鄉絳縣訓導

應旭　七年字以陽丹之姪邳州訓導　張倓　九年字克廉居清化鄉邳州訓導

周曜　十年見鄉賢傳　張曜　十一年字克輝居清化鄉監利訓導

韓顒　十二年字克洪瑞昌訓導陞永安知縣

裘芝　十三年字德馨居崇仁鄉長沙訓導　趙岑　十五年字用之居東隅桂林推官性鯁直慎守官箴家無贏資

胡稚　正德元年見孝義傳

裘孔華　三年字實夫居崇仁鄉德興訓導　鄭燧　四年字文華深州判官

裘策　四年字獻夫居崇仁鄉博野訓導三署邑篆有政聲

黃榮　七年字克仁居東隅壽州訓導　謝樓　九年字克高居禮義鄉雲南府知事

馬雲鳳　十一年居孝嘉鄉訓導　姚仕朝　十三年字爾夫仕榮弟

馬輝　嘉靖元年見鄉賢傳　應暀　三年字以光居崇仁鄉崇善知縣

鄭堂　五年字汝升居德政鄉金谿教諭　鄭經　字廷濟居德政鄉

黃懌　七年字蘊中孟端孫福建邵武訓導秉氣節正學作士無何乞休士論重之

葉懷奎 九年字仲光克剛于邱縣訓導以父卒于官傷之早乞致仕

馬充 十一年字克美居東隅德安知縣性質直絕干謁明敏博覽有馬書廚之稱與朋友直言不諱居官恪守官箴致仕

周晟 十二年見儒林傳

裘仕濂 十三年見鄉賢傳

邢舜祥 十五年見鄉舉

高瑞 十七年字國賢居桃源鄉

張鏵 十九年居桃源鄉

尹奎 十九年字世文居東隅

鄭騮 二十一年字德孚居東土鄉訓導

鄭文 二十一年字用章居東土鄉固安縣教諭素稱長者有古風

胡槃 二十三年字克用含山訓導

袁旻 二十五年字秉仁居桃源鄉蕭縣教諭莊以律已端以率士

江憲臣 二十六年字維翰居箎節鄉新鄭訓導

鄭宸 二十八年字敬夫居德政鄉香山教諭

喻一貫　三十年字繼曾建平訓導　周謨　三十一年見鄉賢傳

胡樂　三十四年見隱逸傳　竺該　三十六年字文廣居遊謝鄉魚臺教諭

裘汝洪　三十八年字時範居崇仁鄉江夏訓導

鄭應元　四十年字仁甫居德政鄉和州判官　裘曰恩　四十二年居崇仁鄉海門訓導廸士先行誼難干以私

尹丕中　四十四年字孔和居東隅濟寧州訓導陞周府教授苦貧子立能甘人所不堪論經史時有卓識特不狥于俗人多詆之

鄭大輅　隆慶元年居德政鄉　邢德健　二年見儒行傳

王嘉相　三年字汝良居東隅惠安主簿陞通山知縣

趙漳　五年字克濟居東隅連州判官

吳世輝　六年字蘊之居崇信鄉忠謹質實與人處其厚不處其薄人服其爲長者初授寶應訓導陞沛縣教諭引年歸撫按重之歸而封拜遠祖創立祭規有追遠之孝焉

袁仲初　萬歷元年字大意居西隅臨安訓導重厚儉朴言動不躁率恂恂自守士也以視豪華縱恣之輩有逕庭矣居教有績卒於官

竺天衔　三年字時登居箴節鄉欽縣丞

周　梧　五年字鳳來居西隅建德訓導循謹謙退溫然可親事叔如父至老敬養不衰居建德官況貧甚尤屢郤門生之贄

袁大恒　七年字仲微定海訓導陞常山教諭轉襄陽府教授致仕

周紹祖　九年字仲思海寧訓導

鄭　甲　十一年居德政鄉於潛訓導

鄭王政　十三年居德政鄉

周夢斗　十五年字繼奎閩清知縣以德化人不事刑朴門無私餽當事薦揚之

周維韓　字孔文居開元鄉徽州府經歷轉遼東衛著有學耕軒草○以下袁尚衷續修無出貢年

分

鄭化麟見鄉賢傳

童仁居遊謝鄉東陽訓導

周仕麟居西隅永嘉訓導

吳越岳見鄉舉

周夢神居西隅見孝義傳

王嘉宴字君錫含山知縣

錢萬貫居剡源鄉仁和教諭

周邦銑字國雍居開元鄉於潛訓導陞東鄉教諭

鄭鳳儀居德政鄉

于謹

邢化龍字見夫居太平鄉德興知縣

周光臨字元敬博洽能文著有名山息遊

丁則綬字子章居東隅

葉應斗字汝光居崇信鄉梧州通判

錢大敬居剡源鄉○以上萬歷年

丁彥伯見隱逸傳

張我綱字宏甫○以上泰昌年

王禹佐見忠節傳

吳應雷字子潛居崇信鄉武縣丞歷石阡府經歷

袁祖乾見理學傳　尹志烶附立相傳中○以上天啓年

吳廷珍見恩貢鄉賢傳　周儀世字羽可居西隅恩貢淵博多才

唐民敬字敬所居東隅安吉州學正　應信遇字邦際居崇仁鄉湖州教諭

厲汝恩見鄉賢傳　徐一鳴見鄉賢傳

胡永賓字惟賢居東隅嚴州府訓導歷慶元教諭不赴

姚本學字思兢居金庭鄉海寧訓導　尹志燧附立相傳中

徐行字子義居遊謝鄉　王心淵字流謙居孝嘉鄉

金之聲見理學傳　鄭漢干見孝行傳

王徵章字績之心純次子博學能文　吳效恩字君章居五十五都

章日選字仲升居德政鄉

吳　鉉字仲舉居五十五都

鄭　奎字池生居德政鄉以上崇禎年

國朝

葉應茂字爾成河源知縣

周運昌居開元鄉拔貢

周際昌居開元鄉拔貢歷任遵化知縣

周有亮字[illegible]居西門湖州教諭

俞華服字斯章湖州府教諭

[illegible]汝中字自御仙居訓導

喻恭泰見鄉賢傳

裘應秋字鴻甫居崇仁鄉

朱爾銓見鄉賢傳

喻恭復見鄉賢傳

周　鉞字公襄居西隅承康教諭○以上順治年

尹　巽見孝義傳○康熙三年停八年復

王基宥字爰對以孝友稱

周　嘿字永思居開元鄉

張明易字惟旋居二十八都孝豐訓導

錢　濬字爾哲居富順鄉

吳光廷壬子拔貢見鄉賢傳

盧　傳字宗子居東隅

鄭彥祐字以周居五十五都

周遂脩字君明居開元鄉

裘光鏴二十五年字叔度居崇仁鄉任處州府教授著有五經疏解四書廣識詩古文等書

徐遵孔二十五年拔貢字道子居西隅

應　捷二十九年字叔顯居東鄉

裘應聘三十三年字士徵居崇仁鄉

胡　悅三十七年字孝其居東隅

周爆新字朗中居開元鄉

喻恭萃字宗孚居西隅

喻安恂見鄉賢傳

趙德馨字薦明居東隅

王從銓字聲希居十六都

高　衡二十七年字乃銓居東隅

張廷芝三十一年字碧軒居二十八都

李茂先三十五年見儒行傳

吳士槐三十七年拔貢字翰楨居棠溪

鄭有年 三十九年字介眉居東隅

吳上灝 四十一年字元培居棠溪

周景昉 四十三年字爾章居西隅

張祚升 四十五年字日生居路西

趙起鯤 四十七年恩貢字雲大居東隅

張天培 四十七年字乃生居富順鄉

尹長璡 四十九年字象玫居東隅

盧象鼎 五十一年字直臣居謝慕鄉

盧廷翰 五十三年字則脩居謝慕鄉任仙居訓導

王鑒皓 五十五年字肅瞻居孝嘉鄉任象山訓導

宋奭 五十七年字牧伯居西隅薦舉孝廉方正有傳

王鑣 五十九年字仲驤居東土鄉

張熹 六十一年恩貢字聖箴居清化鄉

鄭肇昌 六十一年字也魯居東隅任青田訓導

吳炳忠 雍正二年拔貢字大文居德政鄉見舉人

鄭啓夫 二年字搏九居竹山
酈元極 四年字啓墅

喻學鈖 六年字廷璧西隅任湖州府學訓導
周熙文 八年字卜吕居東隅

陳錫圭 十年字和音居德政鄉任永嘉訓導
吳幾荷 十一年字友伊居棠溪

高紹圓 十三年拔貢字允方居東隅
吳屏翰 乾隆元年恩貢字紡思居西隅

汪宗琦 元年有傳
吳熙德 元年副榜字峻文居棠溪

沈義倫 三年字子若居清化鄉
求誠 五年字象明居西鄉

葉方葵 五年拔貢字荻新居崇信鄉

舉人

舉人初無定名其後乃專屬之鄉薦嵊在宋時人才輩出後先彪炳有明三百年亦復稱盛乃

國朝學校大典解額日廣而士之歌鹿鳴者反落落如晨星追維曩昔不禁有望于後之振起者矣

宋

紹興十七年丁卯　周汝士見鄉賢傳　周世則汝士從兄

周汝能見進士三人並以內舍生中式　姜安

乾道三年丙戌　費元亮見鄉賢傳

慶元六年庚申　吳守道字貞一居德政鄉以會稽籍中禮經第一名

淳祐十二年壬子　史夢協字逢衡累官兩淮安撫總幹正議大夫沿江訓練上卒

費允成字師古開慶庚申授永康尉聘信州司理秩滿赴京會鄉友吳大有核帀似道專權遂與歸隱

寶祐六年戊午　李應游省試經魁

景定二年辛酉 許㮚 省試第二見鄉賢傳

年次失考 張渠 字襲于咸淳補上舍生 趙登炳

趙亥炳 呂諒

元

延祐元年甲寅 吳本立 居德政鄉會稽籍中式

至治二年壬戌 費述 省元見進士

泰定三年丙寅 卜可壽

至正十年庚寅 許汝霖 見進士

至正二十二年壬寅 王文合 名天合字應時吊東林里本縣教諭

王原暐 字彥夫居大約里餘杭教諭元末歸隱寓懷詩歌尤長古體著有剡溪吟稿

考證 元任法吏不尚文教至皇慶始行科舉江浙行省凡統三十路數千里而三歲解額

取蒙古五人色目十人南人二十八
人士無可進之路多俛首椽吏矣

明洪武三年庚戌董時亮見進士○是科額取四十人

考證洪武三年詔開科以今年八月爲始四年
詔各行省連試三年自後三年一舉永爲
定式

洪武十七年甲子王寄生舊志作繼生誤見進士

考證洪武六年詔停科舉專行薦辟至十七年甲子始復開科

洪武二十年丁卯王文奎應天中式魯山縣丞

洪武二十六年癸酉王惟謹字謹言原皞之姪舒城縣丞改靖安縣

洪武二十九年丙子史道志見鄉賢傳

永樂元年癸未張孟韜居清化鄉

考證　按是科當以壬午鄉試值成祖登極之始未暇舉行故以癸未鄉試而以甲申會試通志分川榜作壬午癸未兩科者謬又查增廣生中式自是科始而張傑以餘姚典史登科亦奇事也

永樂三年乙酉　沈慶　交趾路州府同知

永樂六年戊子　史原信　居清化鄉新河教諭著有牧謙文集

李回　字希賢居箴節鄉○袁尚衷志作李回盎云舊志作李姓誤今據生員李杞忠呈送新舊譜牒并查通志郡志及永樂戊子科名記皆從李不從季夫志以傳信而懷挾私隙至改人祖父之姓又從而爲之辭亦獨何心哉

張玭　字宗儒居西隅長沙府教授

永樂十八年庚子　龔璉　文致之子見進士

韓俊　字用彰嶀之子永平知縣

唐津　字要夫居忠節鄉袁州府學教授歷伴讀

王仲賓　字光治居昇平鄉任經歷　江宗顯　字克光居崇仁鄉

宣德十年乙卯　鄭貞　居德政鄉會稽籍山西提學僉事

正統十二年丁卯　謝廉　錦衣衛籍順天中式

景泰元年庚午　張世軒　郡志作張軒見鄉賢傳

景泰三年癸酉　張政　字以仁居東隅仕中書舍人遷王府審理轉贛州府通判以廉能鯁直稱○按是科解額九十人遂爲定制

天順六年壬午　鄭仁憲　居德政鄉順天籍中式

成化四年戊子　王暄　見進士　張性　字克循寶應知縣改陸安罷

成化十年甲午　應卝　字天民居崇仁鄉任南康府通判興白鹿之教改南康府勸葱有功居官勤慎

成化十三年丁酉 史睎 應天中式全州知州 楊素 字尚文居上岡里贑榆知縣

杜傑 順天衛籍中式見鄉賢傳

成化十六年庚子 丁哲 見進士 周山 見鄉賢傳

鄭如意 字允錫居德政鄉由司務累官潯州知府

陳珂 杭州軍衛籍見進士

成化十九年癸卯 豐儉 洛陽縣籍河南中式官通判

成化二十二年丙午 閻士充 居德政鄉永春知縣

弘治二年己酉 夏雷 見儒林傳 韓華 字克熙居孝嘉鄉月徒訓導

弘治五年壬子 陳璠 珂之兄官長史

弘治十一年戊午 周棨 順天中式見進士

弘治十四年辛酉　姚士榮　字仁夫居金庭鄉官教諭

正德二年丁卯　鄭端　居德政鄉山西解元　張邦信　居永富鄉見進士

正德五年庚午　吳公義　居德政鄉景東府通判性質實無機械歸田屏跡城市著有羅湖集

金鯉　山東臨淸籍中式見進士

正德八年癸卯　鄭蒙吉　昔嵐知州　王朮　外籍中式歷御史終僉事

正德十一年甲子　杜民表　順天中式見進士　王喬

嘉靖十三年甲午　胡采　字原素居東隅任城步知縣化服苗蠻改會昌縣剪除奸宄而居鄉邦爲鳴東關之累所在稱德

嘉靖十六年丁酉　周震　見理學傳　王烱　外省中式見進士

王朴　外省中式　邵惟中　雲南籍中式見進士

嘉靖十九年庚子 喻斆 見進士

嘉靖二十二年癸卯 裘仕濂 應天中式見進士

杜德孚 民表子應天中式弋陽縣教諭

王念祖 貴州前衛籍中式新寧知縣改浮山縣

嘉靖二十五年丙午 邢舜祥 字時鳳居太平鄉應天中式性耿介植立名節爲潮州府推官値楊忠愍下獄疎慨形詞色發書當道爲論救遣戍卒鄉邦爭言之其義氣類如此

嘉靖三十七年戊午 王煉 貴州籍中式

嘉靖四十年辛酉 喻思化 應天中式見鄉賢傳

于培 貴州中式

隆慶四年庚午 戴子行 紹興衛籍中式家會稽見進士

萬曆元年癸酉 周汝登 見進士

王應昌 見鄉賢傳

張希秩 改名向辰字惟序居西關德[illegible]

周光復見進士

萬曆七年己卯王大棟字子隆居東土鄉絳州知州

萬曆十三年乙酉李春榮字邦彥居西隅崖州知州

萬曆十六年戊子喻安性見進士

宋萬壽雲南中式見進士

萬曆二十五年丁酉王瑛貴州中式累官雲南按察司副使

萬曆三十一年癸卯鄭化麟順天中式見鄉賢傳

趙廷字近思居東隅博學善古文詞嘗著禮記書

萬曆三十四年丙午錢永澄字久心松江府同知

萬曆三十七年己酉吳越岳字堯官居德政鄉漢陽府同知無田浮糧楊都憲建率士民尹大堂祀之

丙辰 萬曆

周家俊字仲英居開元鄉清川知縣

萬曆四十年壬子吳中穎字支機居德政鄉烏程籍中式太平知縣有德政著有奚適吟

萬曆四十三年乙卯王心純見進士

萬曆四十六年戊午周孕淳字無遷汝登次子應天中式著有朗瑩齋集

天啓元年辛酉尹膺簡字可行居東隅

尹鼎臣膺簡姪澄海知縣

天啓四年甲子胡門平字節之原名守禮瑞州府通判署新邑篆除盜賑荒克盡其職歸橐蕭然一琴一鶴而已

天啓七年丁卯吳應芳見理學傳

崇正三年庚午裘組字章甫居承宣鄉國朝任壽州知州

崇正六年癸酉尹志娗字伯先居東隅見義行傳

崇正九年丙子　盧鳴玉　見進士

崇正十二年己卯　徐一鳴　順天中式見儒林傳

國朝順治三年丙戌　姚丁亮　字代人居晉溪上內鄉知縣○是年浙省開科額取一百七名

順治十七年庚子　尹　琰　見孝義傳○是科裁爲五十四名

康熙十七年戊午　高克藩　字大垣居三十三都見進士○是科廣額十名共取六十四名

康熙二十五年丙寅　商洵美　見鄉賢傳

康熙四十一年壬午　商元柏　字葉如歷官泰安州達州同知致仕以子盤貴封翰林院編修

康熙四十四年乙酉　王　化　字幼仲居東土鄉任臨安教諭

康熙四十七年戊子　應朝昌　字會臣居崇仁鄉見進士

雍正元年癸卯　鄭　彥　字瀛彥居東隅

乾隆元年丙辰　吴炳忠字大文順天中式

嵊縣志卷九終

嵊縣志卷十

選舉志二

進士

進士之科自昔重之故有身都將相而以不得出是爲憾然要在致君澤民能不負乎科名而後科名乃重嵊自宋以來與是選者皆矯矯持風節無負乘覆餗貽譏史冊是誠可重也

宋大聖五年丁卯王堯臣榜

史綸　居四十三都官屯田員外郎

景祐元年甲戌張唐卿榜

嵊縣志　卷十　進士

史叔軻　綸之子累官刑部侍郎

慶歷二年壬午楊寘榜

茹約

皇祐五年癸巳鄭獬榜

茹開　姚甫

嘉祐四年己亥劉煇榜

姚勔　祭酒有傳

熙寧九年壬戌徐鐸榜

史安民　綸之從子官中大夫

元祐六年辛未馮涓榜

黄特　頤之子，居二十八都，宜城令。致和八年由朝散大夫知婺州軍事

紹聖元年甲戌畢漸榜

求移忠　字許國，居五十二都，歷官吏部尚書，轉朝議大夫

紹聖四年丁丑何昌言榜

姚舜明　見鄉賢傳

崇寧二年癸未霍端友榜

求元忠　移忠弟，由仁和縣主簿轉知義烏縣，後知衢州，改知臨安府，贈通奉大夫

〔考證〕按金華府志，義烏知縣爲求移治，而非求元忠，未知孰是

姚裴忱　字天廸，丞康知縣

大觀三年己丑賈安宅榜

過卓 昱之子知縣

政和八年戊戌王昂榜

〔考證〕宋志嘉玉楷第一登仕郎王昂第二徽宗宣論嘉玉云有司考在第一不欲以魁天下乃以第二人爲傍首

姚景梁

宣和三年辛丑何煥榜 舊志作二年誤

黃時 一名唐傑特之弟官鎮江通判

紹興十二年壬戌陳誠之榜 舊志作十三年誤

馬佐

張爐 歸姓馮

紹興十五年乙丑劉章榜

茹紹庭　　黃　昇

紹興十八年戊辰王佐榜

周汝士　有傳　　茹　驤　居集賢里

紹興二十七年丁丑王十朋榜

周汝能　鄞縣主簿主睦宗院　　姚　筠

紹興三十年庚辰梁克家榜　舊志作三十二年誤

姚廷袞

隆興元年癸未木待問榜

趙師仁

乾道五年己丑鄭僑榜

王叔瑪居忠節鄉由朝散大夫知衢州事周志作王瑪稱在乾道間不知其年今據王氏譜訂正

乾道八年壬辰黃定榜

高宗商改名商老　任惟賓

【考證】舊志作乾道五年進士今從佛墖題名張元忭府志改正

是年八月賜同進士出身

姚憲舜明子見鄉賢傳

淳熙二年乙未詹騤榜

周之綱汝士從子任婺州教授　唐琦

桂森

淳熙十一年甲辰衞涇榜

白公綽字仕優丹陽縣丞　姚一謙

淳熙十四年丁未王容榜

石宗萬官至兵部尚書　周之瑞之綱弟官荊門軍學教授

應燮縣令彬之子官翰林承旨　郭綽官翰林承旨

紹熙四年癸丑陳亮榜

宋叔壽

慶元二年丙辰鄒應龍榜

石宗魏宗萬弟

慶元五年己未曾從龍榜

王復明 居小柏里官中書科中書舍人　茹騤 官安福縣丞

石孝溥 周汝登曰按宗魏宗萬孝溥攷邑志爲新昌人舊志載剡姑從之

開禧元年乙丑毛自知榜

任必萬 官至叅議　過文煥 揚州通判

盧禰之　中宋說

田廩

嘉定元年戊辰鄭自誠榜

周之章 之瑞弟

嘉定四年辛未趙建大榜

茹彧　榮熙辰

錢難老

嘉定十年丁丑吳潛榜

姚　鏞字希聖授監丞著有雪蓬稿　周宣子子之綱子

嘉定十三年庚辰劉渭榜

過必宋

嘉定十六年癸未蔣仲珍榜

周溶孫宣子之子

紹定二年己丑王朴榜

任　貴必萬子知縣　呂　諒祖璟子歷官制置司參議

張崧卿俁之子累官承議郎沿海制置司參議

張飛卿 崧卿弟通直郎　　勞崇之

紹定五年壬辰徐元杰榜

王鵬舉 居小栢里歷官淮東制置司幹辦公事

過夢符　　趙汝崖

王景壽

嘉熙二年戊戌周坦榜 舊志作元年誤

過正巳 文煥弟官參軍　　尹鳳梧 官大理寺評事

屠雷發 字聲伯觀察使朝請大夫主建昌軍仙都觀

淳祐四年甲辰留夢炎榜

朱元光　　楊光之

陳肖孫　李士特

淳祐十年庚戌方逢辰榜

商又新字德孚官至紹興撫叅著有曲溪集

董元發

寶祐元年癸丑姚勉榜

毛振　應瑜

開慶元年已未周震炎榜

陳硕字台輔先世東平人南渡時徙嵊以儒傳家授春秋于新昌石宗魏官臨安府判以忤賈似道罷　劉瑞龍

景定三年壬戌方山京榜

許梟　張霆

咸淳元年乙丑阮登炳榜

趙炎見鄉賢傳並載新昌志　趙汝巘

俞相或名德　高子埜

咸淳四年戊辰陳文龍榜

朱士龍　朱得之士龍姪

商夢龍見雜志

咸淳七年辛未張鎮榜

吳觀道居德政鄉

尹仲亨居東關官員外郎　尹仲寧官通判

相起巖德祐元年補訓武郎後仕元爲福州知府○以上三人皆宋進士科分未詳

元泰定元年甲子張益榜

費述字元明仕慶元路鄮山書院山長

至正十一年辛卯文允中榜

許汝霖見隱逸傳

明洪武四年辛亥吳伯宗榜

黄時亮居竹山里臨邑縣丞初爲諸生時建議重興二戴書院稱義舉

洪武十八年乙丑丁顯榜

王寄生歷官雲南左布政

永樂十九年辛丑曾鶴齡榜舊志作洪武十九年誤

章信宗 字守誠居德政鄉歷官監察御史廉慎有守三巡卒于任囊無長物僚友賻贈乃得歸葬

永樂二十二年甲辰邢寬榜

龔璉 字廷器居坂田妻以節名

景泰五年甲戌孫賢榜

謝廉 見鄉賢傳

成化八年壬辰吳寬榜

王暄 見鄉賢傳

成化十四年戊戌曾彥榜

鄭仁憲 府志入會稽

成化二十年甲辰李旻榜

丁　哲見鄉賢傳

宏治三年庚戌錢福榜

陳　珂累官大理寺卿

宏治十二年己未倫文敘榜

周　瓈字國信蕭縣知縣

正德六年辛未楊慎榜

金　鯉累官按察司副使

正德九年甲戌唐皐榜

張邦信字德孚初任刑部主事歷陞廣西桂林道好名義不下于人以亢衡巡按歸善詩多

所吟味

正德十二年丁丑舒芬榜

杜民表見鄉賢傳

嘉靖十七年戊戌茅瓚榜

王烱字廷輝居小柏里官同知○王氏譜作文烱由王府奉祠正遷長史歷陞禮部侍郎

嘉靖二十三年甲辰秦鳴雷榜

裘仕濂見鄉賢傳

嘉靖二十六年丁未李春芳榜

鄒惟中授行人選南道御史累官太僕寺卿致仕家居雲南

嘉靖二十九年庚戌唐汝楫榜

喻　聚見孝義傳

萬歷五年丁丑沈懋學榜

董子行見鄉賢傳母姜以節聞　周汝登見理學傳

萬歷八年庚辰張嗣修榜

周光復字元禮紹祖子授行人遷工部屯田司郎中轉益府長史

萬歷二十六年戊戌趙秉忠榜

喻安性見鄉賢傳

崇正元年戊辰劉若宰榜

王心純見鄉賢傳

崇正十三年庚辰魏藻德榜

盧鳴玉 見孝義傳

國朝康熙三年甲辰嚴我斯榜

尹巽 見孝義傳

康熙二十一年壬戌蔡升元榜

高克藩 湘鄉縣知縣卒于任

康熙五十一年壬辰王世琛榜

應朝昌 授廣東開建縣知縣未任卒

武職

嵊俗樸質耕讀外鮮習韜鈐弓馬然佩尺寸符襲父兄蔭往往能捍衛疆埸出奇制勝固不必盡與鷹揚

之宴而自無愧爲矯矯虎臣也

宋

裘貞潘郡馬　童霓字望之居遊謝鄉由胄監補潘郡馬尚壽安郡主咸淳乙丑贈忠獻侯

金敏慶居清化鄉雅堂入岐潘郡馬

元

應原達見孝義傳

明

邢應麟居太平鄉元季擾亂糾集義兵捍衛鄉里明興率衆歸服授海寧指揮使世襲千戶

邢越章襲應麟千戶坐與藍玉通姻自縊爵絕

周景初居積善鄉有勇畧洪武二十三年補前衛軍勦叛有功陞虎賁右衛百戶永樂初征交趾卒于通蒙

姜彥彰從山西平陽衛戍伍征雲南有功累陞本衛副千戶

黃隹二居東陽充永平衛軍以進征有功累陞本衛千戶子玉襲永樂間調武城衛弟源襲改景

陵衛千戶授
武略將軍

王　敏　居昇平鄉進征有功授淸平衛指揮僉事子聚襲陞貴州都司子滐襲

王岑六　永樂元年以軍士擒獲奸叛陞校尉尋陞龍驤衛百戶

謝時通　居淸化鄉性敏嗜學永樂十七年補錦衣衛校籍嘗從征討有功授鎮撫緝獲叛首陞正千戶封父
如其官

商　源　居崇信鄉從沅州衛戎伍正統四年調征雲南破寇有功授本衛副千戶弟洗襲

王　玘　居積善鄉成化間授錦衣衛百戶爲人謹實

王　道　居靈芝鄉嘉靖間以吏員授廣東平海衛吏目委勦山寇有功陞龍川守備加都指揮使文官改武
自道始

俞世隆　居十八都萬歷間從戚參將繼光征討敘功授紹興衛指揮僉事

茹日章　居六都萬歷庚辰武進士先兩中鄉舉仕鎮撫歷守備以都指揮行事

邢大有　萬歷辛丑武進士見郡志舊志失載

童朝明　居遊謝鄉萬歷甲辰武進士北直遵化營遊擊

竺凌雲　字抱冲居筮篰鄉由文學善騎射中萬歷己酉壬子武舉癸丑進士授黃州三江口守備江寇出沒摽掠出奇擒滅歷福建都司遇覃恩誥贈祖父討平土寇歷江西贛州參將調廣東雷廉歷河南懷慶副總兵官

呂一端　居遊謝鄉萬歷間由行伍授廣東把總

呂振遠　居遊謝鄉萬歷間由行伍授舟山把總

童維坤　見忠節傳　　俞宗德　居十八都授紹興衛鎮撫

丁國用　見忠節傳　　童朝儀　天啓壬戌會舉歷官廣東都司

周繼雲崇正間　徐　麟見忠節傳

童惟基崇正間由將材考拔授揚州江防守備

馬　騰居五十四都崇正間由材勇歷官徐州總鎮中軍叅將加副總兵

童惟封崇正間由將材授守備陞雷廉都司

過大任居長樂鄉崇正間由武舉歷官貴州龍塲都司

錢　涉居長樂鄉雲南武舉　錢榮德居長樂鄉由行伍任象山把總

夏　名佚崇正間由將材授昌化鎮黄花路守備

張拔鼎居永寧鄉由行伍加所鎮撫

國朝

姜君獻字軼簡居清化鄉由文學上策勅授

欽掛印總兵官勦禦山海都督同知

史起環原名童志由行伍有戰功任台州千總

張朱英居陳村康熙己酉武舉本姓竺　周　奇字沛武居上朱康熙己酉武舉

高紹志武庠今千總　裘應麟乾隆辛酉武舉

封蔭

考績敘功上有以顯其親下有以任其子君之待臣
恩至渥也膺茲異數宜何如懋勉以不墜家聲者仰
報君德乎易曰積善之家必有餘慶觀于封蔭而知
嵊之弓箕克紹也

宋

求從信以孫移忠貴贈朝議大夫　求　顯以子移忠貴贈朝議大夫

張文叔以子襲貴封承務郎　求多譽以子揚祖貴贈朝請大夫

明

王胥道以子以剛貴贈南京工部主事　王　鈍以子暄貴贈南京禮部郎中

張堅以子政貴贈中書舍人王府審理政

張胄以子世軒貴贈中憲大夫臨安府知府

喻衮以孫安性貴贈資政大夫兵部尚書

喻思化以子安性貴贈資政大夫兵部尚書

董和以子子行貴贈監察御史

王尚德以子應昌貴封奉直大夫定番州知州

周河以孫汝登貴贈光祿寺卿

周謨以子汝登貴贈光祿寺卿

王應昌以子心純貴贈奉政大夫

喻安性以子允英貴封南前軍府經歷

國朝

商洵美以孫盤貴贈翰林院編修

子盤貴封林院編修

高衡以子克藩貴封文林郎

陳翰府學生以子錫輅貴封文林郎

宋

趙仕實見寓賢傳

錢奎見寓賢傳○以上二人見周志

姚寬 以父舜明廕補官，見鄉賢傳。 求多聞 字守約，以父移忠廕官寶應縣簿。

求多見 字守道，以父元忠知明州捧表恩補將仕郎，累官溫州知府、太僕寺丞、左朝請大夫，致仕，贈正議大夫。

求多譽 字守實，以父元忠溫州知府恩補將仕郎，除淮南轉運司幹辦，致仕。

【考證】按進士內元忠知衢州、臨安，而多見、多譽何又以明州、溫州恩廕也？此類舛錯甚多，偶表出之。

求之奇 字仲頴，多聞子，以祖移忠廕補將仕郎，未及銓選卒，時乾道四年。

趙不急 字德容，仕實姓，父仕輔爲左承議郎不急，以祖仲營廕補忠翊郎，官至武德大夫。

呂湔 祖璟，于以廕補浦城縣丞。詢之子慶，亦以廕補南豐主簿。

周之相 字有道，寧宗時以父汝士廕補將仕郎，累官鄂州觀察支使、承直郎，開禧丁卯卒鄂州。

求興祖 字子發，以祖元忠恩補將仕郎，累官通直郎、溫州司法。

求承祖　字子紹以祖元忠恩補將仕郎遷監察御史
賜緋魚袋歷朝散大夫兵部郎中賜金魚袋
知湖州除沿海
置制司參議

黃頤　以父遵蔭官宣義郎
子貴晉中奉大夫

呂汝霖　以父諒蔭
補將仕郎

求昭祖　字子明以父多見恩補將
仕郎累官福州司理致仕

求揚祖　字仲舉以祖元忠恩補將仕郎除御史歷
朝奉大夫通判潭州軍事知台州致仕

史仕通　字國用鄞人父必祿開禧三年鄉舉官至金
華知府秩滿道嵊愛山水佳麗因家于積善
鄉仕通以祖文侯恩補承務郎紹
定四年知新縣卒于官。見周志

求師説　字巖卿與祖子以祖多見蔭授成都
提舉司幹官遷淮東制置司幹辦

求偉　字漢章以祖多見蔭補將仕郎改授
仙居主簿遷文林郎撫州軍事判官

求作德　字德夫以父揚祖恩補將仕
郎累官承直郎奉化縣丞

商惟新父新之兄以祖廕授台州司户　童驥郡馬覽之子廕補重慶府判

求得宜字行甫以祖承祖廕補將仕郎累官岳陽節度推官

求循字良夫得宜子以曾祖承祖廕補將仕郎累官承直郎僉判衢州軍事致仕

明

韓嶧字允暘川父宜可左副都御史廕歷官雲南參政自山陰遷嵊十五都靈義里

周孕裘字無競以父汝登廕歷官刑部雲南司郎中

喻允瑛字席兹以父安性廕歷任南前軍府經歷嚴覈世胄夙弊一清生平有行誼曾于旅寓貸金完人大婦

童如壽承父維坤廕襲三江所百户。以上廕

例貢

貢始于明而納粟隨之亦曰序以年資將有衰髦不

得觀光上國者故寬以造天下之士雖間就他途要皆出身儒學故從周志附見焉

明

夏　時字希正居西隅邑增廣生正統間以事謫藩司通椽任豹韜衛經歷封父母如其官憂歸居喪有禮

韓　斐字景昭天順時授廸功郎

張　簡字克大成化十九年入監

周　南字遵化居開元鄉成化十九年入監授額榆縣丞補貴溪縣丞

鄭仁愈居德政鄉

王　溫字厚之邑增廣生宏治時充藩司椽任寧化縣丞

丁　偉正德間南京兵馬

孫　諫居五都諸城縣丞有政聲

王　淵見鄉賢傳

王　椿字壽卿溫之子歷任遼東雲南四川

等衙經歷

周沛 山之子授河南伊府經歷嚴毅慎重四署縣事有聲

周昭 居西隅梧之父謹實有行誼

周簡 居西隅江西新昌縣主簿居官六載慎守不苟

鄭本恩 甘肅右衛都事

鄭應期 吏目。以上正德年

唐福 居東隅建平縣丞

王邦侯 居孝嘉鄉番禺主簿

鄭朝新 崑山主簿

張組 邦信子以廩生入監任廣安州判

周譜 四川江安主簿

杜德輝 民表子四川銅梁主簿

宋鶚 居西隅順國之後入監善書法

孫惟晟 名國昌以字行鳳陽留守左衛經歷

鄭瑀 居東隅

孫瀾 居東土鄉經歷

尹惟直　居東隅入監歙浦主簿
董策
邢舜禋　舜祥弟
尹良逢　奎之子吏目
邢公璽　居三十八都
葉世鎬　居五都入監
尹如玉　惟直之姪
喻思化　見鄉舉
尹如泉　惟玉從兄
胡璘　翰之子涿州判官
喻思侶　思化弟
應載道　居二十四都
宋衮　增廣生改納盧陵巡檢
孫賓　增廣生改納太平府獄官
袁大志　增廣生改納授京庫大使
周汝强　諒長子增廣生改納任南京贓罰庫大使有文學。
以上嘉靖年
丁僅　居東隅溧陽主簿
宋允仁　居西隅進賢主簿

喻思儉　尹如度奎之孫由宜黃丞歷任邳州同知。

以上隆慶年

竺　治居八九十都　尹如卓良望子沛縣丞

張志穆邦信孫八監　孫　渙居五十五都考城主簿

尹立禎居東隅　鄭國賓居京隅兵馬司吏目

裘紹燧居崇仁里湖廣按察司知事　屠應鳳居十八都光祿寺典簿

邢九韶居太平鄉德興主簿　邢九韺德化主簿

裘嘉策居崇仁鄉貴溪主簿歷宿州衛經歷　以上萬歷年

宋裕廸居西隅廣信府照磨　過用濤居長樂鄉德安經歷

袁祖賡居西隅新繁主簿　尹立覺居東隅長沙丞

鄭自强　字乾行化麟子忠州同知陞
福建按察司經歷有學行
裘允昌　字司降嘉策子歷光祿寺掌醢署丞陞直鎮
海衛經歷光祿寺卿施邦曜薦語云才猷敏
練議論通方掌醢具見
清釐纂修務爭原委
袁秉常　居西隅吉
安府經歷
周奇芬　居東隅化州
同知工書畫
周嘉禎　居開化鄉
溧水主簿
王徽弦　字毅之由庠生
入監考升上舍
周有開　字先之孕淳子由上舍薦舉
隱居不仕。以上崇正年
國朝
張昇　字惟元居永富鄉由文學隨征
任福建南安縣教諭補合淝丞
尹有禎　居東隅字綏之由文學隨征授廣東
清遠衛經歷委署臨高陵水二縣
喻恭晉　字康候居西隅由
生員援例入貢監
葉朝諫　見孝
義傳
葉朝忠　見孝
義傳
王永儆　字載南號厚齋由
廪生納貢兩任蘭

溪歸安訓導陞
安吉州學正

吳白性　字行之居棠溪里任蘄州州判歷陞泰州知州

婁沛　由納貢轉納教諭

袁增緯　居上碧溪援例入貢

張廷傑　字懋德居路西

馬凌郡　居孝節鄉由生員援例入貢

趙崇緒　字遠宗居東隅雍正七年任茶陵州吏目

高克廣　字子潤居東隅

尹遠望　字渭佐居東隅

喻大厚　字坤如

陳錫輅　號聖巖初授石首縣知縣補內黃縣知縣調任安陽陞直隸陝州知州

袁增昺　字聖音居上碧溪

張佐　字簡我居張家莊

周逢愷　字和甫居開元莊

高紹恭　字允安

董三重字有章居芝塢山莊　尹遠服字誠說居東隅

尹嗣彥字廷紹居東隅　葉湛露字康侯居路西莊

丁懋松字子貞　周熙灝字朝端

張翟起字旌若居張家莊　張翔起字鳳遷居張家圳

張我弓字汝卜居石道地莊　盧杰字模一居焦村

材諝

自漢丙吉以椽史發跡而後之由中朝三省諸司曹及舍人丞尉給事府史得一命者且不可勝紀明世最重資格乃周志獨立材諝謂已登朝選例得書名則儼然與于選舉之末矣今仍之

明

尹正善 居東隅芮城典史　李輔仁 居靈山鄉黃梅丞

竺均禮 居十八都續詩稱旨東莞丞。以上洪武

厲文義 居西隅由吉水丞陞刑部主事　呂忠 居三十五都本縣醫學訓科

呂聲 忠之弟本縣醫學訓科　竺原 居十八都米脂典史

楊孟溫 居清化鄉泰興丞　王疇 居蘿松鄉漳浦丞

何昂 居崇仁鄉武平典史。以上永樂　謝榮 居清化鄉臨朐主簿

楊琰 居崇信鄉文安典史　周宸 居五十四都皮作局大使遷巡檢

孫平 居八九十都丙字庫大使　尹孟政 居東隅福建龍巖丞

魏鵬 居四十六都倉官　單思浩 居忠節鄉同安典史。以上天順

宋微 居四十七都長安丞　錢輔 居四十一都阜城丞

李　俊　居八九十都巡檢
謝　儒　本縣陰陽訓述
楊　榮　居五十三都徐州倉大使
戈　剛　池州倉官遷湖廣河泊所
杜　瑫　居三十九都清流簿署縣有聲
求與成　居五十二都白石巡檢
江應時　居八九十都白巖巡檢
張　旻　居四十七都淮安鹽課大使
王　昂　居小柏里由除門巡檢陞惠安丞
吳　滄　居四十七都常州河泊所
王　皎　居十四都贛州衛經歷
馬　雍　居十四都倉官陞巡檢
吳　文　居四十六都倉大使
徐　敏　居二十五都邳州倉大使
應　昉　居二十四都廣西巡檢
孫　鏗　字廷武倉大使
徐庭邦　居遊謝鄉益王府典膳
陳　豪　雲南斷事司吏目。以上成化
張　河　居四十八都廣官倉大使
姚　順　居十三都巡檢

竺　翰　居十八都倉大使

何　泠　居二十四都貴溪驛丞

史　培　居清化鄉龍江驛丞

史　葭　居清化鄉清流簿

葉　璿　居五都樂巡檢長

李　河　居西隅泉州府知事

袁　英　居四十六都草場大使

陳叔遷　居三都海陽丞

李時通　懷寧典史

邢伯韶　居三十八都通州衞知事陞開州判官

史　珫　居清化鄉江浦簿

俞　畯　居五十二都應山典史

唐　昱　居十七都廣積庫官

求孟信　居四十七都倉大使

張時遇　居四十七都崇明倉大使

葉　泉　居五都倉大使〇以上弘治

陳叔權　遷之弟懷寧縣尉有合傳

裘　與　居崇仁鄉太倉衞經歷

周泮　南京衛經歷　　周浩　居西隅巡檢陞倉官
裘震　竹崎所巡檢　　施洽　居五十二都巡檢
袁雷　居西隅陰陽訓述委捕賊有功　　求詔　本縣醫學訓述。以上正統
夏思明　居西隅益王府典膳　　周用　柳營巡檢廉直守法
袁存達　福州府知事　　裘鳳翔　居二十九都海門簿
汪宗明　居五十五都德安所吏目　　王杞　采石驛丞
俞秉遠　居五十二都豐城典史　　董泮　居五十六都順德縣丞陞經歷
尹良望　居東隅揚州巡檢　　王梃　吉水驛丞陞陝西倉大使
葉世鍔　居五都四川吏目　　韓撫民　居十四都巡檢
孫國治　廣西巡檢　　王道　見武職

胡梅　居東隅饒州千戶所吏目　裘嘉棐　黃岡巡檢。以上嘉靖

宓柱　居十七都泰和簿　王綦　居十四都鵝湖驛丞陞倉大使

鄭寧　倉大使　錢大德　居五十五都宣城縣巡檢。以上隆慶

李燮　居西隅　吳有守　居德政鄉鳳陽吏目

王三德　居東隅鄱陽典史　俞汝明　居五十二都奉新典史

俞汝悌　襄城典史　竺振聲　居十八都裕州吏目以文藝稱

王嘉衢　居東隅河南府知事署登封縣有政聲

宋允雍　居西隅清流簿　王三衛　海陽簿

趙時登　居東隅由縣簿陞大寧衛經歷　鄭可立　居東隅鹽場大使

史秉直鹽場大使　童惟亮居十入都漳州九龍驛丞

吳守信居五十五都夔州府照磨署奉節梁山二邑

裘良鵬居崇仁鄉益州巡檢　喻安盛居西隅倉大使

尹可秀居東隅都水司稅課大使　袁日宣居西隅贑州倉大使

高希元居渡南淮安鹽場大使歷寧鄉等三解邊餉以賢勞聞隨攝縣事轉顯陵衛經歷有能聲

王萬鍾居西隅廣州倉大使　趙子經居東隅霍山典史

丁祖明居東隅鉛山丞歷經歷　徐大經居遊謝鄉臨清衛經歷

董師孟泉州鹽場大使　徐大學居遊謝鄉蕪湖典史

陳伯敬居三都攸縣典史　沈承詔居五十一都廣東驛丞

袁育淳居西隅新城典史　姚一恭居十三都海浪所吏目

張承善湖廣巡檢　王嘉劾居東隅四川倉大使

張文元温州倉大使　任應和山東驛丞

王應觀江西通運大使　吳大中新貴典史

葉子望濟寧州吏目　鮑世經盱眙簿

宋學敬居西隅河南縣尉　竺萬年居遊謝鄉惠安簿有政聲

喻　銳居西隅萍鄉簿　李　敬苑馬寺錄事

孫象賢居五十六都襄陽府稅課大使有才畧○以上萬歷

過用澄居長樂鄉彭山簿陞眉州判轉五開衛經歷致仕復遷福建都司經歷以母老乞歸

趙子本居東隅山西稅課大使　許如度居下任里大同府稅課大使

竺立賢居十八都南直巡檢　丁一貫居東隅鎮南長官司吏目

舒萬言居二十六都襄陽府稅課大使　周維溱夏邑簿

趙應宗居東隅大城簿陞經歷　張貴旻永嘉縣倉大使

丁祖科居東隅寧國府巡檢居家孝友居官勤慎

童允中居十八都成都府巡檢　裴紹啓居崇仁鄉陝西斷事司吏目

鄭佐均州吏目　沈瀌廣東巡檢

尹可功居東隅吳縣巡檢　王應祖居東隅神武衞經歷

王守賜洼崖所吏目　過用鼎居長樂鄉瓜州巡檢

高希祓居渡南藍口巡檢有平寇功陞河源簿

吳泳居西隅徐州倉大使　茹元和居浦口汀西巡檢

周有源居西隅貧而能孝爲兩弟完娶併撫其子爲江浦巡檢以廉幹補

茹萬里 居浦口巡檢　袁祖謨 居西隅崎山巡檢陞孝感簿

王友廉 無錫典史　竺光卿 居東郭里廣東巡檢

唐天爵 居十七都稅課大使　鄭純仁 居五十五都如皋典史

裘見榮 居東隅安福典史○以上天啓

國朝

馬壯 居東隅樂陵典史　宋文象 居西隅節愼庫大使陞池州巡檢

吳自性 字行之居棠溪蘄州州判陞山東布政司經歷薦授秦州知州卒于官士民立碑于苓歲時祀之

童問禮 居西一圖本縣醫學訓述○按嵊縣醫學自明正統後縣缺至今乾隆元年奉文飭補咨部給劄任事查袁志盡刪醫學陰陽訓述而獨存袁雷今按周志補入蓋存則俱存刪則盡刪不應有所去取也

例監附

國朝徐思恂考授州同　尹萃禎考授州同　尹　益考授州判　宋來復考授州判

喻大基考授州同　史起業考授州判　章承謨考授縣丞　蔣　繆考授縣丞

章　吳考授吏目　周組佩　孫學求　趙元佐

胡　謙　杜夢錦　馬之瀜　董又舒

商　永　商含美　商徵說　張　鏞

吳　枚　汪弘廸　董懷琦　裘文煥

徐遵范州同　宋亦郊　尹大詵　喻恭龍

宋驥德州同　崔南山　喻學易　喻之漣

王時泰主簿　袁生范州同　尹學程　王　傑

喻之蘄　宋一遇　宋一河　尹　坦

袁道楫　尹　圻　張錫眉　喻恭普

丁光裕　張錫圭　周貴玫　趙欽明

盧文輝　盧衡昌　張繼文　許麟書

馬祖悌州同　樓文斌　樓廷柱　鄭紹端

鄭鏊斯　許兆瑞　鄭瓌英　吳熙述

諸　忠　邱秉心　沈宏鎮　盧文衡

邱秉直　裘廷繡州同　宋乾驤　王　旭

諸天佑

舊志載徐思恂以下二十餘人頗疑其非難而刪

日修志者往往列之亦以英才童出士之右拔魁科

隣縣林　不必盡由費序與爲
從原本而續增如于人於右

嵊縣志卷十一

人物志一

元氣鼓盪結而爲山融而爲水挺生人物皆得秀流之槩故磊砢英多爲古今望爰傳勳業文章行誼氣節以及潛德闇範曲藝方外之可傳者而惜其不傳者尚多也然已足爲嵊樹之風聲矣志人物

寓賢

剡固山水奥區自晉以還名流多托跡焉而王右軍之於畫堂戴安道之於並湖謝靈運之於強口許元度之於東林歷千百年猶想見其高風不地以人重

乎要惟其人之能重於地也而後志之

晉許詢字元度高陽人父皎爲會稽内史因家焉詢有才藻善屬文能清言與太原孫綽齊名隱居不仕徵爲朝議郎不就築室剡之金庭山子四裔孫有家金庭者名潛唐中葉爲著作郎曾孫丑唐末爲秘書郎五代間自金庭徙居東林今金庭有濟渡村許家廟其遺跡也

王徽之字子猷羲之第三子居山陰夜大雪眠覺開室命酌四望皎然因起彷徨咏左思招隱詩忽憶戴安道時安道在剡即夜乘小舟訪之經宿方至造門不前而返人問其故曰吾本乘興而來興盡而返何必見戴今

艇湖嶺之回艇處也有子猷橋

謝敷字慶緒會稽人澄清寡慾入剡太平山十餘年辟命不就以母老還南山若耶中嘗於剡中造風林寺崇信釋氏以長齋爲業初月犯少微占云處士當之時戴逵居剡交遊貴盛先敷著名時人憂之俄而敷死會稽士人嘲之曰吳中高士求死不得

孫綽字興公家會稽與兄統皆博學善屬文綽遊放山水十有餘年乃作遂初賦文嘗著天台山賦初成以示友人范榮期曰卿試擲地當作金石聲也內史王羲之引爲右軍長史桓溫欲移都洛陽朝議不敢異綽上疏

温不悦曰致意興公何不尋君遂初賦知人家國事耶綽少以文才著稱於時温王郗庾諸公之薨必綽文然後刊石焉遊剡諸山嘆其佳絶

阮裕字思曠陳留尉氏人少有德行淹通義理器識過人僑居會稽剡縣郎家拜臨海太守復除東陽太守尋徵侍中皆不就還剡志尚肥遁嘗自足於懷或問曰子辭徵聘而宰二郡何耶裕曰雖屢辭王命非敢爲高也吾少無宦情兼拙於人間既不能躬耕自活必有所資故曲躬二郡豈以騁能聊自資耳在剡曾有好車借無不給有人葬母意欲借而不敢言裕聞嘆曰吾有車而

使人不敢借何以車爲遂焚之年六十三卒葬剡山子寧寧之子萬齡世居剡並列顯位永初末萬齡以侍中解職東歸稱一代高士

【考證】按史稱孫三子儁寧普儁早卒而阮氏譜謂長子儁字彦倫仕至州主簿不同

謝元字幼度其先陳郡陽夏人曾祖衡寓居會稽遂爲越人元少穎悟爲叔父安所器重及長有經國才畧時符堅數犯邊境朝廷求文武良將安以元應舉郤超素與元不善聞而嘆曰元必不負所舉吾嘗見其使才雖履屐閒亦得其任於是徵拜建武將軍監江北諸軍事符堅入寇衆號百萬詔以元爲前鋒都督軍事與叔父

安從弟琰中郎將桓伊拒之衆凡八萬堅進屯壽陽列陣淝水元軍不得渡元使謂符融曰君遠涉吾境而臨水爲陣是不欲速戰諸軍稍却令將士得周旋僕與諸軍緩轡而觀之不亦樂乎堅衆皆曰宜阻淝水莫令得上我衆彼寡勢必萬全堅曰但却軍令得過而我以鐵騎數十萬向水逼而殺之融亦以爲然揮使却陣衆因亂不能止於是元與琰伊等以精鋭八千涉淝水決戰堅中流矢臨陣斬融堅衆奔潰自相蹈藉投水死者不可勝計淝水爲之不流詔進號前將軍假節鉞封康樂公會翟遼張願叛河北騷動元自以處分失所上疏求

解職又以疾辭詔遣醫令自消息前後表疏十餘皆不報久之乃轉授散騎常侍左將軍會稽內史輿疾之郡初元父奕爲剡令樂其山水有寓居之謀元因歸剡嶀山東北太康湖卒謚獻武葬始寧有文集十卷

考證 按謝曜弟宏微武昌太守謝思之子宏微又爲從叔峻後舊志以謝宏微爲元子誤

蔡系字子叔濟陽人有文名仕至撫軍長史居剡最久

南北朝 孔淳之字彥深魯人少高尚居剡性好山水每有所遊必窮幽峻或旬日忘歸嘗遊山遇沙門釋法崇因留共此遂停三載法崇嘆曰緬想人外三十年矣今乃傾蓋於茲不覺老之將至也及淳之還乃不告以姓

除著作郎六尉參軍並不就與徵士戴顒王玄之及王敬宏等共爲人外之遊又申以婚姻敬宏以女適淳之子尚遂以鳥牢繫所乘車轅提壺爲禮至則盡歡共飲迄暮而歸或怪其如此答曰固亦農夫田父之禮也會稽太守謝方明苦要之不能致使謂曰苟不入吾郡何爲入吾郭淳之笑曰潛遊者不識其水巢栖者不辨其林飛沉所至何問其主終不肯往茅室蓬戶庭草蕪徑惟牀上有數帙書元嘉初徵爲散騎侍郎乃逃於上虞縣界家人莫知所在

謝靈運元之孫也少好學博覽羣書與顏延之並以文

章爲江左第一官秘書丞入宋爲左衛率出爲永嘉太守郡有名山水遂肆意遊遨動踰旬朔然行田種桑亦有德惠及民文帝徵爲秘書丞頃之賜假東歸與從弟惠連等共爲山澤遊因祖父之資生業甚厚鑿山浚湖工役無已尋山陟嶺必造幽峻嘗入剡有詩曰旦發淸溪陰暮投剡中宿登嶀山觀四畔放彈丸落處卽立祠宇今有謝跳巖仙君廟嶀浦有釣魚臺車騎山康樂遊謝二鄉皆遺蹟也靈運特才放逸多所凌忽爲有司所糾徙廣州或復告其有異志詔棄市年四十九

齊顧歡字景怡鹽官人僑居剡山六歲時父使驅雀田

中歡因作黃雀賦不復顧雀食稻過半貧無所受業竊聽鄰人讀書悉記不遺傳吳興郡元之經學開館受徒嘗百餘人母亡水漿不入口者七日廬於墓次讀詩至蓼莪篇輒執卷慟哭齊高帝踐祚迎歡稱山谷臣進政綱一卷優詔東歸賜麈尾素琴年六十四卒於剡山中著有文議三十卷

褚伯玉字元璩錢塘人少有隱操寡嗜慾年十八將婚婦入前門伯玉從後門出來剡居瀑布山三十餘年隔絕交往齊高帝手詔吳會二郡敦遣辭以疾上不欲違其志敕於剡白石山立太平館舍之孔稚圭嘗從受道

爲立碑於館卒年八十六嘗居一樓卒葬樓所

孔稚圭字德璋山陰人少多學風韻清疎不樂世務嘗作北山移文以譏周顒徵侍中不就入剡從褚伯玉授道

唐吳筠字貞節會人也隱居嵩山元宗名見與語悅之勅待詔翰林每開陳皆名教世務以微言諷天子天子重之懇辭還嵩山後以天寶亂僑居於剡

齊抗字遐舉高陽人少值天寶亂奉母居會稽初棲剡嶺後遷玉笥自解薜此山未二紀而登台鉉

秦系字公緒會稽人自號東海釣鰲叟有詩名天寶間

避地居剡溪作麗句亭大歷五年北都留守薛兼訓奏爲右衛率府倉曹參軍不就郡守改其居曰秦君里（考證）按（山陰宋俊柳亭詩話）云門山小石橋有麗句亭因秦系得名蘇子美送張行之還越詩五雲山下石橋邊六月溪風洒面寒今正炎天君獨往松間無我舊題看則亭應在會稽而郡志載一在蕭山秦君里一在嵊剡中里又不同若此

朱放字長通襄州人隱於剡溪嗣曹王皋鎮江西辟爲節度參謀貞元初名爲拾遺皆不就有詩一卷

方干字雄飛新定人工詩賦始舉進士有司奏干缺脣不可與科名干遂遯跡鑑湖蕭然山水間以詩自放嘗入剡有題咏及卒門人私謚曰元英先生唐末宰相奏

名儒不遇者十五人追賜進士出身子與焉

賀知章字季真自號四明狂客會稽永興人性曠夷善談說陸象先曰季真清談風流吾一日不見則鄙吝生矣官秘書監天寶初病夢遊帝居數日寤乃請爲道士還鄉里詔賜鑑湖剡川一曲明皇親製詩序令百僚餞送以其子典設郎曾爲會稽郡司馬便於侍養未幾卒詔贈禮部尚書

考證山陰宋俊柳亭詩話杜少陵贈太白詩昔年有狂客號爾謫仙人遣興云山陰一茅宇江海日淒涼太白逝賀賓客歸越詩鏡湖流水漾清波狂客歸舟逸興多後有對酒憶賀監詩曰狂客歸四明山陰道士迎又有重憶一首曰稽山無賀老却掉酒船同李杜與賀往還知之必審後人以四明二字指爲

寧波誤矣又唐人賓泉今非書賦載其事甚詳同時
張彥遠法書要錄從之毛太史奇齡蕭山刊誤失引
此條。按郡城西十里胡桑埭廟祀土穀神爲賀知
章云凱賀請一曲處而湖中石瀨云道士莊會稽賀
家池越州千秋觀皆因賀得名初
未聞其人剡也姑從舊志存之

李紳字公垂有詩名貞元十八年紳爲布衣東遊天台
過剡令崔某座中有僧修眞謂曰君異日必當鎮此修
予所居元和三年紳以前進士爲故薛苹常侍招致越
中眞已臥疾使門人相告幸勿忘前言太和癸丑果以
檢校左騎省廉察浙東僧徒悉殂謝寺更頹毀因名寺
僧會眞捐錢三十萬率諸僚施俸以飭祠宇踰月工竣
紳有龍藏寺紀并詩載藝文

宋高文虎字炳如鄞人紹興中進士累官翰林學士文虎聞見博洽多識典故嘗與修國史始寓越娶剡仁德鄉周氏慶元中入剡建玉峯堂秀堂藏書寮雪廬於金波山明心寺之東麓卒葬其處

考證舊邑志明成化間歲飢盜發文虎冢宏治五年知縣夏光徙其塟表墓石甃砌文廟兩廡階礎

高似孫字續古文虎之子累官中大夫提舉建康府崇禧觀贈通議大夫似孫博雅好古有父風嘉定七年邑令史安之訪似孫作剡錄十卷而文物掌故乃備子歷字堯象累官通判溫婺等州積階朝奉郎卒葬文虎墓

右歷子參蘭溪令

盧天驥字駿元政和六年以朝散郎出爲浙江提刑使明年以捕寇來剡時積雪水漲橋斷不可行盤桓剡中歷覽名勝寓有題咏而風格峻竦直逼盛唐

趙仕實字若虛祖宗諤爲南軍節度使開府儀同三司豫章郡王仲父嘗爲崇信軍節度使開府儀同三司安化郡王建炎中仕實攜二子南渡既到行在以母在剡自行在來省遂居剡官至開國侯

錢奎本臨安人宣和間以祖蔭補越州司馬參軍靖康亂攜子宇之居嵊之剡源璚田里

王十朋字龜齡樂清人紹興間與周汝士同遊上舍十

八年汝士第進士延十朋爲義塾師遠近名士多從之遊十朋亦愛剡山水日以詩文自娛作剡溪春色嶀山等賦二十七年舉進士第一汝士弟汝能與之同榜後周氏一門登第者凡七人皆出十朋之門

王銍字性之汝陰人官樞密院編修忤秦檜避地剡中之靈芝鄉自號雪溪居士善屬詩文不樂仕進讀書五行俱下後生有投贄者且讀且捲俄頃即置之人以此疑其輕薄而工拙實能記也既卒秦熺恃父勢手書移郡將欲取銍所藏書且許以官其長子仲信名廉清苦學有守號泣拒之曰願守此書以死不願官也郡守以

禍脅之皆不聽嬉亦不能奪也

考證 按鍾作龍城錄托名柳州又有雲仙散録尤怪誕不經

邢達字宏甫先世河南鉅鹿人徙山陰達舉進士累官樞密院直學士與奸黨不合歸隱入剡遊太白山樂其山水就太平鄉家焉慈湖楊簡誌其墓

吕棋字規叔初與姪祖謙同遊楊時門漸染陶鑄氣象迥別自壽春遷嵊之鹿門朱晦翁題其居曰貴門棋以淮南安撫使致仕

錢植字德茂武肅王九世孫由台州遷剡長樂鄉賑貧恤弱開義塾以訓後學閭里有爭不相下者植一言决

之人稱小太郎

史仕通字國用鄞人從父必裕官金華知府秩滿經嵊愛山水佳麗因家焉恩補承務郎紹定四年知贑縣卒

鏐績字孟熙山陰人少負儁才無所不學後成名儒嘗入剡遊貴門諸山有詩

李易官諫議宋亡晦跡入剡家貴門山頗多吟詠

高世實字若虛高韓王五世孫由蒙城避地家剡世實受世賞累遷至訓武郎凡五任

元周天祥字麟之汝南人從於杭博學有志操薦授臨海教諭元至元末隱居剡遂占籍焉

楊維禎字廉夫諸暨人爲文擬先秦兩漢詩尤號名家至正中避兵來剡有題清風嶺王貞婦詩

【考證】按元史維禎由天台尹改錢清塲鹽司令俄丁外艱不調銓曹者十年後除杭州四務提舉尋陞江西儒學未上汝潁兵起辟地富春山未聞其避兵來剡也舊志云然或別有所考云

明邵伯正先世汴人宋南渡居揚之高郵洪武初徙嵊由鄉舉爲南京戶部員外郎善經賦出納維允以廉能稱尋有令江浙人不得官戶部遂謝事歸杜門讀書善敦族明宗纂叙譜系嵊俗爲之歸厚云

錢德洪字洪甫餘姚人嘉靖壬戌進士授郎中初王文成講學世無知者德洪一聞其槩卽奮然曰此絶學將

興矣遜志求之得其宗旨入剡以所學授人士裘仕濂錢思邦輩皆遊其門歷宣歙江廣間主講席二十年學者稱緒山先生

王畿字汝中先世由剡徙山陰故畿時時往來剡中嘉靖壬戌舉進士授郎中文成高第也見解超元入微不落堦級隆萬間王天和周震等聚徒爲慈湖書院講學會而畿南向坐師席談說開示能令人人憬省畿父經進士子應吉巳卯舉人溯其上世稱剡人近且附籍焉

陶望齡字周望號石簣會稽人萬歷癸酉以第二人舉於鄉己丑會試第一人廷對第三人歷官祭酒專致力

於聖賢之學乎告歸里每入剡與周汝登會講鹿山書院常自指膺謂此中終覺未穩汝登遺以書曰陽明書院之會望二丈儼然臨之越中一脉難令斷絶二丈謂望齡與弟奭齡也

祁彪佳字虎子山陰人天啓壬戌進士官侍御嘗入嵊襄周汝登葬事崇禎丙子嵊大祲與劉中丞宗周倡率越中縉紳議賑且陳請寬徵尤委曲嘉惠其友人王朝式山陰諸生來嵊募賑矢誠周恤金之聲贈詩有此行能重金庭隱去後長留戴水舟句

張岱字宗子號陶菴山陰人家世通顯服食豪奢日聚

諸名士度曲徵歌諧謔雜進及間以古事挑之則自四部七畧以至唐宋說家叢殘瑣屑之書靡不該悉明末避亂剡溪家益落意緒蒼凉語及少壯穠華自謂夢境著書十餘種悉以夢名而石匱書紀前代事尤備

國朝許宏字子遠號且朴子山陰人少慧善屬對爲帖括不拘邊幅失有司繩度遂屢阨於試明亡絕意進取避地剡之仁村愛溪山秀麗居人朴茂遂挈家往寓有終焉之志順治戊子山寇起乃還越著有避地仁村記及樂府數十篇傳於世

葉蓁字濟九上虞人寓嵊東隅康熙丁酉舉於鄉博通

經籍兼長詩古文性好山水每提榼往遊多所吟咏遺有刪註唐詩意簡括得作者之志

〔考證〕周志載逵自譙國徙王羲之自臨沂徙王銓自汝陰徙從宜並屬寓賢乃巳祀鄉賢姑從之謝元居始寧屬上虞而猶系嵊亦從舊志又云王洽導諸子中最知名爲中書令劉惔沛國人有文武才爲車騎司馬殷融吏部尚書孫曠之爲剡令王修晉陽人明秀有美稱爲中軍司馬何充廬江人思韻淹通酷好名山王坦之述之子與郗超俱有重名謝朗奕之從子文義艷發名亞于元仕至東陽太守袁宏陳郡人有逸才王濛太原人神氣清超放邁不羣謝萬安之弟才氣高峻早知名爲散騎常侍並皆遊剡見白居易沃洲記以上剡俱無事跡較著姑循舊志併紀其名若羅隱則見于山川志亦無行實可考云

鄉賢

家修廷獻能爲鄉之望者必能爲國之楨故立朝大

節卽可於伏處時卜之嵊代有文武楨幹忠介廉潔之操出樹勳名爲邦家光所謂殁而可祭於社者非歟證古質今爲志梗槩有砥礪風節之思焉

梁朱士明齊舉茂才後仕梁天監初授儒林博士官至吏部尚書封漢昌侯今桃源鄉有朱尚書廟其地曰上朱蓋桃源鄉人也祀鄉賢

考證按士明于天監中進封則當爲梁人而鄉賢祠乃繫之齊豈以其初仕而言也舊邑志鄉人祀于社至夜嘗有神燈出没意必生有功德殁有靈爽者矣

宋姚勔字輝中舉嘉祐己亥進士歷永康令入爲太子中允重親在堂思疏榮所生乃納祿致仕遇郊祀封父

母父母請貤封祖父母特詔從之元祐初名爲祕書丞左正言奏御史中丞趙君錫雷同俯仰無所建明累遷寶文閣待制國子祭酒請外補知明州紹聖初王安石嗾言官論其阿附吕大防范純仁謫知信州再貶工部員外郎分司南京卒蔡京列其名於黨人碑勔以孝行著每省墓素衣步出城門且行且泣至墓尤哀惻見者爲之感動祀鄉賢

【考證】按郡志作山陰人祀山陰學而嵊進士題名亦載之

姚舜明字廷輝舉紹聖丁丑進士爲臨漳主簿歷平年崑山華亭三縣令遷河東經畧安撫使宣和庚子盜發

睦州連陷杭睦衢婺處歙六州以舜明通判婺州甫之
任城已被圍遂招集士卒穿賊境以入郛晨登義烏門
治城壁飛矢雨集舜明新率從兵以石擊賊既而引兵
出戰賊遂大潰叉賊帥洪載衆四十萬據處州不下舜
明縶其母妻令載所厚范淵往諭載即解甲來降欽宗
即位擢監察御史僞楚之變舜明挺節不污建炎己酉
除知江州兼本路安撫制置使劇賊李成擁衆三十萬
至城下舜明布列將士晝夜接戰賊衆斃踣不可勝計
又開關奮擊生擒其將王林等賊攻益急舜明輙以計
襲破其營顧經冬及春援兵道絶賊圍卒不解將士至

食妻子守益力勢漸危困乃舉兵決戰破砦以出時謂舜明藐然孤壘制賊橫潰使不得轉入東南其功居多名爲右司員外郎復以秘閣修撰充江淮荆浙都督府隨軍轉運使曹成馬友據湖湘間反側未定命舜明往招撫遂以二賊入朝韓世忠劉光世駐軍江上朝廷以舜明計臣俾置司建業以總經費調發犒賞百須以給總領之置自此始丐閑除集英殿修撰提舉江州太平觀進徽猷閣待制卒贈太師著有文集十卷奏章三卷補楚辭一卷祀鄉賢子宏寬憲

呂祖璟字大誠敏而果勇通曉詩律紹興中薦授淮南

安撫幹辦等陞安撫使訓兵撫士恩威明信兩淮盜賊不警上聞論賞以疾告歸

考證舊邑志祖璟爲規叔子祖謙再從弟始居貴門里篤學高節應祀鄉賢

周汝士字南夫先世蘇州人避五代亂來家剡至大父瑜號稱素封聚族千餘指闢舍構書聘名士訓子若孫暨崇黨之有志於學者汝士天資穎異紹興閒與從兄世修世則及永嘉王十朋同遊太學世修補內舍生明年汝士與世則及弟汝能同舉於鄉汝士遂連登進士授右從事郎永康縣丞太常簿進左奉議郎主管台州崇道觀以憂歸先是汝士既及第即延王十朋課其子

弟汝能遂登十朋榜自是一門登科者七人與鄉薦者十數人文物之盛冠於嵊邑由汝士發之也家有淵源堂製先聖十哲像列七十二子旁爲五齋萃古家塾之遺意云周志謂宜祀鄉賢

姚憲字令則以父舜明任補承務郞歷知臨安府仁和縣車駕駐蹕臨安仁和爲赤縣事尤煩劇憲資强敏日未晡吏已散去獄久無繫囚秩滿監進奏縣知秀州豪民錢安國匿亡命爲奸盜州縣莫敢詰憲至捕安國及餘黨悉置於法境內帖然浙西大水蘇常爲甚憲請輸粟萬斛以賑朝廷嘉其能賜敕書獎諭除知平江府舉

盜毛鼎等出沒海道爲居民害捕勿獲朝廷專以屬憲不數月悉擒之改知臨安府進直顯謨閣入權戶部侍郎賜同進士出身不一歲間累遷左諫議大夫御史中丞參知政事監修國史俄以端明殿學士知江陵府江陵前帥頗厲威嚴治盜不少貸憲繼其後嘗謂客曰故帥得賊輒殺不復窮竟僕至獲盜必付之有司在法所當誅者初未輒貸一人而羣盜巳稍出矣僕平居雖雞卵不敢妄殺又安忍濫及無辜哉人以此益推長者著有乾道奉使錄一卷卒年六十有三祀鄉賢

【考證】明山陰張元忭云姚氏父子昔志皆云嵊人而諸暨志乃云暨人且言墳墓子姓具在當必不

誣然以兩邑鄉賢祠考之嵊及暨並祀舜明而寬及憲則但祀于嵊自宋迄今秩祀已久豈舜明初居暨而二子遷于嵊耶若如暨志以爲自嵊而還暨則暨之祀不應遺二子矣嗟乎人之情莫不羨賢而羞佞如其賢也即不必生于其地而爭欲藉之以爲榮若秦檜史彌遠即其子孫且不願以爲祖士大夫立身可不慎其所趨哉舊邑志明季永富鄉溪涂水汰出祉廟碑乃宋時置文內有鄉人諫議大夫姚憲之文知屬剡無疑焉

張侃字仲頤性穎悟究心墳典隆興中以獻策授迪功郎後連領漕薦除龍泉縣主簿當官廉勤吏不能欺轉婺州法曹內翰洪邁李穎彦舉侃獻議平恕轉儒林郎致仕賜銀緋

費元亮字文明乾道二年由明經發解補太學生越三

年薦名試禮部初授江山尉歷樂平推官審囚平恕明決以恩陞江州太守引病歸隱於秋山麓之秋湖自號秋湖居士

商日新字道夫又新之弟博通經史理宗時蕭山張秋巖薦授太子學任翰林學士咸淳丙寅議論不合上疏致仕聖駕餞於錢塘門外賜以金帛舉朝榮之

許棨字養潜詢之後父鵬飛字圖南深於易棨遂以易舉景定辛酉亞魁明年試南宫第二授金陵教授除兵部架閣陞太學國子錄時丁大全用事諸附麗者皆通顯有沈翥者爲之腹心藉勢輒禍善類太學六館士以

上書被禍徙他州劉黼寓越在遣中桌往見之義形於色作書切責翕翕怒將併寘於法桌怡然曰吾以此得罪夫何憾時論壯之宋亡避居東陽卒葬焉祀鄉賢子薦

趙炎字光叔咸淳乙丑進士由義烏簿轉金華令陞鎮江府推官入爲刑部架閣權員外郎嘗責平章王爚依違賈似道并大臣體爚遂上章劾似道似道坐貶炎及爚亦罷歸

元胡宗道宋尚書璟之後任江西貴溪縣勾稽簿當閩越之衝綜理煩劇愛民如子解任歸士民傷之

明劉性傳字士原元季兵起散家財聚兵以捍鄉邑號義兵萬戶明帥駐金華率衆歸附陳匡國安民之策數千言稱旨擢中書門下侍郎固辭改陝西鞏昌知府地近朔漠民物彫弊性傳撫輯軍民恩威並著邊境以寧

居任字彥任居了溪家貧好學善詩文兼精篆隸洪武癸酉舉明經科授蕭縣學訓導遷河南武陟知縣在任九年一毫不苟取有餽瓜菜者曰此苞苴之漸也拒不受永樂初擢刑部山西司主事卒於官舁櫬歸葬惟篋書數帙而已

王復皐字原古永樂間貢入胄監與修永樂大典越七

年書成擢工部營繕司主事改虞衡司居官廉介以能名卒於德州官舍

裘希賢居三十四都宣德間以歲貢授福寧令邑軍民雜處富軍横取民息希賢嚴禁之乃不敢肆嘗築堤二十餘里瀕海爲陡門以時蓄洩田無旱澇患民咸賴之卒於官

王玉田居東隅崇尚名節宣德中歲薦入北雍與蕭山魏驥定交詩文相贈答任江西永豐令先教化而後課督量緩急爲徵輸體恤民隱靡不至有巡方使涖豐欲朘取之以乘輿畀修玉田曰輿固完好何修爲即上牒

告終養歸橐蕭然林居數十年贊修學校興革利弊曁中德之年七十九卒

史道志字孟蘊居昇平鄉洪武己卯舉於鄉授大寧都司斷事改四川都司贊理軍政鎮重中尤明察剛決用刑惟慎上官奏其能將遷秩會疾卒

黃孟端字正夫居穀來鄉正統間貢授延平府同知居官儉約服食一如韋布屬邑妖賊爲亂蔓延延平時闕守孟端專任郡事誓與城存亡作詩有保固危城全我節指軀自是一毫輕之句賊平而孟端竟以憂勞成疾卒

王樞字克愼居東林景泰中貢授寧國推官剖决明敏獄無寃滯南陵有富民賂顯要誣奪人山樞鞫實斷歸其主有丁婦鄭少寡其叔挑之鄭欲鬪於官叔懼誘母訟鄭不孝守將刑之樞廉得其情爭於守曰公不惜一婦人獨不惜寧國郡三年不雨乎守悟鄭獲免期年卒橐無餘金民爭出錢爲賻子某謂不可以喪故汚吾父卻不受太守聞而嗟異各捐俸以助乃得歸葬

謝廉字允清居淸化鄉順天軍衛籍景泰甲戌進士除刑部主事遷郎中以廉明稱成化間眞保等郡饑廉奉命往視斥帑設法賑濟招撫流遷所全活還定以億萬

計事竣上加賞勞明年遷河南參議總督七郡權稅革弊除奸軍民仰之卒於官

張世軒字晃之胄之子景泰中以鄉舉同知廣州府勦除兩廣峒蠻之亂或謂厚賂中貴可徼遷顯職世軒謝不爲都御史韓雍將上其事會丁父憂歸服闋補臨安府操履益堅尋遷兩淮鹽運司同知致仕著有巽齋稿

陳叔遷弟叔權俱起家椽吏叔遷正德間授廣東海陽丞不取民一錢或諷之曰子更何冀而自苦乃爾計若官不過多得錢耳叔遷笑不答頃之拂衣歸叔權爲直隸懷寧縣尉清白一如其兄時宸濠亂委給軍餉人勸

為子孫計叔權曰令子孫佚樂而我先汚辱勿能也堅厲如初致仕歸家徒壁立兄弟躬耕終其身略無悔色

周汝登曰世方以資格限士右明經貢舉而左胥徒觀兩陳則士何可以資格限哉以彼其清而破格物色之假一以風百則人人勸矣奈何居官澡雪而當路不知返里貧窮而有司不問非無力爲如兩陳而不自囬喪者幾希矣予故傳兩陳著其名不朽以示所風焉

王暄字時暘鈍之子貌豐偉聲如宏鐘幼承家學淹通羣籍成化壬辰成進士授南京禮部儀制司主事三載考績叙云敦厚以存心精詳以錯事儀容既偉典禮能

勤轉郎中尋陞南康知府或病儁辭瞻曰昔濂溪考亭兩先生嘗守此建白鹿書院宏暢教鐸吾正可承此以彰吾家學羅太史環贈詩云白鹿洞幽宜設教青牛谷美趍題詩甫五月政通人和以疾卒

杜傑字世英居五十五都成化戊子順天鄉舉初授夏邑令改文登遷湖廣辰州通判直隸延慶州知州致仕居官三十餘載操履純潔如一日還家閉門却掃蕭然四壁晏如也年八十餘卒卒後數十年有容美兵調至浙所過擾掠經傑門相戒莫敢犯更餽遺以去

杜民表字望之傑子也正德丁丑進士初知鉛山宸濠

之變決策守禦民賴以不擾尋拜御史大禮議起忤旨廷杖遂罷歸奉父南還承歡晨夕雖禔禧褻服必躬滌濯憲省屢薦不報邑人祠祀之勒銘云道上有青天之譽獄中無白日之冤

丁哲字以賢居二十三都成化甲辰進士授刑部廣西司主事遷郎中志節嶷然時中貴李廣負上寵縱其黨殺人事下刑曹諸郎相顧錯愕不敢承訊哲大笑諸郎曰公寧有意請以畀爲哲首肯立逮至掠治之廣遣使持尺書爲地哲對使裂其書掠治如故曰殺人當死我急不能須臾繫之杖下廣大怒中以事罷歸哲門吏徐

圭者憤哲宽家貧鬻女爲資具疏闕下擊登聞鼓欲自
刎給事龐泮救得釋復爲論列疏聞名哲至京敬皇帝
御皇極門親訊之得實廣論罪哲所殺雖當坐無傳爰
書不具獄貶濮州知州圭以資當補濮州同知奏主屬
不敢亢禮改他州哲遷蘇州府同知致仕進階知府哲
善詩年九十餘卒圭歷官僉事所至有聲惜無由得其
詳嗟乎亦偉矣哉

周山字靜之泰之子成化庚子舉人事祖母至孝學訓
林元立死無子有母年八十山扶櫬挾其母歸過吏爲
築墓乃返初知德州丁外艱歸協修邑志補保德州設

社學勸農桑刻冠婚喪祭圖式以教百姓捌纂保德州
志建義學義冢救災恤患上下和悅六年卒於官民哭
之雜詩賦考祀名宦嵊祀鄉賢所著有太極圖解安齋
集
關學字魯之端厚有學宏治間歲貢任寧縣訓導一生
坐誣罪務力白之遷鄠縣教諭士率其教引年家居絕
跡不謁縣令嚴墻性寡合獨加禮焉著有古愚集
王淵字本之王朋之孫正德間貢入北雍充按差巡書
入閩積書千餘卷博涉有文采授燕山右衛經歷尋改
蔚州左衛出納惟允考績貤贈父母陞永春令清白得

上官書二年致政歸永春人攀留不得乃追送百餘里
淵致書代者曰毋易我政毋勞我民殷殷於去後如此
登籍十年田不盈頃復捐擴先世祀產并設杉瑞潭義
渡年七十六卒
馬輝字文耀居五十四都嘉靖元年以貢授江西瑞昌
縣知縣一塵不染而豈弟宜民教典養皆身任之越二
年致仕歸士民泣留如失父母
周謨字居正用彰之後事父母至孝性端方步履言笑
皆有常度讀書手不釋卷體究務極精微義利之介斬
然嘉靖間貢授靜海訓導傷親勿逮養設位祀之晨昏

進膳遇諱日則泫然流涕待諸生嚴而有體爲講授經史亹亹不倦釐正鄉飲婚喪等儀以化其俗學者仰之如泰山北斗致仕歸諸生揮淚別子汝登歷工部尚書贈如其官祀鄉賢

裘仕濂字子憲居二十九都嘉靖甲辰進士初授常州推官操持廉潔讞獄多所平反尋拜御史風節凛[illegible][illegible]卷河南校勘積案以勞卒濂朴愿儉質舉止端重斤斤以禮自繩人稱悃愊老成士子嘉棨力學敦孝友進退容止以禮年二十餘爲諸生夭死惜哉

俞思化字伯誠舉嘉靖丁卯應天鄉試授興寧縣知縣

與寧多藝靛爲業前令私稅入已槖思化請諸上官歿充兵食丁糧丼剗除一切刋孔蠲竇民大寬省而學校解舍橋梁道路無不次第修整會徭夷作亂思化開誠招撫數千之衆立時解散因思此輩未嘗不可爲善乃立社學聚其子弟而教之漸成善類思化政持大體廉潔剛方常俸外未嘗絲毫累民至利所當興弊所當革無不毅然爲之政洽民和清風播滿湖湘三年以勞瘁卒卒之日上官及僚屬百姓咸哀痛之祀鄉賢

王庭呂字家文尚德子少有夙悟與周汝登友善啓省巳過佩簡以比韋弦萬曆癸酉領鄉薦除知郃武縣潔

已愛民折獄平允不取贖鍰摘發奸胥濫派歲省三百餘金置社倉十有七厫厫皆儲備蒞旱澇相承百姓告飢應昌歎曰此嗷嗷者待哺甚急若俟詳而後勘勘而後賑已早塡溝壑矣乃籍災民三千餘戶戶給穀一石當事責其擅發督追還半應昌立捐俸補足不以擾民遷判大名府查出附餘米三千百餘石以充市本撫按交薦擢守定番州所屬蠻長自以逋深罪重負固不出應昌至悉捐宿釁予以自新皆望風格化爭先輸納刱右文書院拔其尤者考課之邊方文風翕然興起蠻長黃獬倡亂奉詔討賊時督餉在軍王師敗績應昌挺身

獨殿幾爲賊中而以馬逸免踰月大舉克之應昌爲餉道所頒降級歸後叙平賊功復補解州尋轉雷州府同知多惠政民立祠以祀母老乞休家居二十餘年足跡不一入城市邑令罕識其面至存祖母石氏之祀佃金庭右罪之田復家塾修族譜置義冢具見古處云卒年八十三著有居彝雜錄拙拙集宗旨證彝祀鄉賢

董子行字明卿萬歷丁丑進士爲侯官令吏才精敏奉詔丈田汰浮米無算縣西有石門峽江水爲患子行建議填塞方舉事徵爲御史巡按山西陝西後令周紹聖循其議築之歲獲有秋

周夢斗字繼奎端介善屬文萬歷丁亥以貢除知閩清縣事務德化不事朴責養廉外杜絕苞苴有以金餽者拒不受當事薦揚之

喻安性字中卿號養初思化之子偉丰姿饒膽畧爲弟子時即以天下爲己任萬歷戊戌成進士授南昌推官平反無寃朝議欲採金江右安性繪地圖力陳不可當宁爲之色動乃撤其使秩滿以卓異擢禮部主事遷吏科給事中首劾司禮監成敬亂政撓法關係宗社生靈神宗置諸法羣黨搆孽遂左遷羅定州判時倭踞香山縣勢猖獗臺使者欲發兵勦安性單騎諭以利害倭懾

服遁去不折一矢而數百年之積患頓消人服其膽識推邊才補昌平副使按察密雲滿且索賞蹂躪內地安性曰是藐我也不可以惠行率將尤世祿等整兵而前遂望風納款敘功陞順天巡撫順永災祲請帑十萬以賑并奏免賦役加派中貴程登擅攫牧地租徐貴擅駐天津采鮮並爲民患安性劾罷之又疏劾監陵劉尚忠等七人蔑視臺使譁謏無禮奉旨鞫治閹人漸知斂跡陞遼東巡撫爲奸璫魏忠賢所憚又惡不投一刺矯詔奪爵崇禎改元忠賢敗薦陞工部尚書兼右副都御史總制薊遼練士卒防要害竭蹶供職而遼撫王應豸御

兵無法遂以鈌餉鼓譟安性至乃帖然解散後以朝議苛求解職歸安性秉持介節在朝不比權奸居鄉不干郡縣中外畏而敬之雖家食十餘年語及邊事即起舞聞邊報未嘗不唏噓泣下也嘗建議攺常豐秋折鄉里祠祀之年八十一卒著有易參蠢初文集祀鄉賢

周紹祖字仲思居東門萬歷辛已貢授寧海訓導躬課諸生日夕不輟有以文行著稱者則多方奬勵之生子二長光復舉進士次光臨拔貢生皆博學有文名人稱是父是子

鄭化麟居德政鄉幼慧敏於學由拔貢登萬歷癸卯順

天鄉試以父老思祿養陳情乞職授弋陽令甫除職而
父歿後補韶安恪守庭訓以施于官報政陞廣信府同
知拔士棘闈得士望攝二千石上計銓曹左判開府署
黃縣蘇民徭役尤加意恤士復其力役遷常德判減商
榷稅職司詰盜冒險擒渠魁十八人以積勞成疾遂解
組歸八閱月而卒子自强由北雍上舍拔授忠州同知
有山房吟南北遊詩集
王心純字化遠沉靜多慧父應昌家政嚴肅能以孝謹
得歡心弱冠補弟子員師事海門周先生究心理學萬
歷乙卯舉於鄉授虞城縣教諭訓諸生以變化氣質爲

先崇禎戊辰成進士選龍巖令覃恩授文林郎父晉階奉政大夫丁父艱哀戚若孺慕而所以理家者一如其父分寸不敢越服闋補濬江縣緩刑寬課視民如子建書院講學以海門心旨為提撕癸酉分房所取皆名士戊寅行取授刑部主事旋名對欽拔兵部歷武庫司提督武學職方司轉副郎己卯典試四川首正文體庚辰陞揚州兵備僉事道兼理漕鹽驛傳下車葺王心齋祠集士子講學環橋而觀一如海門先生之令滁陽也時寇氛震警沿海兵汛率廢弛無紀心純巡視督責守將悉得尅餉缺伍狀慨然曰國事如此尚可為哉以忤時

調遣歸臥龍山日與二三老友講學不輟承父志復右軍祀田四百畝建坊以表先節而陳當事復秋米折色則尤德及鄉里著有兵部奏議詩文二卷

周光復字元禮號見心紹祖子也年十三受知學使者爲諸生試輒高等有奇童之目弱冠舉於鄉萬歷庚辰殿試二甲第五名拜行人司行人奉使西域封王餽遺一無所受復命晉工部郎時修宸宇光復力主節束與同僚議不合左遷益王府長史人咸爲扼惋而光復曾無幾微介意日寄情詩酒著遊梁草益王爲之序弟光臨字元敬拔貢生博洽能文以親老兄仕不復謁選著

有名山息遊一時公卿多與訂交稱周氏三鳳

吳廷珍字文翼居崇信鄉三歲喪父母植節教育之廷珍克自砥礪弱冠以第一人補諸生請揚母節得邀旌典崇禎戊辰恩貢授廉州府通判撫字備至會郡守缺士民請于撫按願借署理而雷州士民亦以缺守請攺署雷至爭不能止夫廉民固親被其澤者也雷去廉四百里而聞風思慕若此則廷珍之爲政可知矣靈山縣學廩缺額僅踰十名力請廣教且捐俸置田以充廩餼一時風聲丕振遷雲南和曲州知州丁艱歸即於母建坊處拓地立祠祀之歲歉體母志分俸給宗黨全活多

人撫從子如已子年六十九卒

尹鼎臣字士德居東隅登天啓辛酉鄉榜歷旌德金壇教諭遷澄海令剔除船稅平反寃獄邑多豪右撓令權鼎臣執法不少假卒爲擠陷左遷淮安府照磨時江淮騷動委署桃源篆監理船廠有能聲遷黃岡令知時事不可爲隨解組歸邑令以賓筵薦不赴一日坐談如常擁衾而瞑年八十七

厲汝恩字君載性和坦以遷善改過自砥礪弱冠食餼入試棘闈兩登乙榜師事海門周先生卓然以理學自命貢授景寧縣訓導景寧僻陋士風不振汝恩進諸生

月試其藝而上下之相與匡坐飲酒勉以孝弟名節漸引而入於理性由是知有心學不幾卒於官諸生潘一夔等請祀名宦景寧令徐日隆移關嵊邑嵊諸生葉應茂等請祀鄉賢不報

國朝喻恭泰字大來大司馬安性長孫由恩貢授廣西永淳縣知縣永淳濱左江爲宜横要衝狼獞雜處自明末兵燹後殘燬無復完堵至康熙癸卯始置令恭泰首膺其任下車卽問民間疾苦興廢舉墜不遺餘力而政令敎治皆因其弊而利導之風俗爲之頓醇秩滿以祖母年邁乞終養歸士民攀留如失父母

朱爾銓字衡章居東隅淹博有文名貢授德清縣教諭時蔡宗伯升元爲諸生日以詩文請質相契最厚遷山東陽穀縣知縣引年歸卒年九十四

吳光廷字子貽謂元子也康熙壬子拔貢任新城學教諭遷湖州府教授訓士有方湖人比之胡安定郡守唐某贈詩有論文雅愛驚人句守拙羞言鬼使錢可以想其風裁矣

喻安栒字蘭卿居西隅力學嗜古歲貢生官昌化訓導時年八十有四而精神强固日危坐講學未嘗有倦容士被其教多致科名六年乞休歸又一年卒

商洵美字培世號頤山先世家嵊之繼錦鄉後徙會稽爲越中望姓洵美少凝重簡默與弟康熙庚午舉人和並負盛名而洵美尤銳志汲古以沉潛勝弱冠由祠籍補諸生等以第一人食餼丙子舉於鄉乙未授嘉興縣儒學教諭　廷試高等諸公卿賦詩祖道知必能敷教興行爲國家儲才也丁酉門下士林昌言果領浙解其他握璣抱瑜者接踵聯肩識者謂禾固多佳士要非薰陶涵育之功不致此一生以負糧發懲洵美詢知貧狀惻然立爲代輸而囑勿言同僚中稍稍傳其語令聞蹐蹐者累日曰吾甚慙於商君矣郡守吳某廉其有經濟

才凡疑獄必昇訊鞫洵美執法原情多所平反當事咸
器重之倏憶故鄉山水朋舊三上章乞休諸生擁而留
者數百計洵美揮涕曰三載以來負慙諸生惟明倫堂
吾所重建日與諸生講學論文於此倘能圜聽聚觀如
吾在日則吾與諸生兩無憾矣及歸栖遲巖谷偕鄉人
之有齒德者結眞率社人比之洛下耆英壬寅舉鄉大
賓雍正癸卯　詔舉賢良方正士嵊與會邑並以洵美
名報業達之藩憲矣洵美聞急渡江以德薄年老固辭
其謙退又如此卒年七十六著有全史類函子元栢康
熙壬午舉人歷官山東泰安州四川達州同知致仕孫

盤庚戌進士官翰林院編修贈如其官

理學

剡之以理學名也始宋單君範而溯其源則得之朱子至明季海門周子以私淑於王文成者敎鄉人一時彬彬稱盛顧理有指歸而學無盡境使循是而紹洙泗之傳接羲皇之統卽濂洛關閩猶其後焉者毋徒艷其名而失其實則進於道矣

宋單庚金字君範父崇道與朱子友善庚金少承家學克自振拔以經學舉漕試值宗社失馭遂不樂仕進居坶溪山中三十餘年日夕潛心經傳闡明聖學飲水茹

蔬圃然自樂也客至則開門延引談證亹亹率以德義自繩所著有春秋傳說分記五十卷春秋傳說集畧十二卷論語增集説約若干卷晦遯餘力稿若干卷

許堇字子瑜元度之後世居東林博極經史嘗從朱子遊明於理學新昌俞浙狀其行曰子瑜學博而正行峻而和文麗而則君子人也學者從之隨其資稟皆厭足浙欽稱爲高山先生宋亡徵辟不就家藏書千卷至老不釋手著有春秋經傳解十卷文稿若干卷兄薦亦以詩文名稱高士見隱逸傳

明周震字居安生而誠朴弱冠舉嘉靖丁酉鄉試究心

良知之學初仕宿松令平傜役招集流亡過賢人貞婦之廬必加禮焉改教承天擢通判衢州來陽大洲賊爲亂震以計擒勦搗其穴集郡薦紳爲石鼓講學會武功文教兼而有之□□年謝職歸講學慈湖書院體驗益力而養益粹生平孝友奉母手進甘脆旦暮定省無一日輟以田宅畀諸弟睦宗和黨恂恂長者篤友誼嘗投牒吏部會友某病卒遂罷選護其喪歸

周夢秀字繼實震之子爲邑諸生苦志獨行孝友端介遠近無間言性好施囊無一錢有所入輒分給親友之貧乏者時有例廩生限年起貢一生年踰六十不得貢

次當及夢秀夢秀曰我猶可待若不貢無後期乎遂推讓之父震嘗佃寶性寺爲宅既數十年增飾堂構且數百金夢秀以爲非義請於父復捨爲寺而別徵數椽以居風雨不蔽無慍色志行超卓時以天下蒼生爲念日練習世故采諏人物習博士家言與海内作者稱顏行嘉興陸光祖謂爲三絕學絕行絕貧絕也年四十六卒鄉人賢之請祀於學宮太守宛陵蕭良幹題其墓曰貞士

周汝登字繼元莫之子讀書過目不忘年十四而孤十入爲諸生二十四師山陰王龍谿示以文成之學輒多

所領悟萬歷丁丑第進士授工部屯田主事督稅蕪湖稅額舊歲二萬內部議增倍之汝登不忍橫征以缺額請兩淮運倅時商民皆健訟不習禮爲講鄉約刻四禮圖說訓之統轄十塲塲建一學捐俸置田以充社師費又於東塲建總學月會十塲之士而身自提撕習俗丕變陞南京兵部車駕司主事轉驗封司郎中南都講會拈天泉證道一篇相發明許敬菴言無善無惡不可爲宗作九諦以難之汝登爲九解以伸其說弟子日益進執贄者千餘人陞廣東按察僉事疏乞終養不允陞雲南參議再疏陳情得旨歸里與會稽陶石簣及郡士會

宗陽明祠曰陽明遺教具在正當以身發明從家庭間竭力必以孝弟忠信爲根基勿爲聲色貨利所染習凡浮氣消融必盡改過知非絲毫莫縱察之隱微見之行事使人知致良知之教原如是也陞南京尚寶司卿署京兆篆陞太僕寺少卿爲滁人修社學置義田陞光祿寺卿尋陞通政使司晉戶部右侍郎致仕汝登爲政以教化爲先不事刑罰故所至有慈祥清白名通籍五十年林居三十餘年不畜財不治第不營產布衣蔬食蕭然自足年八十三詔起工部尚書未任卒學者稱海門先生擬謚文昭賜祭葬如例著東越證學錄聖學宗

傳聖行宗系四書宗旨程門微旨王門宗旨助道微機楊部請放語錄或問各一卷并修嵊邑志祀鄉賢山陰張岱爲之贊曰講學剡溪出言明曉引掖後進陳言一掃詁剪多人雪舟騷擾蔬食菜羹不敢不飽議論新奇不襲不勦即入聖門言語之科如君亦少

袁榜字仲奎居西隅少習博士業不得志棄去年四十餘始發憤爲學事山陰王龍谿潛心性理擇可而語一跬步皆有繩度服古衣冠超然流俗嘗開義學教後進主教諭天和折節過之晚徙居山水間自稱丹泉子有丹泉詩稿

吳伯化字紹南成童補邑弟子淳朴篤孝行博洽經傳志聖人之學與周汝登爲老友深相參證力求精進一日病中聞鵲噪豁然省悟覺天地萬物皆吾一體曰吾向讀五經四子及性理諸書以爲皆聖賢之言聖賢之心而今始言言印我心也舞蹈不能已汝登贈以詩曰乾坤頓覺元非外堯舜方知實可爲又曰始知喫飯穿衣處一笑鳴鵶噪鵲時蓋指此也接引後進必令反求諸心易簡直截故樂從而信入者多卒年九十二子鉦鉉濳心性命之旨人謂有洛水父子風

王三台字思位居東隅少孤母知書明大義三台稟母

訓弱冠補諸生師事海門周子隨事體驗謂聖賢之緒不外家庭遂專意奉母每日所言所行必以告曰吾無不可對母言之事無不可對母言之心痛父不及養終身蔬食祭必備物淚涔涔下竟日哀篤志好學晚而益密嘗自署曰老年工夫務從簡易念慮一根緊要在是凡有中萌法惟省制凡屬當行道惟勉致靜坐焚香密密檢視循此爲常告之上帝周子歿以師道不傳爲己罪月集同門講會弟子執贄者亦日益進示以文行合一之旨多所造就稱爲衡南先生以子貴貤封郡倅制詞畧曰古道照顏闇修近裏敦孝友而爲政慕惟終身

究性命以立基遊多長者若乃一脈傳姚江之緒居然羣賢集泗水之間道雖樂於安貧志已徵于移孝可謂實錄云卒年七十註有四書附註詩經附註衡門文集正學堂詩徵

袁祖乾字清侯居西隅與弟祖憲同執贄海門周子以道爲己任絲求無虛日及周子殁豫章文德翼司李嘉禾代按來嵊講學鹿山書院與知縣劉永祚學博葉祺亂暨縉紳數十人辨難終日獨心折祖乾次日造廬訪之一時從遊者多知名士婺之趙鳴嶽趙鳴峯邑之盧鳴玉其尤也九試棘闈不偶天啓間應歲薦卜居林墅

以蔭補代食年七十餘卒著有天洩彀吟子師孔字則學有文名著有琴伶蛾術等篇

袁祖憲字章之日曜子弱冠補諸生師事海門周子博通典籍從踐履參證外物不能奪也從兄祖軻卒一戚曰與我六百金當以汝子繼祖乾曰貧富有命吾不願此人服其高曠嘗自題像曰四十記顏尚戴儒冠既不能如禮所云強仕撩切而不動心者更難奚敢曰吾其不惑亦庶免惡者之譏彈受學于周夫子令予求諸家庭之間菽水果可承歡是以此像喜見於眉端蓋有所自得云著有守菴集及類抄十二卷

吳振尹字國超居棠溪里幼失怙恃懼恭庠生讀朱子四等人書慨然以賢聖自期立治心篇書要以閑邪存誠復還心體初謁海門周子與語不服及反覆辨證始心折執弟子禮嘗慄然有省以詩自證曰來往何緣不憚煩只因錯認好金丹一聲消息從天至雙手拍開生死關周子以陳剩夫王心齋擬之卒年三十八時同學者有吳鈺丁祖美皆發天鈺字孟剛以第一人食餼殫心理學不分志於功名美祖字宁甫兩登乙榜博涉經史嘗製一小粉版貯皂囊中每有所疑輒書以待質故聞道最早周子嘗嘆曰予一生全賴友朋弱年為會者

八十八十外更有四人今盡淪亡入仕後同參五六輩皆歿然此猶年相若者至晚年從遊若吳國超吳孟剛丁中甫皆少年得力之徒亦相繼夭念之心折云

尹志賡字載歌師事海門周子以學道在主敬凡視聽言動必極端莊雖盛暑衣冠偉如也嘗自製三才巾服古深衣以粗布分清白而已性至孝居喪有禮家貧結茅山中瓶無儲粟捉襟見肘襪履至踵胼皆見而讀書談道深求性命之理恬然自適與友人言不妄詭隨至排斥佛老尤侃侃無所顧忌知縣劉永祚建學鹿胎山延爲小學師辛丑六月十八曉起整襟危坐與子笑語

竟日就寢而卒年六十有九友人徐一鳴王國禎袁尚褎等爲置田供祀

金之聲字聖啓歲貢生居甘棠里生而清癯父母甚憐愛之而之聲先意承志能得歡心鄉黨稱金孝子一日講孝經喟然曰聖賢大道始於家庭而致知力行與治國平天下之道俱在於是恒以之自勉并勉其子弟即耕夫牧豎亦必以服勞奉養孜孜相勗性耿介不妄交與之交者咸嘆其篤摯喜周人急難睦婣任卹視爲己分而終未嘗有德色邑令劉永祚聞之聲名思招致之六年終不得一面晚結廬墓次食不兼味衣不重繻夜

則懸版爲榻一几一席而已自言父母生我無補於世聊淡泊以自引咎有甘露降墓木人爲孝感私謚孝節者有凱廬吟

吳應芳字佩兹振昇子也沉潛靜嘿振昇命執贄于王思位丁中甫斯以力希聖學父殁益自奮勵天啓丁卯舉於鄉歸謁海門先生先生爲說以貽之畧言慰父於九泉者不在登科登第而在希聖希賢應芳竦然請益進曰要在勿忘而已矣一言之發必省曰其毋忘吾父之言敎乎一事之行必省曰其毋忘吾父之身教乎一念之萌必省曰其毋忘吾父之心教乎直至口無妄言

身無妄動心無妄萌而後足以慰九泉也應芳拜而受之自是用志益專紛華靡麗無所動於其中舉措必循規矩六上春官不第遂絕意仕進與吳鉉王國禎輩聯社鹿山講求微言大義或放浪山水間飲酒賦詩蕭然自適嘗闢圃栽菊花時觴咏其下曰正與吾意一般卒年七十六著有棠溪集卦説六十四篇坤貞四則諸書

吳調元字君爕居德政鄉髫齡爲博士弟子員師事蕺山劉子又嘗從海門周子遊殫心理學食餼二十餘年恬退不求榮仕教人以孝弟忠信爲本學者多宗之

儒行

儒者所重在行不在文也行修而名立故著爲文章可翼經傳敷諸政事有異人民豈僅僅馳騁風雅遂足了學者事乎志儒行深有望於嵊之號爲儒者反而求之躬行以自進於君子也詩云高山仰止景行行止前徽不具在哉

宋姚寬字令威舜明次子也初官江東安撫一時名士爭禮致之秦檜以私怨抑勿用寬亦勿爲所屈後累遷樞密院編修寬博學強記尤精天文推算完顏亮入犯號百萬中外震慄寬獨上疏言今八月歲入翼明年當月入軫又其行在巳巳者東南屏蔽也昔越得歲而

吳伐越吳卒以亡晉得歲而符堅伐晉堅隨以滅今征敵背盟犯歲滅亡可待又推太乙熒惑所次皆敵必滅之兆堯果自斃上以其言驗召對移晷仆榻前舁出後一日卒年五十八上爲官其一子所著有西溪集十卷司馬遷史記注一百三十卷補注戰國策三十一卷五行秘記一卷西溪叢話一卷玉璽書一卷注韓昌黎集未畢擬古樂府二卷皆超軼漢魏而詞章之外更工篆隸及工技之事嘗謂守險莫如弩乃以意增損爲三弓合彈弩矢激二里所中皆飲羽論大駕鹵簿指南車皆得古不傳之秘祀鄉賢

〔考證〕周志按姚宏亦注戰國策深得古人論辨之意兄弟用意此書而宏書存

〔明〕單復亨字陽元居畮溪博通典籍尤善詩歌著杜愚得十八卷傳於世復亨最愛杜詩故自爲翻注云洪武初舉懷材抱德科授漢陽知縣

求漁字宗尚弟澧字宗衡未戠時父某戍貴州瀕行指所藏書囑其母曰以是教吾二子力學爲名儒吾願足矣比長母出所遺書告以瀕行語輒相對感泣苦志窮經史旁及稗官小說靡不涉獵卒以文學齊名人稱大求小求先生漁善評騭詩格嘗編次越山鍾秀行於世澧著有蘭唆稿事母至孝兄弟友愛甚篤里人兩推其

行後漁老而瞽正統間澧以事連坐遣戍及釋歸中道死里人又兩悲其遇云

張冑字仲冀少聰敏年十三能爲雪賦既長從天台顧景蕃遊肆力於古文詞嘗聘修輿圖志新昌楊給事信民以經學該博才堪任使薦不報遂絶意仕進徜徉溪山間自號西溪子著有西溪集卒年八十餘以子世軒貴封奉政大夫

夏雷字時震居西隅宏治巳酉舉人和易有才善詩能楷書筆法疎勁緝嵊志搜訪山川人物纖悉靡遺而文采可觀知湖廣羅田縣甫十月卒於官政優守潔民共

戴之嘉靖間郡守張明道隆慶間邑簿江一鳳爲立石表墓

王鈍字希斂文簡子也力學循古道事親甚孝與兄弟終身不析居貢授南安訓導丁外艱服闋赴京會英宗北狩感憤不樂仕且念母老乞終養歸考訂婚祭儀禮以敎族人著有千齋集以子璀貴贈南京禮部郎中

張燦字蘊之性孝友父跛出入背負惟謹弟癡贍之至老嘗從羅竑學經史得其底蘊讀書過目不忘詩文援筆立就尤長詞賦著擬騷二十篇騃軒集二十卷太守重其文行折節過之祀鄉賢

周晟字伯融宋汝士之後博極書史爲詩文有奇思時方厭講學晟獨從王文成遊教授生徒性嚴毅難犯士大夫接其言論丰采率傾心焉貢授山東齊河令緯有能聲未期月丁外艱歸遂不復仕授子紹祖孫光復經史未嘗干預外事

錢悌字舜夫居長樂鄉博覽經史善屬文詩更沉鬱醞藉著有古齋集悌叔汝貫弟經樵俱善吟咏而經樵尤有古行爲鄉邦推重

邢德健字汝行居太平鄉礪志讀書有博洽名其學以孝友爲先詩文自成一家貢授蘄州同知廉潔有恵政

轉漢王府審理政及歸作聖諭解立家約以教宗黨而辨佛論尤足懲末學云卒年六十六著有崑源藏稿

徐一鳴字文孺居西隅生有異表鹿鼻鼠耳鬚長尺有半警敏好學講論每窮晝夜爲文偉麗一時名公鉅卿咸器重之事父孝父歿事寡母尤謹弟一鶚甫九齡爲之鞠育婚配授以經史一鶚以詩文著聲黌序皆一鳴有以致之也生平篤友誼生則周其匱乏死則置田供春秋祀風俗爲之敦厚崇禎乙亥拔貢入北雍已卯登賢書 國朝順治戊戌授盧陽司李平反十有四案出獄者三十餘人督運至濟革除一切供應不復郵傳

夫黃維河爲立碑紀事會齊江寧衛直指以五百三十詞發讞准否皆用出語不竟日而竣直指奇其才挾以隨巡檄取同考閱禮記所取皆知名士瓜州警人皆錯愕一鳴繕署如平時已而捷書果至人服其識五膺薦剡以失出謝職偕儕輩講求鹿山遺緒年六十三卒著有廣平子日集廬吟汗漫遊五經摘解百將評衡廬陽讞語

王國楨字我寧忠襄長子性質直喜獎進善類而疾惡頗嚴博聞强記以第一補諸生爲文渾厚淳朴力返正始當忠襄之入仕也命家居侍大父承歡養志晨昏惕

若及卒覩殮畢奔赴居庸而忠襄已伏節殉義矣叩闕請䘏時大冢宰題請錄廕詔旨久未下或曰今昌宜總監上所眷注其人折節下士君曷具一牒令爲再題國楨曰不肖止期表揚先烈豈爲身謀果爾是欲不肖因景監顯耶竟扶櫬歸卜居福泉山麓力耕代食著書二十年痛闢佛老之教嘗緝邑中文獻作嵊志備攷時戎馬旁午而國楨集諸先輩及同人講學不輟卒年五十四袁尚衷挽詩有海澗工夫惟務孝鐵堅護衞只防禪句能得其槩云著有勿齋集文鈔剡中詩文集內則微音敬時錄

國朝喻恭復字七來博極羣書年十四爲諸生十五食餼與徐一鳴姚工亮吳調元講學鹿山聯詩文會省試一十三科以副榜膺歲薦將授學博卒著有讀詩補箋

李茂先字文驥居邑東鄉歲貢生少孤母陳氏植節教之有聲藝林山陰王白岳雨謙奇其才爲序漁溪集而名益著年七十其子謀所以稱觴者茂先曰得會稽俞鞠陵先生文足矣他無庸也識者高之

盧象鼎字亞臣居仁德鄉用義子也學問淵博爲諸生試輒高等晚貢于鄉生平崇尚古朴恬靜無所營求而取與特嚴一介云

高衡字乃銓居邑東隅弱冠食餼聲譽蔚起從之游者輒成名士趙起鯤盧象鼎其翹楚弟子也課子極嚴長克廣廩貢生次克藩成進士皆得衡家學卒年七十有二

宋奭字牧伯歲貢生有至行母李病劇晨夕籲天請代乃得痊人謂孝感康熙甲寅寇亂會兩親見背拮据視含殮每以不得盡禮爲痛性廉介茅屋數椽弦誦不輟爲文務規先正汲引後進如恐不及知縣宋敦張泌延爲義學師時造廬請業終未嘗有所干謁雍正癸卯恩
詔舉賢良方正闔邑公舉當事驗看准題以年老辭[illegible]

年七十三

盧□翰字則修歲貢生品行端方家中懸　宣聖像朝夕敬禮有事必焚香告之其司訓仙居也課廸士子循循有法後以年老乞休至八十八歲而卒

宋乾圖字日周邑諸生九歲喪母哀毀如成人事大父尤孝謹性好學于書無不窺闢一室滿貯圖史旁植竹木日坐臥其中客至輒與研究討論累數千言無倦容非其人則嘿如也其真率如此卒年五十一

寓賢　補

元戴表元字帥初奉化人宋咸淳中登進士乙科教授

建康府元大德八年執政者薦之除信州教授後以脩撰博士薦不起受業四明王應麟天台舒岳祥之門以文章大家名重東南性好山水徙嵊之剡源其葺剡居詩云休言聲跡轉沉淪百折江湖亂後身窮未賣書留教子飢寧食粥省求人坐來席避樵蘇長往處蹤迷木石鄰翻笑古來逃世者標名先製隱衣巾亦可以想其高致矣著有剡源詩文集傳世

明劉墉字靜主號沖倩會稽人賦性任俠慨然有四方之志時周海門許敬菴九諦九解彼此詰難不無異同墉合兩家刻之以求歸一而海門契墉特甚曰吾得沖

倩而不孤矣海門主盟剡水塙助之接引後進尤推入室弟子云

何宏仁字仲淵山陰人崇正丁丑進士歷知建平高要縣事丁父艱歸遂遭亂監國時授御史江上師潰棄官至剡之白峯嶺自恨不及從亡作詩投崖絶而復甦爲土人守之不得死遂入萬山中披薙作方外遊臨死出一緘留示家人令暴骸三日以彰己罪寧都魏禧慈谿姜宸英爲傳誌以表之

嵊縣志卷十一　終

嵊縣志卷十二

人物志二

忠節

見危授命人臣之義也然揆其心庶曰捐軀遂足報國而時際阽危則城亡與亡而已昔歐陽文忠作五代史書全節者三書死事者十五議者謂其參差吾於邑志得七人喜正氣長存而轉惜遭逢之不偶也

梁張嵊稷之子稷齊朝爲剡令至嵊亭生子因名嵊字四山後遂家焉嵊有志操能清言起秘書郎遷湘東王長史還爲太府卿吳興太守太淸二年侯景圍建康遣

弟伊率郡兵赴援城陷御史中丞沈浚遣難東歸嵊往見之謂曰賊臣憑陵正人臣効命之日今欲集兵刃偽據貴鄉雖復萬死誠亦無恨浚因勸嵊舉義兵時邵陵王綸東奔至錢塘聞之遣前舍人陸邱公板授嵊征東將軍嵊曰天子蒙塵何情復受榮號留板而已賊行臺劉神茂攻破義興遣使說嵊嵊斬其使仍遣軍破神茂景復遣中軍侯子監率兵助神茂擊嵊嵊軍敗乃釋戎服坐廳事賊臨之以刃終不屈執以送景景將舍之嵊曰速死爲幸乃殺之一門俱被害年六十二賊平元帝追贈侍中中衛將軍開府儀同三司謚忠貞祀鄉賢

〔宋〕張慭一名景説字欽甫紹定四年爲定城縣尉攝麻城縣事會金人攻破沙窩關深入麻城兵不支被執脅之降慭叱曰吾氣吞若曹顧力屈耳肯從汝爲不義耶遂遇害事聞淳祐八年贈通直郎祀鄉賢

〔明〕王禹佐字之益三台子也讀書鹿山務爲實踐之學天啓元年領恩貢銓考第一除保定府通判分駐居庸關司昌平三區屯漕自銘座右曰願將白節酬君父莫玷汚名累子孫練達政事案無留牘嘗擴學宮堂廡備籩豆簋爵罍捐金購四書五經大全通鑑宋儒文集督弟子誦習一時文學彬彬稱盛周歷三輔飭邊防恤商

旅平反寃獄所至有聲宣大飢歲輓援餉十五萬皆刻期至民不擾而軍不譁叙功加級若懷柔時烽火告警城垣濠塹摧殘畧盡禹佐次第濬築穀繕甲械作攻守法邑恃無恐移鎮昌平州月率兵民登陴固守督府連檄調回禹佐慨然曰關有重兵而州無守備我爲其易則誰爲其難羽書再至不受內變起謂中軍顧震曰城亡與亡君爲我持二印沉署井中遂攖城不辱死氣未絕呼老卒覆以衣乃瞑年四十有七子國宣同殉震持印投井中亦遇害巡撫吳阿衡奏聞贈光祿寺丞賜祭葬謚忠襄巡按宣大兼攝學政侍御林銘球從諸生請

祀之名宦祠後追論保障功按關侍御楊四知奏配享羅通表忠祠所著有血關集

丁國用居二十三都内軍功歷官山海奮武營參將崇正己巳赴援京城力戰死

童維坤字弘載居遊謝鄉附武驤衛籍登萬曆己未武進士除宣鎮昌營守備陞都司僉書歷眞定遊擊崇正癸酉夏調大名勦寇迎戰皆捷冬赴援趙州追寇至內邱寨冒險襲勝賊望風却避監軍副使盧象昇勸悉滅之督令轉戰至摩天嶺象昇迎戰山南維坤迎戰山北分翼冲突寇居高擊下維坤血戰死年四十象昇爲文

哭之事聞追贈都督僉事世廕三江所百戶維坤果毅負膽氣不避艱險遇士卒有恩有古飛將風

徐麟字我錫居白巖里由武舉考授將材授江西建昌營守備崇正間討叛僧戰歿于南豐撫院題卹不報

張仲遴號紫巖居秀岙坊質魯而好學會病夢一物從胸中躍出狀甚怪驚寤遂聰慧博通經史知縣劉永祚重之延爲小學師暮可爲諸生食餼李自成陷京師仲遴聞報慟哭潛至西橋廳閉門自縊閱日覓屍色如生

孝義

孝義者所以立人紀也漢韋彪議貢舉法以孝爲先

宋司馬光議十科首曰行義純固以知正人心閔風教不越乎是我

國家于科目外有賢良孝弟之舉果能推愛敬之心而擴充之則榮寧章服吾知是中大有人焉

齊公孫僧遠居父喪至哀孝事母及伯父年飢省殘減食以養弟亡貧不能畢喪受佃爲傭以供斂葬躬負土植松柏又自鬻完兄姊婚嫁名聞郡縣高帝即位遣部使表其門並蠲租稅

韓靈敏早孤與兄靈珍並有孝行母亡無以營葬種瓜半畝朝采暮生遂得辦葬事靈珍亡無子妻朝氏守節

不嫁靈敏事之如母

〔考證〕南史朝氏作卓氏

剡縣小兒佚其姓名建武二年八歲與母俱病赤斑母死家人匿不以告小兒曰母嘗數覘我疾昨來覺聲羸今何不復聞也匍匐而前見母屍抱之大慟死邑人白縣令宗善才表墓不報

陳王知元太原人僑剡以孝聞及丁憂哀毀而卒宣帝詔改所居清苦里曰孝嘉府志作公孫知元誤

鄭僧保居父母喪廬墓十年芝草生甘露降

宋姚宏字令聲舜明長子少有才名呂頤浩薦爲刪定

官圻秦檜當國嘗語人曰廷輝與我靖康末並位柏臺上書籍罕乞存趙氏拉其連銜持牘去經夕復見歸竟不僉名此老純直非狡獪者聞皆宏謀也或以告宏宏曰不然先人當日固書名矣今世傳秦所上書與當來者大不同更易其語以掠美名用此誑人以僕嘗見之是以見忌已而言達于檜大怒思害之不得會宏調江山令値歲旱有巡檢自言能以法致雷雨試之果驗民告妖術檜遂羅織之下大理死獄中有註戰國策行于世

元相大有永富鄉人敦尚孝友同居七世內外數百口

愿意周浹從無間言里耆舉其蹟于中書省以聞于朝
詔給與路總管泰不華旌曰義門

明應温遠居崇仁鄉讀書尚義有府倅署邑篆索其父大成苞苴不與受庭辱含憤死温遠一慟幾絶水漿不入口者數日治喪後仰天自誓曰不共之仇吾必報之時倅走通政司訴理得引白下法司鞫問倅服罪人共快焉

周傑字廷智居邑東隅父愚受誣論死繫獄時傑甫三歲見母悲泣輒嗚咽不能自已旁觀咸歎其至性過人愚繫獄二十年傑年二十三走闕下上書請代累疏不

報景泰庚午覆奏慨切上憫之詔釋愚罪寧家孝養一
十餘年居父母喪哀毁盡禮邑令許岳英旌其門

趙嵩居邑東隅父瘋母盲嵩兩扶掖之二十年如一日
邑令許岳英表其孝

錢紱字仕彰居長樂鄉早孤母鄭口授孝經論語即能
成誦長事母至孝母歿見栝棬讀所授書未嘗不嗚咽
流涕紱嗜學口不言利爲詩冲澹古雅著有頤菴稿

邢魯居太平鄉早孤母錢年二十三植節撫之家貧孝
養無缺母病躬視粥糜藥餌數年無怠色年四十未有
室邑令許岳英捐俸爲聘王氏女妻之

周泰字叔亨用彰之孫成化間貢入太學授布政司都事以母老乞終養旦夕承歡非公事不入縣庭篤學修行人稱孝廉先生郡守戴琥禮重之著有菊莊集

錢瀛居剡源鄉性至孝母病兩次刲股和糜以進皆得痊母年九十餘卒邑令許岳英旌曰孝感

喻祿孫字希武居邑西隅事嫡母至孝母歿結廬墓次晨夕哭奠冬夜虎兩入廬吼聲震地祿孫號泣呼母虎乖尾遁去西溪張冑爲之傳雍正六年祀忠義孝弟祠

喻袞字朝章弱冠赴郡試寓旅舍如厠得遺金時巳薄暮擬詰朝訪還夜分夢中聞爭競聲覺而詢則客疑主

盜主罪客誣兩不能辨相持赴水袞急起呼入救之起出所拾金並告以故事乃白事母至孝一切供奉皆身任之遵父遺命課諸弟專壹讀書幼弟聚遂得成進士子恩化中嘉靖辛酉應天鄉試除知興寧縣袞敎以居官愛民之道卒爲循吏三舉鄉飲大賓後以孫安性貴贈資政大夫兵部尚書祀鄉賢

喻聚字日章性謹恪趾步皆中繩度爲諸生有聲方居憂太守洪珠固請見以衰服往珠稱知禮伯兄袞課之嚴而聚亦敬事如父性溫厚和平遇人無疏戚皆接以禮雖後進亦謙以下之嘉靖庚子舉於鄉庚戌第進士

奉使封高唐齊東二王屏絕餽遺便道歸省邑令贈金二百兩取諸民裴曰吾幸一第忍以此累父老子弟也却不受生平狷介類如此旋授工部營繕司主事尋卒不竟所學論者惜之

張玉字廷禮邑諸生父髦而瞽且病瘋玉棄舉子業跋涉江湖延醫療治勿愈每夕稽顙北辰以舌舐之閱數年父目復明及居喪廬墓悲號至夜分輒有猿啼廬外若助其哀泣云

金廷榮字仁甫居甘棠里事母求備極孝養每旦焚香告天願減算益母母亡慟哭立死聞者哀之

邢浩球居三十八都父殁廬墓三年及母殁浩球年踰六十矣復廬墓次終制而歸手植松柏有鳩巢之

錢善性居四十都廬父墓白鹿繞其廬馴擾不去

求尚梁居二十九都母病割股以療得愈

姚砠皐居晋溪父一章病羸家貧無以爲養割股肉和糜食之差愈卒以貧故不給越七日父子相繼死教諭王天和捐俸殯埋爲表其墓

袁璧居邑西隅爲諸生母病刲股父病又刲股並得愈父爲讐寇所掠璧入寨晝夜哀號求以身代渠魁憫而釋之斬讐首以謝兄弟分財無嫡庶推美取薄怡怡如

也

孝嘉鄉王舜周金庭鄉居時俾並刲股救母

趙謄字克文居邑東隅同父五人謄年最幼綜理家政無鉅細皆身任之親疾衣不解帶形容枯槁見者爲之感動生平以濟人惠物爲心建祠置田以明木本水源之義卒年八十餘子瀛字惟登爲諸生父病廢寢食五越月時嚴寒終夜以身温之嘗糞驗甘苦以爲憂喜居喪齋素三年伸兄失明瀛謹事之撫其子如己出課以書爲諸生益父子孝友一轍云

厲崢居邑西隅家貧棄書治生產以供菽水父亡足不

入內室依母寢處者二十年母病刲股以進母得愈萬
歷丁亥歲大祲道饉相望崢煑粥賑之多所全活
周元齡字子遠居邑西隅少孤事大父母繼母以孝稱
年十三補諸生家貧時以不能表揚繼母之節爲憾中
年喪偶遂不復娶從父海門爲之傳
盧鳴玉字君式居邑東隅崇禎丙子亞魁公車北上中
途念母輒返棹歸庚辰登進士時朝綱紊亂嘆曰國事
乃至此哉吾有老親當灌園擷蔬爲甘旨計毋貽母憂
也觀政歸省口占一聯曰試看朱紱方來日正是黃粱
未熟時至邪疾卒唯不及面母爲恨

國朝尹巽字庚三如度之孫弱冠有文名順治甲午拔貢入北雍丁酉試北闈會父殁不及視含殮痛至則悲終身然矣庚子舉於鄉甲辰登進士分入吏部事大母能迎求所嗜曲向所便而進之年八十餘病已革巽呼天號泣得復甦又數年卒人謂孝感奉寡母尤謹服食非親驗不進夜必侍寢始退晨起衣帶未結輒走訊安否以爲常家貲盡屬弟掌一飲一食未嘗私製也慷慨好義嘗迎養族之孤寡者其他完人妻女周人患難事更僕難數平居恂恂與物無忤及卒聞者莫不哀之

錢守家居富順鄉時山寇肆横掠其父什本片守國去

守家甫十二追隨六七里叩頭流血願以身代不聽至寨伏地哀號渠魁憫其孝義並得釋歸後四年病沒遺腹生一子任本命名難孫痛其代已難也守困乏食甚善保護之人稱一門孝友

吳節十二居始寧事母孝家貧爲篙師積十五金將娶婦藏牀蓐中母不知也母老而瞽一日發蓐失之十二恐傷母心終不一言

竺王妲二十二都竺思聖義子也康熙庚戌三月虎戀思聖被嚙死從兄思文救之復死王妲號泣直前扼虎頸同溺水塘中乘間脫走負叔屍歸力竭死

俞大基字九有恭咸繼子國學生考授州司馬職孝友敦行誼生父恭復臥病四年親湯藥不懈居喪足不入內閾事繼母尤謹康熙癸酉大旱糴粟給衣爲富家倡多所全活又出其餘以完人妻女掩人骸骨祠宇傾圮者葺之橋梁中輟者就之好義若不及邑令聞其賢皆禮重焉而大基終不以私事干謁人謂有古澹臺滅明風

胡長源居東隅父悅歲貢生母袁病瘋坐臥牀第長源與妻孫氏晨夕扶持歷三十八年無懈容宗黨嘆曰諺云久病無孝子惜未見長源夫婦耳

裘燦　永富鄉生員。父允奇，明郡庠生，早逝。母陳臥病十餘年，燦日侍湯藥，滌垢穢，寒暑無間。性好施與，遇節義事，尤必出力扶植，族黨咸賴之。

趙起龍　居東隅。父諸生，復畏目雙瞽，母錢又病瘋，起龍侍飲食起居者三十餘年。子藺如、廉如，恪承祖父孝友，四代同居。邑令王朝佐謂不滅鄭義門云。

高紹寬　克籓次子。幼瞽。母周病喘，日夕倚牀審聽氣稍促，輒憂形于色。一日向婢索利刃，刲股，父斥止之，泣曰：見本廢人，使母病得愈，死何足惜。克籓卒湘鄉縣任，紹寬南向號泣，恨不得匍匐奔喪，課子天祚必以義方。

張厚望居秀異坊性醇謹幼孤鬻薪養母事必禀請而行飲食非親嘗不進夜寢視衾枕高卑厚薄然後退晨起衣不完結即趨候安否以爲常母病終身茹素求益母算鄉里重之

宋彥博守秉彝邑諸生康熙甲寅羣盜蠭起鄉人皆奔竄彥博守親柩不去或趣之行曰事死事生一也安有親柩在堂而舍之他之乎不聽癸酉大飢發粟賑給有鄉人負逋見逼將鬻妻彥博爲之代償不問姓氏

汪宗琦字景韓歲貢生七歲喪父事母至孝篤志力學屢舉優行年五十六病劇惟以母節未旌爲憾以上孝

宋　吳孜仕監簿居三界里嘗從安定胡瑗學名洽平間會郡謀建學孜即捨宅爲基今學中祀孜焉初學成太守張伯玉至以便服坐堂上孜鳴鼓行學規伯玉欣然受罰王十朋題其祠曰右軍宅化空王寺秘監家爲羽士宮惟有先生舊池館春風長在杏壇中

考證　按郡志作會稽人會稽鄉賢祠祀之今仍舊志載入至題其祠作贈以詩則時代不同捨宅作捐地則詩旨不合今從郡志改正

姚景崇字唐英號自愛翁居晉溪開慶中建義塾于所居之旁延聘碩儒四方俊乂多遊其門

元　應原達慷慨倜儻方畧元季盜起郡邑不設防禦村落

屠掠烟火閒然原達散粟募壯士出奇襲擊寇爲之卻事聞授義兵萬户明洪武初追敘保障功擬加職引年歸

明竺二瓚居孝嘉鄉四世同居户大而產多瓚每身任繁役從兄璟坐繫將傳送法司瓚曰從父止一子吾兄弟三且生子矣當以身代走白官犯律者我非兄璟也官乃釋璟而繫瓚瓚竟死于獄年三十三史官宋元僖爲之傳

張秉玉居富順鄉性孝友明初著令吏侵公者戍秉弟拳以他人事逮坐逮至京秉玉隨之行叩闕自訴

而拳不勝斷鍊自引伏坐隸玉謚告罪并繫獄搆疾上
疏自咎竟死獄中
鄭敏行居崇信鄉倜儻好義西隅張錢氏夫亡守志子
仁貧不能娶敏行重其節妻以長女妙安給之房產越
數年兵亂妙安被掠不辱死仁念婦貞不忍再娶敏行
曰不娶義也但無子如母氏苦節何復以幼女妙寧妻
之給奩田百畝妙寧歸仁生子玻中永樂丁亥鄉榜官
長沙府教授
鄭思信居東隅樂善好施永樂己丑大祲捐穀二千石
以賑邑人重其義屢薦賓筵

周用彰字邦達居西隅元提舉承祖之孫家富饒爲人和厚好善率長子澤榮輩施藥賑粥夏則飲人以茶冬則濟人以渡爲萬石長無絲毫苟取兄戍卒以產授其子鄉里義之年七十餘卒後子孫若山等多登科第

尹孟倫居東隅與弟孟遠皆慷慨好施永樂壬寅癸卯歲連歉出粟賑濟不下千石

馬德忠居節孝鄉正統壬戌歲大祲出粟一千三百石備賑有司以聞詔旌義民

吳偉字伯奇居棠溪正統時出粟餉邊詔封義官

張堅居東隅好義疎財能爲鄉里解紛有求必應不責

其償橋梁道路多堅捌修而未嘗居名子政景泰四年
鄉榜任中書舍人贈堅如其官
應温遠居二十四都正統間郡守白玉至嵊視學令闢
儒星門外地地故温遠産也邑令孟文禮致之子傎請
售温遠謀于兄弟辭弗受凡袤二十有七丈廣十八丈
從子尹孫旭遂爲諸生成化初邑令李春教諭戴委復
議增闢三十四都婁秉直與弟克剛捐地若干丈郡守
戴琥高其義命識之明年縣丞方玘更闢學門外地二
十三都裘守良守儉二十九都裘彥功同捐地若干丈
至今頌胙焉

周克恭用彰之孫天順丁丑歲飢出粟數百石以賑時四十八都支永昇二十九都裘應裘江十六亦各出粟賑鄉里德之

周昺克恭之子邑諸生性嗜義父所遺產悉讓兄弟撫從孫教之成立嘗爲人白冤得釋其人持金謝昺斥之曰母以是污我其耿介又如此

夏叔恢天順中飲越中酒肆時旁坐客被酒忘其囊去叔恢獲囊則纍纍白鏹也疾追弗及明日候之失金者號哭來遂挈以畀後夢老人與以子遂生雷領鄉薦官羅田縣知縣

周鋭字伯頴居開元鄉性好善搆亭施茶捐資置祀產宗人義之成化間歲歉出粟以賑有詔出粟四百石者給七品服鋭辭不受

胡淮字宗豫居邑東隅正德初爲諸生與其友鄭軫同試貢淮得中式憐軫衰貧竟讓之後二年復舉貢任光州訓導遷武昌教諭乞休歸結廬金波山所著有歸田錄坦庵錄

尹良臣居邑東隅富而好義施棺以千計嘉靖間邑令吳三畏築城捍寇遴良臣掌其籍綜核出納稽察工程無毫髮偏徇不足則捐貲佐之子如虞任邳州倅好義

一如父往良臣以吳令築城功建祠越望門內置田三十三畝零春秋祀之後爲守祠者私售去如度出而理復又益田五畝人稱能繼志云

鄭廷貴居東隅嘉靖間捐銀數百金助築城垣又輸粟備賑知縣吳三畏嘉其義爲免一門夫役

周河用彰裔孫多隱德有少婦失衣飾懼姑責偕夫將自盡河曲爲周全婦感甚潛至河居謝河正色遣去嘗拾遺金還其人後以孫汝登貴贈光祿寺卿

王文高字斯浩居華堂里事母石氏孝嘗建家塾捐田百畝以課子姓至恤貧除道修橋惠在鄉里裔孫誕能

繼其志

王⿰言素文高之後性好施置義田延師課族人書又建廬陳公嶺北之上塢以憩息行旅捐田三十畝施茶召僧掌其事而事母尤以孝聞

王誕字洪夫文高之後事親至孝先世墓湮沒不可考者六代誕徧求得之封土葺亭歲修祀事又建祠祀貞祖母石大姑著有十樂歌卒年七十

吳世輝字蘊之居崇信鄉居平誠謹與人處皆以古道相期待一時稱長者隆慶間貢生授寶應訓導遷沛縣教諭課士有方爲撫按所重以引年歸定宗祠祭規修

禮維謹人稱能追遠焉

王尚德字惟本誕之子讀書洞名理居恒以做人難自勵善體先志撫弟妹最篤金庭觀右軍祠舊有祀田爲有力者觀充兵餉命子應昌別置田四十畝還觀中其他建毓秀亭砌陳公嶺築水口堤凡可利民無不舉行以子應昌貴封奉直大夫定番州知州年七十六卒著有詩文及做人難詞祠鄉賢

王尚恩字惟庸諸生居華堂里力學砥行妻死不再娶遺一女適俞壻死女守志不他適依居父家益貧困嘗作久雪詩曰鄰家幾間爐烟寂過客誰憐足跡希徧地

瓊瑤難療腹此心良不愧夷齊從弟尚忠亦妻死不娶族子應昌置田並祀之

周夢神字繼存居邑西隅弱冠成諸生試輒高等貢入大廷以繼母病不赴及歿廬墓三年嘗捐貲治祖塋建宗祠開鑿道門逕西橋并周卹無告者年八十餘日手一編不輟督學使者循例給冠帶卒祀鄉賢子應昌父喪廬墓應昌子有聲刲股療父世有孝行邑令表其門

美世用居江田里萬曆戊子己丑歲連祲先後發粟賑有貸而不能償者即焚其券又嘗捐貲葺南橋邑令文典章表其尚義

周亮起字汝瑞居四十二都母夢彩鳳自雲而下遂名雲鳳少遊戚均交結多海內名士以思親歸事父繼母最孝卹貧賑災不遺餘力甬東楊太史守勤贈詩曰春因有腳三江暖風可披襟萬物甦可想其生平矣年七十三彌留時有氣如雲繞室不散者久之

袁日曜字子光性孝友冢兄謁選北上次兄爲諸生事舉子業父病羸事無巨細日曜身任之未嘗言勞冢兄歿檢遺笥得白鏹數百金一戚在旁曰幸無他人願與均分之日曜艴然曰吾敢欺天欺兄以自欺乎立呼兄妾轉授兄冢媳未幾以胠篋告日曜別營金治喪終不

一言從子祖軻僥家財無子及卒族人析所有日曜獨
弗往父積百金交存日曜無一人知者爻歿出示子姪
紙半蠹蝕而墨跡依然人以爲難海門周先生銘其楹
曰至心克念雙親孝徵垂老勁節堪風一邑義顯臨財
有司以齒德聞詔賜冠帶歲給粟帛年八十七能頂道
死期云

尹如環字無端居邑東隅讀書有志操早歲喪偶不再
娶種花蓄魚逍遥自足年九十一

喻安情字和卿思化次子貢生師事海門周子崇尚儉
約處貴介淡然布素也初艱嗣聘張氏爲妾訂及笄迎

娶適妻生一子遂遣媒謝兄安性任薊遼總制安情偕之行遼將持金爲壽屏不受居恒絶足公庭所著有自修篇

裘紹烓字可全居崇仁里倜儻有才以親老不肯遠出朝夕事之甚謹居喪哀毁骨立鄉黨稱孝性好義能周人緩急嘗適市有失金者號泣不欲生紹烓傾囊贈之相德榮以貧鬻妻李楊保以逋鬻子並爲完聚次子組舉崇禎庚子鄉榜官壽州知州人謂積德之報

尹立相良臣孫也世有懿行立相能繩祖武好善不倦完人妻女周人貧乏所交遊皆名士延師課子備極尊

崇二子長志熌崇禎癸酉順天鄉榜知定遠縣事見鄉
賢傳志燧字仲明鄉貢士貧而勵行課子弟書不計束
修有羈旅不能還者必資其行李辛巳歲飢貸富家金
賑矣子名于券以示無負其好義如此
尹志和邑諸生如志孫也如志好施與萬歷丁巳巡按
使者獎之志和承祖志能嘉惠鄉里崇禎丙子歲大祲
稟母出金三百賑辛巳又祲復出粟賑邑令劉永祚鄧
藩錫兩申上官表其門舉鄉賓年八十餘卒
童有成字化徵居上塋里慷慨有大度歲歉出粟賑飢
會山寇竊發郡邑堅壁自固漸至延蔓有成集鄉人扼

險守禦東鄙藉以無恐而鄰邑借是陷之提點省獄事白而產罄矣有戚終無愠色人重其義俠

葉乾元上崗樵夫年四十不娶不葷酒得錢輒以散人崇禎丙子越郡大飢郡守爲粥食飢者乾元日給柴數束供炊以善人呼之辛巳嵊復飢役于縣如初令曰善人也名曰長善獎以金不受乃表其廬曰方古義俠

吳日禎居棠溪村崇禎辛巳歲大祲日禎首倡賑濟貲產以活其鄉人于是各鄉聞風興起多所全活

袁祖禮字恒初居邑西隅孝友義俠爲時推重析產盡以腴田讓兄而自取瘠薄者施令建南橋鄧令建明倫

堂水火神祠先後捐輸不下數百金復葺學宮兩廡構義渡庵崇禎丙子辛巳饑饉頻仍繼以疾疫祖禮發粟製櫬賑卹而殯埋之南橋圯茂設徒杠以濟者終其身

袁有瑞字文星祖禮從子也邑諸生家世好義有瑞稟庭訓能任卹其鄉里有負逋訟者必爲解紛至鬻田代償弗惜坐是家亦屢空卜居遠溪躬耕自給恬如也與人言皆孝友事所著有課兒百咏

邢明俊居太平里幼孤借母力作以養二弟一妹及長爲之婚配家漸饒有餘粟以周貧乏暮年析產悉出所有分給三弟弟曰此長兄勤苦所致請以半歸兄我三

人分其半足矣固讓不已母命均析乃從之弟明燔明滔明佐也

高希貞居南渡楫子也年二十爲邑諸生父病不離左右者三年居喪盡禮崇禎丙子歲飢煮粥賑䘏里有解糧者竊三百金遁邑令追捕舉家號哭不欲生希貞鬻產代償以全活之性恬淡不樂仕進課子讀書以詩酒自娛卒年八十餘

朱家宋字石帆居邑東隅奉繼母盡孝事長兄如父疾篤躬親湯藥歷久不懈家故貧嘗賑粥施藥鄉里重之順治初舉鄉賓

胡繼周字二懷居邑東隅爲諸生事繼母孝撫孤姪如已子督學按臨會姪病劇促之赴試不聽弟病亟扶掖七年所需藥餌無不具鬻產葬三世之未葬者不以煩弟姪繼周故大司馬喻安性甥也安性歷官四十年無所干謁邑令屢舉優行惜病瘵卒

國朝尹膺晉字君賢如度子補諸生慷慨好施與弟膺肇無子日夕焚香告天願減已子與弟弟遺一女巳字人貧不能娶或勸另擇門楣膺晉不可治妝奩嫁之並贈以田子晃登進士

葉朝忠字鳴珩居五都家素封父某歲癸粟製衣以給

貧乏者十餘年朝忠遵行不倦戊午援例入貢教諭遂
昌

葉朝諫朝忠弟字君極號行齋性孝友遵父兄教散財周貧乏之庚子由諸生援例入貢知施秉縣丁外艱服闋補樂會縣安緝兵民誦聲載道卒于官百姓德之有扶柩歸者十起葬邑諸生

尹萃禎字上升居東隅逢吉子也母劉孕時持齋虔禱冀得賢嗣故萃禎墜地聞葷腥輒嘔弱冠成諸生貢入太學兩試北闈不售遂歸養親生平跬步皆有繩度扶危周急未嘗有德色北鄉楊維谷爲賊誣陷不能自白

將鬻妻完贓萃禎聞之貸銀完聚之其好義類如此
史孝本字仁之居昇平鄉侍父疾至久不怠滅文乳以
乳幼弟及長爲之婚配分給已產伯某嘗失藏金意孝
本得之便來索償孝本即如數以予及伯得原金持還
不受知縣張逢歡舉鄉飲賓表曰入行遺風
宋大猷字君亮居西隅邑諸生崇尚孝義季弟君維早
世弟婦沈年少遺孤甫在襁褓大猷周卹撫護之以全
其節康熙癸酉歲飢糴粟煮賑又完錢敬岐袁汝忠夫
婦其他修宗祠輯家譜造橋梁尤多義舉云
周履順字自吉居東隅邑諸生與前母兄履泰友愛父

歿母秉家政盡畀以祖遺玩好每歿悉出與兄聽均分或教之營私履順曰兄弟一本即己物亦當共之況祖遺乎人僕爲難及

尹遠望字渭佐萃禎子博學工書法幼失怙恃育于祖母劉遠望事之甚孝家素封與弟遠服至老不析居亦無間言性好施康熙癸酉歲大飢蠲租賑卹爲一邑倡辛丑又飢有棄女郊外者遠望襁抱歸乳哺甚殷及病篤謂弟遠服曰此女不知姓氏吾憫而撫護之今不及爲之相攸矣幸善視焉遠服承兄志爲擇壻童文煥厚奩資以嫁兄弟敦尚古處得祖父家法云

劉大城字維宗監生康熙甲戌歲歉糶田三十畝糴穀以賑邑人義之

馬驊字南章居孝節鄉武學生性孝友嘗捐田五十畝供宗祠祀事宗黨戚里有貧不能婚娶者多周䘏之康熙壬寅歲荒糴同百畝易粟千石以賑知縣宋敩申請疏題　欽賜八品冠帶雍正甲辰歲旱倡捐煮粥多所全活知縣王以曜申請疏題准入孝義祠

裘光遐字步青居崇仁鄉康熙庚子壬寅歲饑出穀百石以賑知縣宋敩表其門曰守約施仁

趙宏緒字遠宗居邑東隅以諸生援例入貢工詩畫尚

氣節僑寓山陰有蕭山某被殺其叔爲之報仇刺人死者叔姪爭赴官投認同府獄中宏緒聞其義爲質衣供食用及案定發配又周以資斧實則未嘗有半面之識也雍正七年銓授湖廣茶陵州吏目有政聲以丁祖母憂歸服闋補陝西邠州吏目二載卒于官

趙起鯤字雲大恩貢生博通經史好獎掖後進工草書游屐所至必有留題生平耿介而篤于風義嘗挺身捍友朋之患一夕夢整書籍赴會城越日卽卒年六十一

諸生吳士栻字玉揆幼孤奉母教力學成名母歿後悲悼常如初喪時試一十三科不售樂行善事以終其身

周祖發字聖齊增廣生居東隅性孝友恆以義方訓子若孫學師郤聲遠器重之年八十二邑令宋敦舉賓筵

以上義

隱逸

剡自昔稱嘉遯藪而生其地者又大率骯髒負氣槩難進易退放考槃之間代有碩人其潛德足以砥行其峻節可以維風君子重焉若夫充隱者流資爲捷徑則孔寓公叵嘗作北山移文矣

晉王羲之字逸少本瑯琊臨沂人父曠淮南太守羲之少朗拔朝廷公卿皆愛其才器起家秘書郎累遷江州

刺史右軍將軍會稽內史雅好服食養性不樂居京師初渡浙江見會稽有佳山水名士多居之卽有終焉之志時孫綽許詢支遁輩皆以文義冠世並築室東土與羲之同好嘗修禊山陰之蘭亭觴咏竟日自爲序書之爲古今勝事晉祚中替秉以敦峻鼓亂羲之自負經濟知時事不可爲遂稱病去郡于父母墓前誓不復仕與東土士人釣弋采藥盡山水之樂嘗遺謝萬書有曰古之辭世者或披髮徉狂或汚身穢跡可謂艱矣今僕坐而獲逸遂其宿心豈非天幸頃東遊還修植桑果今盛敷榮率諸子抱弱孫遊觀其間有一味之甘割而分

以娛目前雖植德無殊逸猶欲教養子孫敦厚退讓彷佛萬石之風志願畢矣子七人徽之操之獻之最著年五十九卒葬剡之金庭瀑布山書樓墨池在焉隋大業閒沙門尚杲爲之誌墓祀鄉賢

戴逵字安道本譙國人不樂當世惟以琴書自娛後徙居于剡祖碩父綏並有名位逵少有清操恬和通任爲劉眞長所知性甚快暢泰于娛生善屬文尤樂遊讌多與高門風流者遊談者許其通隱武陵王晞聞逵善鼓琴使人名之逵對使者破琴曰戴安道豈爲王門伶人邪嘗以禮度自處深以放逸爲非達乃著論以明之孝

武時以散騎常侍國子博士累徵不就郡縣敦逼不已乃逃于吳吳國內史王珣有別館在武邱逵潛訪之與處積旬會稽內史謝元慮逵遠遯不返疏請絕召命帝許之逵復還剡後王珣爲尚書僕射復請徵爲國子祭酒加散騎常侍徵之竟不至卒葬剡著有五經大義三卷竹林七賢論一卷文集十卷別傳一卷祀鄉賢

戴勃字長雲逵之子爲散騎常侍與父逵及弟顒並高蹈俗外三葉肥遯世稱清風家盈素氣故使箕潁重輝夷皓疊跡爲海內所稱前後辟命不就志作敦偶志勃府志作[illegible][illegible]

戴顒字仲若年十六遭父憂哀毀骨立自此嘗病羸剡

多名山故世居剡嘗遊桐廬居吳下入上京曰黃鵠山復還剡文帝每欲見之嘗謂黃門侍郎張敷曰吾東巡之日當宴戴公山下也年六十四卒所遺文有釋禮記中庸篇月令章句逍遙論等書墓在城北一里元時置二戴書院贍田設官奉祀特祠與墓相近或云顒兄弟讀書處也祀鄉賢

宋阮萬齡祖裕晉光祿大夫自陳留尉氏徙剡父寧黃門侍郎萬齡少知名頗有素情永初末自侍中解職歸謝靈運稱其辭事就閑纂戎先業浙河之外棲遲山澤如斯而已既遠同羲唐亦激貪厲競元嘉戊子卒年七

十三

吳大有字有大寶祐間入太學升上舍居賓序以詞賦有聲率諸生上書極言賈似道誤國害民狀不報遂退居林泉與林昉仇遠白珽等六七人詩酒相娛時以比竹林七賢宋亡返剡更名嵊號松存元初辟爲國子檢閱不赴泰定間脫帖穆耳以上千戶所達魯花赤分鎮於越攝萬戶府事與大有友善大有嘗言得附葬于二戴死不恨矣及卒耳輒俸爲葬于書院之側年八十四著有雪後清音飯牛茗咏歸來幽莊等若干卷松下偶抄三卷先是大有之友費九成爲信州司理秩滿赴京

會大有上善亦與俱隱

元 許薦字伯玉居東林里弱冠爲諸生有文名而試輒不利婦翁胡宗嘗覽所試詞賦謂必中選後以複韻黜胡執薦手一慟而卒薦嘆曰知造物所以處我者矣因放浪江湖以詩文見志作石牕瀛洲等記飄然物外學者稱爲石牕先生自題像曰竹杖棕鞋幅巾野服意氣不仙而仙形狀不俗而俗田無瓦畝詩有千軸安命不憂守道自[illegible]此其所以爲石牕之祗石牕爲誰姓許名薦而字伯

王璹字公玉居東林里以文學名元季李本公不以懷材

抱德薦授應元路儒學教授不就明洪武初名至金陵復授前職又以母老辭時邑人許汝霖單復亨同應聘起復亨授令而璘與汝霖皆謝職歸所著有玉軒集

張熷居范村少孤立不凡以家世宋臣絶意仕進稱華嵊居士作休休吟以見志與其友宋長卿崔存朱鼎元等賦詩爲樂所著有紀績錄每日所行必書之以自考至老不輟裔孫憑珍其錄請華亭徐階平湖陸光祖山陰張元忭爲之序

許汝霖字時用梟之曾孫至正丙寅進士初授諸暨州判官累官國史編修已而退居越張士誠據浙羅致

士大夫霖遜走求之弗得遂歸隱洪武初徵至京未幾乞歸宋濂贈以詩文汝霖穎敏博雅嘗秉修邑志所著有東岡集禮庭遺稿

明李恆字志常洪武間以貢至京師更名常從王文忠禕使滇南禕殉節死恆與儕輩數人還奏上以爲能授福建延平府同知將之任病目眇其左乃引年歸以琴書自娛自號愼獨居士

胡樂字濟英居東隅受業王文成門闕文成卒衰服哭之極哀以貢授連江訓導遷海豐教諭致仕歸子掄貢大廷會以事廢有慰之者樂曰尚平婚嫁久畢意未嘗

不在三島五湖尚復問後人事耶怡然不爲意人服其度年八十卒

丁彥伯字性甫與弟美祖同受業海門周子時稱二難出歲貢任安義知縣平易近民不事刑威性恬淡不耐簿書請改教職不報一日候臺使于鄞亭夜分不至晨起獨策騎返吏胥不知也旋乞休杜門却掃琴書而外不問他事年八十餘卒著有蟋蟀吟

盧用義字行生居仁德鄉家貧采樵供菽水父歿廬墓終喪居恆以孝悌雍睦開示里閭人多化之年三十餘補邑諸生旋食餼明亡隱居教授卒年七十三

葉其鈁字啓之居遊謝鄉邑諸生放蕩不羣往來四明山壽幽覽勝得意忘返性好飲飲輒醉里中稱曰酒仙山寇起居人多奔竄其鈁放飲如故寇至輒酌酒與飲寇喜其坦率以禮遇之

趙汝諍字孝義超之子師王思位終身稟命惟謹家貧受徒自給教以歌詩習禮循循有規矩生平重然諾嚴取與重交遊隱居灌園客至則與圍棊酌酒問花聯句留數日猶戀戀不忍別卒年七十五著有五達書

嵊縣志卷十三

人物志三

列女

易曰無攸遂詩曰無非無儀婦德之難也德不可見而以節著甚傷之矣然而守志不奪視死如歸其關風教詎渺小哉嵊邑山峭拔而水飛揚陰柔之氣厥鍾閨秀故氷霜金石之操代有其人越在草莽總不得盡邀恩旌亦安忍聽其淹沒而不急爲表章也

晉

公孫夫人剡人佚其夫名以節操聞鈕滔母孫氏爲作叙贊序曰資三靈之淳懿誕華宗之澄粹奇朗兆於

齡齔四教成於弱笄慈惠溫恭行有秋霜之潔祇心制節性同青春之和敦悅憲章動遵規禮居室則道齊師氏有行則德配女儀禮服有盈籩豆無闕贊曰猗歟夫人天資特挺行高冰潔操與霜整性揚蘭房德振玉顏猗彼瓊林奇翰有集辰彼碩媛令德來緝動與禮遊靜以義立

齊陳婺妻邑人少寡好飲茗宅中有古冢每飲輒先祀之二子以母勞苦欲掘去母禁而止夜夢一人曰吾止此三百餘年賴相保護又饗吾佳茗雖潛壤朽骨豈忘翳桑之報及曉於庭內獲錢十萬於是禱酬不輟氏年

九十餘終

梁張氏楚媛僕射稷之女適會稽孔氏無子稷爲青冀刺史州人徐道角作亂楚媛將大歸會稷見害遂以身蔽刃先其父死稷見名宦傳

元商淵妻張氏名貞居鳴絃里事姑孝謹至正戊戌冬方國珍擁兵據縣明年冬胡將軍張士誠兩軍交至與淵走匿新昌之南明山淵間出爲遊兵所掠貞潛泣不食者五日及淵脫歸爲貞道白泥墅烈婦被掠自縊事貞曰一旦危急當如是耳又明年夏胡將軍復統兵掠縣地貞懼辱投塘水死越三日子芹收屍葬色如生也

白泥塹烈婦佚其姓氏元末兵亂被掠婦誓不受汚至東陽賦詩五章自縊死

胡氏名妙端祝家婦也至正庚子春苗獠虜之去至金華縣乘間嚙指血題詩壁上赴水死時三月二十四日也獠帥爲立廟祀之詩曰弱質空懷漆室憂捜山千騎入深幽旌旗影亂天同慘金鼓聲淫鬼亦愁父母劬勞何日報夫妻恩愛此時休九泉有路還歸去那個雲邊是越州議者謂當配享淸風嶺王貞婦祠云

〔明〕張門雙節者彥聰妻范氏彥明妻錢氏也范名佛壽年二十一適彥聰五年生子甫匝歲而夫卒錢名德壽

年二十九子尚襁褓而夫亦卒家貧相與紡績養舅姑撫遺孤舅姑相繼死棺殮具以禮會兵興喪不能舉兩氏日夜號慟鄰人憐之爲舁櫬葬先塋之側乃各携孤廬墓次修祀事惟謹邑人重之名葬地曰張墅有司以聞洪武二十一年表曰雙節之門范年八十六錢年八十二合葬游謝鄉

謝源妻袁氏年十九歸源事舅姑孝謹十年源卒守節課子廉得登景泰甲戌進士歷官河南參議皆母教也詔旌之（謝廉舊誌作濂父子不應同從水旁考通志郡志改正）

應源妻錢氏名宜字妙真剡源鄉錢信一女性專靜贊

源於家源歸疾卒宜時年十九偕母往視殮哀毀不欲生母促之歸宜曰此兒家也焉歸耶朝夕哭奠已而營夫墓命造兩穴明無他志既葬母復促之歸勸以嫁不可令鄰媪諷焉又不可母再强遽引繩自縊母知其志不可奪聽歸應氏立叔氏子則氏爲後與繼姑董相依以守事之甚謹弘治己酉年八十餘卒有司以聞詔旌其閭

盧允中居東隅任西寧衛知事死難妻許氏年二十六蔬食布衣堅持苦節撫孤成立允中弟允端妻黃氏年二十四守志如其姒年各八十餘卒稱雙節焉

孝嘉鄉王瓊字廷玉妻新昌石彥遠女歸四年瓊父嗣仁以事被逮瓊詣縣請代得允至京病卒子文高生纔三月矢志鞠養事王姑黃姑與甚謹以節孝名

王慕妻陳氏王謝妻韓氏王應坤妻李氏年皆十八王莊妻張氏名玘年二十七王應星妻施氏年十七王和賓妻姚氏王繼遷妻俞氏年皆十九並守節享高年有司旌其閭

董能八妻黃氏夫亡無子以節名氏會稽人也舊志失載今按郡志補入

金庭鄉烈婦屠氏居屠埠歸晉溪姚旭輝旭輝貧役於

公氏紡績養舅姑或不繼遭詬詈則婉愉以受自食日惟一餐鄰姑或憐而進之食曰無庸吾腹已果然也族有長者遺以粟帛氏惟取供舅姑而已夫免役歸日益窘謀出婦婦哀懇之不聽遂歸母家夫設計將強奪婦泣語母以死自誓乃密紉衣裾夜啟戶出抱石沉百丈潭死覓屍不得踰月從死所浮出顏色不少變邑人王思位翰和卿爲之傳

姚安輝妻吳氏年二十遺腹生一子矢志靡他未幾子又夭乃撫其孫蕃備嘗艱苦云卒年八十

姚學基妻王氏年二十二夫亡上有耄姑遺孤尚在襁

𥚃生贍死葬育子娶媳皆藉給十指卒年七十七
姚仍妻孫氏年二十七守節姑病瘋氏謹事之終始如
一成化中令許岳英以閭諂旌之
太平鄉那克威妻胡氏武昌教諭淮之女幼通書史年
十九夫亡兄弟以氏無子欲奪其志氏曰兄弟日不我
卹尚誰望焉遂反戶自縊死
羅烈婦黃氏居四十一都佚其夫名夫喪舅髦夫弟遇
之婦客紉衣履累月不安枕復遣鄰婦嫗諷婦嘿然衆
意其不拒也方治酒會客而婦自經死矣
開元鄉周亮清妻錢氏周琨妻呂氏並年二十一守志

撫孤以節孝稱周謹妻馬氏年二十六守操育二孤孫
邦銑萬歷間歲貢官東鄉教諭
周亮德妻尹氏年十九夫死無子舅姑欲奪其志氏斷
髮毀容誓以靡他繼姪居沅爲後媳黄氏事之孝尹疾
刲股閭里嘉之
周璉妻俞氏年十七守志撫襁褓孤倭寇內訌歲又大
祲氏紡績供饔飧備極艱辛姑疾衣不解帶者三年詔
旌其閭年八十卒
李廷獻妻周氏年二十三遺孕甫三月舅姑年並七十
餘無伯季可依氏矢志自守小姑適新昌富室利其有

屢諷之嫁謂孕未必男男未必長氏指天誓曰孕即非男男即不長吾無他志紡績贍舅姑彌月生子振才逾六年舅姑相繼歿小姑復諷之曰是兒孱弱未必保盍早爲計氏矢志益堅至鬻産業凍餒交逼不惜也卒年九十小姑生四子俱暴亡及卒振才爲治殮鄉黨傳以爲賢

竹山里董和妻姜氏夫亡守志課子子行讀書成萬歷丁丑進士官御史廵按山西陝西請於朝奉詔旌表累受封典卒年七十餘

李光堯母胡氏夫亡三子皆穉弱家徒四壁氏工紡織

無膏火則拾松脂燃之夜分猶聞絡緯聲貿布市棉輾轉營蠅頭利以資生活及光堯差長率兩弟力耕燒炭漸可自給光堯乃讀書鹿山先為兩弟完婚娶母病刲股以療及歿廬墓終喪鄉里稱節友並懋云

棠溪里吳振宸妻劉氏早年守志萬曆間奉旨旌表八十餘卒子廷珍崇禎戊辰貢生知和曲州

德政鄉吳有本妻石氏夫病刲股不效時年二十守志終身足不踰戶外家貧郡邑歲給粟帛巡按御史謝某題旌之年八十餘卒所旌扁一日忽墜地家人徙之他所未幾室燬而扁以墜故獨存

丁一松妻童氏年二十一夫亡子起龍甫六齡家貧氏守志撫之課讀得成諸生天啓間邑令劉永祚旌其門

裘王氏純啓妻也年二十七歲喪夫守志歷三十年卒

鄭郊妻王氏吳梓三妻詹氏並年二十一鄭蕃一妻諸氏年二十七鄭景六妻鮑氏年二十八鄭本深妻胡氏年二十三皆守志全貞以壽終

裘純忠妻俞氏三乳五子志鑣志鉉志銓志銘志鑑氏年二十八夫故欲殉五子泣免終身茹素課子不少寬假後鑣鉉補博士弟子有聲士林　國朝知縣羅大猷給匾晝荻風徽獎之

金汝發妻鄭氏赤貧夫亡依居母家紡績餬口養姑恒不繼又節中最苦者也

王氏邑諸生裘煒妻年二十六煒亡課子芬補弟子員歷節四十餘年

裘毓國妻袁氏年二十七夫亡撫孤成立以節著

張元國妻錢氏年二十七喪夫守節知縣劉永祚旌之

國朝夏烈婦開元鄉周某妻夫貧居鹿苑山宮塘順治丙戌寇殺氏夫及一家八口以氏美姿色欲污之堅拒不從被劍死

張駱氏張茂畧妻也茂畧自山陰徙嵊早卒內無宗黨

外無戚屬而氏植節撫孤泰元辛勤操作歷四十四年漸至饒裕今雅堂張姓蕃衍皆氏之所開也雅堂俗名馬堂

金邢氏邑諸生玉殿妻年十九夫故無嗣以節著

諸生周清新妻胡氏者下相村胡承達女也貞靜嫺姆訓歸寧母家會山寇至被逼氏堅拒不從連被數創母金氏奔救並遇害

鄭品二妻陳氏順治丙戌兵掠其境被逼投長橋潭而死

尹燦妻唐氏丙戌避難入山讐家掠其背懼辱觸崖死

裘可種妻張氏年二十四夫故子璉方五齡艱苦教育

得成諸生督學使者姜𦑒旌其閭曰節孝維風

任氏沈惟賢妻也年十九適沈三月夫故遺腹生男家日貧落氏紡績撫育苦節三十年

裘克思妻馬氏諸生馬延中女也年二十夫亡無後矢志守節繼夫兄子忭琛爲嗣奉髦姑惟謹兼以孝稱

朱趙氏鼎聖妻也年十九夫故遺孕生一子又夭茹苦自守惟賴女紅度日在孤寡中爲最苦族黨咸憫之

俞廣生妻黄氏年二十八夫故遺子五美矢志撫育及娶媳張氏未朞子亦亡無嗣姑媳左右惟謹稱爲雙節

東土鄉孫清五妻張氏氏父修貧弱獨居沙塢贅清五

相依里有董信者諸生之無賴者也謀奪氏令張千十二爲媒俊嘗拒之信訟於官托新第門人囑當事撓法縶其父兄氏曰以我故貽一家累我不死則事終不白也遂自經死

孫日恭妻吳氏善事父母年十五歸日恭順治辛卯寇掠村落殺其夫氏扶耄舅姑踰嶺避而購骸骨歸葬未幾舅姑死氏年纔二十餘繼伯氏子茹荼集蓼撫之成立及病亟父仲舉往視哭甚哀氏曰夫亡之日兒即應死徒以舅姑在堂母亡父老苟全性命所惜者不得侍父終年耳他復何憾尋卒

靈芝鄉沈祖述妻陳氏年十五遺腹生守暘家貧苦節鞠養之守暘死媳吳氏與姑同守志繼一子亦娶於吳未幾又死吳復守志三世並以節鳴有司表其門

長樂鄉錢子文妻吳氏青年守志

錢雲集妻邢氏二十一遺腹生學治誓不他適奉姑必以甘旨自食粃糠勿令姑知也姑病刲股肉代藥竟得起有司表曰貞孝學治補邑諸生卒年七十餘

過廷用妻奚氏廷舉妻王氏皆青年撫孤守節稱一門二貞

崇仁鄉裘曰彥妻張氏子廷器妻王氏裘繼旻妻周氏

子諸生允登妻應氏皆姑媳守志按院旌之歲給粟帛

裘三策妻史氏裘尚友妻應氏並守苦節

諸生裘素妻吳氏年二十四上奉舅姑下撫二月孤矢志不他適事舅姑尤以孝謹聞卒年七十一

裘某女許字清化鄉史自和未幾自和以殺人繫獄氏白父母求一見會解讞道經南溪隨父隔樓垂淚遙訊曰君能終脫否自和曰犯辟無生理願自愛毋以我爲念氏拭淚歸自縊死年一十有八

史原壽妻陳氏青年守志子宗實宗範以孝稱

張勷妻王氏張修妻邢氏並少年守節未旌

尹氏少許聘周家祺家祺病𤻲氏白父母請往視疾晝夜扶持者一年而家祺死氏視殮哭泣盡哀舅姑奪之不得乃聽守志後伯叔以爭繼訟誣氏中冓語氏援刀自刎流血被體救之得不死終以節著邑諸生周光被贈詩有慷慨入爭重從容義更高句

喻王氏者淮揚兵備王心純孫女明經微韋女也字無非七歲通經史字大司馬喻安性孫恭咸恭咸甫髫齔喪父母撫於甥館外傅內姆書聲琅琅相應及長乃歸贅壻焉不逾年際滄桑變西陵潰兵由剡入台所至焚掠恭咸避亂達溪病作氏聞往視已不能言惟握手訣

別而已遺腹生一子氏保護之無何而心純夫婦相繼死子復夭無可依倚乃歸行廟見禮繼叔復子大基家故素封而氏屏棄鉛華布衣素食日夜事女紅未嘗稍輟年七十餘卒雍正十三年旌表祀節孝祠

邢便善妻商氏邢淙妻張氏邢會母錢氏邢堯妻商氏邢本肅妻朱氏皆青年守節

邢鑑妻吳氏邢鎮妻史氏邢欽妻吳氏妯娌同撫養姑撫子並以節孝著

許如朝妻葉氏年二十四子夢龍生甫數月父母欲奪之氏堅守苦節撫子成立卒年八十

周楞妻高氏年十九楞亡孤未晬也父憐之諷使他適便引刀自裁自是不復見逼家徒四壁旋燬於火氏鞠孤成立處之怡然年七十餘卒

尹琦妻趙氏名靜貞年二十三夫亡斷髮誓志紡績事舅姑氏孫詵赴闕陳狀詔旌之年八十九

尹紹信妻魏氏年二十一　本妻張氏年二十七尹志尚妻韓氏年二十一皆守節享壽考

鄭金妻宋氏　喻遹妻王氏　胡成義妻周氏並青年秉節

袁張氏袁祖興妻也祖興成諸生早卒遺二子皆夭繼一子又夭氏煢煢子立上事舅姑以節孝著年七十餘

周鳳岡妻邢氏子拔貢生運昌妻錢氏孫貢生妻樓氏

俱青年守志三世一節

史隹元妻邢氏夫亡守志事姑至孝姑疾刲股以進

喻恭豫妻陶氏會稽人幽閒貞靜有大家風範歸二年

而寡守節五十三年卒年七十四

張輝和妻商氏年二十夫亡遺腹生一子以節鳴

周維良妻過氏年十七夫亡氏經營殯埋畢招諸妯娌

飲若與訣者酒未半潛入室雉經視衣履皆密縫也

錢喻氏年二十歸紹嘉未三年夫病彌留時執氏手曰

子甫週歲而家徒四壁奈何氏誓不相負及卒父母欲

奪其志氏遽投繯姑救止之于是椎髻操作夜則置燈帳中達旦治女紅幃幔爲之盡黑食拇二指抵鍼鐵者幾平其半子光就傅氏戒之曰汝父家無長物資用均出十指毋荒于嬉也因示以手光感泣勵志讀書一試輒成諸生氏早歲持齋迨老而病光以甘脆進氏却曰吾與汝父永訣時已矢之矣光傷母志亦茹素終身

周應鵰妻張氏年二十一生子未百日而寡守之至老而子復死宗黨惜之

錢熊妻邢氏子司治妻過氏孫士高妻宋氏並以節稱

尹氏諸生周履吉妻早寡挈三歲孤廷栻依父家課讀

得成諸生知縣張逢歡表其閭曰陶湛齊芳廷栻早世妻張氏焚香禱天求得吉壤以竟廷栻之志人皆賢之

周人璇妻邢氏年二十六而寡守節終身

周之行妻錢氏早寡家徒壁立織紝外畜雞豚自給尤節中之至苦者

周亮賡妻宋氏居開元莊康熙甲寅寇亂匿山谷中官兵擄得之將挈以行氏引菜刀自刎死

張魏氏上林莊張啓貺妻夫死子永培孱弱多病人曰毋徒自苦爲氏厲聲曰所以不即死者欲爲張氏存一綫耳無以不入耳之言來相勸勉也永培亦娶于魏生

克昌而寡兩世孀婺紡績餬口終其身

邢氏錢斐章妻年二十二而寡舅姑與父母爲之議婚氏聞涕泣誓死知不可强乃立姪永和爲子撫之如所生一女適諸生邢殿馨亦以節著雍正五年　旌表

宋君惟妻沈氏夫死家貧甚守節事姑兩繼夫兄子爲後並夭老無所依姪驥德迎養終其身雍正六年　旌

裘氏邑諸生朱霍妻也霍亡無嗣氏年二十五勵志茶苦守節五十餘年而終

錢氏適永富鄉裘聖先年二十二而寡子女無出繼族姪承祧食貧砥節歷四十餘年卒

商貞女吳志洽聘妻也未結縭而志洽死女請哭臨父母不許乃易服守志百計奪之不得依兄嫂以居食貧茹苦恬如也及卒族人高其操以姪諸生士栻爲之後而迎柩合葬焉

尹王氏歸尹定宸年二十三而寡氏勺水不入口者五日舅姑含淚慰藉乃勉進飦粥姑病無力供藥餌封股以進病竟愈拮据爲子娶趙氏甫生一孫未幾子死孫殤姑媳相依爲命號泣之聲徹閭閈聞者爲之酸鼻

周盧氏思孝妻也思孝以貧故廢學氏盡脫簪珥請佐讀書貧困從師長樂鄉失足墜溪死氏環溪號慟欲以

身殉姑史氏曰爾有孕倘生子吾兒猶不死也今俱死吾復何望亦欲從之死氏乃止彌月子生守節撫之成立

珠溪孫嘉馨妻王氏歸四年夫病劇氏剪髮毀容明無他志及夫亡遺孕生一子至年十八復夭抑鬱成疾猶日事女紅供舅姑膳宗黨憐之于其卒也爲立服姪之睿以承其祧○以上五氏皆雍正六年　旌表

裘氏邑庠生相扆妻扆亡氏年二十五守志終身

周增慧妻宋氏年二十五夫亡數年子死又數年屋燬窮苦益甚而守志益堅

東閣趙范如妻王氏蚤寡遺腹生子瑞穀七歲纔離襁褓及授室而氏病革醫弗許問吾今可見汝父于地下矣奄然而逝

杜元德妻任氏事姑至孝夫亡苦志撫藐孤至長爲之娶婦生二子子婦並死復撫孫成立

丁周氏從啓妻早寡遺孕生子炳守志四十三年炳將適 邑詔請旌氏曰吾敢以是邀名哉惟汝克繼書香吾願足矣其立心又如此

趙羲日妻宋氏年二十一夫亡家貧甚遺孕纔七月人咸爲氏危氏泣曰生爲趙家婦死爲趙家鬼無問男女

惟行吾志耳彌月生子登選多方保護課以書得爲諸
生守節三十五年雍正九年　旌表祀節孝祠
孫氏三節者嘉榮妻鄭氏嘉尚妻孟氏嘉素妻潘氏食
貧撫孤如出一轍
吳含之妻趙氏早寡子甫五歲既無周親復多外侮而
氏治內及外井井有條究能植孤保產雍正間知縣張
泌請　旌不果
喻大墇妻屠氏夫亡子學畛纔三歲撫之成立爲娶李
氏生二女而學畛又亡守志終身知縣張泌表其門曰
節嗣徽音

劉貞女諸生商奕瑜妻山陰劉志仁女也未婚而奕瑜死貞女泣告父母願歸守志留之不能乃從其請貞女内衣縞素外襲吉服往拜姑畢即髽髻易衣躬視含殮哭盡哀嗣是修婦道惟謹至夫弟授室始白姑省母恭貞女幼涉詩書故動輒中禮云

丁張氏東隅丁允敬妻夫亡無子奉姑求氏以節終

錢葉蓉妻周氏年二十四夫亡齧臂誓靡他殫力奉姑並以孝聞

鄭氏東隅汪涨仲妻年二十六而寡子宗琦方七歲舅姑年耄氏紡績供衣食暇輒課子讀書嫻禮則生平未

嘗有疾言遽色云

童大宗妻葉氏上虞人甫廟見大宗病不半年死氏撫姪爲子久之自知死期沐浴更衣徧會宗黨欠伸而逝殮葬遠近咸聞異香

諸生鄭繼亮妻陳氏名天淑幼刲股療親歸鄭舅遘篤病氏躬浣諸穢褻未嘗假手他人夫病復刲股及亡苦節自持子彥舉雍正癸卯鄉試人謂秉母教多也

胡氏諸生胡繼周女年十八適裘纁逾月而寡以節著

宋士獻妻尹氏諸生甸方女士獻貧且病氏百計調治不效死之日擬以身殉夫兄士選囑妻章密護之或諷

改適輒唾罵去士遐嘉其志爲給衣食並以子穎章爲之後

盧宜彬妻吳氏事姑至孝守節四十六年

吳應皓妻姚氏諸生姚可行女早寡教子麒昌慈嚴並濟晚年多病麒昌衣不解帶者三年居喪盡禮爲諸生有文名

錢鼎爲妻馬氏夫亡子甫三歲教以讀書得成諸生其事舅姑也又以孝云雍正十三年旌表祀節孝祠

趙子新妻屠氏早寡日夜治女紅課子家塾書嚴甚雖成諸生必督肄業弗使涉家務守節四十七年

裘邢氏孟玉妻年二十一而寡無子翁姑憐其少又自傷貧窶勸他適氏引刀劃面願守志終身○以上二氏乾隆元年 旌表 祀節孝祠

裘張氏諸生裘龜齡妻也夫亡遺四歲孤家貧舅姑又病風痺氏事之五年無倦容舅臨卒曰此吾家節婦亦吾家孝女也手書梗槩示子若孫

吳士椽妻孫氏事翁姑至孝及稱未亡人屏棄綺紈鍵一室獨處課子熙述書未嘗稍寬假婦道母儀兩克無愧

馬袁氏建藩妻也建藩貧而好學氏紡績供膏火夜分

書聲朗朗與絡緯相聞甫補弟子員而卒氏立志守節孝養舅姑爲宗黨所稱

趙國賢妻王氏生子五歲而寡計事夫疾四年事姑疾一十三年生養死葬咸藉鍼黹而卒未嘗廢禮。以上四氏乾隆二年　旌表祀節孝祠

張周氏孕彩妻張袁氏雍起妻姑媳也周之稱未亡人年二十三而袁年二十七遺孤各止一歲事姑同孝撫孤同慈而厲　旌典祀節孝祠亦同日遇窮而節彰矣

鄭懷仁妻傅氏會稽傅全芝女紡織佐夫讀書雖祈寒酷暑必夜分乃聽寢及夫亡三日勺水不入口姑泣曰

鄭氏一綫惟茲藐孤望爲我撫若爾死則更貽我慟矣氏含泪謝不敢乃撫孤成立終其身未嘗見笑容

馬其逵妻汪氏早寡遺孕生子凌郡弱冠補諸生又夭宗黨爲繼二子氏好施與鄉里藉以舉火者不下數十家人謂能體翁馬驊志

張學思妻趙氏年二十一夫亡長子三歲次甫匝月擬從夫地下其父母曰汝死則藐孤誰托不幾斬張祀乎氏再拜受命守節撫之。以上四氏乾隆三年旌表

張周氏承華妻年十七夫亡遺腹生一子天繼于夏侯生子復夭叠遭閔凶而上事舅姑婦道無虧人稱難及

裘存誠妻沈氏夫死遺孤纔八月舅姑髦而貧氏截髮守志拮据供甘旨營殯埋迨老而傳矣子媳又相繼死呱呱藐孫藉撫成立年九十六猶健飯及見　恩旌云

裘張氏思泳妻嘗刲股愈姑疾相夫讀書家雖貧怡如也夫亡撫三歲孤守節五十三年子復生子孫復生孫人謂天之報節孝不爽也

張懋棠妻孔氏上事下接內外無間言夫亡子磨郛甫二齡撫之成立勉以讀書迨補弟子員始一見笑容持躬端慤宗黨化之多守節者

王世武妻陳氏事姑至孝夫病鬻釵奩醫治之罔效遺

孤四歲紡績易米以食守節四十六年

馬其聰妻裘氏結褵未三月夫亡繼歷凌雲氷霜之操歷四十六年如一日。以上六氏乾隆四年旌表

周定元妻金氏夫亡遺二孤矢志苦守拱元妻袁氏夫亡亦苦守繼定元子彥爲嗣撫誨成立二氏節操並著并嫺禮則族黨咸稱之

張氏裘之豹妻年十九夫故藉女紅撫孤全節未旌

盧伯昇妻趙氏年二十而寡家無升斗儲氏織紝奉髦舅姑撫週歲兒極人世所不堪者氏備嘗之無憾色舅姑歿躬負土築墳手植松柏行路爲之感歎

樓周氏綸顯妻年二十五稱未亡人撫三歲孤口授句讀後子媳並死復鞠育週歲孫鄰家火氏呼天號泣忽風反氏居獨全知縣顏其堂曰節保

金趙氏惟清妻也夫亡舅姑復相繼死孑焉一身撫匝月孤守志終身

趙胡氏胡惟明女許字趙明如定䀎後明如病篤舅姑欲迎娶父母難之氏曰女既許趙即趙氏婦設病得起固幸否亦終爲趙氏鬼遂歸趙越半月死婚禮未成也舅姑與父母計商改字女泣曰前請歸時已預知有今日因截髮自誓舅姑歿族人抑不使繼氏訟于官爲立

從姪登杏議者比之前花莊商貞女

沈黃氏年十八歸諸生沈思齊越五年而寡繼姪鱗為子提攜顧復備極恩劬至老操女紅不倦彌留時笑謂家人曰吾可無負亡人矣

樓張氏諸生張英女幼字僂于禮未幾于禮瞽父母時以為憂女曰命也夫何言歸一年而寡又三月翁死奉姑命繼子廷樑守節三十一年

徐高氏繼聲妻也繼聲孱弱多病氏刲股和藥以進弗效時氏年二十四上有兩世孀姑遺子必達纔二齡生事死葬皆一身經營之而又能課子為諸生宗黨嘖嘖

嘆不可及○以上十氏乾隆五年　旌表建節孝祠
魏崧氏翼之妻也翼之業儒而貧氏紡績佐不逮夫亡
家益艱難氏上奉舅姑甘旨不缺操作之餘猶課子讀
書故子岱孫希聖並列名黌序而氏亦壽登遐齡云
史起燦妻金氏相夫讀書能修婦職夫亡姑哭之慟病
幾不起氏號泣呼天刲股和藥以進得復活者七年撫
子宗業備嘗艱苦今則四世繞膝而氏年且九十矣
孫黃氏諸生孫楷妻篝燈佐讀歷年不倦楷死撫五月
孫守節四十三年
喻大廣妻鄭氏早寡子學燦僅五閱月撫養教誨得備

弟子員

郭懋達妻周氏夫亡甫三月念舅姑年耄號泣爲歡以承順之持家儉勤能周宗黨之貧乏者守節三十年

裘孫氏諸生裘華鯤繼室也夫亡設主榻前飲食起居必以告撫前妻子潮與遺腹所生子海無少異潮爲諸生海亦讀書皆氏訓也○以上六氏乾隆六年 旌表

王學舜妻吳氏年二十二而寡以節著

明鄭思讓妻董氏名淑英夫亡不事容飾雖親戚妯娌鮮所接見晚年持節益堅

鋪橋莊史本深女名閨英通經史內則諸書工詩詞和

晰以鄉進士任全州知州爲攖門楣不知父家中已先受聘矣各欲迎娶方躊躇不能決闔英潛告天地祖宗題二截句自縊死詩曰生來偏得貌如花異地分裁各手差今日殞生何自苦難云矢志爲誰家總緣憐我還東牀一樣關情適兩妨獨憾劬勞曾莫報無悲玉碎過心傷

張朱氏永富鄉承傳妻也歸一年餘夫亡撫遺腹子友應守節六十年知縣張時暘表曰節凛冰霜

鄭惟清女名白姑居東隅字丁某甫行聘而丁死姑慟哭隨母往覰含殮歸構一樓不設門牕鑿穴僅容食物

升降日夕事女紅積資置田以供夫祀越二十餘年親喪乃始下樓時與幼輩書誌清白事卒年八十一

胡氏山陰籍諸生周大勳妻也崇禎間山寇亂見氏美姿色逼污不從被殺死列女卷已鐫就又摎得明五氏傳不忍遺棄故補載焉

仙釋

二氏之學儒者弗道然究其理趣亦有指歸故自秦漢來往往見諸載籍而嵊山靈水秀尤淄流羽士之樂棲遲者也人涉跡存過化壇蘭若間頓令塵心亦釋或于羣蒙不無覺牖云

漢劉晨阮肇剡人永平十五年入天台山採藥經十有

三日不得返望山頭有一樹桃取食之下山以杯取水見蕪菁葉流下甚鮮復有一盃流下中有胡麻飯二人相謂曰去人不遠矣因過水行一里又度一山出大溪見二女顔容妙絶便喚劉阮姓名問郎來何晚也舘服精華東西帷幔寶絡青衣進胡麻飯山羊脯甚甘美食畢行酒歌調作樂暮因止宿住十日求還苦留半年氣候和適常如春鳥鳴悲慘求歸甚切女喚諸仙女歌吹之指示還路鄉邑零落驗得七代子孫傳聞祖翁有人山不歸者太康二年失二人所在

三國趙廣信本陽城人魏末渡江入剡小白山受李法

成服烝法又受師左君守元中之道內見五臟徹視法如此七八年周旋郡國或賣藥出入人間人莫知也多來都下市丹作九華丹丹成遂乘雲駕龍上昇今鹿苑山丹井在焉

晉葛元字孝先本丹陽人從左元放受九丹金液仙經嘗服餌求長生能絕穀連年不飢嘗入剡語弟子張恭曰吾不得治作大藥今當作尸解去八月十二日日中時當發至期衣冠入室而臥氣色不變弟子等燒香守之三日三夜夜半中忽大風起發屋折木聲響如雷燭滅良久風止然燭失元所在但見衣在而帶不解人號

曰葛仙公

葛洪字稚川元從孫也性寡慾無所愛玩至不知棊局幾道得蒲齒名爲人木訥閉門却掃或尋書考義輒不遠數千里卽崎嶇涉險期于必得尤好神仙導養法悉得元煉丹秘術亦入剡今太白山有仙翁井皇覺寺有釣臺石梯上釣車痕稱遺跡焉年八十一卒顏色如玉體輭柔舉尸入棺輕如空衣世以爲尸解得仙所著有抱朴子一百十六篇

馬朗字子明一名温公邑人信義重鄉黨聞茅山楊許得道傳南眞上清經法以其居接金庭天台咫尺仙府

彌加崇慕元典三年許黃民避亂奉經入剡朗恭迎道左以禮延止宋元嘉六年欲移居錢塘乃封眞經一廚付朗語此是仙靈之蹟非我自來縱有書亦勿與人朗敬事之每有靈光現室中壽終稱茅山五代宗師保眞先生

〔考證〕按〔雲笈七籤〕許黃民字元文上清仙公翽之子上清左卿穆之孫〔眞誥〕黃民伯祖邁姑婆娥王伯聯子榮女瓔輝並得度世而舊志作許丞黃民且列在三國趙廣信之前則失考矣

〔齊〕顧歡見寓賢傳隱剡山性好服食每旦出山鳥集其掌取食弟子鮑靈綬門前有樹大十圍上有精魅數見影歡印樹樹即枯死山陰白石村居人多病來哀求歡

治歡爲講老子皆愈又有病邪者歡爲取孝經仲尼居
一章置枕邊而愈
褚伯玉見寓賢傳
梁孫韜一作文韜字文藏邑人入茅山師事陶隱居叅
受眞法隱居授以握中秘訣門人罕能見惟傳韜與柏
闓二人或云師潘四明按南澗碑陰云文韜心柔容毅
迹方智圓旣業不羣物故異簡昇焉
袁根柏碩並邑人嘗獵深山經一石橋甚狹而峻向絕
崖崖正赤壁立名曰赤城徑有山穴如門旣入甚平敞
草木皆香有一小屋二女子住其中年皆十五六容色

甚美見二人至欣然曰早望汝來遂爲室家忽二人思歸潛去二女追還乃以一腕囊與根語曰愼勿開也歸後出行家人開其囊囊如蓮花一重去一重復至五葢中有小靑鳥飛去根還悵然而已後根于田中耕家人依常餉之見在田中不動就視但有殼如蟬退也

〔考證〕於越新編根羽化碩年九十餘方外傳之亦如劉阮故事

宋姜洪見祠祀志天台人父母早喪甫三歲隨其姑至剡溪清化鄉桂山之沈氏姑育之入山見遺桃拾而食之李味若擲去頃之形神覺異還覓所食半桃不可得自此遂著靈異隨伴耘田獨有雲覆之或揷篠地上水

卽湧溢明年乾道丙戌歲大旱輒能召雨六月六日卒
葬于家側之黃山雷震出其尸兀立不仆鄉人舁歸奉
祀禱雨輒應 以上仙

晉帛道猷姓馮山陰人性好邱壑一吟一咏有濠上風
永和中居剡沃洲山及五百岡有禮拜石滌巾澗遺蹟
後入天台建國淸諸刹稱曇猷尊者嘗與道一書曰始
得優遊山林之下縱觀孔釋之書適興爲詩麥風採藥
服食揖痾有餘樂也

竺潛字法深隱剡山哀帝兩遣使致之建業簡文尤師
禮之劉惔見于簡文座中嘲曰道人亦遊朱門乎潛曰

君自見朱門耳貧道以爲與蓬戶無異及還山支遁求買沃洲小嶺潛曰欲來當給不聞巢由買山而隱也遁慙息　一云就潛買東岬山

支遁字道林河內林慮人或曰陳留人本姓關氏家世奉法常于餘杭山沉思道行冷然獨暢年二十五始釋形入道王逸少作會稽初至遁在焉孫興公謂王曰支道林拔新領異胸懷所及乃自佳卿欲見否王自有一往儁氣殊自輕之後孫與支共載往王許王都領域不與交言須臾支退後值王當行車已在門支語王曰君未可去貧道與君小語因論莊子逍遙遊支作數千言

才藻新奇花爛映發王遂披襟解帶留連不能已延住靈嘉寺已入沃洲小嶺建精舍晚移石城山棲後出山陰講維摩經支爲法師許爲都講支通一義四座莫不厭心許送一難衆人莫不抃舞但共嗟嘆二家之美不辨其理之所在遁自喪法虔後精神實喪風味轉墜謂人曰昔匠石廢斤于郢人牙生輟絃于鍾子推己外求良不虛也冥契既逝發言莫賞中心蘊結予其亡矣郤後一年亦殞葬石城山今報恩寺有遁遺跡

考證 僧史云葬餘姚塢中高逸沙門傳云年五十三終于洛陽按王謝法師墓下詩序云予以寧康二年命駕之剡石城山即法師之邱也高墳鬱爲荒楚邱隴化爲宿莽遺跡未滅而其人已遠感想平昔

矚物淒懷據此則遁墓自在石城矣劉峻世說注領域未喻

于法蘭高陽人年十五精勤經典性好幽僻多處巖穴間嘗聞剡中山水奇絕乃東遊居剡後遊西域求異聞至交州象林卒

于法開始與支公爭名後精漸歸支意甚不分遂遁跡剡下遣弟子過會稽時支公正講小品開戒弟子道林講比汝至當在某品中因示語攻難數十番弟子如言詣支公正值講因謹述開意往反多時支公遂屈厲聲曰君何足復受人寄載來名德沙門題目曰法開才辯縱橫以術數宏教

【考證】高逸沙門傳法開初以義學著名復與支遁有競故遁居剡縣更學醫學

竺法支隨其師道深並南天竺來授阿毗談論一百二十卷甫一宿成誦于剡中般若臺寺

【宋】釋法崇有律學精法華經居剡之葛峴山茅茨澗飲孔淳之嘗遊山相遇留止三載法崇嘆曰緬想人外三十年矣今乃頓盡于兹不知老之將至也

曇斐剡人少棄家事慧基善莊老儒墨之書遊方考究經典疑義還鄉居法華臺寺學徒甚盛衡陽孝王元簡廬江何胤皆師事之張融周顒並從其遊

【齊】僧護剡人永明四年住石城山隱岳寺寺北有青壁

千餘丈時聞管絃聲或發光如佛龕乃鐫石爲彌勒佛纔成面像齊末僧淑來繼其功至梁有始寧縣令陸咸夢沙門三人謂曰建安王染患由于宿障剡縣僧護造彌勒石像若能成濟必獲康復咸以白王乃召定林寺僧祐因舊功鑱入五丈至天監十五年功畢像身光龕通高十丈世稱爲三生石佛云

考證浙江通志僧淑僧祐皆僧護後身也欲備見三生事跡故并錄于此

唐靈澈字源登會稽湯氏子雖受經論尤好篇章從嚴維學詩抵吳興與皎然遊皎然以書薦于包佶李紓貞元中西遊京師名振輦下得罪徙汀州自廬山入剡吳

越間諸侯多賓禮招迓之終于宣州開元寺門人遷之建塔于越之天柱峯有詩二十卷劉禹錫爲序

宋僧仲皎字如晦居剡明心寺參究禪學尤好篇章交文僧擇脩吟閣人于寺西星子峯前築白墖結廬其下號閑閑菴宣和中與汝陰王銍以詩相酬答有梅花賦及詩傳世

明僧權居孝節鄉坐臥繩牀數十年日誦法華經一日牀前忽湧蓮花一樹

佛進居界平鄉日念彌陀無頭刻輟如是者數十年一日別大衆示滅虔切人笑以爲狂頭之持一缽出乞米

數升以歸居斯衆視之危坐如常曰俟觀音大士至便逝衆益大笑日亭午有以木刻觀音像來捨者出前所乞米設齋拜像畢遂攝衣坐衆環視之目漸合稍稍氣不息迫視則已逝矣葬定心菴後

佛身居故港里童時隨父耕牧好獨坐迨爲僧究心經典字有不識則終夜長跪佛前漸自通曉與海門周子爲方外交時湛然澄禪師吼震越中海門欲招之來身曰道以神授無專而承也休寧畢居士成璋結蓮社于匡廬山邀之主席未幾卒徒法瑞迎歸葬故港之殿山

慈航强口村農家子也遊楚中薙髮棲山鎮參禪旨與

密雲甚契合後還剡居剡坑之西巖卒遂葬焉

明㨂字古愚會稽人湛然澄徒也精嚴敎律入剡結廬逵溪緇白向慕遂開蘭若吳孝廉顏其居曰雨花臺勤動自給不以干人至老猶日荷鋤不輟

智音字密聞居棠溪棄家爲僧受洞宗傳居華岡匡衆重建福感寺

張仲達居秀異坊生時有丁氏子病劇謂父曰今當爲張氏伯清子矣兒素持齋幸囑弗敗吾戒丁死而仲達生兒時母或食肉即終日不飲乳終身未嘗茹葷

國朝寧遠禪師名淨地號友石吳門鹿城馬氏子也母

張奉佛惟謹師隨母誦經津津自喜年十八棄家爲僧慕湛然遺風乃遊越順治丁亥主明覺寺者九年振頹興廢法席之盛冠于今古康熙乙巳主雨錢寺時存者僅破殿三楹而已師多方經畫越數年而大殿禪堂寮舍聖像無不莊嚴完好事竣拽杖去示寂于康湖寺年八十有二僧臘六十有四建墖東山之梅花庵

方技

一才一藝之能苟可名家皆足傳遠況書如逸少琴如安道名振今古而嵊皆有之外此星相醫卜之類並有可觀敢曰多能爲鄙事乎表其著者亦諸門紀

鍾繇意也

晉王羲之七歲善書十二見前代筆訣于其父枕中不盈月書大進衞夫人語太常王策曰此兒必見用筆訣近見其書便有老成之智流涕曰此子必蔽吾名書黃庭經訖空中有語卿書感我而况人乎吾是天台丈人庾肩吾梁武帝唐文皇孫過庭各有品題書不一體隸行草章草飛白五體俱入神隸今真書也八分入妙畫亦精絶子操之居金庭得父筆法黃伯思曰操之得其體

戴逵善圖畫窮巧丹青十餘歲在瓦官寺畫王長史見

之曰此童非徒能畫亦終當致名吾老不見其盛時耳嘗就范宣學范以畫無用不宜勞思逵乃畫南都賦圖宣看畢咨嗟久之甚以爲有意始重畫中年畫行像甚精妙庾道季看之曰神明太俗由卿世情未盡逵曰惟務光當免卿此語逵亦工書總角時以雞卵汁溲白瓦屑作鄭元碑又自爲文而自鐫之詞麗器妙逵又善鼓琴詳隱逸傳

○

戴顒與兄勃並受琴于父父殁所傳之聲不忍復奏各造新弄勃製五部顒製十五部又製長弄一部傳于世中書令王綏携客造之求一鼓琴不應綏恨而去詳隱

逸傳

于法開精醫術嘗暮行投宿會主人妻臨產積數日見不得下法開令殺一肥羊食十餘口而鍼之須臾兒下羊膊裹兒出

宋釋法崇有律學見仙釋傳

唐葉簡剡人善卜筮凡有盜賊皆知其姓名有農夫失牛卜之曰占失牛已被溪家載上州欲知賊姓一斤求欲知賊名十千頭乃鄭八郎耳又有將橘子合之令占曰圓似珠色如丹倘能劈破同分喫爭不慚愧洞庭山又將雞子二箇占曰此物不難知一雄兼一雌請將

打破看方明混沌時嘗在錢武肅王府忽一日旋風南來遶案而轉名簡問之曰此淮帥楊渥已薨當早遣弔使去耳王曰生辰使方去豈可便伸弔祭簡曰此必然之理速發使往彼若明如何得知但云貴國動靜皆預知之王從而遣之生辰使先一日到楊渥已薨次日弔祭使至由是楊氏左右皆大驚服

宋姚寬精篆隸通象緯能決金亮之敗嘗製三弓合彈弩連中二三里詳儒林傳

元王璛善篆隸詳見隱逸

明張遜工篆隸兼善畫翎毛

錢濟字汝舟居邑東隅爻性聰敏過目成誦精篆隸書

天順中貢生由寶應訓導陞唐府紀善著有扶搖集

張燦善眞草書

史旦居清化鄉畫禽鳥甚精所爲蘆花羣鴈幸愛重之

錢世莊號畏齋居長樂鄉工畫驢色態飛動如生亦善畫禽鳥

李河居邑西隅官知事善隸書

夏雷善眞草書詳儒林傳

王繼儒號鵝亭山人畫禽鳥尤善蘆鴈山陰

喻安憲居邑西隅善畫萊翻反有致
周孕淳工詩善楷書
胡繼周居邑東隅諸生善草書孝友有行誼故墨蹟尤為世寶貴
袁鉌孔有文名善眞草書
盧杏生字士淵居邑東隅諸生力學有孝行精楷書

楊處奇居永富鄉善形家穴法剡西名墓多其所扦

邢元愷居太平鄉瞽目卜課多奇中

道人無名氏亦不知所自來戴華陽巾披鶴氅自言得華陀傳凡鍼藥所不能及者皆刳割湔洗以治之人未之信也長樂鄉有錢遵道者病噎不治念刳割不驗死不刳割亦死均死請以醫試道人用麻沸散抹胃次割長七八寸許出痰涎數碗遵道初昏暈無所知頃之甦以香藥敷創處四五日瘥噎亦愈道人不受謝去或言適道素謹實其父有芝饒陰行云

呂秉常字孟倫居貴門里善醫成化間治傷寒有殊効

李應日居邑東隅業儒而目眇精岐黃術

錢德居富順鄉業儒以母病習醫遂以醫名

裘世滿居崇仁鄉精醫有隱德

國朝陳穆卿居羅松鄉讀書通經史領府試第一方赴院試聞父病即不試而歸父卒家居授徒博精岐黃之術製藥療病全活多人年八十餘曾無倦志人稱隱君子云

嵊縣志卷十三終

嵊縣志卷十四

雜記志

儒者不言禨祥而談奇志怪又懼以謏聞動衆然而天道人事有其常必有其變綱羅囊括亦足翼經而輔史顧其體近雜則雜志之以等諸稗官野乘云爾

祥異

天無言而以人占天則吉凶休咎捷於影響此君子所以謹於幾先焉嵊雖小邑而爲祥爲異必愼重書之者亦曰蝗不入境雨可隨車令亦有格天之道也歟

東晉太寧元年癸未九月會稽剡縣木生如人面右見史異舊志軼

齊永明元年癸亥安南將軍黃僧成家雨錢數萬億

唐景龍四年庚戌五月丁丑剡地震右見文獻通考舊志軼

宋皇祐三年辛卯飢明年又飢知縣過昱賑

淳熙八年辛丑飢浙東常平茶鹽使朱熹賑

慶元元年乙卯溪流湍暴城爲水所齧存者纔一二丈

嘉定十一年戊寅飢民食草根樹皮殆盡知縣趙彥傳賑

〔考證〕嘉定十一年係戊寅舊志作丁丑誤

〔元〕大德十一年丁未夏大旱穜稑俱絶

至大元年戊申飢疫死者人隨食之

泰定元年甲子大饑

〔明〕洪武五年壬子八月乙酉大風山谷水湧漂沒廬舍及人畜甚衆右見明實錄舊志軼

永樂七年己丑大飢

二十年壬寅飢

宣德八年癸丑夏旱

正統二年丁巳孝嘉鄉王銑家園產芝

六年辛酉旱蝗明年又飢

天順元年丁丑飢

成化四年戊子大旱詔民間能賑粟四百石者授七品散官服

十二年丙申大水

二十二年丙午大旱

嘉靖二年癸未大旱

三年甲申大旱福泉山裂

十三年甲午七月大水溪流漲入城中平地水深丈餘

二十一年壬寅天裂有光如電

二十三年甲辰大旱明年又大旱水盡涸爲赤地斗米銀二錢飢饉接踵鄉人有攜麥半升夜歸者輒被劫殺于道

二十六年丁未旱署縣經歷喻松禱之

三十二年癸丑北郊麥一莖三穗甘露降于明倫堂前之松樹纍纍如珠

三十三年甲寅夏六月集賢坊雨雪

三十五年丙辰甘露降于縣庭柏樹芝産尹氏庭磉

四十一年壬戌天裂有光如電

隆慶二年戊辰秋七月二十九日雨八月初一日北風大作至夜逆溪流溢入城中怒濤吼衝西門城并城樓俱塌倒平地水深一丈三尺凡一晝夜水涸

萬歷四年丙子城中火燬公館望台門及民房百餘楹

六年戊寅冬大雪寒

十年壬午遊謝鄉粟一莖四穗

十一年癸未旱

十五年丁亥秋七月暴風連日夜禾實盡落櫺星石門左柱折

三十二年甲辰十月初八日夜半地震卧榻傾動屋舍撼摇有聲

三十七年巳酉秋七月縣西三十一二三都暴雨驟注衝山倒峽水自小江出漂流村屋無算屍滙積成阜

四十四年丙辰夏旱王氏家犬生五足某氏男二陽芝生王氏正學堂側高一尺類人形

天啓五年乙丑夏四月西淸裘省英家李生王瓜長二寸許色黄味苦後其家式微

七年丁卯秋七月二十二日暴風雨一晝二夜拔木

偃禾屋瓦皆飛大成殿可遠樓廻峯樓化龍門樓四
山閣文星亭俱圮
崇禎九年丙子自五月二十日至九月十三日滴澤
不通地中有白土爭掘食之名曰觀音粉多致死者
明年山陰劉侍郎宗周祁中丞彪佳命生員王朝式
來嵊與知縣劉永祚議賑民賴以活
十年丁丑大有年
十三年庚辰夏旱
十四年辛巳春正月雨雪二月飢民掠穀知縣鄧藩
錫捕之杖殺二十餘人倣九年成法募賑縣境乃安

十月辛卯朔日食既白晝如夜星斗盡見百鳥飛鳴
牛羊雞犬皆驚逐
十六年癸未夏旱
國朝順治二年乙酉五月雷震應天墖六月太白晝見逾
數日閏六月初八日夜有流星如月大小相隨光芒
甚白秋七月大水冬桃李俱實
三年丙戌大旱五月二十六日太白經天六月城中
大火十一日星隕如雨
四年丁亥七月大風雨江水驟漲民多淹死斗米四
百錢壯者爲兵爲盜老弱多餓死

七年庚寅十月朔日食既

十三年丙申三月隕霜殺草

十四年丁酉大水衝壞山田若干士民宋學進張爾猷等呈按院王元禧特疏請蠲三十三都本年田糧三分之一

十五年戊戌大水

十八年辛丑城中火六月天裂有光

康熙元年壬寅城中火

四年乙巳七月大風雨江水驟漲民多淹死

五年丙午秋旱至明年夏四月十三日始雨十五日

富順鄉雨豆六月大水十五日夜半天裂有光秋大
疫知縣張逢歡延醫施藥
七年戊申六月十七日戊時地震屋瓦多落門壁皆
響三十日亥時地又震
九年庚戌三月虎噬人一月噬殺二十二都竺思聖
竺思文竺王姐次日又噬殺十八都石沙廟僧二尼
一次日又噬傷魏家莊一人知縣張逢歡禱于嶀浦
廟神虎乃遁四月四十八九兩都小麥一莖二穗六
月大風大水壞城五十餘丈星子峯圮冬十二月大
雪自初四日起至十六日止

十年辛亥大旱

考證　紹興府志九年十二月初三日大風連日氷凍河不通十四日起連雪浹旬山數尺各邑皆同

二十九年庚午秋七月大水漂沒田廬

三十二年癸酉大飢

四十三年甲申六月十三日有星晝見

四十七年戊子秋大水免徵糧十分之三

四十八年己丑夏大旱竹生米

考證　會稽俞忠孫竹米記康熙己丑楚不歲米價日爭長五月居民食竹米竹米者叢竹中所生也狀粳糯差小色微紅味甘而冽埤雅云竹六十年一易根易根必花結實而枯實落復生六年成町戴凱之所云根幹將枯花簇乃懸箹必六十復亦六年是也父老云竹生花其年必旱晉元康壬子巴西界竹

生花紫色結實如麥其年旱唐天復甲子隴西九陽民多流散山中竹散籽出粟飢民春而食宋陳造竹米行有今歲麥秋旱歲餘得麥僅足償官租竹君閣農如士夫散花結實于林俱句皆旱徵也而鳳凰所食金琅玕則名竹實大如雞卵非中國所恒有田雯黔書以證竹米非是宋蔡京稱瑞作頌識者譏之今記災記祥説各不同予姑識其畧如此

四十九年庚寅八月洪水

五十六年丁酉旱荒

五十九年庚子飢

六十年辛丑大旱野多餓莩

雍正元年癸卯飢

四年丙午正月大雪

五年丁未大水禾稼被淹

九年辛亥大旱

乾隆元年丙辰大有年

五年庚申六月大水淹沒烏巖等處田禾又風壞東門外民房知縣李以琰捐賑捐葺

六年辛酉夏旱禾苗枯槁被災都圖凡六十四知縣李以琰履勘詳請動項散給籽本分别有力無力量加施賑并詳免被荒田畝錢糧有差

軼事

上下千百年所傳神林鬼區幽怪恍惚之説亦復何

限就嵊言嵊已有書之不勝書者曰軼事則傳信傳疑聽慧心者自得之毋等諸誕謾致笑曰光之如豆也

梁載言十道志兩火一刀可以逃言剡多名山可以避災剡則不知何義舊志縣後有星子山秦皇東遊斵其山之南以洩王氣坑深千丈餘曰剡坑因以名縣梅福四明山記魏楊德祖至四明山遇兩仙人把火澗中湧金刀一頃之不見德祖曰兩火成炎炎邊得刀是爲剡字因號溪山爲剡爲銘二百字刻峯上

考證按梅福字必悞蓋有漢人載魏人事舊志亦云德祖生魏剡名自秦不足信姑存以俟考

會稽郡志近邑民于縣西惠安寺前池中得片石題曰贍部鎮下有文數闕可見者云當鎮泰始吉重開道闕池于以防火燭闕已丑之歲二闕日開此淨池闕畢工故記于此漫不可辨所謂贍部疑即舊鎮也然以剡爲贍又天慶觀有錢氏時東都公移稱兩都都軍糧帖檢先據剡縣奏云云錢氏僭號稱杭爲西都越爲東都號兩都據此則錢氏曾改剡爲贍矣疑因古語有兩火一刀之讖惡其不祥改爲豐贍之贍理或然也

南史齊高祖記剡縣有山名刻石山而不知文字所在宋昇明末縣民倪襲祖行獵見石上有文者三處苔生

其上刮苔視之其大石文曰北齊者黃石公之化氣也立石文曰黃天星姓蕭字道成得賢師天下太平小石文曰刻石者誰會稽南山李斯刻秦望之封也唐觀察使元積使人訪碑不獲

〔考證〕按〔舊志〕引十道志言石上有文者三處而遺大石文一段又訛立石文爲大石文字句亦多錯落今載南史本文以正其誤

〔耐園不借書〕唐貞元十八年李紳遊剡至龍藏寺晝寢老僧見一黑蛇上李樹而食李復前行入僧懷中僧問曰公睡中有覩否曰夢中登李樹食李甚美似有一僧相逼乃語僧知非常延遇甚謹後紳爲浙東觀察使捐

倖脩寺

天台山志唐咸通中有客自金庭將抵明州日暮遇道士托宿山谷沖寂烹野蔬以享餓有叩門者童子報曰隱雲觀來日齋道士去客問童子答曰觀去此五百里嘗隱雲中故名客驚曰尊師何日當還曰往來頃刻耳道士歸留客久住辭焉乃遣童子指其舊路行未遠失所在問歲月已三年矣

名山記宋紹興中有方士李季憩石關于道旁遇異人揖季曰君來何為季曰秦太師遣往桐柏設醮請禱其人太息曰秦今死矣張浚劉錡皆當起為將相泰豈得

存耶李大驚駭去比及天台則奔凶問至矣

浙江通志姚宏在上庠日僧妙應能知休咎謂曰君不得令終端午日子胥廟見石榴花開則禍至矣宏初任杭州監稅三年不敢登吳山後調江山令來參師憲出城數里風雨暴至憩路旁小廟見榴花盛開詢祝史云伍子胥廟其時正五月五日宏慘然遂罹禍

西湖志餘謝深甫台州人家本寒微父母貨舂以食父友某招之課子一夕賓主對飲夜半酒渴無從得水牕前有梨方熟登樹啖之牽犬環吠不敢下主人夢黑龍蟠樹爲犬所吠驚起視之乃深甫也主人奇其兆遂妻

以女深甫得妻後始領鄉薦妻家亦貧但稍稍自給深甫草履赴省宿于逆旅明發不類面而遜至曹娥渡與之錢少渡子不肯曰不怕汝作轉運點我深甫乃從他處渡至嵊縣宿古廟中祝遇之厚又飲以酒深甫謝之祝曰夜夢神告我明日當有宰相來宿必官人也深甫焚香禱曰若成名當言縣官使廟貌一新果登第遂注嵊縣主簿脩廟焉後爲浙漕至曹娥召渡子曰今竟何如渡子伏地請罪深甫笑曰吾豈果點汝厚賜之使去曰台州秀才往來勿取渡錢也

考證　按舊志稱深甫係縣尉又稱深甫布衣時由丹邱赴南宮嵊嶀浦廟神告以富貴期與由汝成

所志又不相同姑兩存之

趙彥博脩廟記宋慶元庚申趙彥博夢謁一廟神曰吾廟君爲我修之覺而不省所謂嘉定丁丑來知嵊邑友人李謙來訪舟宿嶀浦夢神告曰爲我告令君可爲我修廟矣謙以告彥博矍然曰二十年前之夢今其應矣于是再爲建立

費九成與陳碩毛震爲友同受春秋一日夢雞入鵲巢震以九成當登科以乙酉生也已而果然

崔存記南宋時元旦昧爽邑人謁城隍廟聞廟中語曰今歲丁旱或又曰詹乂民作宰尚旱門啓而入始知爲

神也夏果旱則詹君實來雨隨車而至〈本傳〉商夢龍宋咸淳戊辰進士初授梁縣主簿一日有犬號于庭夢龍曰此必有異乃令人隨犬去犬入徐員子家急以爪爬新種牡丹花下掘之則得一草束童子氣未絕良久獲甦曰我陳家子也夜出員子奪我頭上金珠等飾縛而埋諸此鞫之服罪郡上其事陞梁縣尹後仕元爲廬州路治中楊震反乃歸〈田易鄉談〉會稽楊維禎字廉夫元泰定間登進士署天台尹過嵊邑清風嶺作詩云介馬馱馱百里程清風後夜血書成只應劉阮桃花水不及巴陵漢水清後廉夫

無子夢一婦人曰爾自造口孽固應得絶嗣報廉夫不知所謂婦人曰清風王節婦詩寧忘之乎廉夫醒悟更作長律以表其節嵊誌所載天荒地老妾隨兵一首是也後夢婦人致謝未幾得一子

朱一柏記　明正德丙子五月邑令林誠通考績北上早行迷路忽一老人引之斜行得脱寇害忽不見林及從者憶其貌酷似陳靈濟侯像乃悉具前後功績奏請祠祀准查未報越二十三年嘉靖甲辰乃祀

舊志　國朝順治庚子尹巽公車北上渡黄河舟將沉呼救于金龍四大王忽一叟駕小舟至纔易舟而前舟遽

沒甲辰第進士假歸因于南門外建廟祀之

嵊縣志卷十五

藝文志一

文紀一邑之事而詩則咏歌之因文求義因事求鑒皆可以補偏而救弊非徒采其春華已也舊志各以類附今則薈萃而仍分以類正其差誤補其遺脫至無關風會政教者則逸之而嵊邑歷代之文獻已班班可考矣

志藝文

地理志藝文

剡山

唐方干路入剡中作　截灣衝瀨片帆通高枕微吟到剡中掠草並飛憐燕子停橈獨飲學漁翁波濤漫撼長潭月楊柳斜牽一岸風便擬乘槎應去得仙源直恐接星

東。（薛逵詩）正懷何謝俯長流更覽餘封識嵊州樹色老依官舍晚溪聲涼傍客衣秋南巖氣爽橫郭郭天姥雲晴拂寺樓日暮不堪還上馬蓼花風起路悠悠。（宋李易題剡山所見詩）剡山無數野薔薇黃雲爛熳相因依玉杯淺琢承墜露金鐘倒挂搖晨暉班竹筍行三畝地紅葯開時一尺圍豆角嘗新小麥秀來禽長向櫻桃肥歌古隨風柳外轉翠花帶水烟中飛魚跳破浪分赤鬣鶴唳投松翻縞衣鄉關萬里久無夢巖壑四年今息機可嗟杜宇往江北爲喚故人今早歸。（明張胃詩）剡山千仞聳晴空下瞰羣峯培塿同官舍半倚青嶂外僧房多在白雲中清吟此日思王銍高隱當年憶戴公卻笑秦王多此擊不知隆準起山東。（周汝登登星子峯詩）鎮日探奇思不違行來自覺世情稀郊原野色連江碧城郭鐘聲出樹微人唱石根雲乍起月明山半鶴初歸卻憐夜雪船空去不上峯頭一振衣。（丁彥伯詩）探奇登絕頂佇望與雲齊日落孤城小烟迷萬壑低樵歸松下徑鹿走澗邊蹊恍出人天界孤高未可棲。（國朝訓導謝三錫詩）曳屐閒登星子巔斗牛咫尺意仙仙千村紅露墻頭杏一郭清浮脚底烟王子橋邊帆影疾戴公墓上草芽鮮雲中遠指鄉游謝惆悵春風自爽然

鹿胎山

明周汝登詩　青山曾許幾人棲風物都歸舊品題遠近樓臺疎閒樹東西桃李半臨溪宿雨春早傳鶯語驛道塵高送馬蹄一望天台雲路外桃花空笑古今迷○周汝登剡山栽木紀事　縣學負剡山其山在城內者凡若干畝苦無林木夫山嶠峴無木若人之立而裸其衣其足爲衣冠之士乎嘉靖間吳侯三畏令民家各栽松不栽有罰乃以遷去勿果後十餘年侯家居凡數致書惓惓以栽木爲囑侯之用心勤矣迨隆慶間薛侯用丈量土田以城內之山並不起科納稅攤在槩山亦令栽松又以調去勿果夫二公惓惓而不得親厥成功豈一林木亦有數耶余以爲即不栽松栽竹亦可夫栽竹隨月皆宜且易成林今府西臥龍山皆可觀矣誰爲庇者甘棠之咏其寧有窮

竹山

明張燦詩　竹山好似篔簹谷翠篠陰森遍林麓丁丁樵斧響空林麋鹿相驚暗相觸夕陽負擔下崖巔一聲高唱徹烟蘿

畫圖山

明夏雷詩　舟過碧溪漁唱杳雲收斜谷雨聲殘生來老

檜龍皮皺削出奇峯石骨寒。（王三台詩）畫圖天設挂清流客舫千秋供覽遊剡上幽人看不盡扁舟載月宿溪頭。（袁祖憲詩）淺勒峯巒濃點黛舟行鏡裏片帆開花烟雪月經年挂留與騷人看畫來

嶀山

（宋虞騫詩）命楫尋佳會信次歷山原捫蘿上雲糺與石下雷奔澄潭寫度鳥空嶺應鳴猿榜歌唱將夕商子處方昏

臥龍山

（吳應芳臥龍山懷友詩）山骨何稜稜藉茲奇石礪道力果堅强日結幽棲芽此山本荆莽一朝增體勢譬彼懶梳娥爲之挽髻晚時節相因緣不爾竟埋瘞昔年恣攀陟物物窮其際眼豁片石寬一泓輙思揭猶記梵磬聲間雜潺湲細悄哉喆人遐遺支鶴引唳胡爲不自達苦被塵鞅繫松篁拂地垂擬再牽余袂。（徐一鳴臥龍山了真洞詩）衆喧誰大寂獨照見吾天學浮蓮花蕤輕浮莢子錢松垂雲到塢花灑石留泉側是真消息從君共解顏。（遊臥龍山記）嵊溪巒陡絕止戴家塊土被黃鸝倩仕次畫圖鑒別小可置几案間從未有及臥龍者一日縠之持撥來已某近日于綠蘿中覓得數尺天地須

兒來能識而傳說處多灑灑動人遂于月九日訪歷師其囷偕往至山口爲清石村村東數武忽一巨龜負赤文曳尾稻芒中與白鷺爭明沒而靈巖岡里許兩石嵯峨戟峙山前作揖客勢從西徑入有方塘畝餘澄碧靡底遵崖北上曲踞澗心者爲躡仙橋再里許有蒼虬數十攫雲而升竟欲穴簷檻飛去予驚謂龍悟耶已而知爲五大夫欺我松足即眞君祠尋不見武侯像固知作梁父吟人薄此不爲循徑而北爲臥龍菴鐘聲嵐色雜出娛賓促蹬上西山麓見一泉名激瑤紺徹鑒鬚眉如畫從激瑤左爲絡馬巖紫萃紅鸛大類曹韋筆法而四蹄蹭踏如欲騰空爲薜蘿纏定猿引數武爲赤苗巖絲理奇巧俱天孫所織其在食武鄉邑後耶從赤苗巖上即兜鍪峯此山人秖用羽扇綸巾何物而不化如此意當脫此以覓鹿皮冠耳披蔓倒下見老比邱鬈髮垂眉偕數大德喃喃方竟午黍有十八公碧角蒼髯各持幢葢相待衞乃得生公臺蜿蜒而下見雲根人沸覔得滴乳泉木繇石罅中出清冷徹骨泉右爲漆書壁歷落斑駁俱古篆文泉左爲眠雲崖靄靆下垂五色相間稍上一小凹即印月窩浩影金波方方具見至了眞洞幽不可言云中有十六室若能取火造其間定有唐人題識

巖前數十丈爲浮磬巖自此四旁石岸崿峭絕嶔空裂摧或立或仆俱是半空飛墮而毋石牽有一荔枝裳縈迴盤詰曲折盡意然至此足力已竭而毅之猶嘖嘖稱勝不休子上月窟而不探天根終不得飛大淸也再勉登綴星巖星光歷歷可數吾知此經緯所成五百里必有奏賢人聚巖前峭削兩不夾插天心爲通天徑徑中僅線許止容一足登然步步引入勝地足盡處忽已身在碧空旁看四虛眞溟濛無際至此西山之景已完方思笑倚最高峯縱觀積氣而冷然雲璈忽已響薄林祏此爲飛白泉濫兩山爲左右彌此居兩山之中以一片水簾垂拱其內眞足指揮萬峯泉下有一石橫拜稍枕流倨矣左爲東國轟雷傑搆如關重門乃天然厂幃幔几帳雅非人世稍東上一老人曲肱方枕偃息而臥此爲曬仙巖名臥龍以此東外嶙峋崛起忽伏者爲蹲獅石丹黃互𤉣祟麗豐肥仰祝飛鷁巖貼貼欲墮再上倚嘯臺悅見當年抱膝胸次吞盡大江南北伸謀孟德兒臺上爲象鼻峯百尺老柯俱作金絲絲穿把臺下爲爛柯杯杯酒局棊早已爲老人勘破而稍東最高一岡隆平嵦廠爲東眺臺惜安石君已死不及載酒相過從東眺下望平田中有物如伏犀俯躍作辟塵形拎守前關

自此東山之景亦完大抵兩岡相對迭和更酬嘗思督五色霓駕一彩橋俾相婚嫁下以激湍潔迴交贊巖陬雜以羽觴毎至一峯則盡一巨觥觥盡便醉消算三萬六千場亦足稱陸行仙子無洪流助不快意毅之輒疾走大呼曰汝不窮河源安得以升斗量人乃連袂而西忽見巨波汪洋千頃即厲子湖瀾瀰飛白之巔飛白水即受此龍湫百尺自有貫頂醍醐但山下人不知俾雲行雨施豈止一瀉千里哉湖東盡爲賓雁洲瀟湘一夜楚國皆秋至此山前後之景亦盡是奄奄隨葛龍去而躍靈亦已擠山角欲西仍取道自松風嶺抵瑤泉搜逸再上西山見九座須彌臺迴出塵外諸山眉列遙指四明峯如帳裏芙蓉恰得問月岡作翠屏一嶂數十里形勝以一目收之到此欲醉不得非醉亦不得急喚持觥來送以吳歌未數巡月盈盈在樹杪間入樽中俱松柏影酌盡五斗竟不能寐薄曉雲鐘點點催人促裝予實戀戀愧不能爲十日遊是日同遊者歷然歸淨相何其因淵王毅之傚弦居印白偉與予共五人明崇禎十一年四月之九日也。

邑令吳用先王毅之遊卧龍山詩序

古今序山水者必以文章不知文章非能序山水也山水序文章爾山水能予文章以所有文章不能予山

木以所無故凡層壘兀突曲折幽深測瀁瀠洄汪洋浩蕩非文章也山水也矧山水之奇勝靡窮欲以文章窮其所靡窮而終莫能窮其所不能窮余故曰文章不能序山水山水序文章爾余幸令佳山水間四抱一泓舜懷應接不暇之想公餘之下毅之王子拉余爲卧龍之游遂與六七同人偕往夫山名卧龍者有二武侯居隆中字其岡殆以人名乎越城亦有卧龍山禹陵在焉此又一卧龍山也王子其遡懷禹功乎其高吟梁父乎大抵山以靜勝水以動勝而茲則兼動靜之勝山來則受以蓊鬱水出則覆以琳琅曲徑板橋小亭高閣天工人巧無一不勝曾讀徐文孺游記到此乃知刻畫之畫也探深涉奥磅礴盤桓遂至竟日雖賓主情深亦山水留人耳烹泉啜茗剪燭賦詩誠一時之雅也所得詩若干首王子已付梓人囑余爲序噫余素不能文章又何能爲序山水之文章哉郎罷勉應命能不懼山水笑人然亦有說焉蘭亭一序茀序時與地而畧其人醉翁一記亦敘情與意而畧其事太史公無勝不游蘇長公無游不記各出手眼各抒胸臆皆不可千古而我輩此游何遂讓古人蓋山與水常新者也詩與事遞遷者也而今同遊之人則我輩獨也茀序其人可乎敘其人俾千古

後世登臨至此者知高山流水之間我輩宛然在焉其人維何替聲西注攬勝南遊鳳翥鸞翔金薄玉映則池陽二華張子也內外闊肆吐納淵深濶略非狂矜慎不簡則華池君穎田子也名高閥閱望重蟬聯古貌古心不彩不顧則鑑湖吾家期生也雄辯未已高談轉清望係蒼生胸蟠經濟則丹水文孺徐子也文華燭漢俠氣凌雲博洽多才登高善賦則山陰駿如單子也重若看山靜如觀水天童獅象黃蘗兒孫則發祥二隱和尚也法演三乘教傳五葉諦開印月香送逆風則明覺寧遠禪師也門無彈客戶有藏書照耀文星留連花月則臥龍主人穀之王子也中有趣若有餘謙如不足願言避俗勉爾從游則剡溪令鹿苑暎徽吳子亦在焉斯時也意氣俱合形骸悉忘誠快集也哉王子進而語余曰諒同人借斯文同不朽矣余曰否否山水能予諸同人以不朽也非臥龍不足以來我輩之游傳我輩之游還藉遊臥龍傳爾余故曰文章不能序山水也大抵人能勝山水則人能予山水以名山水勝人則山水亦能予人以名我輩譜牒中當留置臥龍一座矣至于必欲得臥龍山水之妙則有徐子之記在余不佞不過借山水序文章是亦序山水云

四明山

唐孟郊詩閑于獨鶴心大于高松年迴出萬物表高居四明巔千尋直裂峯百丈倒瀉泉絳雪爲我飯白雲爲我田靜言不語俗靈蹤時步天。舊志所載四窻石鞠侯石均不隸嵊邑故詩亦不錄

石鼓山

明周汝登詩諸子同登巖扳蘿與自長玲瓏穿蘚竅窈窕入蜂房石共飛來聳名標武庫藏最憐歌一曲繚繞住空梁。丁祖美詩奇峯錯落處連袂共攀躋劍歷風霜古屏開翠錦齊洞深雲不鎖石險步成蹊不盡登臨興行行松下棲。周孕淳詩探奇來石鼓疊翠覆青蘿隙受天光少空容樹色多千尋誰濬鑿一刻暫偷過望望靈鷲遠松中起浩歌。王心一石壁詩飛來瀛海外岸幘剡溪東顏迴白雲潤丰凝碧漢空崖懸千丈雪壁落萬尋虹我亦憑虛起仙仙兩腋風。釋仲良石鼓山十石詩。石鼓人說雷門此地藏頑皮面面老風霜蜀桐不用頻撾擊自有清聲徹四方。磬石一方蒼玉挂巖扃色潤鏗鏘擊有聲因憶夢中曾聽處月凉仙樂度蓬瀛。劍石造化爐中鑄太阿四山爲匣鎖藤蘿倚天未遇英雄手風雨年年爲洗磨。鏡石神匠凌空截嶮

纖平分蒼碧線痕微春風幾度花痕藉眼纈猶疑玉屑飛。〈筆石〉力挽千鈞勢有餘性剛名不厠中書圓錐白蘸銀河水倒瀉烟雲滿太虛。〈硯石〉何年長劍割貞珉碧蘚重重護紫紋但覺潤光濃潑墨不知磨盡幾峯雲。〈帽石〉層層苔髮長青柔骨冷天應為裹頭絕頂西風吹不落黃花知是幾番秋。〈屏石〉方方峭壁立天涯隔斷雲烟蔽月華幸使貴今開孔雀定應千載屬豪家〈笏石〉方圓自是法乾坤剛直猶堪擊佞臣誰謂山靈廻俗駕年來止待執圭人。〈枕石〉誰斷雲根數仞堅珊瑚樣潤玉凹圓黃粱炊熟難成夢留與仙人慰帳眠

〈金庭山〉

〈唐裴通詩〉寂寂金庭洞清香發桂枝魚吞左慈釣鶩浴右軍池。〈釋小白詩〉羽客相留宿上方金庭風月冷如霜直饒人世三千界未抵仙家一夜長。〈宋盧天驥詩〉嵩高秀入洛川清鶴去雲歸冷玉笙霜白金庭今夜月流風依約有遺聲。〈明知縣許岳英詩〉金庭之山幾千尺上薄穹窿象緯通雲溶霞剸陰液疔造化鍾靈神所惜天台鴈宕相鈎連天吳屏翳精英騫危崖颼飀識動石律令擊轉江濤喧元精夜降淨瑕纖河鼓燉鎔徹幽秘躡躋百怪歸杳冥仙跡丹房最奇麗右軍之居竟渺

茫千年遺跡爲仙鄉吹笙子晉不知向浮邱翩化緱山
陽蠙珠脫殼影搖抗疑是丹光照虛室崖開薜荔五色
縈澗底石泉清夜泣望美人兮佇青宮翠眉丹臉世罕
逢握瑾攜瑜人孰與儴儔鶴侶時相從翩然被髮步虛
曠聽得瑤華氣清壯暮歸不知山月高撼郭潮聲動虛
幌。周汝登詩千年古洞鎖蒼苔洞口遊人自去來赤
水池邊際草淨香爐峯畔野花開吹笙竹裏聲疑在跨
鶴雲中客未回試看樽前今夜月當年曾照讀書臺。
同知黃璧詩久慕金庭作勝遊今來素志已全酬路逼
洞口那能住水遶靈湫不斷流爐鼎香凝烟樹晚劍峯
斜倚碧天秋興來長嘯出門去回首乾坤無盡頭。附
記璧爲成化間貳守人有黃璧眞璧之頌過對留連
山水不忍去。王國禎詩一幅金庭列洞天峯頭跨鶴
詫誰仙揭來紫氣非秦地占書升崖屬晉年筆走龍蛇
曾入洛波浮雲霧尚丹爐風流萬古追王子竹影松聲
聽自妍。袁尚襄金庭同五老峯詩五氣氤氳散九崗
者顏蛸骨古蒼蒼軒皇多相過山出漢儲遺人化石黃
冢首拜稽遊舜世同聲翩唱傲睇陽倦勤仍結烟霞友
高臥金庭不死鄉。張燦金庭山毛竹洞詩毛竹陰森
洞門古靈蹤舊跡神仙府瀨中仙樂杳難聞月明微聽

朝真鼓鶴馭鸞輿紛往來仙宮儼入王宸班鼕鼕如韻
在何許只隔烟霞縹緲間○（文）墨池詩（元）香漬水沉雲
黑肘運縱橫秋兕流當時神龍號無雙千古能書誇莫
及碧澗荒涼古蹟存猶含遺墨映氤氳公餘按轡攬奇
勝好似蘭亭高會人○（袁）尚衷白雲洞詩（元）仙人騎鶴去
古像遺桐柏無處覔吹笙雲封洞口白○（王）心一詩（明）寂
寂金真洞萋萋芳草叢一簾常似雨水瀉白雲中○（明）
王鈍（賦）翳金庭之爲山鎮東剡之要衝壯洞天之形勝
爲福地之靈宗勢岌嶪而若馳菟偃蹇而横空根厚地
以盤盤屹層霄其崇崇崔巍峻立兮偉矣卓劍放鶴之
雄崒嵂孤撑兮壯哉香爐五老之峯雖嵩華之莫並迥
培塿之難同匍石扇以中開砂金壁而無窮仙岡走萬
里之駟神湫潛斛水之龍蛇蝗勿起豺豕遁踪風泉清
漪崖谷蒨葱鬱秋興兮滿庭澹斜月兮西風四照之花
萬品九衢之草千計桐合柏而虬枝竹曳毛而鸞尾醴
酒味之玉泉飫粳香之石髓鳴晋祖之鳳笙飛王喬之
舄屐仙之人兮列如麻虎鼓瑟兮鸞回車嗟三徑之松
菊幻五色之烟霞層軒出雲霓而延袤飛閣臨無地而
紛奢燦炳炳以照爛隆崛岉以交加雖鐘鳴之羽館實
鼎食之王家予于是有所感矣昔芊棘之重合荒離黍

以與悲今寶地之宏開墟文猷于寒灰是宜体文記舘裴子文池鏗金玉之麗句樹雕篆之貞碑覽前修之遺踪曾不滿夫一嘆見桑變而海遷幾星移而物換令天家之奮與紛離立而輪負與啓金谷之瓊樓開玉京之瑤殿朝霞爲丹簷之明夕霞爲珠綱之燦桂舘蘭亭梅軒竹院麗花影之重重灑松風之面面集元羽之翩翩盛游娛之壯觀遇希夷以乘風請分山于一半來土篤以盤旋遊子日以騁騁聊吐繡以摛詞奉郡公之娛玩于是振衣而起擊節而歌歌曰五雲爛熳兮鬱霄之宫寶地清虛兮瀛海之東紫簫雙吹兮兩兩玉童控羣仙而遐舉兮雲冉冉以從龍

覆卮山

宋王十朋詩 四海澄清氣朗時青雲頂上采靈芝登高須記山高處醉向崖頭覆一卮。舊志作郤惟明詩誤

○上虞山人蔣曉覆卮山龍眼石詩 萬仞未易梯綿亘雙邑草木不敢生中有仙人室登臨俯層空羣峯亂萃嵂勺水蛟龍蟠今古不枯溢農人向予言歲歲沛膏澤

曰雲山

明袁[illegible]峯不知此境外更有

幾千重

〔黃榜山〕

明知縣臧鳳詩一幅齊雲峙剡灣分明天榜揭人間登科莫作人間事要使芳名譽此山。知縣徐楠和韻直上層樓望剡灣一方橫列彩雲間分明天挂黃金榜底事當年誤作山

〔蒼巖山〕

明周汝登詩千古蒼巖撈掰朋始一過耽閒千丈壁情都數聲歌古色歸樓滿朝光散野多個中誰着語切莫問如何。丁彥伯蒼巖坐雨詩連宵頻不寐燈影照深更雨過巖猶滴衣單寒乍侵獨含千古意肯負一生心默坐時開卷猿聲度遠岑。釋淨地晚歸蒼巖詩夢路曾行熟歸節趁曉風香含昨夜雨花發舊時紅蘚石鶯蹲豹鱗松老卧龍所嗟人異代對鏡思何窮

〔獨秀山〕

宋李易卜居詩訪戴溪長近若耶金庭雪對赤城霞沿從鶴舉添蕭索峯似鸞翔解歎嗟毋愛林間百種蝶難忘竹外四時花剡川圖上他年指獨秀山前是我家。明山陰張蘊修詩獨秀雖高路豈紆右軍遺跡未全疎龍池水暖雲歸後鶯沿波平雨過初吟暇論仙巢五老

醉同大守樂環滁始寧清興今猶昨步蝶松陰想自如。姜君獻王右軍祠詩仰止先生百世名到來祠下予幽貞鶖池有跡雙鷲白墨沼無人一鑑清月挂藤蘿路夜楊烟凝紫翠鎖朝檣輕泓暗滴東坪下恰聽黃庭娓娓聲

遁山

明王國藩詩枕流終日喚歸雲嶺上白雲不贈人倘爲甘霖仍出岫山靈早已賦移文。徐思甸遁山白雲塢詩竹徑深藏瀟灑春風前醉舞六英新飢時采適山人口齒頰餘香香煞人

貫門山

宋李易仙人洞詩雲巘分佳茗風潭矗怪松書疑黃石授稅可紫芝之供抵玉那鶖鶬探珠欲近龍晚來聽過雨乞水濯塵容。又羅漢石詩鐵騎侵涯海龍潭君始適雲生倚寶剎月出現珠宮瀉澗水噴薄依巖樹影慈神交難獨擅吾黨荐元同。袁尚秉詩貫門山自巨靈勞山高去天僅咫尺最移步步躋雲巔斗牛星可舉手摘誰誇洞裏隱神仙那羨三懸爲龍宅曾憶山前十餘八潔修溫潤如圭璧至今民似葛與懷比戶教廳見遺澤月明靜夜聞琴聲相裁嘯春耕釋釋價高不用百萬錢

聲重無關申許籍山有賢人良足貴鹿門應改貴門額
○會稽俞忠孫集唐詩別業居幽處遙天倚黛岑雲溪花淡淡山木日陰陰簷際千峰出階前衆壑深偶來乘興者勝景想招尋○徑轉危峰逼巒攢歇復行一鬨連嶂影千仞落泉聲野果新成子山花不辨名忽然風景異如在小蓬瀛○高步陟崔嵬人占仙氣來層崖懸瀑溜野徑約山隈澗篠緣峰合柴扉隔岸開適知幽遁趣盡日不能回○杳嶂開天小盤回出薜蘿路經深竹過情向遠峰多流澗含輕雨通林帶女蘿幽林芳意在孤賞欲如何

九州山

錢思棠詩一望中原盡此巔淋漓杯盞午風前白雲已熳歸時路不識身居第幾天

石姥山

宋山陰王蒞詩石姥山穿雲徑窄難聯袂上有猿猴悲楓葉秋如錦

鹿苑山

同知黃璧詩數載期來鹿苑遊夙心今日喜初酬茯苓都向松根結瀑布還過石縫流日上三竿纔覺曉風生六月已知秋山僧獨擅其中趣何事年來亦白頭

太白山（齊）孔稚圭詩石險天貌分林交日容鉄陰澗發春榮寒叢留夏雪。（宋）釋仲皎詩放意在雲表飄然更自由挂烟羣木冷啼月一山秋梟梟清風裏淒淒碧澗頭三聲融妙聽行客若爲愁。啼切孤猿曉更哀柴門半掩白雲來山童問我歸何處昨夜梅花一半開。無計卓錐生計難且空雙手到林間偎隨碧木瞻明月堅打白雲睬好山巖石空邊依草舍藤蘿低處着松關年來老去知何許合向人間占斷閒。（遇）雪看山詩西白名山處那堪帶雪看四圍銀世界一壁玉峰巒夜色知天冷晴輝放月寒溪梅初一二着意爲渠看。（疏）山軒詩竹外泉聲急松心月色寒人間推聵絕只自倚闌干。（東）西二道場詩勝境東西白高僧一二禪只知行道處不記在山年澗月平分照林花各自妍披雲尋舊址猶在絳峯邊。（齊）雲閣詩山雲吹斷路頭開此處疑穿月脇來怪底行人看碧落笑談容易作風雷。（王）國禎小白山廣信洞詩昨日登山與未終今來直上玉岑峯斜穿石壁雲生足俯瞰銀河影在節學小窮源天地見身蹤絕亙古今從千年洞杳人何去莫詫長生誤腳蹤

嵩峴山

〔唐劉長卿葛峴山孤石詩〕孤石在何處對之如舊遊氤氳峴首夕青翠剡中秋

〔石門山〕

〔晉謝靈運石門新營詩〕躋險築幽居披雲臥石門苔滑誰能臥葛弱豈可捫嫋嫋秋風起萋萋春草繁美人遊不還佳期何由敦芳塵凝瑤席清醑滿金樽洞庭空波瀾桂枝徒攀翻結念屬霄漢孤景莫與諼俯濯石潭下仰看條上猿早聞夕飈急晚見朝日暾崖傾光難留林深響易奔感往慮有復理來情無存庶持乘日月得以慰營魂匪爲衆人說冀與知者論。〔登石門最高頂詩〕晨出尋絕壁夕息在山棲疏峯抗高館對嶺臨迴溪長林羅戶庭積石擁堦基連巖覺路塞密竹使徑迷來人忘新術去子惑故蹊活活夕流駛噭噭夜猿啼沉冥豈別理守道自不攜心契九秋幹目玩三春荑居常以待終處順故安排惜無同懷客共登青雲梯。〔夜宿石門詩〕朝搴苑中蘭畏彼霜下歇暝還雲際宿弄此石上月鳥鳴識夜棲木落知風發異音同至聽殊響同清越妙物莫爲賞芳醑誰與伐美人竟不來陽阿同晞髮。〔王國蕃石門山石門洞詩〕撥破雲烟崆峒懸巨靈巧斲是何年金波漏彩長流月玉宇支空別戴天匝地瑤林氛

杳靄湊崖碧澗水潺湲丹房春冷難成夢欲把塵心問

偓佺

餘糧山

宋王十朋詩　禹績始壺口禹功終了溪餘糧散幽谷歸

去錫元圭

大嵊山

宋王十朋賦　名境嵊山程逆往還望高坡而峭峻登聳嶠以塡灣上與雲齊霧擁于烟蘿之內下臨水際舟橫于巨派之間原夫勢接江湖岐分台越崀嶷峯巒崔巍孰垺懸崖則時時瀑布深谷則年年積雪華岡蔚峇南乘謝眺之巖崧徑陰森北倚趙公之阜上多名木內足谿坑猛獸或過酒蕩靈禽忽翥蘆嗁兩畔澗流四面雲低武肅王駐舸吟哦嘆斯境絕異謝靈運彈飛巖嶂慕此地堪棲夜夜雲生朝朝霧起峇崟欽嵜岧嶤嵬壘三春之桃李芳芬九夏之林巒蔚翠梁王別室歸建業以登大陳鄗漂流立靈祠于此地杳杳冥冥勢連嵊亭龍吟虎嘯木白松青上錦嶺兮龍宮梵宇箬皋巖嶺兮夫人石形有良工而巧琢或走獸以奔星豈勞嬴政役鬼神之力休說梁元昰圖畫之盡昌一邑之黎元疲民蘇矣鎮三方之土地訟者感寧至異哉玩此山體面最奇形

容殊麗黃沙硌礫兮水岸碧嶂嵯峨兮雲際樹矗峻嶒枝纏薜荔石闌干險以崎嶇何皤水渺而搓曳周圍四顧相同華頂之前宛轉羣峰猶若苧蘿之勢西原伏豹東埠飛龍墩突兀兮白竹水潺湲兮烏峯緣雲晚于野外翠羽鳴于山中洞倚巑岏之石巖欹偃蹇之松嶺峻則月華易度林高則霜霰難融郯郭祠前且見井坑之跡皇書亭畔又看麋滯之蹤莫不雲雨蕭蕭枝柯浩浩或賢者玩而昇騰或智者賞而辭藻懿乎可以尋眞思之而即悟道

獅子巖

俞昂詩不識何年踞碧流昂頭高聳半空秋蘼生頷下垂纓絡浪起波心滾繡毬日月雙瞳開復闔烟霞一口吐還收夜分天瀨聲相應疑是吟風吼未休

百丈巖

王國禎詩巖高百丈浸清波壁峭潭空寒翠多我爲山靈魂欲到山靈爲我夢如何

片雲巖

釋淨地詩扶節獨上雨花山幾度回眸怯步艱竹隱鳴禽聲細細巖懸飛瀑響潺潺天花夜落千株靜蝶夢春回一榻閒他日卜隣容我否傍崖結屋兩三間

〈仙巖〉

明臨川湯顯祖雨阻仙巖詰朝至新昌〈詩〉江寒風雨飛仙巖氣噓碧崩雲沉戸瀰衝飈蕩簷隙孤亭下車馬濕裝閑委積熅衣寧及晨蓐食且兹夕安知氣淋漓滅燭移枕席恐爲奔湍阻侵宵警前策抵嵊日逾午剡棹典非昔黽勉向津衢新昌留暮客信宿何足辭去住亦取適欣言領幽意南巖候輝魄極目莓深滑路迴桑洲驛畧約風雲掀始覺霞標赤軒署復開敞消散流寓跡豈免厨傳費用慰山水役佳期良在兹秋光灑蘿薜

〈擲雲嶺〉

訓導王洪〈詩〉石磴雲封望轉高諸生升降莫辭勞循資步躡吾道躡等工夫戒爾曹蟾窟九秋從此上鵬程萬里讓誰翺捫參歷井須臾到一任氤氲惹綠袍。〈謝三錫詩〉巍巍絕德與天齊欲步青雲自有梯力竭因循途便畫心誇躐等路終迷斗山誰道人難仰日月吾知手可批從此層層隨級上人龍何患更蟠泥

〈過落嶺〉

明俞之聲〈詩〉十年轍跡今應舊熟路明來堪往還漁隱雲泉思剡水樵行石谷問東山寒巖身馬勞皆息茅屋凉茶事已删地席未暇歸去[illegible][illegible][illegible][illegible][illegible][illegible][illegible]室易安閑

重杳嶺

元張惀詩松間疊石步高低啼鳥幽林聽隔溪七尺杖藤可扶老青鞋香汗落花泥

白峯嶺

元余闕詩一過東風嶺幽懷不可言山如倒盤谷水似入華源時有飄香度多聞囀鳥喧何人此中住謂是辟疆園

孫家嶺

明王國詩難得山行步步高孤峯直上御寒飈天門咫尺呼應動索筆淋漓欲賦騷

清風嶺

元李孝光詩山下江流本自清山頭明月已無情此心若愧王貞婦莫向清風嶺上行。錢惟善王氏節婦詩并序丙子歲天台王氏妻爲兵所掠至嵊縣清楓嶺嚙指題五十六字石上投嵊江而死迄今血書宛然泰定初邑徐丞始上其事請立廟旌之晉張仲舉首倡作詩一章邀好事者同賦又聞丙子間襄陽賈尚書兒婦韓魏公五世孫也岳州破被虜之明日以衣帛齧指書長詩渡江中流自溺而死其詩多有可稱者有江南無謝安塞北有王猛之句士大夫咸膾炙之因感其節同其

事類故並及之云昔年襄陽賈尚書兒媳韓氏身葬魚
當心血濺雲錦襦至今波蕩青瓊琚驚指堂堂丈夫氣
乃見蒼茫甲兵際倚舷不忍渡中流翻然直向龍宮遊
嗟嗟赤土王氏妻青楓嶺滑愁雲低嵊江水黑香魂啼
峭壁萬仞無由梯望夫不來歸路迷石痕爾碧風淒淒
流離失國時所偶兒女喪家我何有丹心貫日名不朽
朝廷立廟嵊江口荆陽孰謂風俗媮嗚呼貞節無與儔
二女允也忠義流他年太史煩編搜。會稽爾人鍵詩一自血痕濺壁後至今嶺勢倍崢嶸逼天石護貞魂在
動地兵銷正氣生淚瀉寒潭聲尚咽心懸故國恨難平
無煩彤管題名氏傳得清風萬古清。吳炳忠詩有心
返茲國無處覓慈航化作清風去長留女史香

白雲洞

袁尚裘詩仙人騎鶴去古像遺桐柏無處覓吹笙雲封
洞口白。王一心詩寂寂金貞洞萋萋芳草叢一簾常
似雨水瀉白雲中

趙公阜

王國蕃詩宗國淪胥可若何憂塡難讀黍離歌飄然抱
器完吾職占得清幽剡一坡

紫芝塢

〔徐思恂詩〕竹徑深藏滿塢春風前醉舞六英新飢時採
適山人口齒頰餘香香煞人

〔剡溪〕

〔唐李白將避地剡中贈崔宣城詩〕忽思剡溪去水石遠
清妙雪劃天地明風開湖山貌闇爲洛生咏醉發吳越
調赤霞動金光日足森海嶠獨散萬古意閒垂一溪釣
猿近天上啼人移月邊棹無以墨綬若來求丹砂妙華
髮長折腰將貽陶公誚○霜落荆門江樹空布帆無恙
挂秋風此行不爲鱸魚鱠自愛名山入剡中○〔別儲邕
之剡中〕借問剡溪道東南指越鄉舟從廣陵去水入會
稽長竹色溪下綠荷花鏡裏香辭君向天姥拂石臥秋
霜○〔杜甫壯遊詩〕剡溪蘊秀異欲罷不能忘歸帆拂天
姥中歲還舊鄉○〔崔顥舟行入剡詩〕鳴棹下東陽回舟
入剡鄉青山行不盡綠水去何長地氣秋仍濕江風晚
漸涼山梅猶作雨溪橘未知霜謝客文逾盛林公未可
忘多慚越中好流恨閱時芳○〔朱倣剡溪詩〕潺湲寒溪
上自此成離別回首望歸人移舟逢暮雪頻行識草樹
漸老傷年髮惟有白雲心爲向東山月○月在沃洲山
上人歸剡縣江邊漠漠黄花覆水時時白鷺驚船○〔戴
叔倫詩〕風軟扁舟穩行依綠水堤孤樽清露滑短棹曉

烟迷夜靜月初上江空天更低飄飄信流去誤過子猷溪。（趙嘏詩）兩重江水片帆斜數里林塘遶一家門掩右軍餘木石路橫諸謝舊烟霞扁舟幾度逢溪雪長笛何人怨梛花若到天台洞陽觀葛洪丹井在雲涯。（方干路入剡中作）戴灣衝瀨片帆通欹枕微吟到剡中掠草並花憐燕子停橈獨臥學漁翁波濤漫撼長潭月楊梛斜牽一岸風便擬乘槎應去得仙源只恐接星東。（皎然詩）雲泉誰不賞獨見爾情高投宿輕龍窟臨流笑鷺濤折荷爲片席灑木靜方袍剡路逢禪侶多應問我曹。（宋潘閬自諸暨抵剡詩）莫嘆塵泥泊且圖山水遊幾峯天姥翠一舸剡溪秋不見戴安道有懷王子猷西風無限意盡屬釣魚舟。（牘泛剡溪）溪水曉眯剡溪山徘徊住行棹待月思再還漁唱深潭上鳥啼高樹間應當金石友念我無暫閒。夷猶雙槳去莫不辨東西夕照偏依樹秋光半落溪風高一鴈小雲薄四天低莽蕩孤舟卸水村楊梛堤。（倪光蘭詩）東山山下海潮通一片江流出鏡中度嶺拾薪歌稚子和烟收犢走村翁千年橋鎖高人跡百丈巖垂烈女風此去天台知幾許桃花深處失西東。（錢略度剡溪雨霽詩）剡溪風雨霽航葦並行行到處楊花色幾家荷葉聲噪蟬金鼎沸游水玉壺清最喜魚梁畔歸帆的的輕。〔盧天驥詩〕愁呵龜手冷搖鞭乘興來登訪戴船解事篙師小鳴觱悲驚寒雁入晴天。故園生事只衡茅不管方兄久絶交糲食枯椽吾易足鷦鷯只占一枝巢。〔剡溪書懷〕山鳥逢春恰恰啼桃花流水路猶迷何時鼠子膏齋釜笑領白雲歸剡溪。山杏枝頭皂鵊兒來傳春令語多時危紅可是渾無力不奈東風盡日吹。〔李易剡溪幽居詩〕勝絶剡溪邊巢枝度半年燕回銜落絮魚漏接飛泉丹鼎山頭氣茶爐竹外烟幽居已成趣佳致若爲傳。〔明趙寛詩〕行役曾何補江山似有緣雨餘天姥屐月下剡溪船遊興塵勞外歸期日至前乘流更風便飛鳥欲爭先。片月流清淺千巖鎖翠微子猷如對此乘興定忘歸。山色朝來得雨新船頭爭獻玉嶙峋人間圖畫應無數誰信丹青自有眞。〔鄭善夫詩〕曹娥江接剡溪流亂石幽花只漫愁剡曲尚疑安道宅山陰誰上子猷舟。〔何景明剡溪歌〕溪之水兮幽幽誰與子兮同舟舟行暮入山陰道月濛濛兮雪皜皜千載重尋戴逵宅溪堂無人夜歸早乘興而來興盡休君不見王子猷。〔王穉登詩〕剡溪新水綠漫漫魯酒銀罌迸作寒白日無多容易落青山一半不曾看千年自欲同徐穉五月非關訪戴安不是風流堪應接舟中那得客愁寬。（周汝登詩）雪盡山迴野水平孤帆遙指越王城沙鷗有意如留棹鴻雁無情喚客行行舟初出剡溪口回首門前五樹梛立馬離亭畫友生相看無語惟呼酒要將酩酊破離懷人人欲盡手中杯酒闌人去風初息夜靜船頭明月來。（陶望齡詩）剡溪如畫影清波石磴崚嶒挂碧蘿虹亘兩橋嘶去馬帆輕百道傍浮螺夜燈村落紅千點春釣汀洲綠一蓑明月寒潭無限景山陰樂興雪中過。（郡守許如蘭詩）從來稱名勝況復是清秋地古墟烟少天晶日色浮樹光連野合溪響傍山幽黃葉飛何急雪輕淡欲流[illegible]。（釋如曉剡溪夜發）剡溪秋夜月水靜一舟凉鴈落汀蒹白魚翻渚荇香沾衣裛露薄挂席引風長石嶂峰巒屼川迴路渺茫頻年違故國今日別他鄉悽斷蓬牕夢欎看野店霜傳歌誰鼓枻放棹欲鳴榔孰道江湖晚溪花幾度黃。石泉盟未了吏作剡溪遊沙轉灘聲急山當水面浮村烟多護竹漁浦暫維舟宛昔春無恙桃花指渡頭。

○國朝會稽俞公穀宿剡溪拋毬樂集唐詩誰肯伴寒流殘燈獨客愁路經深竹過夢與白雲遊夜半聞鐘後松風直似秋○浪淘沙集唐詞烟暖荇絲肥淑景遲遲清溪一路踏花歸鳥語山經傳不盡衡盼香枝霞彩映紅飛夕柳光馳傾將樵輿對閒扉春水船如天上坐泛泛登陂○宋王十朋剡溪春色賦地屬甌越邑爲剡溪氣聚山川之秀景開圖畫之齊雖禹穴之小邦樓臺接境實仙源之勝地桃李成蹊竊原清環戴水之流翠列姥岑之峭登樓而望也南接台温之左按圖而察也北據越杭之右萬極目之雲霄簇連甍之錦繡一十八里春風城郭觸處爭新二十七鄉暮雨溪山望中發秀臺榭入萬家之風月簾櫳捲百里之江山雕鞍驟兮落花亂香陌晴兮芳草開畫槳遶溪搖蕩綠波之上流鶯剡塢縈紅樹之間豈不以柳暗東門梅肥西嶺美地秀玉山之嶂洞天麗金庭之景酒旗搖翠幕之風池水浸紅樓之影滌塵僧舍瀑飛二鹿之泉泛雪茗甌香汲

五龍之井非獨一時之秀實爲千古之奇琴跡不存尚垂芳于安道墨池猶在更留譽于羲之自是兩中橫東渡之舟月下引南樓之笛青山東望曾經安石之遊綠水南流尚有阮仙之蹟雨過烟墟叢叢綠蕪渭水依稀之景輞川彷彿之圖或氣融于廣莫或嵐霽于虛無翠滴嶁峰多步花朝之履碧分越水曾回雪夜之桴信乎此地誠有可觀者焉。錢悌剡溪四時景序春漲桃花溶溶漾漾多白魚錦鱗之游躍岸沚汀蘭之馥郁鵁鶄鸂鶒眠沙戲水不驚不猜猶入武陵桃源也暑雨不日千巖飛瀑驟漲瀰漫奔流若馳觸堤走石奚啻乎瞿塘灧澦也霜落木潔霞無纖滓白沙鋪玉澄波拖練舟帆掩映日光滉漾水天一色不減乎斷磯赤壁也嚴冬雪霽峯巒玉潔萬象寥闃禽鳥無聲漁歌絕唱梅影橫斜倒浸寒碧恍若羅浮境界也。周汝登遊記丙戌冬望後十日周子與弟夢科姪元齡步出郊門臨流而視曰此剡溪也我輩實生長是可一日負耶時有虛舟在岸下微風自南來遂買舟攜酒乘風而北候至艇湖登王猷橋是其回艇處此去戴安道宅纔半里猷不見而返豈云興盡正留不盡之興耳故興至今存因相笑引觴坐舟頭而下至竹山山小而峭仰視中絕一字巋然名竹峯菴起登菴倚檻臨江而樂之適坐江中未盡此江之觀而今觀其全固知超物外而後可觀物也舉頭天外其幾乎明日過仙巖陸行五里謁仙君廟士人稱仙君者爲謝康樂靈運鄉名遊謝亦以康樂故由仙岩而下兩岸山壁立相向愈過江流曲折窮而復開深禽谷鳥聲同應和舟容與竟夕不能舍又明日至印月寺山勢逆上如吞江復吐再下數里爲清風嶺宋王貞婦投崖死節于此因歌元李孝光詩此心若愧王貞婦莫向清風嶺上行樵人孺子環而聽之俱爲動色清風而下抵嶀浦兩岸勢稍闊臨江一山如拳二而跨水山下石磈磊如砌上有廟廟碑爲宋名士樓鑰記文嶀山在北嶐崛雲間積雪迷道不可上問謝車騎桐亭無知者走嶀山東北數里入龍宮寺有唐李公垂碑記是千年物里稱嵊亭齊張稷爲剡令過亭下生子因名嵊嵊忠節炳史冊宜立石表其生處而有司者闕焉是夜舟泊嶀橋星明水沙一色三人起坐沙石間且飲且吟不覺徹旦開舟抵三界古始寧地也東山在望雲月如待周子顧語二子曰余自少至長于茲江由百里之間往來嘗以百計然向也山吾顧而不知其高水吾泛而不知其深林林磈磈者觸乎目而如不見淙淙嚶嚶者接乎耳

而如不聞而今乃知有茲山若水也夫知何得耶不知何失耶將昔不逮今醢耶抑今不逮往忘耶二子默然言未已風轉北來舟艤于下舟人口返棹則順遂張帆而返故所歷處逆而覩之若更爲一景奇麗不可復識周子顧謂其弟子善圖圖其逆而上者余爲記記其順而下者俱系以詩各就舟中爲之甫就而舟抵城下漏下三鼓入城街衢燈火熏灼人奔走如往蓋是夕爲除夕云茲游五日夜往返百數十里飲酒五斗而元齡斷飲不與得詩二十首記一圖一從行僕一舟子一

○後遊記

丁亥元日周子將出遊以陰翳不果夜大雨如注翼日復霽可遊而不可陸也周子復與其友五六人者之于剡之上流時溪水清淺中流如鏡挂席數餘里反而容與石橋之下座有善笛者三弄酒數行周子起而觀流則兩岸若拓而開橋可俯覩之矣而甫望一碧萬頃蕩蕩洋洋不可以際向登舟時所覩沙洲土渚盡失其處以問舟子舟子曰疇昔之夜四山雨水作集故暴漲乃爾顧消亦可蹊周子曰噫乎是何消漲倏忽至此哉余因以思昔之出遊去此兩月乃歲新舊異今矣余與諸君齒加長異數矣則何以異是水之倏忽漲消哉夫漲消可以識桑海衡華可以見古今齒長可以度生

死倐忽可以觀千百年愚者見于耆智者斷于一微則可可以不樂或者曰歲之新舊汝自名也齒之長少汝自億也水之漲消汝自見也不名不億不見者無新舊無長少無漲消如此則亦無桑海無古今無生死無倐忽千年烏乎樂烏乎不樂周子大笑復與諸君飲酒數十行泛舟澎湃之端諸君曰水石噌吰聲何壯耶周子曰寂然有雲拂衛而過周子曰聞耶諸君笑周子亦笑曰子烏知聲之非寂而寂之非聲也巳復放舟石壁之下周子曰水者止乎石者流乎諸君笑周子亦笑曰子烏知流之非止而止之非流也于是諸君有曰周子醉者謂言非情也周子曰子又烏知醉非醒而醒之非醉非之非是而是之非非耶子休矣于是周子起而歌歌曰水清淺兮安流魚潑潑兮幾頭我歌初起兮羣鷗滿洲木作漲兮連天芳草發兮年年我歌既放兮餘音滿舷歌闋而歸。

黃潭溪

丁美祖詩　為愛靈鷲千古跡，相隨同徑踏蒼苔。村烟谷樹行人渺，曲澗平堤細柳栽。日暖乍將湍東瀉，山深臺得細雲來。春光到處皆行樂，莫把明朝去路催。

嵊溪

王國楨詩　纔到秋來天地明，嵊山山下水渟泓。虹光不逐湍流瀉，劍氣常隨逆浪生。忽放櫂歌寄嶺去，驚看松影落波橫。澄潭一碧鬚眉見，不死人心憶令聲。

平溪

張燦詩　溪融沙路欵無塵，拂面東風醒醉魂。紅雨正飄花落澗，白雲深護鳥啼村。山光已豁春晴景，草色都瞞野火痕。咫尺金庭仙洞近，應隨流水問桃源。○**盧鳴玉**詩　溪小鶺鴒促，鷺魚走石汀。鶴留秦代物，木志晉時名。蒼麋撐籬樹，清言轉鶴聲。流雲與駐馬，一片古人情。

途溪

孫時躍詩　為吊高人蹟，深尋烟樹村。桃源都鑒宅，雪滸子猷橋。百世風流事，千秋姓氏香。行行山下水，感慨對斜陽。

三漁溪

丁美誦詩風雨初消月渡津貪春夜與鳥花親一壺高語身何寄秖見磯頭垂釣人

沫溪

張篠詩湛湛珠溪漫玉盤微風不動碧波寒驚鴻莫漾清波碎留與詩人帶醉看

西溪

宋李易詩玉龍劈山開南鶩肆奔猛風蕩雪濛濛月流光烱烱壯氣動貴門前驅入蛟井萬籟息中消一區臨絶境奔雷有餘音乖磬得深省白雲何所開就宿孤峰頂

了溪

金之聲詩歷年桃信春漁舟亦卸黄花醉戴樓溪了禹功開古昔津迷不識幾春秋。王圖禎詩莫道秦皇能宇剡剡名直溯了功巍極將巢窟變谷去斸出溪山面目來兩岸菲茨隨水佳一江桃李到看開盤華爛熳知誰力帆影花光共一溪

朱公河

新昌大司馬呂光洵記萬曆十二年邑人士詩鄭縣萬民紀復濬新河邑司孝尉役新日新河一帶雖起自朱侯而繼此者亦宜時濬之夾邑亭其利者勸可使之溪

齊物我無間予文所以稱忠如以爲朱公河而我不與禰之乎其爲心矣愛民造士之君子必不如是

艇湖

宋蘇軾訪戴圖詩溪山風月兩佳哉賓主談鋒夜轉雷猶言不見戴安道爲問適從何處來○蘇轍次前韻並往還歸負快哉聾人不識有驚雷客言不見戴安道已誤扁舟犯雪來○李商老詩閑庭秋草積滿砌蒼苔溪忽向冰紈上聊窺訪戴心雪月俱皎皎風林互森森縱觀停艫處猶聞擊汰音終年剡溪曲何嘗返山陰徒言興已盡眞妄誰能尋浮生圖畫耳慷慨爲長吟○王十朋詩千古剡溪水無窮名利舟乘閒雪中興唯有一王猷○

○張燦詩素練涵光川色靜淅瀝蓬窗六花迸亭亭孤

艇雪中行清絶難禁此時興興訪戴高人去幾秋至今登覽慕王猷莫誦當時招隱典一官還是晉風流。〔葛惃詩〕溪流曲曲遶山麓溪風拂拂來樹巔溪雪冉冉出空谷溪月皎皎明前川天開佳景自今古遊覽還將往事憐扁舟雪夜欲訪故興盡何爲頃刻旋圍爐可談經世策促膝或歌招隱篇百年消得幾回首知心不面情徒懸吾聞昔有張范約千里遠赴何嘗愆此道寥寥久木棄美談猶說子猷船。〔錢思棠詩〕雪夜懷賢思不禁西風一棹發山陰總然興盡情何情千載難酬欲見心。〔金之聲艇湖行詩〕朝從剡中事夕復剡中行驢過停鷗起江空落月明山雲歸舊閣漁火出前汀王子回舟處蒼茫千古情。〔王心淵詩〕湖峯高塔恣流連貫日穿雲近碧天帆影動搖千古雪雁文斜曳萬壚烟蒼崖極目超塵外紅葉迷人舞席前曠浪風光搆不盡蘆花明月剩江干。〔王國楨詩〕空山木落暮烟收忽憶木壺剡上遊一棹凄風杯在手半江殘雪月當眸懷人夢輒尋梅寄報客郵翻教鶴留逸興到今後不盡湖光雲影共悠悠。〔裘纁詩〕訪戴偶然事到今此地傳湖開新舊艇山識去來烟塔引初生月鷄鳴薄暮天應知王子後別自有高賢。〔喻學鈖詩〕乘興曾經雪夜遊溯洄直上剡溪

頭琴彈流水思安道橋疊平湖憶子猷盡槳盡隨名利
去扁舟獨向隱淪留高風千載長相望帆影波光一樣
幽

嶀浦

張燦詩　夕照穿紅波瀲瀲漁家舴艋臨孤岸一聲欸乃
水雲間鷗鷺起鳧羣散太平官事不相關醉歌長行
笑開顏曉風歸棹泊何處只在黃蘆淺水灣。袁尚衷
雨夜泊嶀浦詩　一天蓼雨滿嶀橋坐對蓬窗鎖寂寥雲
接浮嵐江暗暗風翻落葉岸蕭蕭漁舟燈火來寒渡山
院鐘聲送曉潮香夢不成聞夾冷嘹嘹啼雁徹清宵。
趙德聲詩　蒼崖千尺綴藤花樹偃藤疎拂水斜山獻錦
屏波獻鏡一泓碧裏一天霞

過港坑

明盧鳴玉詩　念年懷澗槃今夕澗邊宿水漱襯石莓雲
幞眠巖鹿聊為寄棘鶍仰看摩天鶍古道豈殊尤于義
稱止足

強口坑

晉謝靈運初發強口詩　杪秋尋遠山山遠行不近與子
別山阿含酸赴修畛中流袂初判欲去情不忍顧望脰
未悁汀曲舟已隱隱汀絕望舟騖棹逐驚流欲抑一生

嘆并奔千里遊日落當棲泊繫纜臨山樓豈惟夕情歛憶爾共淹留昔時歡復增今日嘆茲情已分邈衆慮況乃協悲端秋泉鳴北澗哀猿響南巒戚戚新別心悽悽久念攢攢念久別心旦發淸溪陰暝投剡中宿明登天姥岑高高入雲霓還期那可尋儻遇浮邱公長絕子徽音

石將軍潭

王三台詩逐鹿曾酣一戰贏歸來化石尚遺名樹搖晴影旌旗動灘激風聲鐵騎鳴袍色綠添春蘚爛劍腥紅點落花明嵬然獨立寒潭上砥柱中流奏治平

三懸潭

宋李易詩鹿門今是貴門山盡室扶攜萬壑間流水相隨眞自悟遙岑一點若爲攀風翻竹鳴淸如洗月過松扉靜不關潭底臥龍須一起正須霖雨濟塵寰○明繆績詩欲識三懸險相將踏磴臺靑天咫尺近丹壁萬尋開洙噴千秋雪晴喧五月雷尋幽不到此空負剡中來○王三台次韻三懸懸絕險丹壁聳危臺洞古龍常臥山深雲不開凌空奔白浪墮峽吼狂雷片石浮千頃飛身踏膽來○王國維詩三懸傳剡勝今始上層臺鮫室冰簾挂龍宮錦幔開無風蜚玉屑不雨吼晴雷足戰拔

躋絶巘疑屬夢來。〔袁尚衷詩〕杖策穿雲嶺攀蘿入洞天瀑浮封一帶潭澈鏡三懸石冷苔生雨松幽鶴寡烟神龍時好靜也擇淵阿眠

百丈潭

〔明山陰張岱詩〕余曾入龍湫仰面看瀑布余踞龍湫上瀑布出吾胯石齒何嵯岈奔流激其怒鰻咽不得舒渠口只一吐萬斛遂傾囊一去不復顧風雷送白龍攫奪山鬼怖噴礴盡驪珠逆鱗焉足護余憤塡胸中磊塊成癖痼何日劃然開探喉如吐哺大快復酸辛破我千年錮笑與涕淚俱氣慄無可措此氣既已伸山靈敢復妬願隨百丈泉奔騰出雲霧

高山泉

〔宋釋擇璘詩〕高山偶喜得佳泉澈底澄清常湛然茶鼎齋厨隨應用竹龍相引任流傳

白鹿泉

〔袁尚衷詩〕冷冷山溜瀉瓊瑶芳潔曾將白鹿招飲罷鹿歸廬洞去還留清響徹晨宵

瀑布泉

〔明周儀世詩〕百尺高懸喧佛鼓一支細引接爐烟冲巖紋起凝漂素凝石潭深欲染元。〔王國楨詩〕鹿苑堆雲

幾萬重怒濤波峽吼狂虹丈大吐氣應如此瀉落球璣滿碧空ゝ（袁尚褒詩）走窮絶巘識山靈開闢無煩倩五丁漢上飛來匹練白烟中劈破兩鬟青鹿歸古洞猶留苑虹落寒潭何處亭欲覓仙蹤問葛褚蒼茫雲樹悄冥冥

葛洪丹井泉

（張燦詩）憶昔仙翁入紫廬山中遺井已荒蕪丹砂九轉人誰識知道如今有更無

偃公泉

（宋永嘉王十朋詩）泉自何時有其名得偃公誰能繼長陸爲載木經中

放生池

王國楨賦剡溪西上潭澄一碧海門周先生就不關之流施廣生之澤有魚停蓄莫紀千百不畏餌于狂童嘗招詩于騷客是歲桐月日惟幾望王子國楨將事春疇過而美之因爲作賦賦曰夫羽吾知其能飛鱗吾知其必遊彼四海之淼茫與五湖之浸潞自應破浪以去詎復吹沫而遛似逃湯祝于數網竟戀禹鑿于了洲地當聖里上有巨鄭峙鹿嶠之嵯峨接珠浦之澄澎砂明于兩岸嵐泛半中瀏無屈平之荷蓋有子猷之雪舟乃欽

腮以藏更棹尾而浮白爲鱎而青爲鱮大爲鯤而小爲
鯈比於物于汶汨同相忘乎海鷗時近渚以狎人亦湖
上一而食猶御殘星之離合若萍驚初月之屈曲如鉤望
白雲兮靄遠岫待清風兮颺上游志士感其一躍達人
悟其知休噫噫世路崔兮波沸人心險兮石激貪得者
喪躁進者躓誰似若族之無知獨識此邦之傑僻不慕
遠舉兮海鰷聊守一介兮溪鯑春來南漲秋過木渚任
風濤之屢變依臥虹以不易自爲升沉絕無厭擇非高
麗之紅裳傲貴妃之玉液老冰底于一偶窺日光于咫
尺感君子兮不網笑行人兮勿息羣以華而見殺龜則
靈而反阨縱得聖人之清故作免夫蟾蜍仿上智之愚
庶幾全乎沙磧（明馬珍詩）庖犧結網後鱗族無可逃
不期魚樂國乃在剡西濠濇躍適情性
上下隨波濤究之咫尺木鳥若龍門高

王右軍宅

唐裴通記（地中山水奇麗剡爲最剡中山水奇麗金庭
洞天爲最洞在縣東南循山趾右去凡七十里得小香
爐峰峰在洞天北門也谷抱山圍雲重烟密迴互萬變
清和一氣花光照夜而常晝水色含空而無底此地何
事常聞異香有時值人從古不死眞天下絕境也有晉

代六龍先馭五馬渡江中朝衣冠盡寄南國是以瑯琊王羲之領右軍將軍家于此山書樓墨沼舊制猶在至南齊永元三年道士褚伯玉仍思幽絶勤求上元啓高宗明皇帝于此山置金庭觀正當右軍之家書樓在觀之西北維一間而匹非御高可二丈墨池在殿之東北維方而斜廣輪可五十尺池樓相去東西差值纔可五十餘步雖形狀卑小不足以壯其瞻玩而泰險有守斯可以示于將來況乎處所遐深風景秀異弈逍遙之至理閲鸞鶴之參差其金庭洞天即道門所謂赤城丹霞第六洞天者也按上清經洞天在天台桐栢山中辟方四十里北門在小香爐峯頂人莫得見之樵夫往往見之者或志之以奇花異草還報鄉里與鄉里同往則失其所志也過此峯東南三十餘里石實呀爲洞門即天之便門也人入之者必齎糧秉燭結侶而往約行一百里二百里多爲流水淤泥所阻而返莫奏其極也適以元和二年三月與二三道友褁足而遊登書樓臨墨池但見其山水之異也其險如崩其聳如騰其引如眩其多如朋不四三層而開天可畀經再宿而還以書樓劂壞墨池荒毀詣于邑宰王公王公瞿然徵王氏子孫之在者理荒補闕使其不有郎題兹實錄而已詩曰寂寂

金庭洞清香發桂枝魚吞芝蕊釣鷺跡右軍池此地常無事沖天自有期向來逢道士多欲駕文螭

戴安道宅

宋王銍詩山水戴逵宅尚餘清興中千巖落花雨一榻卷松風酒茗延幽子圖書伴老翁長生吾不羨久悟去來同○周汝登詩星子峯前草滿坡醉餘乘興謾經過山迴曲道村烟古木落寒原樹影多歌鼓城中喧落日鷗鳧江上弄輕波戴公宅畔尋遺事惟有枯松挂薜蘿

周侍郎宅

周汝登自述詩獨枕城隈自一家小堂初搆只如蝸鹿門野老鋤荒徑洛下先生過小車盃酒肯同消歲月盤飡惟有供烟霞留連莫盡厭厭興極際光多月未斜

朱放山居

唐戴叔倫詩山曉旅人去天高秋氣悲明河川上沒芳草露中衰此去又萬里少年能幾時心知剡溪路聊且寄前期

王緒舊居

唐皇甫冉詩不見開山者何時到剡中已知成樹木更道長兒童籬落雲常聚村墟水自通朝朝憶元度非是對清風

袁獨故居

唐李端寄懷詩花洞滿荒荒仙壇隔杏林漱泉春谷冷、擣藥夜窗深石上開仙酌松間對玉琴戴家溪北住雪後去相尋

吳處士故居溪奧

賈島憶吳處士詩半夜長安雨燈花越客吟孤舟行一月萬木與千岑島與夏雲起汀洲芳草深何當折松葉拂石剡溪陰

王介信舊居

皇甫冉送還舊居詩海岸耕殘雪溪沙釣夕陽家中何所有春草漸看長

獨孤處士山居

薛逢詩江上園廬荊作扉男驅耕犢婦鳴機林巒當戶蔦蘿暗桑柘繞村菖芋肥幾畝稻田還謂業兩間茅舍亦言歸何如一被風塵染到老云云相是非。栖白寄獨孤處士詩林下別多年相逢事恥然扁舟浙水上輕策剡溪前攜履吟松月眠雲憶島仙巖花紅與白伴我雲巾禪

李給事山居

宋李易貴門卜築詩亂後亦擇居靈山山樓許居民百

餘家喜甚手欲舞云久聞公名此幸殆天與感兹鄭重
意時節共鷄黍剡川非沃野地僻民更窶趁時務擷茗
餘力工搗楮寡婦念遺秉汚池蔭數畝我欲敎耦耕晝
力循南畝桃杏種連山深居可長處東鄰有節士酒酣
乃發語公昔起布衣高詭掩前古親擢類平津决見逢
眞主兩宫佇六飛萬乘思一舉交侵正倔强蠭起益旁
午浩然公獨歸偶出寧有補默塞復何言長嘆汗如雨
○東鄰高士謂呂祖璟也

王編修舊居

王銍自著詩 我家住在剡溪曲萬壑千巖看不足卻嘆
當年訪戴人扁舟一夜去何速

阮肇故居

宋王十朋詩 再入山中去山中鎮翠微故山遺宅在何
日便來歸

許汝霖山居

明宋濂送許時用還山居序 婺與越爲隣壤越屬縣八
嵊有許氏居之以詩禮相傳爲名門而時用則又其最
秀者也濂家婺之金華距嵊爲不遠在弱齡時卽與時
用相聞方以文墨自漸摩無風雨無晝夜危坐一室不
暇見既同試藝浙闈旅進旅退于千百人中無有爲之

先容者又不能見自時厥後時用以禮經擢上第爲諸暨州判官金華抵諸暨北嵊爲尤邇時騎驢走嶺下而謁焉時用又入行御史臺治有司其地淸嚴雖時用亦不宜與人相接又不敢見曾未幾何金華陷于兵士大夫螻蟻走唯流子里爲樂土丞挈妻孥避爲流子里隸諸暨地在嵊之東南近數舍朗至時濂亡心多畏而士著民往往凌虐流寓者白日未盡墜輙翳行林坳鈔其囊橐物甚者或至殺人又不可見及至兵戈稍息予還金華日采藥以自娛間念及時用卽欲約二三子往候之以解夙昔之思去年冬聞時用有弓旌之招使者促迫上道急于星火又不及見濂竊自念時用英俊士此行何所不至鸞臺鳳閣將以次而升何日能賦歸縱時用欲歸上之人亦未必聽也濂雖小時用一歲則已皤然成翁度何由至南京既不能至又安得與時用一抵掌笑談耶慨然遐思者久之會朝廷纂修元史宰臣奏特旨起濂爲總裁官使者亦見迫如前違濂將戒行李時用至武林始旬月耳濂又自念史事甚重當有鴻博之士任其責者濂豈敢與聞措其以往或得一見時用亦豈非予幸歟濂來南京寓于護龍河上方求時用舍館之所在忽有偉丈夫來見者問其姓名亟曰我許時

用也子豈非宋景濂乎濂驚喜不及答亟延入座備陳
五欲見而弗能之故時用知濂嚮往之久亦相與傾倒
凡風晨月夕無不相往來一旦忽淒然隕淚曰予先朝
進士也春秋又高矣不足以辱明時使者不我知委幣
而迫之來我不敢違今已陳情于丞相府矣丞相倘言
之上得遂歸田焉不翅足矣他日又來言曰聖天子寬
仁今用丞相言如所請矣已具舟大江之濱吾子遇我
厚幸一言以爲别嗚呼婺與越其壤相接邇其見甚易
也乃積四十年而莫之遂厥後始見于千里之外既見
矣遠或四三春秋近或及朞相與論學以盡夫情可也
未及兩月而即去既去矣或買一小艇相隨五六百里
間探江花之幽靚殷勤道别亦云可也修史事殷足不
敢踰都門愴然而别既别矣一二年間或再得聚首如
今焉猶可也然向者已如此自今而後其可以必期而
必取之耶人事之參差不齊何可復道尚奚言爲時用
之别耶雖然時用之歸也其有繫于名節甚大時用採
蕺山之蕺飲鑑湖之水日與學子談經以爲樂者果誰
之賜歟誠由遭逢有道之朝故得以上霑滂沛之恩而
適夫出處之宜也夫道宣上德以昭布于四方者史臣
之事也因不辭而爲之書區區聚散之故一己之私爾

則又當在所不計也

增勝堂

〔王銍詩〕心是華嚴境圓機更善根一塵猶可見十勝不爲繁放鶴歸松徑呼猿開竹門妙高峯頂住客到亦忘言

俯山堂

〔釋懷讓詩〕香閣俯孤城登臨敞竹扃水流雙澗白烟散萬家青華雨迷蓮座松雲護石屏何當來借住重著息心銘

高山堂

〔釋仲皎詩〕此堂何許覓知音山自高高水自深要見德雲堂面是莫勞童子别峯尋講殘玉几天花落定起蘿窓海月沉誰爲高人居絶頂一毫端上刹塵心。〔宋節度使梁佐詩〕巍巔層閣倚雲平一凭闌干醉魄醒霽雨亂山生淡碧帶風寒竹有餘青孤猿傍石來深澗幽鳥銜烟入畫屏卻重僧多仙卜象蓬萊不獨在滄溟。〔知縣史安之詩〕閣憑嵬構敞軒扃一望塵凡目暫醒巖嶂遠供千叠翠松篁還聳四時青登臨雅愛恣吟筆圖畫尤宜作座屏我欲從君游未得壯心方欲翥南溟

接山堂

盧天驥詩并序余嘗愛晉人吏隱多在會稽而子猷昌雪訪戴尤爲一時勝事余以捕寇過剡時方大雪初霽山流瀑漲橋斷不可行遂登鹿苑寺憑闌四顧便覺溪山來相映發豈眞中令嘗目應接不暇處耶遂名茲堂爲接山且賦詩以記其事故藤老欲盡新春壓未來無令龍梅覺且遣山禽催雲間古招提鐵鳳翔斗魁單車夜剡溪境淨無纖埃修篁舞瘦蛟怒瀑生晴雷坐久談頰風吹我心霧開乃知白道社未下黃金臺細思王騎曹逸韻挽不回且同謝康樂屐齒破蒼苔重遊定不惡林壑富詩材

王銖愛日堂

明呂原記予惟天下之道莫大于孝孝莫大于愛親愛親而至于愛日愛之深者也故揚雄氏云事父母自知不足者惟舜乎不可得而久者事親之謂也孝子愛日夫日一晝夜而行天一週而常以三十日會于月又三百六十日而會于天亙古今未始一時息也然則孝子曷爲愛夫日誠以天之日無窮人之日有限況人生上壽不過百歲其爲日不過三萬六千耳親之壽日多一日則子之事親日少一日懼來日之無多惜此日之易過雖欲不愛烏得而不愛耶希斂之母壽已入衰其于

上壽蓋不難至苟慕斗祿而曠定省之勤離膝下而勞倚閭之望人子之心寧能恝乎此其所以深有感于雄之言也玆歸日用之間事父母之際得一日必竭力盡情以務職分之所當爲恐恐焉恒若有今日無明日不敢自暇自逸則于所謂愛日者誠無負矣宋王介甫詩云古人一日養不以三公換斯言也請朝夕共警焉

〔王羲之讀書樓〕

〔竺漁隱詩〕天上虛勞詔六飛書臺墨沼自棲遲將軍豈是忘王室曾俉華亭唳鶴時。〔史子綏詩〕金庭坐斷叠青霞即是當年逸少家惆悵書樓人不見東風吹老玉蘭花

花光水色樓

〔王以剛詩〕千古金庭洞丹霞一逕通花光明永夜水色湛長空勝地滄桑裏仙壇渺漠中登臨興無限回首倦春風

〔元處士張掄藏書樓〕

〔諸暨楊惟禎詩〕戴顒溪上藏吾舟三十六曲鏘鳴球濯足太白雙龍湫名山更須瞻沃洲沃洲之陽溪上浮着此一所張家樓捲簾爽氣天姥曉倚欄秀色蓮花秋張家之樓無百尺夜夜虹光射東壁中藏異書三十乘太

史東來殊未識城中瓊樓高五城吳吹楚舞塡峻嶒一錢不直兔園冊一丁不識黄金扁樓中主人計誠左遺安遺危各在我韋門奕葉有光價鄗鳩何人徒賈禍樓頭校書腹便便眼中松楸手遺編前年燎黄光九原書中始識兒孫賢卻問瓊樓金玉貯還有美人化黄土君不見魏家高樓何足數誰復西陵䕶歌舞。〔金華黄溍詩〕木杪出飛樓仙山有上頭可能無客至少爲借書留芸草春仍在虹光夜不收如何試乘興一棹剡中舟

〔棲雲閣〕

〔明徐惝詩〕氤氳觸石起坤垠疊閣層構巧樣新卻笑紅塵飛不到無心常伴老僧身

〔隱天閣〕

〔盧天驥詩〕欲結愛山人共了尋山債未有買山錢愁聞有山賣小雨濕春風捲雲遮落日不若叫風來吹雲放山出一眼吞萬山寸心貯千里何日上歸舟教人問春水殘雪領春來疏鐘驚夢去尚憶昔年愁孤舟繫江樹

〔歸鴻閣〕

〔王鎡詩〕初離江渚荻生芽飛到龍荒雪滿沙寄語不須傳信遠將軍憂國不憂家。不向幽林擻畫闌夕陽空伴六朝山故人爲我留歌興絶勝溪邊訪戴還。今君

有意去來中白日無私物自公回首溪山莫留戀不隨社燕與秋鴻

僧仲皎倚吟閣

宋王銍詩賀家湖東剡溪曲白塔出林巒斷續雲中與畫酒船空境高地勝何由俗誰結禪居在上方山房屈曲隨山麓個中非動亦非靜自是白雲簷下宿。明盧鳴玉詩倚吟闌廢知何日山地清深是往時今朝初下遊春楫日到梅香理舊詩

王銑勅書閣

明袁鉉詩人生穹壤閒百事宜奚勞所勞在六籍識廣志自超先生世儒家立心異常髦思與姬孔接神與朱程交編簡肆探索精粗析秋毫兀兀窮歲月繼晷焚蘭膏乃厭喧雜聲別築南之坳巍然構傑閣輪奐于雲霄揭扁時仰瞻冀免寒暑嘲願言益自勵終始慎此操他日深造詣至理融以貽。徐輔詩滿堂貯金玉子孫務春侵滿室載管絃子孫學荒淫偉哉夫子謀有閣臨竹林閣中藏羣書古人可披尋子孫登是閣不懈惜分陰子孫精是書坐可攀朝簪君不見邊先生便是腹玉夫子醉其心清風颯颯傳于今又不見漢相韋賢家一經教子輕黃金

文星亭

俞安性詩更陟崔嵬虎嶂山此獨豪三垣羅地局一柱倚天高夜靜星疑摘秋聲落雁號勞君頻指點王謝舊弓刀。王國楨九月十日登星峯亭詩重陽佳興尚無涯[illegible]日登臨[illegible]歲華卷石擎空參碧漢長江環帶湧銀沙亭孤野曠[illegible]墟小雁嗁風飄日影斜極目不知何世界黃花無恙屬遊家。袁尚衷次韻景物時新未有涯登亭更拾好風華蒼嵐羅列千峯翠雪浪分開兩岸沙舊葉疎楓秋意老數聲落雁夕陽斜歸來拍手賡同調笑煞山前學圃家。

戴溪亭

宋王銍詩碧玉仙壺表裏清我來閒伴白雲行四山遶運青圍野一水蜿蜒碧遶城試問春來觀秀色如何雨後聽寒聲昔人飛馭烟霞外落日空含萬古情。天上東風轉斗星天涯羈客尚飄萍道途只漫經殘歲風雪那堪客旅亭春到怯添雙鬢白夜寒愁對一燈青絕憐萬古妻凉恨不計樽前一醉醒。王十朋詩剡水照人碧剡山隨眼青吾來非雪興暫上戴溪亭。林東詩溪亭故事幾年華來值秋霖眺望際雲障山巒多少處雨歇烟火兩三家水肥去馬行高坂汀没浮鷗上淺沙業是子猷誰是戴小船盃酒興無涯。高尚書輝詩登亭更名與靈溪系以詩溪山之曲無端靈興盡名亭意可知出岫孤雲含無雨投林宿鳥愛深枝風流豈是千年事公案今成七字詩短神悠然隨所適人生出處要如斯

周汝能天香亭

宋王十朋記剡中佳山水爲東南州之冠日汝南周君堯夫得爽塏于剡山之陽據雙溪之勝而築其並廣廈耽耽在剡爲甲有巖桂數百根皆古木也蒼然成林森然而陰洞然而深闢徑通幽而亭乎其中主人自與客游焉如入宜人之林而夏不知暑如登飛來之峯而香颸自天如騎蟾蜍游兔宮而下覷人間世真剡之絕擢景也予丙子冬過剡把酒是亭時堯夫將戰藝南宮予因目之曰天香明年春果勝捷第與予爲同年友堯夫命予記之而未暇逮今七載始移書必及之乃爲之言曰學者方未第志在乎得耳得則喜失則悲故以登科爲化龍爲折桂春風得意看花走馬晝繡還鄉世俗相歆豔曰仙曰天上歸也是特布衣之士詫一第以爲天香耳若夫學士大夫所爲香者則不然以不負居職以不欺事君以清白正直立身姓名不朽于進之書足跡不至權貴之門進退以道窮達知命節貫歲寒而流芳

後世斯可謂之香矣唐宋璟以芬香勉張說漢李固以糞土視胡廣趙戒名乎名乎科第爵祿云乎哉堯夫筮仕有能聲且挺挺好議論時事遠大未易量子方以名節相期必不負所以名亭者矣堯夫又能樂教難弟諸子皆力學行見棣蕚聯芳芝蘭並秀濟濟詵詵天香滿門不止燕山之竇而已然科第之香孰如名節之香堯夫又當躬行以樂之也

覽封亭

兪安性詩聞道新亭好登臨傍夕暉臺高留照遠徑僻避塵稀白露連山蓆丹楓襯醉衣夜寒歸路暝微月上林扉。張我綱詩獨上高山久心閒覺晝長溪山一望澗烟火萬家忙亭畔聞樵語天邊數雁行有懷千古意寂寞對斜陽

翠寒亭

楊撫詩偶然小趺借蒲團高樹脩脩落翠寒山鳥聲喧窗外曙石苔香卸巖初乾。夏雷詩尋幽避暑特相過松竹森森遶薜蘿對酒不妨清話久有錢難買綠陰多四山雲盡青成蓋兩腋風生興欲歌心境會時皆樂地浪遊蓬島竟如何。周孕淳詩長安五載道途覓練[illegible]依依續舊歡昔日吟風竹韻冷今來細雨柳枝搏燒鐺

夜煑兒拳蕨憑遍盞閑憑萬字欄更欲携君十日飲孤松濤振夏亭寒。（周光臨詩）古木參差玉宇團慇盧磬合磬聲寒僧來說偈天無暑客到題詩壁未乾竹影低垂橫講席松花細落點棋盤晝長讀罷無餘事曲在啼鶯臭在蘭

（挾溪亭）

（盧天驥詩）孤亭瞰平□□溪分兩派野潤春草香溪清照人碧我來亭上□□□溪聲野色爭趁人胸中卽整相映發倏然便欲乘□輪□無妙手王摩詰半破鬢溪重畫出溪山應喜得□□首壽遺倒霞供落筆我喋盜髻犯車塵一凭危欄眼界新奇謝溪聲與山色他時來作個中人。（王十朋和前韻）路入剡山腰風生玉川腋孤亭物外高雙溪眼中碧山僧作亭去幾春賞音端的逢詩人自從妙語發而聲遂價絕境多歸輪我來首訪維摩詰問訊雙溪自何出發源應與婺溪同賦物衛無沉郎筆憑欄一洗利名塵入眼翻驚客恨新山城重重水如帶何能挽住思鄉人

（玉虹亭）

（盧天驥詩）飢鼯愁鸎號窮冬層巒秀壁撑晴空閑拋小藤借餘力來看霜巖飛怒虹小奚僕呼老欸段淪鼎篝

火烹團龍餘甘入口茗類爽兩腋便欲生清風悠然千里壓眼界金篦割瞙開雙瞳乃知足力不到處別有天地生壺中國恩欲報已華髮征車未去先晨鐘玉川乘雲紫皇家謫仙騎鯨河伯宮聊追二子歸禹穴碧空轉首山重重

絲系麗句亭

系辭鄭守薛僕射詩　由來那敢議輕肥散髮行歌自采薇遣客未能忘野興辭書翻遣脫荷衣家中匹婦空相笑池上羣鷗盡欲飛更乞大賢容小隱益看愚谷有光輝。又山中寄張正許事詩　終年常[illegible]詣師事五千言流水閑過院春風與閉門山容邀上客桂實落華軒莫强敎余起微官不足論。戴叔倫酬秦徵君春日見寄詩　終日愧無政與君聊散襟城根山半腹亭影水中心朗咏竹窗靜夜晴竹徑深那能有餘興不作剡溪尋

歸雲亭

仲皎詩　一從流出岫舒卷意何長作雨遍天下乘風歸帝鄉無心憐洒落到處自清凉縹緲來空碧吟邊帶夕陽

勸農亭

訓導王洪記　成化壬辰古剡許侯岳英來蒞自視篆蒞

今惟以興學勸農爲急每當東作循行郊外覩民耒耜秋成復歷前所徧詢民瘼吳叔陽等割己地率同事者捐貲作亭余時署姚江學事二尹古靑徐君倫走書幣徵余文余爲之辭曰布穀雨後啼春風于村萬落農事同于耜舉趾興厥功霑體塗足寧敢慵我保政暇乘靑驄循行阡陌樂雍雍問民疾苦憫疲癃慰勞勸諭言從容牆下植桑爲蠶供女當織紝事紉縫誰家缺食詢家充周給惠與同化工四郊綠徧禾芃芃來牟既登年屢豐官租私廩兩不空男耕女織皆有庸頌歌載道聲隆隆不殊白叟暨黃童我詩既成民允從家傳人誦垂無窮甘棠千載師名公

亭山曜文亭

裘克紹記亭山三峯聳峙秀冠剡溪而著名也又以亭蓋位居于巽固主文明而亭以翼之俾昭回雲漢如在几席間則昔賢之用意深矣亭爲明萬歷間先御史公諱仕濂建凡三級顏曰曜文爲一方人文所繫山發源五龍綿亘而下歷桂雉兩巖按地分支鍾靈挺秀以拱衞崇仁鎮此剡邑文風所由首推也迨 國朝亭頗圮康熙庚寅先君子諱燦字景虞號省園公糾族之賢哲庀材鳩工重加修葺圍砌以磚磚刻裘亭二字誌由來

也自此而聲名文物什伯曩昔益以知山川之靈異亭臺之修葺直足以上匡文運所關詎細細哉而予猶思有以擴先人之志爰謀宗人諱炯彬與朋錫疇克配美藏潮諸君升級以五旣可以窮千里之目而扶搖直上亦且始基焉宗人曰善于是捐貲勷事經始于乾隆辛酉秋仲落成于壬戌春王亭益以高山益以秀吾知將來之書升必有踵相接者書曰惟土物愛厥心臧非明徵歟至若東接逵溪之水西繞滁巾之泉樹碧雲奇林紅風厲掩映迴環亦足以疏文思豁心目而要非建亭意亦非先君子與予集宗人次第飾美意也宗人謂不可以無記爰振筆書端委而勒石壽之東壁。〔會稽俞忠孫登曜文亭記〕幼侍先君子鞠陵先生讀書耐園有客自剡溪來曰叔度裘先生者爲言剡中名勝遥及亭山曜文亭覺意氣都揚鬚眉欲動謂崇仁鎮人文之盛甲于一邑者以此維時聽之便爾神往越四十餘年得交先生宗人徵錫翁泛舟過訪詢此亭無恙否徵錫翁曰自明先御史子憲公剏建以來凡三繕修顧昔止三層今增而五丹艧甫竣盍往觀乎予欣然就道時烟霭初霽羣峯縹緲騖空若將上謁天帝者睇視三峯秀異迥出尋常卽亭山者是中峯玉立叅天則所謂曜文亭忽相與歷級而上周遭四望獨秀東湖太白福泉石姥諸山屏障圍抱如旌搖旗列者一泓冷冷東來彷彿撫絃動操時則逵水也令人想見安道高風外此而晉王右軍之鵝池墨沼齊褚伯玉之疏山軒嘯猿亭九處士張嶮之藏書樓可隱約計不必更上一層而碧茂參差樓臺掩映錯出于巖巒中已應接不暇矣追憶叔度先生言如甫脫口昔以神往今且身歷而作之合者仍裘氏也亦奇矣哉從來衣冠文物多萃于城而嵊獨萃于鄉若崇仁且幾及邑之半謂非斯山有以鍾之而斯亭有以耀之乎宜其世世子孫保護勿替也爰書大概以誌巨觀

文星臺

周汝登詩　文星初起鬱崔嵬春日登臨共舉杯屹立自青成砥柱歡呼端不愧靈臺名山萬疊環相應王氣于秋此復同欲頌文翁能賦否慚予猶歎大夫才。喻安性詩　誰從中野奠元圭百尺高臺雲作梯水遇迴還鷩欲住山將返照望還低幾聲僧磬來烟郭數點漁燈散遠溪今夜臨風一長笑不知身際與天齊。周孕淳詩　孤亭碑兀依山墉漱玉琤琤和鼓鏞忽訝岑崟同嵌宿還驚柱石類飛龍地迴百里奔騰氣天接千山斷續峯一笑狂吟林谷振妙高臺畔幾追踪。〔知縣李以琰募引〕葢聞山川韶秀人物由此鍾奇臺閣巍峩風景于焉增麗應女牛之宿離曰天成聯奎璧之光賁因人贊惟重新乎勝蹟斯煥發其鴻獻嵊邑夙號名區素稱仙域青螺四遶面面畫圖碧玉千廻層層襟帶函鑿定安居之宅泰遊洩望氣之占子猷安道自多乘興遺踪康樂梅溪雅有拈毫佳處右軍故宅雲霞蔓飄緲之峯阮肇仙居烟雨鎖翠微之色鵲飛道院金庭與石鼓爭雄鹿苑憑欄怒瀑共晴雷比勢尋陸方之遺軸各擅汀灣湖李杜之謳吟難忘水石凡茲勝概未易悉陳要皆孕毓人文發天章于碧漢疏宣氣化散霞綺于晴川非僅博夫登臨洵有關乎政治更有文星臺者乃合邑之要領也位列青陽地臨碧水東溪流之鎖鑰轉地脈之樞機棟接騰蛟啓光華于雲錦檻連起鳳擷瑞靄于天香當年之人事可稽此後之地靈不爽惟是興替靡常幾失前人之制傾頹已久徒勞創始之功因之甲第多遜于曩時井里未臻乎全盛夫堂名并四亭號無雙止雖桑梓并之工快遊目騁懷之致猶且滄桑莫定慮陳跡之就湮嘉樹毋忘冀後人之嗣葺况乃合形輔勢爲都邑之咽喉孕秀鍾靈實文明之管鑰覩斯廢墜宜亟與修珹以菲才謬膺茲土登耆卓筆冀與步武丁兩巖瀟道通渠願追隨于一栢顧文章經濟深懼未遑而補鈌彌偏致辭非分勇于退食之暇憑眺遺基聊資清俸之餘思爲舉廢而千尋飛閣用待鳩工百尺高樓難從蜃化庀材董役豈一力所能支合志同心庶萬間之可庇先陳數語用告諸賢希隨願而樂輸幸多人而集事布金有術頃便翬飛覆簣多功應看燕賀此日高甍繡闥不徒資烟景之觀他年育德興賢即以樹棟梁之望矣

松月亭

王心一

詩 松月亭高入望多萬家垣雉隔藤蘿雲深遠岫如烟合月照長江似練拖旭靄花光聞誦讀霞明鏡秀起絃歌憑空羽翰生雙腋未許翩躚獨泛槎

張思齊菊趣軒

寧海方孝孺記

人嗜于物必有樂乎物樂焉而勿厭非深有得乎物之趣者不能也好權者之于位慕利者之于財竭思慮罄歲年孜孜求之而不止彼其爲趣亦有所樂矣而曠達之士以爲非孟嘉之于酒阮孚之于屐支遁之于馬舉世之所尚者不足以易其好其所得之趣亦可謂深矣而高潔之士未免以其所樂者爲累葢人之心不可繫于一物苟有所繫而不能釋雖逸少之

于書元凱之于左傳李賀賈島之于詩當其趣之自得以爲雖萬物莫能易及其流于玩物而喪其天趣則與好世俗之徵物者無以異惟君子之知道者則不然在我之天趣可以會乎物之趣已有以自樂而不資物以爲樂名公之巻阿曾點之舞雩是曷嘗有聲色臭味之可以適乎情而快乎體哉縱目之頃悠然有會乎心志已以觀物志物以觀道凡有形乎兩間者皆吾樂也皆有趣也而吾心未嘗留滯于一物也夫是之謂得乎天趣後之士知聖賢君子之樂者蓋有矣吾嘗于陶淵明有取焉淵明好琴而琴無絃曰但得琴中趣雖無音可也嗟乎琴之樂于衆人者以其音耳淵明幷其絃而忘之此豈玩于物而待于外者哉蓋必如是而後可以爲善用物會稽張公思齊氣淸而志美好學有長才少喜淵明之爲人營別業于玉芝山中種菊釀秫名其居爲菊趣軒及遇聖天子擢爲陝西布政司左參政去林壑而處公署之崇嚴覩園林之靚麗無復隱居之適矣猶揭菊趣之名不變或者疑之予以爲琴而無絃猶不害淵明琴中之趣公苟得菊之趣豈問身之隱顯與菊之有無哉菊之爲物揚英發秀于風霜淒凛之際有類乎盛德之士不爲時俗所變服之可以引年于澤物濟世

之功又有類焉公之趣誠有得乎此處富貴而亦盈臨事變而不懾御繁劇而不亂推其所得者于政使數千里之民樂生循理躋乎仁壽之域則公之樂果有出于菊之外者矣夫樂止夫物之內者其樂淺樂超乎物之表者其樂深淵明之屬意于菊其意不在菊也寓菊以舒其情耳樂乎物而不玩物故其樂全得乎物之趣而不損已之天趣故其用周嘗試登公之軒誦淵明之遺言而縱談古人之所樂則夫淵明之趣果屬之公乎屬之我乎尚幸有以語我哉

一鑑軒

石延慶詩　一軒曾以鑑為名軒下方池徹底清坐客不須頻拂拭主人猶恐太分明一塵不立原無物萬象俱涵豈有情堪笑越湖三白坐等閒風浪幾時平

周汝霖水竹軒

鎦師邵詩　瓏瓏蒼玉圍瑣窗凝澤入簾翡翠光秋波漾空翛寒綠廻颸拂烟路佩瑲浴金熏爐木紋龍生色曲屏照迴檻幻魄光捺十二闌鳳凰飛出參差管木仙騎龍歸渺茫蘭芽茁土氣盒香湘流不盡湘雲杳夢落蒼梧九峯小

知縣王淵成趣軒

訓導汪學曾詩舊徑尋山麓埋名不在深坐看飛倦鳥
閒枕治餘琴四壁圖書滿一庭花木陰涉園成趣後千
載兩同心

褚伯玉太平館

齊孔德璋碑文河洛摛贊神道之功可傳高華吐秘仙
靈之蹟可覩蓋事詳于玉牒理燎于金符雖寘默難源
顯晦畢與軌測心觀古可得而言焉是以子晉笙歌馭鳳
于天海王喬雲舉控鶴于元都亦有物蛻蟬化影遁形
銷神翥帝宮迹留劍杖遊蹈島而不返宴元圃以忘歸
永嘉惡道者窮天地之險也歎賓遇日折石橫波飛浪
突雲奔湍悬箭先生攀途躋阻宿棲涉圻而衝飈夜鼓
山洪暴激忽而崩舟墜壑一裂千仞飄地淪篙翻透無
底徒侶判其水碎舟子悲其電散危魂中夜赴阻相尋
方見先生恬然安席銘曰闢西北妙洛右飛英鳳鳴金
闕簫歌帝京絕封萬古乃紀先生先生浩浩惟神其道
泉石依情烟霞入抱秘影窮巖孤棲幽草心圖上元志
通大造

張遜有內齋

明寧海方孝孺記人之受于天者均也聖人與天同德
而衆人至于與物爲徒可不知其故哉于此有泉焉其

發源同其潔瑩甘美同其一注之金玉之器而庋之鼎之塵壒無自而侵則其明可以察毫髮其味可以薦鬼神與其發源之初無以異其一入乎淤泥積潦之溝牛馬之所踐鳧鶩之所浴汙穢之所集而莫或藩捍澄治之則雖欲不異乎其初弗可致矣聖人之質金玉之器也而又以禮法虔以敬爲羃持之以兢兢之畏守之以翼翼之恭是以其中心渾全無所虧蝕其德即天德也其道即天道也其語默進退出處久速舉措設張後乎天者不違乎天而先乎天者天不能違也故聖人之質既美而又有自新之具其所合乎天者豈偶然哉若夫常人其質固已不美矣天理之所在嗜好汨之于內利害鉥之于外聲色臭味爵祿名勢所以穢汚之者非一端而又重之以怠肆放之以邪僻彼安能復同于天而不變其始哉其與物相去不能分寸者不知自新之學故也夫聖人之與庸人其質之不侔固有由然矣使衆人亦以聖人自新者治其心而加謹焉雖未至于聖其有不至于君子者乎此余于會稽張君遁之名齋而喜其有志也張君之質過衆人甚遠而好學慕古道取孔子釋坤六二之言以直內爲齋居之名夫敬爲復善去惡之機天理之所由存人欲之所由消也故人能一主

乎敬寀與之間儼乎若上帝之臨造次之頃凜乎若珪璧之奉妄思邪慮罔或萌蘖其中而皆發于義也以之事父則盡乎孝而非欲人稱己之孝而爲之也以之事君則致其忠而非願人富貴華寵而爲之也操之而不失則內直內直則外方者在是而聖人之天德可庶幾而至矣故曰直方大不習無不利則不疑其所行也學而至于不疑其所行非幾于聖而能之乎嗟夫夫人皆可以與天同德而不知主敬以明善斯有志者之所以爲難能與若張君者獨能取古人之學以自勉非有志而能然歟予也固志乎道而未至者焉得不與君言之而且以自警也歟

尹如度長春圃

（知縣王志遠詩）有圃名長春圃中何所有纍山只盈奇架屋僅如斗梵音遶蘭若魁星當戶牖異卉本過百靡欄曲成九時亦事濤修時亦携趣友時亦叶奇句時亦酌清酒撫琴慰爾心彈碁談君子東皋或舒嘯北郭或矯首我來明月中正值秋後蕉死餘紫莖蓮枯有碧藕楓葉紅于花松枝翠于椰階除幽以閒池沼清以瀏盎然元氣融習習春生肘得與溪山親得與烟霞耦嘲中許龍臥門外憑虎守悠然藹桂蘭行星當薪櫝燕卓哉

先生志學圃民不苟。周汝登詩元亭自作楊胡草花徑何曾緣客掃北窗一枕傲羲皇春去春來春不老心山陰王應吉詩早承庭誨淑民知隨處系同得趣奇周草每從窗下對程風時向坐中披歸來喜作西疇計肯使文當北岫移春意賅存無盡藏願歸君圃共棲遲。鄭重光詩卜築開臨戴水濆翠微佳氣倍氤氳名花手植纔三徑春意胸藏已十分洛社此時堪接武山靈何事更移文桑間亦有閒閒者高雅那能得似君。尹如鳴詩望越門邊曲徑開瀟窔錦繡簇成堆小山擁後凝交翠老栢當前挺異材鳥踏枝翻雲影亂魚遊石動水紋廻世人共訝春如許那識春從去始來。周孕淳詩庭柯秀挺足怡顏春意無窮一榻閒泮奐每從高隱得扶搖豈爲倦飛還光含紫翠時臨洛色借烟霞半在山此際梅谿如賦剡應將茲圃作推班。明周光臨記剡中饒山水如清妙秀異先民之品題久矣獨爲圃一事不數數見焉余每于尋問時低迴輿概意欲南郊卜築爲終老之區而尚有待也乃吾敬川之有長春圃實先獲我心倚是于面四明九徑縱橫入覽廬敞無金谷之侈而襲其精有離垢之幽而拓其隘逼室廬而餘日涉之趣連阡陌而便植杖之芸詩酒之客每每過從舒嘯賦詠安在弗春春已無量矣又何論羣花之蔿蔰萬木之離披也哉海門先生爲聖路闢榛蕪而獨于茲圖流連忘倦固知伯氏之圖繫山水之靈所藉手而標榜吾剡中之最勝者也誰謂先生之題非醉翁之意哉余因取鶴鳴之詩歌之而仍請鉅公髦士碩好之章作長春譜云

謝公宿處

李嘉祐詩　綠塘剡溪路映竹五湖村王謝登臨處依依今尚存

灌頂壇

唐張繼詩　九燈傳象法七夜會龍華月靜金田廣幡搖銀漢斜香壇分地位寶印辨根芽試問因緣者清溪無數沙

葛仙翁壇

盧鳴玉詩　輕桴短棹入溪光石瀨盤紆曲曲長野杵亂舂新黍熟葛巾初灑晚就香雲封古洞仙翁竈月近高樓處士牀未許入山能久住願隨莎鳥共相將○知縣李以琰詩　仙翁不可覩遺跡恰依然竈冷雲烟復林空藤蔓纏烏遠催杵藥□□跡蹤鞭到此塵氛隔頓令萬慮捐□誇

明周汝登訓俗四則居家孝弟持身謹厚匹夫亦足自立于鄉里故盜賊不畏刑戮而畏王烈之勸誘閭里不畏公庭而畏陳實之表正皆非係于名與位也若節行一虧雖貴顯不爲名敎所齒况瑣瑣者乎○少長知禮男女有別門祚有必興之理故龐公耕壟而遺子孫以安冀缺饁野而夫婦相敬如賓人之所以爲人恃有禮而已家有禮義則開業傳世氣脉長遠恒必由之一時强弱盛衰之勢不必論也○人于性偏處能克難忍處能忍此乃豪傑胸襟學力所到故人有不及可以情恕非意相干可以理遣克拓得去便是堯舜氣象更何事不可爲若一不如意即怒形于色甚至矜己凌人識者思之寧不驚汗浹背者乎○知足引分常覺消受不去則隨遇可安環堵蕭然而居有餘地饘粥糊口而腹有常飽古稱無事當貴寢臥當富緩步當車安食當肉皆安分無求之謂故君子無入而不自得焉○又燕飲儉約敘儉美道也惜福省財厚風俗維元氣益則鉅矣知儉之益奢之害可勝言哉他未暇數以語燕飲一節珍饈滿案放筯即空日食萬錢不過一飽徒侈觀美何爲且其敗禮踰度殫力靡財所以灕風而耗氣者不細是首宜儉省者也東越諸邑剡最朴略近古余髫時見丈

人行宴止五饌新賓上客不過倍是父老傳聞謂成弘間簡儉尤甚雖盛燕不過五饌中間以蔬乃近來豪侈日甚一宴聚羞異味前一席盤盂動以百計彼此倣效成風雖聞達時務者有厭煩就簡之思而羣然披靡不如是則以爲薄或以爲矯匪怒則嗤特立爲難矣夫眉州近古之俗蘇長公稱累世而不遷余誠不忍父母之邦美道淳風之日斲滅而無遺也敢以告諸縉紳耆髦更以請邑大夫傳士立爲燕飲一約使餚有定數生無濫殺尚侈者有所制而不渝慕古者有所據以自立都無厚薄則怒者無因不見異同彼嗤者何自去奢之害而就儉之益移易或在乎此嗟乎余之約非敢違時以立異思以還吾故剡而已矣亦非過嗇而難堪姑以去其太甚而已矣凡我邦人甚毋迂我若夫由燕飲一節而推之事事由吾剡一鄉而推之天下余竊志之而綿力難持于德位君子有深望焉。按舊志所載歲時詩皆鋪敘景物無關嵊邑風俗至禁演傳奇申講鄉約亦止一時政教已散見各傳故概不錄

剡紙

唐顧况剡紙歌雲門路上山陰雪中有玉人持玉節宛

委山奧爾餘糧石中黃子黃金屑剡溪剡紙生剡藤噴水搗爲蕉葉稜欲寫金人金口偈寄與山陰山裏僧手把山中紫羅筆思量點畫龍蛇出正是垂頭搨翼時不免向君求此物○陳端以剡牋寄贈陳待詔詩雲母光籠玉楮溫得來元日剡溪濆淸涵天姥雲頭雪潤帶金庭谷口雲九萬未充王內史百番聊贈杜參軍從知醉裏縱橫墨不到羊欣白練裙○孫因越問一則緊剡溪之爲紙兮昔居上者有三盖篠蕩之變化兮非藤楮之可參在晉而名側理兮儲郡庫以九萬日姚黃兮最顯兮蒙詩翁之賞談加越石以萬杵兮光色透于金版近不數夫杭由兮遠孰稱夫池藤半山愛其短樣兮東坡嗜夫竹展薛君封以千戶兮元章用司筆硯數其德有五兮以縝滑而爲首發墨養筆鋒兮性不蠹而耐久惜呂黎之未見兮姓先生而爲楮使元輿之及知兮何悲剡藤之有客曰微哉越紙兮有大造于斯文然世方好楮而玉兮又烏知乎此君

亟春草（詩）

唐方士梁鍾詩東吳有靈草生彼剡溪傍既亂苺苔色仍連蘭菅香金膏徒騁詩石髓莫矜良倘使露涓滴還遊不死方

剡茶

宋盧天驥玉虹亭試茶詩纔見飛泉眼卽明玉虹垂地半天聲何時蕭散無公事洗鉢重來汲淺清○航湖未逐鷃彛子得水今同桑苧翁試遣茶甌作花乳從教兩液起清風○高似孫剡錄會稽茶以日鑄名天下余行入日鑄寺綆泉瀹茶茶與木味深入理窟茶生蒼石之陽碧澗穿注茲乃木石之靈豈茶哉山中僧言左右巖塢能幾何入京都供好事者何可給盜取諸近峯剡居半焉然則世之烹日鑄茶者多剡茶也日鑄以木勝耳建溪顧渚溪以茶名者木也剡清流激湍與山脈絡茶胡不奇余留剡幾年山中巨非清甘深潔宜茶方外交以茶至者皆精絕篋中小能么鳳至鑴不擊唐僧清書詩越人遺我剡溪茗採得金芽爨金鼎剡茶聲唐已著李易剡山詩雲巘移佳茗風潭蒔古松栽種也趂時務擷茗餘力工搗椿采顯非丹鼎山頭氣茶爐竹外烟烹試也仲皎贈剡僧秀蘊點茶成梅花詩未飛三白雪卻報一枝春風流人也作茶品又云茶非水不可水得茶方神陸羽水品二十劉伯芻水品七品藻天下名泉也余書取剡山作茶品復取剡潭谷作水品○按剡錄敘瀑布以下十處獨不入伯芻家闕意爾時尚未著耶

剡桂

宋程顥詩并序 李德裕嘗言洛龍門敬善寺有紅桂樹獨秀伊川嘗于江南諸山訪之莫致陳侍御知予所好因訪剡溪樵客偶得數株移植郊園衆芳色阻乃知敬善所有是蜀道芮草徒得其名因賦是詩兼贈陳侍御○昔聞紅桂枝獨秀龍門側越叟遺數株周人未嘗識平生愛桂樹攀玩無由得君子知我心因之爲羽翼豈煩佳客譽且就清陰息來自天姥岑長凝翠嵐色芬芳世所絕偃蹇技漸直瓊葉潤不雕珠英粲如織猶擬翡翠宿想待鵷鸞食寧止暫淹留終當更封植

剡藤

唐舒元輿悲剡溪古藤文 剡溪上綿四五百里多古藤株枿雖春入土脈他植發活獨古藤絕盡生意問溪上人有道者云溪中多紙工萬斧斬伐無時擘剝皮肌以給其業噫藤雖植物溫而榮寒而枯養而生殘而死亦將似有命于天地間今爲紙工斬伐不得發生若此異日過數十百郡治東雒西雍歷見書文者皆以剡紙相誇予見剡藤之死職正由此此過固不在紙工且今握管動盈數千百人筆下動盈數千萬言不知其爲謬誤殘藤命易甚綺文妄言輩誰非書剡紙者紙工嗜利號

夜斬藤以爨之雖舉天下爲剡溪猶不足以給況一剡溪耶以此恐後之日不復有藤生于剡矣藤生有涯而錯爲文者無涯無涯之損物不直于剡藤而已余所以取剡藤以寄其悲

嵊縣志卷十六

藝文志二

建置志藝文

四山閣

明知縣萬民紀詩　清江幾曲抱金城更有層巒入望明四境田疇盈澍雨半空樓閣推新晴傳杯促席情偏洽玩月推聰興自生坐久夜深天宇淨麗譙催聽鼓三聲○周汝登和韻　共登絕壁倚重城盧閣玲瓏見四明遠水帆歸江樹曉隔林鍾起寺雲晴萬衣翠幌松風入玉笛胡牀海月生今夜庾樓須盡醉更深閭巷有歌聲

起鳳閣

明周孚淳詩　虛閣依沙戸不扃亂沙攢黛漾漁汀雲迴遠峙原無意水抱孤城似有情烟雨飄晴清客夢月輪流處換漁檣一聲唱斷橫江渺不數當年賦二京○轟雨掀翻列缺光漫將三弄據胡床輕音度去和雲冷空翠移來入盞香爲有名山勞李白慚無高閣序滕王千年景物依然在幾見吾曹共舉觴

宋括蒼管晉張令修城記　會稽縣八剡爲清勝承平日久橫目習治庚子之冬睦寇狂勃剡寇應之縣有城壘城弗克守爲賊巢穴明年春帥劉公述古統制一道掃清賊黨謂令張誠發兆徒虔事課工督程出緡粟以僦役甫閱旬朝完壁高堞城之環亘十有二里未幾寇率其徒擁梯壁下仰視完壯失氣奪色將兵出銳掩之俘馘自是竄伏孼不爲孅侯智宏遠知所先務借不急此孰與民保時續維茂磨石無愧

瓶圩岸

錢塘李昱記　嵊城北據山東西南皆環剡水水嚙城下路漸侵及城居者行者兩病之　宏治壬子曲阜臧侯以名進士來尹嵊之明年疏請藩臬得府帑羨餘銀三百兩不足則捐俸以繼之而邑人富者資貧者力無不樂爲襄事于是諏日與工遠近提筐荷鍤而來者不絕于道登登馮馮之聲響應山谷閱月堤成自此周道如砥而狂流悍湍不復嚙我峻防矣邑人將勒石紀功而請于秋官丁君以賢丁君轉請于余余日昔東坡爲杭守築堤西湖民以蘇公名之謝安築堤新城民以名公呪之皆示不忘也嵊民之請亦似乎斯因書以志

城垣

明王畿吳令築城記世宗皇帝二十有九載海氛爲孽倭奴忽颺至蟻射搆禍于浙東黃巖萬室爲燼甲寅歲再陷天台海上羽檄無已時知縣吳侯嘆曰是可坐受無城之困乎乃請于上官相基度費稽版籍凡五十餘丁築城一丈計爲丈者九百有奇因舊爲址繞山帶溪工始九月凡四閱月告竣東西南北四門明年請布政司五百金成之東建門北四山閣則取諸罰鍰漸成之方築城甫半倭奴自台突入嵊黃泥橋夜遣諜來五里鋪睨視望城上燈燎晃耀呼譟之聲動地遂並引出浦口宵遁追城工未畢止二版倭奴又自台流嵊侯日夜督民兵分城哨守倭奴用是遁逃夫城工雖未完而有險可據倭故得以殫力警守而保完億萬生靈使侯不早計而亟圖是役則兩番寇至嵊能免於黃巖天台之難否也侯之有功于嵊大矣周別駕夢秀云吳侯經始時钁故址得一甎識云漢乙卯歲剡長吳某記夫吳侯築城于五百年之後而與前令姓同其築之歲又同憶亦奇矣○明周汝登萬邑侯重開化龍門記萬歷甲申南城萬侯民紀奉命來令剡祗謁先師因觀學宮曰學校爲治務首凡所宜興革吾必力焉越明年教治澤流典廢實惟其會司教陳君塾王君汝源趙君棟言于侯

曰惟學之前故有門曰化龍以通黌道今湮矣是宜闢敢請侯曰士論曷以諗多士多士曰固士望也即堪輿家學士不談而聖道賢途不宜壅古創是者豈漫耶命名謂何而可使湮也審如師言闢之便侯曰民情曷以諗諸父老諸父老曰固民願也諸生實我子弟即率作以興諸生誰不樂爲從事且民矣縣治以居由南門而界左右埒左爲門二而右一出入鄰焉豈惟作士亦以利民審如士言闢之便侯曰昔啓而今湮曷以士民進曰嵊有城載自吳爲門四方而西南間一是爲五門後城圮而門存嘉靖乙卯吳侯三畏復故城而民力詘議省五門之一曰吾留不盡以須嗣者乃門塞而名存于今三十年所啓實其時即啓諸費民自輸不以貽公紫侯曰凡令之職孰先作士而利民作士而利民也肯無而創自我竭公帑不爲厲矧有其舉之而民自子來者乎上其狀于郡大夫報曰可于是採石徵工早夜並作開城建門高若干丈門上搆樓幾楹成之者速甃之者堅往來利而遠近易觀矣孝廉張君希秩輩爲不可無紀以命言于余余維是舉有三宜書者夫興作鮮言春秋書僖公新作南門以譏不時左氏謂啓塞惟時時則何病乃脩泮宫則删詩而有取時故也時何稽稽諸士

與民士民所趨是爲時夫知時乃可議興作者今開化龍門是已是宜書以告凡爲吏者使闢門爲士士尚恩厥門名而自樹以無負侯大門以藉名龍出則雲流雨集將利益于物諸士登河津而躋首奮翼有以陝土而澤枯乃與茲稱是宜書以告爲士者欲闢門以利民而民是使大嵊民或指爲難治而茲是被所指見一節然必益若訓化政永無改于役龍門時則稱良是宜書以告爲民者三宜書于是乎縣丞吳君鶚鳴克殫乃力以終厥事得備書云○（李以琰曰）城歷七十五年不脩矣沿山一帶傾塌殆盡餘亦就欹乃吝公未敷遺請無益不然城以衛民豈備官而忘之乎書以告來者

縣樓

唐方干和陳明府詩　郭裏人家如掌上簷前樹木映窗櫺烟霞若接天台地分野應侵婺女星驛路古今通北闕溪山日夜入東溟綠衣才子多吟嘯公退時時見翠屏

迎薰堂

宋盧天驥詩　河陽滿院栽桃李風過落花吹不起潘郎遠韻故不凡爲米折腰聊爾爾剡溪詩尹亦何人作堂餉客名迎薰雖無桃李繼潘令紅梅一窠香入雲自憐

多病繡衣客百年未半鬢先白長鞭短帽飽霜露田園將蕪身未索何日背琴攜瘦笻鳴琴堂上迎薰風梅香已斷花初放滿枝着子雙頰紅寄聲艇子可留意爲我松溪撑短蓬

清嘯臺

明知縣萬民紀詩雨餘官舍長蒼苔時値清和露色開但願袂針隨處揷不誇花錦遍郊栽狂歌莫謂無風韻清嘯應知有月臺終古剡溪名勝地須教乘興續傳盃○張向辰和韻獨坐幽齋未破苔羣賢月下一樽開千重翠壁當筵聳幾種名花依石栽莫道綺羅忘蔀屋須教閭里頌靈臺公庭蕭灑無餘事願逐河陽再舉盃

稼雨堂

周熙文詩并敘雍正辛亥夏邑侯王公以曬禱雨適堂成雨沛遂以稼雨名堂爲賦是詩雨豈因堂沛堂偏賚雨名爲民期納稼舉事遂關情看誌盈郊澤倍誇不已成崇墉開百室寧躋樂同賡○周方續詩滂沱一雨足三天勃勃重蘓萬井田仰竭精誠通造化更將結構誌豐年膏同郇伯東西溥名並扶風先後傳佇看躋堂爭頌禱合歌多稼舊詩篇

清妙亭○原名來碧

喻學玢詩乘雲名古署來碧號新亭蒼翠依青幌蔥蘢透綠標絃歌舒爽氣案牘泯勞形經治民皆洽爭誇君子寧。花封依鹿岫覽勝築新亭飛閣連霄漢雕楹映日星遙臨一水綠入望數峯青多士從公遊公餘樂授經。周熙文詩河陽稱花縣單父有琴臺自昔賢令尹類多曠世才我侯更拔萃膺簡涖剡來惠政勤四布一亭傍署開户迎山色入坐觀萬象回名之曰清妙心神知托推靈息任飛息騁鶴許追陪泮與爾游矣優遊爾休哉幸得因公至步入渾無猜但愧非予羽竊恐汚蒼苔。新昌俞光道來碧亭記剡治山水糾繆環顧青蔥而鹿胎居城北之內縣治在焉遠合翠黛俯挹清流睇盼之下無不羅而有之昔人所謂溪山入畫也已亥春邑侯宋公始來治剡構亭于署之東偏顔曰來碧以為憩息讌遊之所有深意焉公退之暇憑闌遥矚東望天姥沃洲出沒隱見若近若遠庶幾有隱君子乎而其南則方山劉阮之所從遁也西望毓秀諸山如列屏嶂晋王右軍嘗遊歷肆志焉其遺跡猶有存焉者北俯凝湖蒼茫烟水風微八遠問猶有雪夜之棹乎上下古今穆然神往且悠然退思矣見柳之依依而思啓居之不遑也見桃之夭夭而思怨曠之無闕焉見竹之猗猗而思

有斐之弗諠也見葭之蒼蒼松之鬱鬱而思伊人之可
慕貞士之可懷也則斯亭之建所以發抒精神因物興
感以寓招來懷遠之意者亦曷其有極豈止邇延綠野
逢混天碧絕四時之蒼翠而已哉予不足知公之雅懷
然就公之顏亭者以思而知公之意有甚深者矣用敢
志其固陋揣公之意而為之記

譙樓

周熙文譙樓落成詩公門架更樓層峙聳霄漢四聽山
色射曲阿彩霞纏洵乎作棟材天然章丕煥寄來漏滴
聲似雷震里開凌空遍提撕不必鳴雞喚只此傑構新
新民功居半。天台元應奉翰林承事郎楊敬德記嵊
會稽山水縣也治據星子峯之陽清溪千仞流景常新
宰斯邑者莫不喜其地偏景勝俗美民淳而盡心焉至
正甲申膠東令侯瓚來涖茲邑侯由儒科與廉勤老心
人民化服鳴琴裕如也度民可使矣乃與僚佐議葺新
廳大修學校顧譙樓之址鞠為茂草鼓角寓他所垂闕
十年謀之邑父老咸願助資給用侯從之市材深谷會
大旱溪涸致力為艱俄大雨水溢木浮而來如赴期約
皆工傭徒厚于私家之值民歡趨敏給不久就緒經始
于至正四年十二月落成于明年八月為樓橫八楹縱

十二楹旁舍翼然宏壯加昔其材需官無費而不擾徙鼓角其上以時與息深得古人申敎防微之意云噫上古聖神挈壺有職雞人謼囂上焉致辨色示朝之戒下焉謹出作入息之度政敎巨細不同所以儆怠荒一也唐太宗用馬周以鼓代傳呼之制譙樓始徧郡縣亦古法之通變者矣夫使林林之衆與息有節情游是懼寇攘屏跡則晨昏號令豈非庇民生之一事耶侯可謂盡心矣

燕思堂

明知縣林誠通記　嵊舊惟政事廳退食禮食尚未有所予始經營作穿堂兩間題曰燕思蓋取昔人閒閤思過之義昔禹思天下之溺由已溺之稷思天下之飢由已飢之伊尹思匹夫匹婦有不被澤者若已推而內溝從古聖君賢相留心于民未嘗不積諸念慮尤不但郊延壽之閑閤而已嘗觀諸書曰思日贊襄曰思日孜孜是思固臣道之所當務也燕閒之餘烏可不思遂爲之記

儆齋

南城羅玘記　儆齋記予記也予爲徐信夫記之也信夫何警乎予知之警生于有心工石草木之無心莫之能有警其非動物故也雖動物之有心有有警者有無有

警者有有警亦若無有警者烏有之不能爲巢居他之巢至其自爲則墮卵殰雛焉是之謂鳩拙畜有之見虎而逐叢角而觝以遺虎殪是之謂羊狠獸有之見木而登且登且下而卒亦莫之能上下是之謂猶豫鳥又有之俯而啄仰而四顧顧過之過也彈過之過也是之謂鳥警其于人也在鳩拙爲蒙兮木強在羊狠爲自羅于辜所謂有無有警者也在猶豫爲太早計爲多心所謂有有警亦若無有警者也在鳥警爲常惺惺所謂有有警者也今夫鳩拙之與羊狠同于無警者也而世之人有以鳩拙自退者乎豈爲羊狠敗焉後之懲者則又警之太甚持之太固于是有猶豫焉猶豫者悔釁之閾也猶豫之警非警也非固爲警也有待焉時然後警焉其惟鳥警乎是之謂善警嗚呼信夫之警其亦有取于是也乎然予又感夫鳥微物也俛而啄取而養其生仰而警焉以避其害于鳥可也而君子之居人上也其亦有俯而取乎則十目視焉十手指焉而害斯至矣雖有百警其可乎哉今夫龍非不昭然靈矣然以其有所嗜攻也人得而擾之亦得而醢之若鳥獸然以龍之靈而豈無警乎警不足恃也或曰龍以嗜取辱非警與嗜取之罪也則予不能知矣然信夫方持是警爲宰以臨黎民

予記警齋者不可以不告

大堂

國朝知縣傅珏重建記嵊古名剡唐虞屬揚州秦始以剡爲領縣唐號嵊州又爲剡縣至宋宣和間復改爲嵊國朝因之縣治舊有堂曰德星一名迎薰復名牧愛又日新民總欲涖斯堂者保民如赤也自宋迄明興廢不一至順治六年重建迄今八十餘載風雨漂搖悉爲頹垣廢址矣雍正九年秋蒙宫保李制府委署茲土諭以縣堂乃觀瞻攸係邑有罰鍰堪充修築當亟圖之余遵諭通詳鳩工飭材中爲治廳三間東西側屋二間二堂五間川堂三間宅門一間兩廊十四間儀門五間外爲大門五間上懸鐘鼓周圍繚以高垣以及內署之圮者葺之傾者修之制雖由舊而規模殊改觀爲興工于九年十二月望後之七日告竣于十年八月望後之二日統計所需不下千金除動用充公銀七百九十八兩外則捐養廉以繼之落成之日顏堂曰日新亦冀作民之新以懋乃政事而勤維新之治也予薄德謬膺百里之寄夙夜兢兢惟恐稍懈用以自警至于興廢舉墜不傷財不勞民美輪奐以肅觀瞻則有宫保各憲主持于上余不過董率而已功云乎哉惟是致治百年德化日新

民風不一變俾嵊之士各還降衷之原以袪風氣之習實爲宰者事也願與後之君子共勉之以無負此堂云

社倉

明張冑社倉記天以生物爲心帝王代天理物故水旱之災而爲之預備周官遺人掌縣都委積以待凶荒倉人旅師各有所掌而大司徒又以十二荒政聚萬民養政備矣去古既遠其法莫行隋長孫平建議令民間每秋出粟麥一石以下貧富爲差貯之里閈以備凶年此義倉所由設也唐戴冑因而行之宋文公立社倉于建之崇安請米于官得六百石每年散之以濟民取息米二分十年之後本米還官息米不可數計更不取息一方賴之明太祖高皇帝詔天下立預備倉飢則散豐則斂此即周官遺人之遺意恩至渥也嵊爲倉凡四歷歲滋久宇圮穀亦弗積稍遇水旱民無所賴今天子重念斯民特命藩臬重臣布政司方公巡行屬邑而經理之郡守羅公專董其事邑宰單侯奉行惟謹而勸募于富民得穀若干石建四倉于故處地之狹者售于民而廣之每倉爲屋若干楹材木惟良甃甓惟堅外設重門繚以崇垣規制精壯締構完好其于防守區畫尤加意焉夫天災流行何代無之亦在夫備禦有具而長民者之

得人耳聖天子養民之心非藩郡之臣能體上意賢侯奉行之至焉能臻是哉一胥故樂爲之記

南門橋○一名沈公橋一名施恩橋

〔明〕周孚淳詩羣棠自昔嘆沾濡頓許橫梁接路衢信步漫攜節竹杖觀燈浪說廣陵都○垂釣溪頭日已曛夜涼乘露卧微醺醒來自鶴開相伴不信嚴衛是水濱○鍊石誰人羨七星何如劍削彩虹橫夜涼共奏霓裳舞莫是銀河玩月明○辰角初明水正凝石鹽飛度見崚嶒溪南野雪衝梅蕊踏破寒威萬里氷○〔周〕光臨詩相攜滌暑對江天初駕長虹障百川題柱千秋惟我輩落梅五月爲誰妍金沙布渚明還滅銀漢浮雲斷復連此夕彝猶須盡醉清光幾度到尊前○〔鄭〕自强詩繚繞沃洲東江流入剡中基臨戴士宅渡接阮仙宮鞭石浮文鵲驅牛駕彩虹津梁思蔭遠交口頌施公○〔明〕邑舉人夏雷上邑令請復橋書〔略〕嵊城南溪水環如東帶鄉市人民來去四方商賈貿遷與夫吳越台溫司府縣衛公文走遞晝夜必由所謂國中之水當涉者衆近設船濟渡亦乘輿之惠濟寡不能濟衆濟晝不能濟夜濟緩不能濟急往往積之多候之久以至爭先觸浪渡船因而覆利無罪陷于淪溺良可痛憫爲今計莫如興建浮梁

通計浮梁釘鐵船板灰石麻油工價不過千兩以出入
鄉隅之人計之不下萬家以一家助銀一錢亦自足用
況更有富民大商義助不甚費公帑伏望明公提綱于
上選任公鈌良民委任責成數月之間事當就緒既成
更立看守補葺之法又何慮工不堅久哉竹橋渡蟻且
魁天下況活生靈獨無報耶伏惟裁處。○（王畿郡守沈
公撽建木橋記略）剡縣南二水合流南溯台溫北逕吳
越爲通津焉湍急最稱險阻舊官制渡舟人競渡多覆
或以徒涉溺死民思橋爲利便郡伯吳江沈公以事道
嵊日太守坐郡治不行部按屬邑隱憂無由屆知除道
成梁非王者之政乎既不爲鄭卿之濟人又不若溱丞
相之治橋梁道里其何以稱良牧耶番禺鍾令奉議爲
之民歡歡呼趨事踰月而木橋成名曰沈公橋○（知縣張
逢歡給鄉民募修南門橋引）予承剡邑見城郭宮室道
路橋梁百務具廢每欲徐乃畚捐而輒罷非急也急民
力之惟艱而未敢孟浪也及春有半若城郭若宮室若
道路次第與舉而橋梁爲人民所輻輳行旅所往來尤
攸汲者夏令有之天根見而成梁周之官有司險合方
計盧以達川澤之阻正恐大則溺小則皺病方甚也其
川不障不梁以貽有司羞故嵊溮西溪凡有倡議皆捐

助之鼓舞之俾告落焉獨肩之施恩厥功未就蓋岸廣而橋長又當兩水之中長則匠石不齊中則澎湃易敗年來亦有議修者如精衛塡海徒自憊耳此余所以有待于時和年豐而未敢孟浪也鄉民其願棄此家任此具呈懇簿嘻將邑令所不敢爲者而委之匠夫耶將百年所不能爲者而決之一朝耶將逆其後日之未成而拒之今日耶非耶熊渠子射石飲羽心之誠者金石爲開安在有其志者之不竟其事乎仁爲人心拯溺而捄皷四方君子心所同也安在同其志者之不勸其事乎余于斯民嘉乃心欽乃志倘亦若嶁崱西溪華觀厥成所謂不用財賄而廣德施于天下者也何爲而不可其請

西門橋

明周汝登攜及門諸子飲橋上詩　西橋緩步踏滄浪習習溪風灑葛裳狂發絶憐山影動情閒不厭水聲忙雲開月滿沙汀白魚散船依岸柳凉百盞交斟歡未極歸歌一曲調彌長。丁美祖詩　雙樹橋頭佛子徒偶將淸供坐跏趺聲傳麗閣千燈晚影入沙汀一塔孤江靜漁歌誰共答雲空鶴伴自相呼當秋夜月家家滿萬事如閒幾丈夫。周孕淳詩　渺渺烟波一派斯層層不砌百花粼杖頭速報攜尊酒歸岸花飛正撲人子猷橋〔明胡准詩〕百尺長虹卧碧波依依兩岸枕青荷絶憐一夜扁舟興嬴得芳名萬古多。〔周汝登詩〕王猷乘雪興偏饒千載予今上此橋古墓花烟浮斷石空江斜日照寒潮一天雲氣山吞吐轉眼沙痕浪漲消夜静遠林松籟起誰歌招隱徹清霄

嶀橋〔袁尚袠嶀橋落成詩〕雅志懷猶溺隨班拜落成衣冠驚宿鴈鼓吹出游鯨速饗爐三爇酬工盡再傾興梁此日架不病水中行。〔又登嶀橋詩〕不是償租邑吏賢螭龍那得架長川蘆花白似泉溪霧蔦綫青摇傾洞烟跨木身從雲漢渡乘虹影向□宫穿神明勝地還增勝千載行人心自鑴。〔尹與重建橋記〕古之循吏濟民爲先濟一人孰與濟千百人濟一世孰與濟千百世然而功之大且久者事必繁而難而撓之者衆苟非篤于濟民安能力排羣議斷而决之以至有成邑之嶀浦峭石巑岏弘江瀰淼竹亭松偃霧白烟青謝公之所垂綸錢王之所駐祠神明勝地也當燕齊閩越之衝馳車驟馬躡蹻擔簦者日雜沓焉乃兩卷對峙而一帶横流南北界絶矣漸離濡轡癉肉瘃膚誰不臨河而嘆橋其得已哉向

嘗駕石屢斷于馮彝緝綴竹木塗目前而已丙午張侯來撫務在教化故民皆易使至興利除弊救災弭患知無不爲一日予與侯議建此橋欲更舊址撫以垂久謀之衆中不拂于言則拂于色侯獨曰達川澤之阻周有專官近代則統于令是以不忍之心行不忍之政者吾忍也乎哉即捐俸若干給序募助遠近聞之無不樂輸恐後經始于丁未之夏落成于戊申之秋用若干工費若干鏹是役也不惟濟溱之輿䠶渭之木惠止一人一世也其排羣議而獨斷以成則又元凱之富乎矣使事盡若橋令盡若侯寧茲一邑將天下後世其誰不弘濟厥功懋哉

西洋渡

宋編修王銍雪後渡西溪詩雪夜孤村一段烟晴光遠照玉山川酒旗隔步招開客獨上西[illegible]

砩塘

明縣丞胡珏督濬詩翠陌紅阡章于川萬壑水洪洪春犂將事桃花亂社鼓頻撾忙作雨有心謀灌汲生梁無智佐開漳民天所恃惟溝洫敢不巡行督濬防

民賦志藝文

明新昌尚書潘晟爲薛知縣均平田賦碑記剡邑弟子員胡夢龍尹汝陽持均田平賦碑記遠示余乞一言弁諸首余于誼不敢辭余邑于剡接壤歷覩前令鮮有聞于其官者壽春薛侯令茲邑獨能懸明秉公約已節用凡一切蠹厲民之政悉舉而更張之殊已凜然易視聽矣至于田賦坍塌旣甚又多至百有餘則飛詭沿百餘年積弊有不可勝言者侯乃廣集衆議獲請于當塗選取里胥耆民强幹者將原額官民寺站山田地共六七十萬畝有奇逐一測量田則以新墾補坍塌之數賦則秖取足原額而盡夷平之畧倣神禹則九州之遺意觀侯之覆議可槩見矣然而富室豪橫之徒猶有媒孽其令思以自便其私者使非當路知侯之深任侯之篤其不至于自焚溺者幾希矣古云民可與樂成不可與慮始豈不信哉雖然慮始固難樂成尤爲未易也昔余邑宋侯度田平賦最爲盡善今未三十年而府庫之籍散逸幾半余芻請緝續之竟未有能傳其美者今剡籍已成又以其議鐫諸石矣二生歸其諗于邑之士民自今以後盍相與思侯之苦心共存侯之美政毋徙亟其

害己而思去其籍如余邑之可嘆也如此則侯亦未有剩賴于剡矣

明知縣黃廷篤改折秋糧議嵊爲深山磽埆之區土田此窳刈穫微薄民間日食歲歉嗟呼庚令謂嵊之去衛三百餘里運米爲易而衛之去餘姚數十里貿米爲難其謬一也軍士如不願改折則昔年餘新二縣又何以帖然樂從乎謂樂于五錢之折而不樂于七錢之折其謬二也時先議折七錢也本邑于運米一節賠累百端自官司而隸卒自鄉紳而細民人人蒿目疾首故敢控血瀝誠哀籲當軸冀一邑之蘇息今以通邑所禱祝而求者而謂糧戶突生釁端其謬三也邊城雖無屯種然米價常可五錢而以七錢爲折每歲所餘不啻九畊之餘即此可備緩急矣如果風塵有警彼糧戶能逋課于無事者非能效命于有事者也無已則徵兵轉餉石室別有籌畫即名邑唇齒相關休息一體寧復以常調拘拘者哉其謬四也即今雖云運米其實軍民兩從私便大抵多歸于折矣有所偏利于單伍則曰願折而有所均惠于黎庶則曰不願折于情于事然乎否乎其謬五也秖緣本邑梟棍積蠹與該衛旗舍侵牟饕餮互相首尾此不顧民害而彼不顧軍害每陳請一番則必梗撓一

番卽該衞官亦不覺墮其雲霧中爾其謬六也時邑人周太僕汝登喻中丞安性咸贊成之嵊邑徵解之累始甦

明舊任知縣陳宗慶在京請巡按蘇通鹽禁揭在昔以寧海縣鐵塲巡司鹽運至本縣東北鄉住賣天台縣清溪鎮鹽運至本縣西南鄉住賣路途阻遠販運爲難故各鄉不能接濟而上虞曹娥塲會稽長亭塲地近而舟楫可通價平而貿易自便故是時陳明府呈揭議畧云合無除私鹽之禁使嵊民得食上虞會稽産鹽近奉印發行鹽小票每票一張稅銀二分名民給領往曹娥長亭二塲照買銀解運司其稅銀卻不與商人大票九分一例然給票有限法非大行猶不免于阻抑今計通縣歲報人戶計口該食之鹽不下三十餘萬觔若干曹娥等塲間禁許商人販至嵊境令本縣民轉販每一百觔照例納銀二分官民兩便查照台州府先年食鹽亦有重禁該府顧知府申議將中津橋地方立掣鹽所委官逐月掣放亦鹽百觔稅銀二分有船載者依數納稅台民至今利之本縣實與台州事例相同伏乞憲臺府順民情去云○功令之禁私鹽非不嚴矣商奸徒罔不畏法[illegible]弊約有二一則驅儈販鹽擁挐小戶逼索重售及

至敗露又將平日索詐不遂及不合者通扳作犯以恣報復以卸己罪更有甚者遇廵方滋郡搆通上下積蠹將平人捏名拿訪陷罪追贓每至傾家殞命而駔儈倖免欲其不貿私鹽得乎一則商人將屯嵊額引之鹽私貨天台東陽兩路百十成羣運簰載販以致鹽踴價騰官鹽價高則私鹽價平小民惟利是趨欲其不貿私鹽得乎當事君子宜痛懲焉○（又請裁東關驛揭）嵊縣邑小役繁原無驛遞自成化八年奏撥會稽兩都帶丕差役始有東關協濟其初止編館夫一十二名及扛解等費縣派銀一百三十兩解府轉發彼縣帮值自役會稽之民設計陸續行文加增又派水夫二十七名壩岸夫銀二百八十餘兩然亦俱是解銀帮貼至嘉靖二十四年寧波府白推官委掌紹興府印查盤本驛會稽之民其心不厭告令本縣照遵于每年徭役編派大戶解驛當值山縣小民懼見官長況地遠人疎但從雇募驛遞光棍代役其役每官價一兩坐取三兩後且倍之近甚至十三四兩又有酒禮見禮使用且不從實支值往往候事取罪則又復指本役納罪罪一兩者勒至五六兩或自出身承當則驛傍棍徒復拴串黨類于過往承差及賓客僕從多方嗾使極稱徭戶殷實廩給口糧可折

乾若干不聽則皮鞭撻之又木石搥之或索綑懸弔之非刑拷打必可乃已輪流當值往往家破人亡大戶固當其殃生員亦受其害爲民牧者痛心切骨況本縣支值又極繁難寒雪夜分猶且迎送坊里夫馬往往不足于用黎庶嗷嗷有悲生號死之聲看得曹娥東關二驛可合爲一驛夫一驛合則費可省而本縣之夫役可裁

伏惟

裁決

學校藝文

宋丁寶臣修學宮記天之道運乎上地之道處乎下聖人之道行乎其中一物不生非天地之道一民不治非聖人之道自堯舜禹湯文武成康至孔子千餘年治天下者同其道也亂天下者異其道也剡令沈振初築學宮未及完而徙他官寶臣至則嗣而成之遷殿于其中塑孔子像高第十人配坐左右新門嚴嚴應門躭躭兩序翼翼中庭砥平令與學者春秋釋奠朔望朝望于斯學也其可廢乎噫聖道與天地無窮天地毀則聖人之道或幾乎熄學其可廢乎○宋汝陰王銍修學宮記嵊西南隅羣峯之麓下臨剡溪山川環拱氣象雄張有學

焉慶歷八年令丁寶臣始加興葺宣和初焚于兵建炎元年令應侯彬建孔子殿三年春蜀郡范侯仲將崇廊廡修像制因其舊而擴大之又明年淄川姜仲開以學爲急又建學堂移殿廡與門南向落成紹興五年秋夫先王之建學校也匪徒弦誦威儀以德行道藝教養成就其材將以明師友之道世無師友道不傳也孔門答問獨于顏子告其大者子夏子張爲諸侯師子貢築室原憲棄仕所穫者遠也孔子殁而學進者曾子也一以貫之許之以道矣曾子傳子思子思傳孟子所謂忠恕所謂誠明所謂養氣一也今夫辨足以使四方勇足以將三軍一爲不善不足以訶僕妾氣懾失據不在大也是未聞曾子子思孟子大勇乎學者顯窮齊致生死不變蹈道自樂至于没齒不可一日廢其常心而已晉南渡王謝孫李支許之倫初過浙江爲剡中山水清放之游一時稱高曾不知邑東餘姚有諸馮之地舜所生也其北會稽之地禹所殁也舜禹功被萬世而有見于遺俗亦聞聖人之至德乎范侯峻明高爽健于立事姜侯剛明廉肅政在急吏寬民人大化服郁郁然洙泗之風矣儒學爲吏師政事出經術戎馬之間力興學校知急所先可爲卓然矣俾刻于石知所勸焉○鈺外舅曾公

衮以書稱此記曰會稽之地但知王謝風流不知諸馮禹跡實爲風俗所繫其有益世教乎○宋講書官蘇復跋丁寶臣修學宮記也之爲吏者往往以簿書期會爲政事之本以剝下奉上爲進身之梯又其下者餙厨傳以悅過客濫公帑以市私恩至學校則視爲不急之務而漫不加省夫豈知風化之源實有在于茲也三衢毛公來宰是邑下車之初卽以黌宇無完爲不可後于是夙夜究心營葺有序又得丞佐諸公一時之賢皆好文善士樂贊而成之曾未期凡昔無者今備一日公登眺慨然曰先聖之宮學者肄業之所可無俎豆絃誦聲乎邑里士子欣從其化爭先掃治齋几布袍韋帶翕然至濟濟詵詵有魯鄒之風時邑之先達鎮江通守貢公堯舉因出示慶歷中丁公初興學記贊公之盛美命鑱諸石以示源流所自後之來者皆能以公之心爲心如公之不忘前人信斯學之不廢矣紹興壬戌四月望日○宋周汝士修學宮記簿括蒼江公尉臨海謝公視事之初謁夫子廟歷視傾欹上漏下濕諸生無所歸因慨然日政孰先于此同心之言其應如響于是定規模審材用聚餱糧命徒庸敝者葺之壞者新之課有限試有法誘掖不倦發于至誠諸生激昂日進于學刱之文治熠

然一變蓋數十年未有也古之仕者以其所學後之仕者以其所不學古之學者一毫未信而使之仕雖聖人有所不能後之學者幸而入政往往視所學爲空言漫不知省曰從事于斯吾知爲政而已矣不知所學爲何事也昔曾修泮宮從公于邁無小無大罔起學宮郡人向化鴻儒奇士間生迭起異時摛藻天庭淵源四海如游炅輩可不知所自耶○宋高似孫遷建學宮記嘉定七年史安之行尹事三嘆舊宮荒蘙士失肄業相剡山庚兌之隅樂其崇峻開敞山水明美如杜子美所謂剡溪秀異李大白所謂剡水石清妙者廼匠新宇巘巘巍巍志于鑾鳳教豕翱楚也嗚呼作學非難也繼難也繼非難也知爲難也然豈無知者乎晉湛方生修學教曰嶺舉雲霞之標澤流清曠之氣山秀水清荊璞在茲剡山水有之魏曹植孔子廟頌曰修復舊廟豐其甍宇莘莘學徒爰居爰處王教既備永作憲矩剡學者圖之○宋國子司業袁燮修學宮記嵊古剡也剡溪蘊秀異欲罷不能志杜少陵之詩云爾夫秀異之氣周流磅礴鍾爲人物必有姿禀英粹爲時翹楚者其可輕哉燮庀職成均日延四方士相與款語觀其爲人品彙雜然未易枚舉人才之生何地蔑有今猶古也維古盛時待士厚

長養磨淬良心德性日益著于是乎皆爲善士郎令之士類而以古人長養磨淬之道與之周旋遲以歲月則亦當有不可勝用之才任是責者不可不勉四明史侯之爲嵊宰也悼學宮之壞棟撓柱敧俊秀肄業無所欲一新之役大而費廣節浮冗窒滲漏裕財之源用由是足主簿余君原議罔不合事由是集舊學在城之隈境非爽塏氣鬱不舒周覽以求勝處乃得今地臨流負山面勢宏傑經始于去秋而告具于今春殿堂齋序倉庫庖湢凡屋百間堅壯軒豁而纖芥不擾士業其中雍雍愉愉有雲飛川泳之適侯及主簿君皆奉有書來屬燮識之燮不敢辭侯太史之孫今丞相之從子生長金玉淵海之間益自砥礪不溺豪習而留意于學宮可謂知大務矣諸生何以報稱亦惟靜觀此心與天地同本與聖賢同類充火然泉達之端謹牿亡茅塞之戒更相磨厲儒風大振則侯之至望也哉○明提學副使莆田鄭紀修學宮記嵊紹屬也學宮舊在剡山之麓尋徙于縣治東南宋慶歷間沈令振又徙于西南嘉定間令史安之又徙于鹿胎山即今基也夫一學而屢徙意者以風氣之不完與基地之不廣與生徒升散道里之不均與弘治改元予巡學至嵊謁廟登堂遥望山岡雄峻地勢

軒昂兩浙所未有也因細叩而靜覩之蓋座元武而案白雲輔四明而翔西白林巒吐秀河流繞護氣之完也自外門而入步高一步至廟堂殆百步有奇濶亦半之地之廣也去縣治未半里舟楫來往于前居民輻輳于下道里之均也惜廟貌門廡隘陋傾側有弗稱焉廼問策于今縣令夏侯完復曰往者分巡僉憲鄒公霶曾典是念已發白金五十兩以市材矣因故他巡而寢近者郡推周進隆亦曾區畫矣竟奪于督勞向完到任亦會禮諭義官袁熙等之有力者樂助有差又無上司以為綱領今大人先生舉此殊無難也工是因其山之勢別畫廟圖而費造之責悉以付之既而慮材料之不足廼拆瀾超等廢寺以裨益之又慮民敝之劇又令典史趙鉞與訓導方興以董助之原廟基逼近明倫堂今則前其三丈原戟門逼近廟墀今前其七丈又今廟五間高四丈七尺濶倍之深上丈五尺堂廡之上亦之四廡之下一廉高七寸聖像配哲俱在堂上其下則容祭執者之周旋也墀濶九丈準正廟也深半之容兩廡也戟門臺基高一丈四尺新闢泮池也門屋高廣因舊規也門之階下為泮池中結以亭題曰□歸梁于池上以通亭也聖賢塑像增以高大冕旒章服飾以華彩臺基几案幃

幕之類皆鋈繪堅鮮稱殿宇煥明倫堂兩齋儀門鄉
賢祠號舍倉庾饌堂射圃庖湢之處皆易腐爲新稱門
廡也始事于宏治元年十二月畢工于四年六月是爲
記〇明夏雷修學宮記天下之治系人材人材之出系
學校學校興廢系有司之賢否故朝廷責以守令六事
此爲之首銓考守令殿最此爲之先也則居是職者孰
不欲舉是職哉顧往往頹垣敗壁于榛棘中使諸生肄
業無定處政坐才堅之弗逮茲治戊午秋嘉定徐侯
尹嵊二年而度民可使矣于是以學舍荊望之所視所
當修繕而增創者茲于懷中暇日偕邑博相度首詢聖
廟環視兩廡前顧泮池日咏歸亭蓋聖道非古之制且
悉其餘日祭器不足齋舍不立齋宇不宏射圃不葺皆
今日之所當亟者也侯翌日發帑市材鳩工斲削展石
甃砌運甓堤覆劇大木數章支廟梁遷亭豎樓凡十楹
增置祭器罏瓶凡三事爵凡二十臬凡十二乃涓日告
成而落之〇仙居都御史吳時來撰修學宮記嵊之昉
有學在山之麓既以水患徙山之嶠惟山故受雨于木
易蠹惟高受風于瓦易毀自嘉靖初一修後迨今六十
年棟折椽崩矣萬歷八年丹徒姜侯克昌來爲嵊令諸
博士列狀請亟修理侯申請三臺咸報可而督學使山

西劉公東星守紹興郡四川傅公龍督課尤勤委新昌劉侯庭蕙計其工值侯乃悉索諸賦歲編所積若干不足益以學租廢寺田價又不足益以金矢之贖而訓導傅選憤而有心計爲綜理之侯與教諭章木訓導王汝源以時視其勤惰先正廟後詹六柱以石爲之避雨也次廊廡次戟門次泮池神座故用木易以磚經始于萬歷九年三月戊寅落成于十年五月丙寅諸博士以廟貌之曠有年賴侯以炳煥于邑中得有瞻依惟士暨民靡不樂觀厥成于已與有榮施相與礱石命諸生尹紹元王嘉士徵余爲記夫學校爲賢才所自出政之首務也侯是舉得之矣諸博士與弟子日游宮牆戴侯之功思以服侯之教應必有自致以終侯絃歌之教者侯爲嵊救偏補敝節冗費以惠窮乏事多可記即修學其勳張先後可槩也○國朝邑人朱爾銓修修學宮記泮水頌魯之能修學也其詞曰穆穆魯侯敬明其德又曰濟濟多士克廣德心蓋古者大學教以明心德而已故魯人詠泮宮之作即以是爲君臣頌則建學與修學意可知矣嵊學在鹿嶠之翠微天姥桐柏拱其前四明太白峙左右百川滙而經其後雲霞烟雨千態萬狀覽者神爲鼎革以來鞠爲茂草所留者獨大成殿與明倫堂

漏邪濕蘚綠苺紅不可行禮今張侯初涖釋菜于
見而嘆曰養賢之所何使至此然以瘡痍甫定不
典作其爲治也課農桑崇節儉尚禮樂敦教化革
從寬刑息訟雖務以德明民至晴可蘄爾可禱火
宄可驅又奇政也民信之矣然後建倉庫成橋梁
而學宮又三致意焉自己酉秋至庚戌夏殿堂
之梅完之垣之丹之堊之泮橋之石欄檻
一新泮池皆甃以石使可儲水池中
本蘊藻之下游咏有金鱗竹木之間
講習環橋而聽者得鳶魚之趣無不
隔百里而遙聞之躍躍欲往會兒輩
涵不知其筆之走也余因之有進焉
敬明德以爲民則也鄉之多士可不
乎亦願澡其蕪穢矣其潔清日新又
不負侯意也可余亦竊比魯人云爾
西蜀閬中人

祀于學宮所以尊崇先哲激勵後人
之屬邑爲古剡溪山川鍾靈名賢世
史王羲之車騎將軍謝元處士戴逵

追贈忠貞公張嵊在宋若太師姚舜
參知政事憲國子錄許桌定成尉張
功名或以氣節著或以學術鳴是皆
心迹昭然載諸方冊奈何數千百年
教之咎而詎歸三山士華陳先生來
爲務乃與余暨同官者福安連先生
美爲之倡又募諸生及邑之好義者
緡遂相基于廟學東南隅市材鳩工
工初勞各如中之半深如廣倍之高
于成化壬辰之三月畢工于是年之
稱神棲自王謝以下羣賢奉以木主
世代而名爵勿拘既斟酒潔牲輒曰
張昇楊浩袁鈐周山輩懼其久而無
堅珉用垂不朽惟羣賢之心之迹正
德其次立功其次立言者是已然則
說與考之于禮聖王之制祭祀也法
勞定國則祀之以死勤事則祀之撫
之則享皆無愧矣繼自今能俾嵊人
匹休之志其有功于世教孰甚焉於
著一邑之表儀微士華先生吾知其

八 學校 十八

之息矣名烜號南窓余既歷述建祠之由仍
勿助資始氏碑之外內庶嵊人益知勸云
塾
王十朋尚瑜淵源堂記孟子曰君子深造之以道欲
自得之也說者因孟子之言論淵源之學本乎自得
傳授所 也嗚呼是究孟子之所言不究孟子之所不
必言也夫 造道于未得之前不資諸師友可乎未有
合師友而 能深造者此孟子所不必言者也孟子知
山本善知 莫大乎仁義爲七篇書其自得有如此者
之學者 自得者鮮父兄之教子弟固非無師友
也命之之 有及乎道學之淵源者望其深造自得
乎周君 于孫日親師友之淵源噫君之家訓過
人一等矣 若孫遜而弗遵爲名其堂且記其事○
鄭鄭氏 堂書堂記鄭氏爲邑望族邦賢公留心
經史爲時 措堂記圖史以訓子弟扁曰經訓堂公
言經莫大于六藝京房之易溺于術數孔鄭之書溺于
小毛公之詩溺于穿鑿仲舒之災異康成之儀
支那 禮樂之全也諸子弟有得于訓者曰予先人
揭孔氏之全經以訓後昆用意深矣先生必有以發之
子曰易以用變書以制事詩以正情禮以成行樂以道

和是六經本聖人精神心術之妙爾祖用是以治身用是以命堂用是以廸後人後人能用是以立命用是以名世又用是以廸物本之以誠孝孝子不匱而此堂亦亘古爲昭矣是爲記〇（元岑存撰二戴書院記）至正甲申秋進士膠東冷侯瓚來尹于剡越四年既修縣庠復謀治二戴書院按元貞丙申浙東憲僉完顏公眞行部以戴氏父子深于經學專門省部劄諸學宮額以今名而以邑士之登籍者充弟子員凡人羨租五十餘石以增廩稍益五十餘年矣侯乃度土木陶冶之用計工徒傭儆之直重覆禮殿作新兩廡陶甓容北墻垣外周山長巴西周宗元董其治始至正五年四月畢工于其年之十又一月適監邑也速達兒侯至克相落成嵊之人士以書院創始迨今未有記之者俾以本末而次第之稽諸史二戴譙人隱居于剡歷晉而宋著書立言其間學理義之歸脫清談之習皆深經學千載而下饗祀夫子之宮有以也夫自侯之爲是役也將使居是學而讀其書于隱而知顯之理于藏而知行之具不惑乎晉人之高潔而一遵乎聖人之中正是侯典學之政而所以爲教也若遯焉而釣聲名徃焉而溺利欲豈所願于多士哉〇（許汝霖重建二戴書院記）元混一區宇郡

縣既皆有學又徵昔賢遺蹟倣前代書院成規得以始事而創置焉百年來遐陬僻壤駸駸乎黨庠術序之盛自海內繹騷學院多罹兵變二戴書院在縣北余間過其所未嘗不踟躕浩嘆昔之降然起者將何日復見乎至正二十四年夏嵊上董時亮稟辭來曰二戴書院創建顛末子固知之詳矣詎今僅七十載不意圮于兵也三數年間守土者居不煖席安恤教養前年冬濮陽周君紹祖以僉浙東元帥來鎮茲土下車即進士類謀所以輯民者未幾邊壘鮮警農漸復業君屬邑官曰當茲用武之餘未能遽興文事而聖賢妥靈之地寧諉弗祇然民力未可用廩資空匱計將安出宜姑起廢以倡後人于是既葺學宮即考院田逋入損己俸爲助士以材木輸者聽之首作禮殿東西兩廡室中像聖容及四侑又東爲二戴祠四楹外儀門三間繚以周垣傍爲守舍君曰妥靈有所矣蠲吉日釋菜用幣如式夫元帥責在邊備乃移心至此請書以刻石告示將來余聞學校者所以尊崇聖賢維持世道之大[illegible]也兵興以來宮牆化爲榛荊通都名城藩臣鎮將有不知所重者不知天理民彝不可暫忘世之擾擾至于此極政以本根之地失培養耳用武力而不反其本將何以靖天下之多故哉

今周君于窮山之畈擐甲胄以問俎豆其所見必有過于人者此則剡士之所願記也况二戴當晉室不競之日繼世嘉遯兆域所在歷千百年人猶展敬而護存之我朝又以其炳靈祀于聖人之宮不惟高風峻節有足感動乎人亦其學術之懿出處去就之宜有關于世教者益愈遠而彌彰也七十年來暫圮遽起自茲以往必有恢復其舊者矣此又剡士之所宜記也余之無似將與同邑之士求前人遺躅以進乎聖賢之學或出或處不失其當然以俟天運世道之復其尚有在于斯乎君字繼先嘗鎮錢清作劉龍廟人稱之其來嵊多美績非學校所係不復書○國朝翰林院檢討壽致潤撰宋知縣義塾碑記化民成俗其必由學而歐陽公亦曰學校王政之本也故自宋以後大儒文集于郡縣學記靡不津津言之然令甲所載爲之補殘修缺當事之才優而力贍者尚能及之至若無關考成而非功令之必不可缺者自非識大體崇推化鮮不置若罔聞也吾于嵊邑宋使君義學之設不覺喟然感發也嵊界越之東南故剡中地其巖巒聳秀流鍾爲人物代多英奇磊落之士而有明之末周海門喻養初諸公理學風節文章政事尤彪炳可觀比來稍似寂寥豈盛虛消息氣運固然抑亦

風厲之意或微而興起之會有待也使君三吳望族故相國文恪公從孫分守兗東副憲南村先生之冢君也胚胎前光蚤蜚英譽妙年綰組氷蘗自矢而才猷敏練如出匣干將涖嵊未幾百廢具舉會歲祲捐輸勸募平糶賚賑極焦勞補救之計嵊民不擠于溝壑而四境晏如者維使君是賴既已家頌戶祝矣顧使君以詩書傳緒于名教典禮膠庠文物閒尤惓惓注意謂譽髦思士非盡黌序所能容也乃就鹿山文昌祠設爲義學延明經宿譚藝者爲之師日有課月有會使君時臨涖而董率之執經就業者踵相接顧餼生晨夕膏火之需取給清俸慮難垂久更購膳田并[illegible]入官產益之合計共若千畝使君德意既懇款周詳[illegible]中文學諭于學鈖宋于亦郊皆服古好義之士相與[illegible]導教澤左右贊理義學規模因以大備走使屬予一[illegible]記之予邑與嵊接壤歲庚子使君來視邑篆即以治[illegible]者治之未期月而士習民風翕然丕變予不[illegible][illegible]待罪史館方擬咒毫濡墨紀循良傳不朽今得于[illegible]之義塾供文字之役敢以蕪陋辭乎爰走筆識使君教思之無窮將見漸陶涵育俊英輩出嵊邑人才之盛當見其有加也使君名斅字惟典江南蘇州府長洲縣人由歲貢士出宰其田之畝則地

號稛稅別有記○（知縣楊士生建義塾碑記）自夫以一貫萬尼山之統緒攸傳博文約禮洙泗本之宗風特啓祖爲作而孫爲述明道之大原出于天似斗没而軻也生守道之大閑維乎世韓退之衰起八代言追周誥殷盤朱晦翁成集諸儒源溯金聲玉振此教則闡其性命而學必究其精微者也我國家建學明倫萃宇宙之衣冠而文風丕盛浙東西騰蛟起鳳孕山川之秀異而鼎甲全登嵊之爲邑也百里鍾靈歷代美斯文之煥于巖競秀羣賢有尋至之符譙郡名流一務琴書而假寓瑯琊舊族皆子弟以浮江經學潛修二戴同輝日麗書樓聳峙千峰共被雲遮謝車騎歸老桐亭欽經濟之才于巖谷王子猷操舟雪夜標清絶之詣于人間此皆學貫古今而敎垂奕葉者也書院之設兹湖而後時時奉敎先生長春以還處處能文一弟子會講者同時八士無非闗閩濂洛之干城登第者一姓七人總是月露風雲之手筆科甲聯鑣直上士苑雕龍師弟一榜齊飛才爭倚馬海門先生以嶽峙淵渟之偉抱紹明心見性之正傳立朝而愷切敷陳不減宣公奏議退處而從容化導何輸馬帳笙歌堂號事斯請業者何必盡聞一知十門環立雪味道者又何妨人十己千此務必得其人而學乃詣

其極者也至學以義名眾不拒往不追體大聖無私之至量而制因時創規乎前遺乎後範小子有造之成材宋令昔年曾延師而調課剝田撥後待上地以棲遲予也製錦才蹟甫親民任教化之責成竝顯達肯築室貽道傍之議倡捐而圖竝司輸弆賈而購居一宅高樓風靜儘堪披卷長吟平覽藉開頗足揮毫濡墨加以慷慨尚義無煩布地之金長廣捐基絕勝捨園之寺門開而山可立見從茲入室川堂橋設而徑可徐通不致岐趍異路森若參天之木長柯顧肖拏雲猗歟聯堵之坊修斧爭持斫月曲江宴龍承恩陪玉筍之班清禁宵深名對賜金蓮之炬固其且交竊有望焉今與教者約剴危言斷疑義俾聖道日以光昌也屏曲說汰支詞使剷藝歸于醇正也不憤不啓以俟其候不悱不發以迎其機此未反三隅而無然畔等也今與學者約居仁由義先行謹而後文章也考跋證經勿虛浮而馳聲譽也灑埽應對習其事詩書禮之明其華此本末無乖而區分一定也今與董事諸君約風雨鳥鼠易以為災也於葺補苴易以為力也敝焉而十之問危焉而弗之扶非終事不勤而前功可惜也[illegible]更與後至賢侯約倡教立化非一人一已之私也撤[illegible]真新非一時一日之事也冊任

荆棘之委恆生棟宇之輝此砥學海之津梁而翼賢關之門戶也嗟乎嵊之書院屢矣或以姓傳或以字繫或取義以自顏或褒德以犖推皆已成草蔓烟荒誰復問桃源洞口予之以剡溪名者蓋以剡溪之書院付之剡溪人士而已無與焉天下無不自愛其鼎者而驪龍又孰不自護其珠也夫

學田

明餘姚尚書趙錦記

古者自公卿以至庶人無不授田之家士生其時不惟其出于公卿大夫之後而其發于畎畝之中者亦無不得其養內之無飢寒以亂其心而外之有庠序之教師儒之聯風俗之美以磨礲浸灌之故其成德之盛濟濟藹藹賓興之典書不乏其人人不愧其書嗚呼士生其時抑何幸也井田廢而兼併行于是民始失其養矣民失其養而士有所不免于飢寒者矣庠序之教師儒之聯非古也祿利以爲榮而詞章以爲尚外無所以原其成而內有所以奪其志士生其時其卓然自立而不受變于俗者蓋千里而一遇之矣孟子曰無恒產而有恒心者惟士爲能以之立教而勵士則可非爲人上者所以養士之道也古之學校莫可詳已未聞別有田也學之有田其昉于後世書院之典乎

宋仁宗時嘗賜兗州學田其後有司亦間置田于其學以濟旣廩所不及嗟乎古無養士之田而士無不養後世嘗有田以養士而士猶有不遂其養者然則學田始衰世之意也非古之所以養士也雖然居今之世而欲望隆古之盛使天下匹夫匹婦無一不遂其養者而士與于其中不可得矣有士焉而不知所以養之又使不免于終窶之嘆其可乎故有能體念乎學校而優爲之制者賢有司也知其所重者也嵊學舊未有田萬歷初始有田十餘畝令尹丹徒姜侯克昌來視邑事慨然以與起斯文爲己任踰年政修而人和始新文廟已又爲置田五十畝有奇以聞于學使劉公東星郡守傅公寵咸嘉允之而學博章君木傅君遜王君汝源弟子員胡生夢龍尹生汝陽輩以告于余請記其事余固惟古之所以養士以明姜侯之賢俾後之吏茲土者有所考鏡且以告嵊人士其必知所自養而後足以膺公巳之養云○明周汝登記昔三代盛時田皆井授上無養士之特名而士無不養王迹熄而制湮士農分業而世始有無田之士支十異勢而士遂有終窶之嗟其所由來非一日矣國朝稽古建學聯師儒定旣廩育才造士不爲不備第廩有定額而時課弗充也額有定員而貧

乏之弗給也故學另田非若然所以善通古法之窮以佐既廩之不及者學田爲最良焉我邑大夫王公來視嵊其諸農豪戶賦役訟獄之政靡不悉心經制碑之衆口者貞籍籍容隱而作奸于校注意本源之地尤根夙心彙公總下車即進諸士約期以修行條回毋荒故業優其廚廩樵其課試時省其精疏而躬加飭勵爲意良厚矣侯又以所舉有時所及有限而所行待人井經久之規也于是又度鹿苑廢弛寺田百餘畝籍之學宮歲入其稅以供筆札充庖饌贏其羨以賑士之貧乏之不堪者婚喪不舉者侯之爲士養計也抑何周徧而久遠之若是哉時丁酉余以南銓叨憲嶺表貲俞還梓里與議山川風氣審關士運侯遂慨建兩亭東西屹峙一時美舉與斯田並垂不朽學博杜君金君趙君暨多士喻生思儆王生嘉士尹生汝陽汝期袁生日新日靖趙生起丁生則瑞輩謂不可無記命余一言余惟夫士方衡居蓬蓽襥當事者逕棄士類輒欷歔不能已及既握符綰綬仍邈不相關其觀公之㞒㞒懇懇無負夙志者能不汗顏內愧乎雖然養士若侯者可矣而士之自養宜何居敦忠信爲道腴飽仁義爲膏粱處則咀英吐華出則澤枯潤槁斯士之所爲自養以無負公養者也

若夫詞章競纖筆札徒工內無禮義廉耻以養心而外日營營于進取則茲繼粟繼田之典祇爲富貴媒耳又豈我侯立田養士之心哉遂書之以勗多士且以告來吏茲土者毋忘侯心侯諱學夔字永足舉閩中進士而閩縣其家世也○知縣宋數撰碑記余不敏承乏嵊邑與多士晉接見其類皆質良材美所欠者或在邃密沉潛即廣文先生非不加意作人或以師嚴道尊難于晨夕叩請學故有文昌祠在鹿胎山巔因于辛丑歲即其地開設義塾俾士子共肄業于中易所謂朋友講習也且密邇黌宮多士以講習所得進而質諸掌教兩師亦殊便則此地不特爲庠士藏修游息之所而儒童之勵志者亦附焉但群聚而莫爲之統則講膏火無資將不久而旋廢因仿古書院山長遺意延宋明經牧伯司其事又爲置撥田畝歲辦糧役外所入亦差可給朝夕比年來塾中規畫粗已具備紳士中俞子廷璧宋子雅侯左右之力爲多二子囑余以額田畝則勒于石因識其建置始末如此

金庭王氏義學

山陰王朝式詩桐柏去天只尺五華堂古道不可數衣冠猶帶晉風流兒童絃巖陳豆俎振俗餘聲起萬人重

開義塾追仰魯三代不圖見今日夜半高聲起歌舞

悠然軒

王一心詩終日對南山悠然心自開花將流水去鳥共白雲還竹羽翔幽徑松濤渡遠閑鶯啼清夢覺何事到人間

事斯堂

○知縣劉永祚

英雄衛道剪繁蕪衛王一吼膽落狐仰溯渾沌何所始洛沉書兮河秘圖中天幾傳傳孔子呂黎李許孟軻延舜江直指天先知龍溪海門共此水嗟哉末流士狂奔青牛白馬連天昏巍巍宗幢鹿山巔聖學孤懸不二門不二門頭誰發光西江紫垣耀文芒春風一笑大小從快我下吏亦登堂天空

花落雨漫漫雙旐擊來七寶盤赤羽白羽高日月偏𥚃莫敢覬漢壇丈夫大更覓誰披得餘緋輝陸離記取愛人真種子呼將童子捧茶時○（訓導葉麒亂）肯令大道致蓁蕪噍點狐涎引衆狐自嗅自醒只這是畫前直領古吉圖良知枯出宙安于遍照光明恒不死傳幾兒孫能瞥地泝流會著源頭水揣摩十度萬壑奔情識紛囂天地昏杲日當空忽破曨晴光瀲灧朝海門余茲來剡仗末光彬彬子衿飲鋒芒覿面溪山我無隱幾迴直上事斯堂庭前雲樹烟漫漫觸物明心珠走盤夫子觀風執牛耳幸垂開闔大登壇葛藤斬卻疑者誰我信須臾不可離山是山兮水是水感恩指點靡窮時○（袁祖乾）道乘末學漸蓁蕪白日當空魅野狐何物小儒驕塯井紛起喧豗未畫圖尼山去後子輿子知之堯舜今不死姚江滴派付龍溪龍溪洋洋注剡水東明西白天馬奔麑胎一炬破重昏觀于海者蒼茫影彷彿數仞未得門五六年餘道不光天挺匡廬耀星芒秉驄下邑閒觀察星駕傳呼躡草堂堂深樹黑雲零露漫朝暾初起水晶盤大鏞一吼呼群蒙麈尾輕搖舊講壇吾師何人君是誰長願須臾不相離山空木落寒爐夜莫負春風拂座時○（王三台）上天之載何所蕪知坑自躓柱叫狐洞有

陽明開渾沌畫前指與義皇圖王門借及推會了一竅
單傳經萬死百年居近溆諸人嫡派泠泠法剡水龍溪
導海游潮奔驚雷揭日天不昏鐘簴孤懸當百尺孰當
入室稱及門一道海陽橫自光豈同爝火闇星芒鹿洞
鶯湖登歷久採風時泝聖宗堂庭草萋萋白雲漫空中
唾落珠旋盤春風披得衿裾煖不散行生古杏壇此機
拈出會者誰只疑動仁轉支離由深鳥放花無事嘗生
先步步幾多時〇尹志擬叮嚀吾世道將蕪吁嗟吾方怯
小狐安得天生巨靈手廓清勿使蔓難圖良知得來王
夫子道通晝夜無生死一息一派法龍溪直決源頭天
上水波流汩汩向海奔浴日恒沐照不昏百折千迴從
此合低徊外望幾得門大江之西生靈光光中牛斗寒
劍芒宇宙大事一事斯幸我小大同升堂憐予俗學學
汗漫不識衣中珠走盤親炙無緣顧私淑何日追隨百
雜壇千秋寶炬更爭誰神交千里無合離江水溪流隨
處是盡是先生指點時〇雲龍憲使君驄馬入花城搖
曳旌旗夾道迎六月冰寒清玉尺三春風煖震金聲共
憐絕學姚江杳獨羡元宗剡水明勉是文星開泰運草
堂簇簇聚羣英〇周應圖一幅溪山一幅圖鹿陽瑞色
赤霞扶堂開講事傳卯璧道揭良知示帶珠世夢都從

言下醒徵機直向書前符不聽自愧虛家學仗有朝暾
散日鳥〇（趙汝暨）剡溪好景鹿山收堂啓嚶鳴友是求
闢振萬重詵入室清虛百尺幾同樓鶩湖遺範春生面
麈柄高談石點頭琴署絃歌原盛事譜傳聽使更千秋
〇（袁師孔）千丈文光碧漢寒皇華軒蓋擁城看盛傳夜
雪山陰棹共拂春風鹿岫壇萬死得來誰道易寸絲不
挂昔言難難難易易易都無是聰草青青意一般〇（盧鳴
玉）文芒橫出煥天章鹿洞鵞湖理學鄉獨喜海門千尺
浪遙分剡岫一枝香發揮密藏機無剩擔荷先知道有
光快我予衿沾化雨滿庭疑是雨琳瑯〇（金之聲）一番
拈動一番新水落山寒滿座春指與浮名都是假喚將
影見亦非真良知休認姚江物主敬何疑洛水身君向
蓮花峯下住濂溪去後讓誰人〇（尹志賡）庖犧一畫是
參同箇字薪傳統化工見徹有天堪浴日神開無地不
生風山城快卜言游治法駕欣傳清戲功被禍摩知與
步履敢從消息問文翁〇（吳應芳）此事從前恍忽過今
如親切處無多溪光嵐色渾如昨可使庭柯帶葛蘿〇
張拱薇詞壇雄望著匡廬按節乘驄古鑑湖觀海雙眸
大界闊談元一塵月輪孤岐迷南北明開示兩地東西
若合符到得此中親領取何如趺坐石根枯〇徐一鳴

天地何日始惟人開象先衆彙羅羣峯一宗術共無末學務危辭詹詹徒刻鵠同歸復殊途懸河競一偏眞儒窺性藏乃至忘言詮心同理亦得萬月總一川此是象山諦千古炳眞傳大江西復西一派姚江連宗風仰高足遺文景前賢哲人今已萎法堂草芊芊君行凜桓騶下車卻金轎博詢首絕學鈴鐸四喧闐若心復有知不應事空拳若知復外心道法匪自然海水茫茫沸日輪晝夜懸水若不在海日應不在天大悟發羣疑了解息衆喧浮雲點夕陽微風起淸漣雲收天亦出山花爭芳妍自性本無物俗根苦自纏我亦乘風立冷然欲登仙因之成妙斧個中得奇元誰知誰不知癡人還相憐三更月出東方曠會得元明處處圓○（吳天璿）文光歸峙大江西獨斧宗風古剡溪玉麈揮時酬鳳願金針度處抉羣迷烟雲消散憑呼喚庭草萋蕪借品題寄語吾徒須努力從來黃葉止兒啼○（周有開）鹿胎山幽芳蘼蕪石洞深深靜豐狐卜堂此地兮治在昨求自愧無遠圖憶昔王門兩夫子私淑先人同不死宮牆亢雪雪紛紛許多商確合乳水哲人一逝半淚奔二三闢衞燈不昏道運忽開天運轉法冠文宿責蓬門西江荷出一文光昱閃光中五色芒霜臺凜冽開笑顏烝我髦士聚一堂

一堂望海地漫漫海中推起爛銀盤信斯拈出眞種子
點瑟回琴古杏壇孔伋何人我又誰臯比肯使草離離
男兒立得千秋志射穿石虎更何時○（嘉禾施博聞重
新宗傳書院誌喜）昔在弘正間道脈歸姚江再傳至先
生風與剡溪長講授數十載巍然魯靈光陵谷有更變
榱摧乃及梁多士咸肯構旋踵郎輝煌檇李予小子聞
之喜陽陽堂典何足羨所喜吾道昌地去世亦後如親
枝履旁言念洵足樂此樂殊未央○（吳鋐詩）能救八代
衰猶云未破的一朝九解成援盡天下溺歸來築剡壇
溪山饒自適升堂塵一揮電掣空中擊四國敬儀型風
弛雨漸瀝我生亦既曉雪立多親覿鐘鼓日懸懸顧瞻
常惕惕○（重構宗傳書院王心一詩）仰止高山最上遊
剡溪濂洛派同悠光風不改當年度庭草依然翠欲流
堂構喜逢今日勝羹牆幸見古人修溪山面面如圖畫
領畧當前一鏡收○（袁尚衷詩）河洛精英注泗水後有
濂溪濬其理濂溪淊渺發祥長浩浩波濤海門起山川
旺氣剡不泄誕生偉人應爾爾姚江龍溪滙一源良知
灼爍軻不死馮陶兩元撤臯比九解氷消屈許子心境
澄澈渾一如物外軒軒復誰似不數琴破與直焚嚴雲
梈雪安足齒虬螭飛身天半遊下覩紜紜皆封蟻赤奮

之陽昔乃堂從事于斯何雎雎憶昔先子坐春風余亦
摳趨親杖履窗前草意綠差差庭除紅白羅桃李玉盤
培得君子花滿院香風香不已歲在辰巳賢人嗟嗣遘
流離常瑣尾可憐棟折榱亦崩宫牆一旦失富美離離
禾黍百感生昔忍清歌在彈指天心不變道心同舊址
手觀新構時鐘兮鼓兮實式憑以時習禮來多士絃歌
聲徹鹿山巔不圖今復聞正始堂毁堂成事偶然此堂
深爲剡中喜喜剡從此溯宗傳世有傳人學孔氏〇（王
國蕃詩）結構維新共着肩門牆重討拜前賢淵源直溯
龍溪上步履還疑鹿洞邊生意滿胚非草木流行到處
是魚鳶登堂頻憶名堂者斯事休教語浪傳〇（吳賡明
詩）行看山色滿天幾不是邏雩是點沂百世高風應不
歌綠松樹下復翬飛〇（袁生芝詩）盡愛谿山別有天莫
將圖畫浪名傳百年列邑誰鄒魯今古生人幾聖賢洞
日桃迷阮氏宅湖邊雪隱子猷船須知觀海難爲水寧
似當年舊剡川〇（李茂先詩）太極成圖後宗傳溯剡江
淵淵然接泗水源深流自長九解如冰釋風月重霽光不
第望山斗起衰及齊梁講幄依鹿嶠鐘鼓聲煌煌久則
棟宇折斷碣冷斜陽我其拚䕶之學以證而昌海門清
浪遠濂溪同未央〇（周有諒詩）濂洛濉剡水海門孰與

傳長安非阻道月冷萬川圖、（馬景昉詩）九諦得其解居然孔孟傳建康一振鐸天下空高賢樂道辭微祿築堂鹿山巔鼓鐘日以考南嚮北轅聯庭草饒天趣谿光逞暮烟愧予負祖德薪火莫知延

鹿鳴書院

（周煕文詩）洽北花封右無嫌城市喧鹿鳴山上聽雁塔坐中看夢惹蒼池草爐烹金井丹雙梧高百尺修竹漾千竿射徑朝暉爽穿簾夜月寒隔墻喬蔭茂更足壯文壇

改建尊經樓

（裘克欽詩）闕中傳道脈荒度賴循良敬一亭曾圮尊經樓始創喬蔭輝棫樸勝地接宮牆石刻明巖裂御頒新籍藏簡編昭化育圖史振藝常闡道維鄒魯宣經定朔望鹿胎鴻寶麗刻浦墨濤香仰止知絃誦披吟覿復祥文輕風月筆學重紫金深備此蘭臺富山城運會昌○（裘克安詩）聿新舊址善宜猷共仰尊經第一樓千聖心源席上接百王道法架中求胎出遠紹尼山脈剡水還宗泗水流輝映膠庠敷雅化鸞旗何事遜薪標

西門橋

國朝知縣李以琰重建西門橋碑記明道先生有言一命之士苟存心于愛物于人必有所濟民心即天心也水旱之偶愆陰陽寒暑之失調是天運之適然仔肩世道者不敢視爲適然忝寄百里爲

聖天子育吾民飢于我乎哺寒于我乎煦阽危于我乎拯救吾盡吾力之所能爲而天亦不吝委曲以遂吾所求呼吸通而桴鼓捷也無他積誠故也今夫黃冠緇衣建一刹營一宇擊橐號呼不避侵晨昏暮其勇猛精進往往足以集事曾謂儒者欲立欲達而顧遜若輩願力哉予自湯溪奉調來嵊在乾隆四年秋五年大水六年又旱奉檄查辦戴星而馳此兩年中予焦心勞思實惟吾民寤寐以之幸承上憲德意賑䘏籌貸吾民得以還定安輯七年而歲大稔吾與吾民喜而後可知也聽斷之暇獲親鉛槧一新邑乘爰逮膠庠壇壝廟社以次興舉念西門大橋久圯民猶病涉失此不圖後將因循于是首先捐俸二百金城鄉紳士耆老勇往募義爲予將伯程材量工既有日矣伐石于山山徑欹崟不能輦致于鈞之石壘竹淅者五方克任載奈溪流塞淺何予方慼然憂之已而霆雨滂沛衆淅乘流而下悉輳工所歡聲

雷動驚爲天濟嗟乎此一橋耳于寓縣經畫何異太倉稊米而川后効靈成工旦夕諒亦一誠所感若以擬諸貳師飛泉之涌耿恭鑿井之應予謝勿遑矣因憶攝篆山邑即五年霆潦之秋應宿閘海口於塹六七里畚插無所施予虔禱期約閱三宿沙滷飛捲一若其耕釋釋耆父老至今以爲奇然則天心人心詎有二哉曰雨而雨曰暘而暘斯以知天心仁愛吾民惓惓無已而予之樸直眞誠可以披豁對吾民者庶幾仰副

天子覆露涵濡至意少助涓埃爾矣橋經始于乾隆七年三月落成于是年八月跨水三十有五丈高一丈有三尺橫七尺爲洞一十有五爲墩一十有四廢而重建者六損而更新者各四易梁石十有五用白鏹九百金有奇因記其顛末如此夫人事之興廢有時而天心之報貺無窮後之官斯土者隨時補葺大雄氏所謂津梁直造彼岸可以歷刼不磨我知千百世而下有同心也凡樂輸姓氏例得書于碑陰今另施一碣列諸通逵蓋亦先王旌善遺意云（山陰翰林院編修金以成碑記）王制徒杠輿梁政之平者惠之大者里俗豔稱洛陽橋實泉州之萬安橋好事者至演爲傳奇雖厥跡瑰瑋亦由蔡端明之人與其交孚重摩挱苔碣久而如新今所在

山水與區皆津梁縮轂其口頹隤廢者半長吏皆弗躬弗親叱大慕義嶠襲乎鼓而軒乎舞或欄崩谿危才適客衍或淼瀰一碧目眩而反長慶老嗔渡江門草颯沙雨之何徒增旅人蕭颯詎非司牧者曠若職哉此吾于嵊邑西門石橋之建服膺白州李公之政之方臯而周浹也西門橋成燹顛末詳邑志予勿贅嵊之爲邑四山合沓瀑霤奔而則樹杪瓦甍挾枯莽亂石匌匒雷輥而下雖有橋道非門大壯勿恒乾隆癸亥春公慨然興建首捐俸百金士民樂捐者麇至恐後于是徵役僝材爲穹窿橋門者十五以釃游波爲石墩甃鼓若者十以敵湍激高倍殺廣及殺袤三十五丈凡用絡帝九百桐始華而裁鴻鴈來而畢直恭之半當閩洱海葉談滇中有天生橋謂神輸鬼運不假人力其說近迂怪今也宛虹垂垂咄嗟而辦而駕黿鼉而蹲虯蝘若有異物陰來相之謂斯橋公成之天生之也可抑闡公將買石太湖以銘歲月有郲毗爬蔬嵌巖得巨石方正光瑩可供鐫劖以橋成而碑材涌出斯又一奇也父老以新橋請記予告之曰父老知公政日新又新乎昌黎先生羅池廟碑曰宅有新屋步有新船爲善盡物色生態公爲爾嵊民綢繆五稔猶富室之遺子弟其服食器用必備其內自堂皇下

至階砌外而門庭經術必整必飭色色俱有新意曰他物稱是也然則公所措注殆不勝覼縷斯一橋新特其緒餘耳而豈今之從政也哉而豈視若過客郵驛之爲一昔期也哉公又新葺南門六橋南津東津兩渡各增船隻皆以是年蒇事蕃公善集事無留事亦行所無事其愛人利物一出于眞誠愷悌而未嘗沾沾近名邀惠是爲得政之大體予故次第書之吏後來者有所取灋焉公名以琰字崑山粵西博白縣人康熙甲午孝廉乾隆四年以才能由湯溪調任來嵊六年兼攝山陰蕭山三邑皆有異政云

南津渡

國朝知縣李以琰置船碑記剡錄云剡以溪有名清川北注遠與江接蓋山城而澤國也邑之西南二門外各有橋予既至士庶脩南橋建西橋俱于乾隆八年八月落成民賴以濟踰南橋一里曰馬街堂爲南津渡台溫之孔道舊亦設橋萬壑奔流水勢澎湃橋當其衝不旋踵而圮嗣過水涸則架木爲梁行者惴惴焉如跕鳶之欲墮水漲則綴竹爲筏筏輕水悍險亦甚且多索錢踞爲利藪舖是而東曰仙人坑東南鄉入城者必由之途較南津差隘而渡亦以筏是二者民均病之予過其地

瞿然不自安進父老語之曰民吾子也牧民者飢則哺之寒則衣之顛連則左右提攜之夏令有之曰九月除道十月成梁凡以濟吾民也夫因地制宜各存其道濟民之責而不爲之所烏乎可不利于橋曷設舟爲渡父老對曰昔吾鄉好義者嘗行之力乏不能支旋且廢余乃捐俸錢爲之倡即于乾隆八年八月鳩工庀材建大舟一義民沈美中亦獨捐一舟盧世芳宋卜臣等又合捐一舟以一置仙人坑以一置南津渡遂撥育龍庵餘田十畝資舟子衣食而士民陳堯光汝維之等又各捐田共得三十一畝有奇戶立渡名收租輸稅悉由官而以時支給其費杜侵漁也于是居民之往來四方賓客商賈之輻輳咸得濟焉事竣乞余言記之噫一渡而政體之大者不徒是乃一經措置而民無病涉人苟存心利濟則亦安往而不得哉爰舉其事與所捐田畝姓民并董事士民悉勒諸石其有向風慕義而相繼捐助者虛左以待續誌云

學校志藝文　補

長春書院

王應吉詩　早承庭誨淑良知隨處參同得趣奇冏草每

從總下對程風時向坐中披歸來喜作西疇計肯使文當北斗移春意眩存無盡藏願歸君圃共棲遲。〔鄭重光詩〕卜築開臨戴水濱翠微佳氣倍氤氳名花手植纔三徑春意胸藏已十分洛社此時堪接武山靈何事更移文桑間亦有開閒者高雅那能得似君。〔尹如鳴詩〕望越門邊曲徑開滿空錦繡簇成堆小山擁後凝交翠[illegible]老柏當前挺異材鳥踏枝翻雲影亂魚遊石動水紋[illegible]世人共詠春如許那識春從去始來。〔周孕淳詩〕庭[illegible]秀挺足怡顏春意無窮一榻間泮奐每從高隱得扶[illegible]豈爲倦飛還光含紫翠時臨洛色借烟霞半在山此[illegible]梅溪如賦刻應將茲圖作推班。〔周光臨記〕剡中饒[illegible]山水如清妙秀異先民之品題久矣獨爲園一事不數[illegible]數見焉余每于參問時低徊興慨意欲南郊卜築爲終[illegible]老之區而尚有待也乃吾敬所之有長春圃實先獲[illegible]心倚星子面四明九徑從橫八窗虛敞無金谷之侈而[illegible]襲其精有離垢之幽而掃其隘過室廬而餘目涉之趣[illegible]連阡陌而便植杖之去詩酒之客每每過從舒嘯賦咏[illegible]安往弗春春已無量矣又何論羣花之嬌婉喬木之離[illegible]坡也哉海門先生爲聖賢關榛蕪而獨于茲圖流連志[illegible]倦固知伯氏之圖繫山水之靈所藉手而標榜吾剡中[illegible]

之最勝者也誰謂先生之題非醉翁之意哉余因取能
鳴之詩歌之而仍請鉅公髦士碩好之章作長春譜云

嵊縣志卷十七

祠祀志藝文

社稷壇

元許汝霖記古者諸侯建國各有社稷雖曾滕邾莒五十里之國皆與齊晉等不獨諸侯也有人民則有社稷矣故一邑之小亦有之魯之費楚之豐皆邑之有社者也宋朝之制縣社稷祠祭與郡同紹興八邑皆有社稷嵊社在西門外其祭法會稽志云社以勾龍配稷以后稷配自京師達於郡邑歲再祭春以春社秋以秋社前一月檢舉關所屬前三日散齋宿於正寢不弔喪不問疾不作樂不行刑不書獄不與穢惡致齋一日質明赴祭宋政和間祭用大晟樂贊者引初獻行禮則寧安之樂作入成止引詣壇盥洗則正安之樂作詣神位前則嘉安之樂作送神則寧安之樂復作一成止自建炎後樂器多亡遂不復用本朝之祭率因宋制損益之其詳有司存焉

嶀浦廟

宋四明樓鑰記剡壯縣也兩火一刀自古記之晉宋名

勝遺跡至多地以溪名以溪上之山水俱秀也邑城之北山圍平野溪行其中至四十里所兩山相向愈近剡之水易於暴漲者以此然水口氣聚所以爲壯縣也西曰嶀山巨石突踞水上其下曰嶀浦巖壑奇聳尤爲勝絶溪多積沙深淺不等惟此數里間淵渟澄澈不知爲幾尋丈潭在石下爲羣魚淵藪相傳中有神物無敢觸犯亦險絶之地也上善濟物侯廟貌嚴毅凜若威靈據山瞰溪稱其爲神明之居溪通曹娥大江山爲台越孔道舟車所經無不致敬吉凶響答求夢尤應遠近以雨暘祈禱蒙賜爲深時節報謝者相踵畫像以祀於家者皆是也駱氏世爲廟史有吳越時公牒稱陳長官祠嘉祐七年鄉貢進士何滄爲給事郎太子中舍知縣高安世作記云侯姓陳氏爲台之仙居令始過此陰有卜居之志秩滿舟覆於下拯之復溺亦焉自爾靈顯民遂祀之天福初有神兵之助而受此封然鄭道元之注水經出於後魏已言嶀山北有嶀浦浦口有廟甚靈驗行人及樵伐者皆先敬焉若相謚禱必爲蛇虎所傷則廟已古矣況台州樂安縣五代時改爲永安至皇朝景德四年始改爲仙居不應石晉之前已有此名豈侯實爲永安縣令後人誤承仙居之名耶至如磁州崔府君國家

本之甚嚴會要以爲後漢之崔子玉孝宗皇帝聖德事
蹟謂賜名從玉蓋以始生符瑞默契其名而昭陵實錄
乃爲貞觀中滏陽一縣令也幽冥之事不可究知傳記
亦有謂靈祠間有以剛方之士代之者惟其血食有素
受職於朝故封爵之報與臣子不殊也建炎元年金兵
入越欲犯邑境以神之威不戰而退乾道嘗賜香茗之
奠今丞相大觀文謝公布衣時由丹邱赴南宮神已告
之富貴之期暨乎登科作尉此邑事之尤謹公既登樞
筦俾脩職魏君必大率邑人以加封爲請慶元改元賜廟
額曰顯應公之力也魏君年及八十爲一邦之老既募
衆力新其祠而鑰之子灊適爲丞介以請記惟神之姓
字勳績著聞已久灊又能道祠宇所論之詳且將捐私
財刻石并爲記之脩廟之役劉令君渠先以十萬錢市
材魏君以寀木助之周令君悅取以建殿宇始於慶元
四年十一月成於六年六月而經始者魏君也○僧法
具題廟詩　自從投紱踐鼇瀛民到於今仰盛名祠宇幾
經尸祝老江波常作長官清我觀俗物憧憧話誰似英
風凛凛生已嘆祈禳足靈應聞君捍敵顯神兵○袁尚
褱秋曉謁廟詩　曳屐登神岫苔痕厭仄徑藍骨唱曉風
隔谯遙相應殿古封烟蘿隱隱出晨磬夢其草露開劉

林畱名姓俯瞯石巑岏鷲魂那可定偃蹇欹巖松輕籍
爽清聽所以濟物俟不願仙居命披襟發長歌良懷駐

祀典

水火神廟

知縣張逢歡募建引嵊古之剡州向多火災議者謂剡爲二火一刀屢致兵火乃更名嵊然名雖更而火不熄在勝國之啓禎間特甚令與民議作廟以禳之架樓三楹於城南之門外樓下像火神樓上像水神火得水以制庶其少止乎未幾門外火廟延而燼則廟雖剏而火如故今幹首某等欲募資重建以簿乞言余何言哉聞之惑於讖外國多火災而劉昆向火叩頭輒能反風是火殆關乎德之脩不脩矣又聞面積薪必有火患而廉范使民儲水咸歌安堵是火殆關乎事之慎不慎矣史載帝嚳之曾孫曰祝融辨於南方爲黃帝司徒後顓頊之孫黎與回代掌火正亦曰祝融則祝融火神也記稱冥勤其官而水死少昊之子脩熙在顓頊時代掌水正亦曰元冥則元冥水神也月令夏祝融冬元冥各司其季山海圖繪祝融獸身人面乘兩龍禺彊人面鳥身珥兩青蛇踐兩青蛇亦乘兩龍形容特奇怪大抵水火二神神之尊者所以祀必壇坎非天子公卿不得祀即

祀亦不得數數則瀆亦不得踈踈則怠是神又不可褻
矣故救災弭患在脩德慎事不在褻神以圖苟免且夫
炎上水潤下陰陽之道不可偏勝如以火濟火以水濟
水無不爲患必使炎炎上者嘗下濟潤下者嘗上行坎離
交而陰陽泰以之治身則五臟和病可却也以之治世
則六府敘災可消也所貴調燮之得宜區區廟制何足
爲恃然而魯昭之十八年子產禳火於元冥回祿子產
賢者而亦禳火又曰有其舉之不敢廢也前令實始其
事矣廟而禳禱日不可的今者邀
天子與賢憲臣之靈待罪以來三年不火天之功也余
敢貪天功而不神是敬獨是作廟後各脩乃德慎乃事
不數不踈以虔乃祀俾神錫之福而畢方不妖則余之
厚願也

始寧城隍廟

吳鉉記廟去縣北六十里三界里人之奠神也剏於東
漢永建元年爲始寧縣治東晉咸和間中原人物遷隱
於始寧者甚多王謝其最著也隋之開皇併於會稽唐
貞元二十一年洪水衝決大壞民居今之大江即古之
官巷也由是縣治廢而神祀尚存自漢晉唐宋元明歷
千餘年如一日至於今不城郭而山溪自勝也不壇壝

而蜡臘相承也不辟雍而多士之禮樂彬彬也不木鐸而比屋之相親相遜居然太古遺風也樓鐘戴星圖凝四望互相輝映文昌耀彩武曲揚標並增瀟灑廟之前爲皇華駐節之區車馬往來冠紳雜遝無煩濕之患盜賊之虞實神有以相之也德政名鄉太歆名里民安物阜居然巨鎮一十三社春祈秋報靡敢不恭水旱疾疫禱無不應其卵翼吾人如慈母居舊裏而食舊德歌思勿諼永爲始寧遺跡云

同向廟

始寧吳光庭記神姓陳諱德道會稽人也生東漢永元巳丑四月四日以孝友節義爲鄉黨推重永建戊辰年四十忽語人曰今生辰余歿期也是當爲汝鄉主至期沐浴焚香端坐而逝空中聞鼓樂聲衆異之爲立廟蔣岸橋之岡廟南向吳赤烏巳未一夕風雨驟作如千夫簇擁萬馬奔馳狀侵晨視之廟則東向矣鄉人益神其事合會嵊數萬家聯爲三十六社式廓其廟貌而顏之曰同向旋又分三十六社曰前政中政後政所以寵之者彌虔而神之福吾社者亦彌至凡水旱疾疫禱祈不應而尤能爲國家捍大患宋末帝昺遁於元師由越至東甌經駐蹕嵊禱於神得安行無虞明太祖取暨陽命

謝再興守之賊將呂珍率師十萬圍至月餘撫汲俱困神往還雲端呼陷陣者再呂珍乃遁時大軍李文忠援師適至以神有勳勞疏請褒贈不報嘉靖三十四年倭寇自定海登岸所過殘掠寧紹兩郡官軍莫敢攖其鋒由曹江抵清風嶺嶺有上烈婦祠烈婦化爲人以水誘賊入祠突見金甲神自外至奮戈格殺官軍夾擊之殲寇殆盡官軍意鄉兵也視之寂然始相顧錯愕謂神與烈婦之靈再拜稽首去有司上其事烈婦以是得封而神顧不與天啓六年會稽狀元余煌備疏功績奉詔查核撫按覆奏又格於部議至今社之人每以爲憾予曰是於神初無加損也雖然以神之靈歷千百餘年福國祐民炳炳若此必有錫命用光祀典謹書其事以備採擇神兄弟三號稱三鳳歿俱爲神伯主嵊浦叔主剡之東鄉並著靈異云○按史嘉靖三十四年十二月乙未賊抵新昌焚民居殺戮一二百人屯醴泉知縣萬鵬率民兵拒之不克賊亦去聞紹興賊已破猶豫莫定所往至嵊之上舘嶺容美兵障而待田九霄以正兵當其前田九章援兵繼進左翼則把守王倫伏兵當之右翼則經歷畢爵伏兵當之以一部誘賊出戰良久伏兵起左右夾擊而指揮吳江率部兵遶賊後且多張旗幟爲疑

兵賊四面受敵遂大潰且戰且走我兵追之入清風嶺
俘斬一百七十餘據此則與記所云異矣故並誌之

倉帝祠

浙江巡撫襄平盧倬碑記上古結繩而治不立文字迨
倉帝效象而書契始作闡先天之秘啓後天之機紹千
聖之傳垂百王之法用以宜教化紀事功別是非明好
惡均此六書之制用通乎萬事而不遺故字者實百代
典章之祖也今
天子重道崇儒昭同文之治山陬海澨鄉塾里社靡不菲
枕圖史市夫門卒村豎野耆亦能通曉翰墨良由人遵
聖諭家重遺經胥在仁涵義育之中致臻斯盛而於黨庠
術序復有
欽頒典籍以供士子編摩其欲思所被無遠弗屆矣乃檮
昧之輩以我
朝雕本日多得之甚易不復知古人編韋書漆之苦怠心
遂生由是剩墨殘篇委棄不可勝紀此亦有司之責勸
導其可緩乎余奉
命移撫兩浙而皖江張君先爲此邦牧佰重以惜字爲訓
諄命屬郡邑立法摺之檄下皆翕然從令而越州嵊縣
李令奉教尤謹廼與邑之好義者卜地於鹿胎山之陽

剏倉帝祠三楹歲春秋祀以牲醴返本報始禮歟更爲沙門氏謀膳田若干俾得專職而請余言鐫諸麗牲之碑余思爲政之道行一事務佈以實心斯於事有成而於民有裨惜字固非政之大者然示民重文教尊聖賢敬鬼神惜福命之意均於是乎在此牧伯之所殷殷爲訓而李令能殫力經營以成之由斯以推凡有關於民生休戚之大者其能職之以實心視此矣是爲記并系辭以侑神焉辭曰神之生兮明四瞳蠣奎象兮環高穹書契作兮開鴻濛應萬事兮神之功惟我

皇兮景祚融合九有兮車書同申懷柔兮祀典隆告百神兮肅百工奉茲神兮宜加崇宇之祖兮文之宗卜名山兮於剡中飾丹雘兮營朱宮施者博兮報則豐幽顯判兮精誠通佐

聖化兮揚休風歷萬禩兮夫何窮。（知縣李以琰建倉帝祠詳）粤自卦畫羲皇窮陰陽之變化字造倉帝濬宇宙之文明而後禮樂以典形聲斯具典謨訓誥治統開奕葉規模忠佞賢良書史作千秋法戒所以天雨粟鬼夜哭喜懼交并乾出苞坤流符嘉祥畢應用宏功鉅宜深崇報之思積厚流光恭際右文之世勸飯僧而惜字憲檄頻頒爲溯本而窮源祀典宜備用是鋭志經營畱心相度謹購鹿胎山隙地爲侯周氏專祠謀之形家卜云其吉告諸多士翕無不宜遂於九月十五日鳩工經始不日落成從此臨之在上質之在旁不敢萌其褻越初之於今垂之於後便可奉作典型除置田司事次第舉行外所有建祠緣由理合具文申報伏乞憲臺錫之祠額賜以桂銘頒煥星麗日之鴻詞表揩事諳聲之偉烈俾知仰觀俯察幾勞古帝精神庶幾觸目驚心勿任片言拋棄則士風丕振比戶於以可封而文教用光千巖爲之增秀矣

皇清冊封固山貝子寧海將軍宗室諡惠獻祠

提督浙江等處地方總兵官楚水裴鉽碑記　世有非常之人然後有非常之事有非常之事然後有非常之功夫非常之人豈易得哉必聖人在位而天生申甫以翊贊之定社稷建殊勛炳炳烺烺爲一代之偉人傳之不朽我

聖祖仁皇帝繼統立極德洽中外仁育臣民其使藩服也異數殊恩備極優渥乃有逆賊耿精忠等自外生成合謀蠢動弄兵潢池康熙十三年甲寅

帝命將出師分路征討授鉞於　寧海將軍固山貝子福公剪除耿逆　貝子王牒宗賢天生仁勇督兵赴閩由

台温一路進發審敵機宜身先士卒算無不勝戰無不
克盡瘁以忠王事先是紹郡之嵊縣地方賊寇金國蘭
胡雙奇邢其古楊肆王茂公趙沛卿等窺閫逆倡亂乘
機竊發賊首邱恩章俞鼎臣散給僞劄潛謀肆毒　貝
子察知預留勁卒千名與知府許洪勳殫力剿撫未幾
邢其古等以趙亦賢爲内應突入縣城焚毀縣署倉庫
肆行劫掠閭閻驚逃　貝子檄忝將滿進貴訓以方畧
斬戮百餘賊城池得保無虞而賊黨僞官胡雙奇金國
蘭分劄縣之北鄉蹂躪村民石山頭官莊一帶尤遭流
毒士女避入山谷　貝子飭文武各員密約分擊賊
始奔竄至蔡山灣九里泉等處蟻聚蠭屯遝懦觀望官
兵勰力進剿執賊金國蘭梟首東郊邢其古赴軍前納
降貸其死敫還所掠婦女使寧家而流賊俞鼎臣猶暋
不畏死糾集黨羽沿江恣行虜掠忝將滿進貴守備周
鳳凜奉軍令會同嵊縣知縣張逢歡把總馬國常帶兵
由仙巖攻入知府許洪勳守備滿明侯帶兵進大洋嶺
會合殺賊楊肆金光大伍大全蔣聲生禽董文昌董茂
二名爲招撫並念民人久驚鋒鏑深可憫惻令知縣張
逢歡加意撫字咸慶更生是日斬賊七百餘級獲軍械
無算詎釜底遊魂邱恩章復嘯聚於嵊之貴門山嶺賊

黨趙亦賢賊首王茂公等與之合 貝子曰賊徒未靖民何以安第彼衆我寡祇宜智取毋以力敵乃密囑參將滿洲貴知府許洪勳以北路賊勢已平佯爲班師張樂讌飲若不設備也者至夜分兵三路啣枚襲擊賊衆驚自天降手足無措賊黨王稅等賊首邱思章等九十一人悉就戮貸脅從周明良等二百餘人使之自新嘻令公之仁威武侯之妙算殆不是過自是而溫台諸路悉已蕩平耿逆就縛地方俱獲安堵而 貝子則神遊紫府矣

九重優䘏之隆哀榮備至錫謚惠獻用彰非常之功壯猷載在方策直與日月爭光有令人謳思弗替者今 貝子

天子聖神文武重熙累洽郅治之盛媲媺堯舜畀之後賢鎮國將軍德公節度閩浙經濟文章燦然具備重蒙

俞旨奉 貝子神主崇祀名宦並入賢良天台嵊縣閩中諸處各有專祠士民奉祀維虔久而彌篤是非德澤之入人者深焉能致此予不文何能紀其盛烈以貽掛一漏萬之誚乎顧寧距嵊較近文獻足徵雖樵夫牧豎猶稱述不忘而予忝任提封高山仰止匪朝伊夕烏可無一言以揚其芳徽而并自勵耶爰捻筆而爲之記

翰林院庶吉士魯曾煜碑記嵊爲越支縣而自錢塘浮西陵渡徑於越絕曹娥江而東必由是假道焉以達於臨海郡而後之東甌泗洲登頓道狹多阻是爲東越之重蔽而居艮維漢元封初樓船將軍出武林攻東越者蓋道此而東越發兵距險使守武林者亦道此也國

朝康熙十三年耿精忠反閩越既西陷衢之常山諸縣乘勢躁東甌長木之嶺天台黃巖仙居以次淪寇域而屋於其鄉賓逼處嵊嵊多窮鄉篝火狐鳴往往與相應和於是乘城者以攻城告北道諸村保以焚掠告西道之貴門山又以剽奪告蠢蠢爲人莫必其命當是時

寧海將軍固山貝子聞章安警方董師往狥之而取漢樓船攻東越故道道嵊知狀則曰鼠子敢爾以大敵在前吾努千鈞必不爲鼷鼠發也雖然圖大於其細可芥視耶以勁卒一千隸參軍滿進貴方畧教導并指畫山川要害處命與郡守許洪勳好爲之文武吏胥用命凡三與賊遇而殲其僞將五人降二八就擒者二人斬首七百餘級械資如山有古語聞　貝子喜曰寇可盪矣然爲困獸車寘勿與圖力也令僞若退師者各取酒張生飲而設樂以賀戰勝中酒則銜枚襲之是爲貴門之戰賊大酋自邱恩章以下凡九十人率坐縛無一脱者

驟斬以狗而宥其黨脅二百餘根株蔓獨走伏路斷嵊人乃以首捨地望　貝子遙築日更生更生伏惟　貝子以華蓋之金枝旌上遊之玉帳其薦功在閩越其籌勝在臨海在東甌烏巖之尾則秋武襄之奪崑崙也西山之屯則李長侍之扼洄曲也石塘之攻則鄧征西之縋陰平也維此嵊邑道塗所經未遑信宿然而碑在人口於兮不衰易不云乎重門擊柝以待暴客蓋取諸豫以嵊之蔽東越也瀰蔣有疾失時不治則並潰漏發五管指天彼且暇踞我且狼顧至於狼顧而踞之居上流者支左詘右備多力分入蜀之期曠日持久魚則游釜燕乃笑堂救溺者遽豈應若此是故　貝子之早計也雖以張睢陽蔽巡江淮之功況之匪汰也兮嵊人離湯大且七十年矣其老者如痛定之思當痛　其少者以所聞逮所傳聞雖斷碑植楹已卓道左而棲　神蕭寺或匪憑依爾日堂之茇舍謀庶桑之俎豆相方覩阯以誠以龜石城東巡廠既得于蜀役賦功郡許自倍麗譙有門祭有堂繹有薦納牲有庭左右俠甗食有序明宮齋廬品式具備顏曰忠獻祠從廕　謚也既告成柴郡人士禮拜祠下仰榱棟而躬几筵念　貝子以勞定闘功延勤事既已銘諸大常發蹤指示爰自嵊始以逸貺之賞

應祭法而使金堤勿潰蟻穴其不侵嵊之爲抑稽陰閭千巖萬壑背安堵焉郡人士其又敢忘賜傳有之公侯之子孫必復其始今　制府府

天子命爲諸侯師閩嶠江漳橐兜韓蘇呂黎碑曹成王所云王亦有子處王之所者也此之謂不朽豈特世祿家之守宗祊而已歎仰之不足乃敘次功狀於繫羊豕之石俾綴以詩曰

蜀爲鵾鵬張厥嘴距蹴我東甌以揞膈尸黑雲壓城赤標失據嵊小而逼隋三里霧西鄰北管奪途中路我揞公天威大師相遇米聚山川塵知敵數計定後戰以揞畫肚犄之角之三捷彌怒大鏖貴門覆諸山下衿甲坐縛阬塞蹊杜魚鼈歡聲剡溪嶂浦甲子終矣如旦旦暮祭於大烝司勳有故鹿胎之山飄兮靈雨益東從屯大啓爾宇其筵肆肆維物牲具封羊擊豕烹蔡采瓠並走羣望春秋郎序神無不之以篤我祜

陳靈濟侯祠

宋端平二年五月初一日勅諭曰蓋聞幽冥之分雖殊而圖報之理則一朕以渺躬嗣承大統不意北敵懷奸肆干神器爰命謀臣猛士奮厥智勇殄滅羣孽幸賴錢塘潮神陳賢相助陰兵默加護佑大顯神通於蔡州颶

風黑雨狄人睒日斬首萬級餘種歸降翌日視之旗甲皆紙布兵馬盡土木也將卒疏奏是用褒封爰詔有司立廟崇祀加號陳賢爲靈濟侯改署太尉堂爲靈濟祠與國同休萬年不朽。淳祐十二年壬子八月十四日勅曰巨浸所稽覗無端倪洶湧澒洞窮東極西於是而能挽狂瀾迄無吞嚙非神之功豈人之力式俾侯爵聊慰輿情特封善應侯奉勅於右牒到奉行。寶祐元年癸丑正月十三日勅曰朕聞堯舜之時洪水汎濫大禹治之民害息矣朕以涼德嗣茲鴻烈不意九郡水泛萬姓淪沒飢饉相仍邑民罹苦痛自罪責莫知所規昨准徐卿所奏兩浙洪水爲患尤深幸錢塘潮神靈濟侯大顯神通逆風退浪不壞民居不傷民命祠宇臨江水波不入嚴衛近郡亦賴保全是用重褒封號旌異靈聰宜改善應侯爲協惠侯所以闡其袪洪水之患紹大禹之功載諸祀典耿耿不磨

楊公祠

周汝登曰舊志令籍中無稱楊公簡者近乃祀之宦祠剏立書院以爲簡圖嘗令剡此何以稱焉按史簡字敬仲慈谿人師事陸九淵洞徹精微學者稱爲慈湖先生中乾道五年進士授富陽簿爲紹興司理常平使者朱

熹薦之差浙西撫幹軍政大脩改知嵊縣丁外艱服除知樂平縣夫是則往志爲疎然剡錄去其時不五十年不應疎略至是豈以丁艱不果至嵊故弗錄耶至不至或不可知而令名不宜淹若邑建祠立院則辟之瑞鳳祥麟望者知慕以爲美談而尸祝之郎不至曷云非義余固不敢誣爲之傳而特按史表其名紀祠院於他考益各從其實哉○按楊公簡既祀名宦應列名宦祠內而周志謂邑建祠立院則向故有專祠矣故入之祠祀志亦欲存其名也

王烈婦祠

元秘書著作郎李孝光傳至元十三年冬師旅南行貞婦夫舅姑俱被執師中千夫長見婦色麗乃盡殺其舅姑與夫而欲私之婦悲痛郎自殺千夫長奪挽不得死責俘囚等八雜守之婦欲死不得間自念當被汚郎佯曰若殺吾舅姑與夫而求私我所爲妻妾者欲吾終事若也吾舅姑與夫死我不爲之哀是不矢也不天若焉用我爲願請爲服期月苟不聽我我終死耳不能爲若妻也千夫畏其不難死許之然愈兼置守明年春師還挈行至嵊嵊守者信之滋益懈過青楓嶺上婦仰天竊嘆曰吾得死所矣乃囓拇指出血寫口占詩山石上已

南向望哭投崖下而死或覘血則血漬入石間盡已化爲石天且陰雨復見血墳起如始日當是時后妃嬪嬙不死之三公九卿不死之郡國守邊大吏不死之而貞婦獨守死下從舅姑與夫獨何人也夫秉彝之性靡不有乃匹夫匹婦出之遂以驚動萬世苟人人慮此則金湯不足喻其固矣鈎戟不足喻其利矣勇士不足喻其强矣何有亡國債家之憂彼貞婦何爲者顧奮爲烈丈夫之所不必爲彼宜爲而有不爲悲夫會稽嵊丞徐瑞爲起石屋樹碑廟中以旌其鬼焉余曰始吾見長老言貞婦所從死不能悲也後身過其地見指血化爲石追念貞婦決死時徬徨悲傷不能去豈其鬼未泯尚猶感人耶嗟夫匹夫匹婦顛沛流離誠能動天如此天豈遠人哉天豈遠人哉。〔大學士潘晟記〕昔嘗觀國史宋都志貞婦時宋祚已移元運將啓則此千夫長者乃提兵掐郡縣之茭雖多殺戮而上下分名畧定非復昔日馳逐之悍也以故烈婦諸所哀愍之詞於錚婦中得以自達防守雖嚴而驅逼少懈遂得乘間齧指出血寫詩崖石間從容自墜而死曩嘉靖間余拜瞻祠下見父老爲言容美官兵追討倭寇若烈婦之神驅使之入祠者幸一舉而藏之余觀四壁血漬殆滿獨像座間無纖污是烈婦耿耿勁節雖數百年後凜然使不敢近而況當府生存孰得而犯之乎此烈婦所以有祠也祠堂廡傾圮郡理沔陽陳公過剡謁祠囑邑令南城萬君式廓而更新之徹其舊額改題曰宋殉與編日書文陸諸人死宋者同時萬君初蒞任遂倡率鄉人新其棟宇祠前爲廳三楹柱石繚垣靡所不備庶往來瞻仰者一時改觀而歲時伏臘亦稱其崇祀矣余樂從剡人之請歷闡其幽以記之石。（無名氏詩）嚙指崖上書投身崖下死伊誰知妾身千古長江水。（元楊維禎詩）天荒地老妾隨兵天地無情妾有情痛血嚙開霞嶠赤啼痕化作雪江清能從湘瑟聲中死全勝胡笳拍裡生三月子規啼盡血春風無淚寫哀銘。（張翥詩）清風嶺頭日色赤嶺下嶀江千丈黑數行血字尚斕斑雨蕩霜磨洗不得當時一死真勇烈身入波濤魂入石至今苔蘚不敢生上與日月爭光晶千秋萬古化爲碧海風吹斷山雲脚可憐薄命良家子千金之軀棄如土奸臣誤國合萬死天獨胡爲妾遭虜古來喪亂何處無誰能將身事他主兵塵澒洞迷天台骨肉散盡如飛埃楓林歘黑寒燐墮精靈日暮空歸來堂堂大節有如此正當廟食標崖嵬君看嶀江之畔石上血直與湘竹之上淚痕俱不滅。（明張羽詩〕赤城曉擁青絲騎玉鏡愁鸞落紅淚氷魂偷逐水仙歸綺樓一夜靈犀碎六曲闌干不礙春羅帶盤風輕颺塵越波不動越山碧青天影落桃花雲相思月照祠前水離離芳樹流紅子無情桃李亂中開只有芙蓉抱霜死。〔王琥詩〕妖氛暗奪霞城赤一片風花滚香魄翠幄空圍杜宇春釵鳳雙分鸞鏡隻啼痕漫點枯竹斑哀音不托琵琶絃天姥西來上楓嶺氷腸嘔出相思聯春蕊入口纖纖碎紅噴金精泣魑魅翻身躍出豺狼羣百丈深潭半空墜翠翹觸破青玻璃一泓冷浸珊瑚枝江妃水仙弔孤寂青天影裏開雙眉素質涓涓淨於洗洗心不用清冷水波裏難消精衛冤墓頭去作鴛鴦鬼斷石土屋官道傍沉冥不復愁天荒歲享春蘭與秋菊黄金像古苔花蒼林幽夜靜行人歇壁角紗燈半明滅往事無根有故墟兩岸青山半明月。〔推官倪汝璧詩并序〕剡蓋有王烈婦祠矣宋德祐二年元兵南下烈婦死之余過剡父老爲余談烈婦題詩投水事爲愴然低徊者久之覩其額曰元貞婦祠夫烈婦而臣元也彼何以死哉善乎王元美之言曰二君而八者行禽也乃烈婦即偉丈夫何加焉余收題曰宋烈婦而系以詩道旁遺碣自鬼然灑血千秋尚可憐嶺上清風垂異代溪流嗚咽當年一詩色借蒼苔潤九死心閒白日懸知汝英魂不散頗題吾爲洗腥羶。（郡守白玉詩）江南烽火援台得有崑岡玉未灰詩寫石崖真激烈身投江水肯徊千年卓行歸青史七尺殘碑蝕紫苔遺像尚疑南恨行人下馬爲興哀。（邑令徐惀詩）斷知一死義相暫托衰麻謝靚妝破鏡無緣歸故國孤鸞有影墮高石間血染蘚苔赤波底魂依杜若香青史特書褒節故鄉草木有餘光。（宋澧詩）野草無情春自綠江鴻夜還哀祠前莫訝咨嗟久小巷花明謝豹來。

○（邑令萬民紀詩）當時戎馬正縱橫烈女忠臣志不更柴市臨刑天地老崖山抱溺木雲清赤城俘婦芳聲並剡嵊留題膓血明江海無靈潮故止何如遺像掃倭腥。（喩安性詩）自矢赤城王氏鬼郤慚青塚漢宮人沉羅結恨同悲楚蹈海孤貞嘆帝秦○（徐一鳴詩）策馬朝逐清風頭剛筠翠竹相悠悠漁歌鼓棹發淒思江水凝雲咽不流按策停登認碑薜摩娑往古看珠淺傷心少婦發天台棄子拋夫全貞輦家鄉滿眼盡塵氛回首山頭不見君三尺羅裙爲誰服忍猶鉛粉事挨塵搥胸此日君恩息掩口吞聲仰面泣濯髮願莖魚腹中啼痕鮮蘼千年赤願爲嶺石望吾家一願借江葦數尺麻願向洪濤淬礪鷄願將血淚映城霞一聲長慟赴江津只見清江不見人鐵馬愴惶驚路墮冷風颯颯慘三辰到今夜夜聲嗚咽雪浪銀濤澄瀵節大國天王重烈臣鳳口啣香出帝闕畫梲雕梁耀古坡清風碧日兩嵯峨我來嶺畔弔貞魄擊節車頭寄短歌婉轉唏噓歌不止祇將往事羨男子人生自古孰無歸那得芳名盡如此○（姜君默詩）天生奇人盩天生婦婦與山靈如有數山青水白久開閉一朝何幸傳氷素樓頭粉墮也生香樓敗香消已斷腸我過清風三十載幾回瞻誦幾回傷蕭蕭夾岸起霜花慘淡翁容落日斜縱使木泉靈壑竭千秋俎豆老烟霞○（姚工亮詩）君不見曹娥江水欲飛翔浣濯癡兒脂粉香又不見富春江水落錢塘一釣先生本姓莊二江千古遙相望貞婦與之並秋霜先生以高婦以節投崖不上留丹血至今詩句明如雪何物狂且敢汙蟻娥以孝聞婦以貞甘心一死謝我共土鵑嶺上日悲鳴彤管遺徽誌赤城吁嗟刈薪厭薄貫臣妻覆盆有祠等塗泥埭蓮人泛若耶溪扁舟攜載非門土何如貞婦清風祠壁畫圖低且與流連上下二江千古分東西○（國朝柯[illegible]彩詩）過身似落泥花軍威詎得

加含生離火宅轉眼即仙家古廟巢新燕荒壇集暮鴉清風歸故里長伴赤城霞。（夏兆豐詩）昨拜曹娥廟今瞻烈婦祠清風吹片石丹血沁題辭死盡人間事名偏異地垂由來傳節孝江水共漣漪。（梁文濂詩）夙世是蓮花纖埃不受加遭離生少趣完節死爲家絶壁披叢莽荒祠斗亂鴉猶餘指上血化作嶺頭霞

白雲祠

王心一洞嶺樵歌詩昔年仙子吹笙去今日樵夫嶺上歌霞映碧桃紅灼灼風搖翠竹響珂珂雲生洞口非新雨斧爛棋枰是舊柯高調莫愁人和寡山靈答響振林多

葛仙翁祠

邑令許岳英詩斷崖崔嵬天騎騰虛明倒影勢欲崩太陰生寒激山籟微茫烟水涵青冥遠峯堆瓊博霄漢芙蓉城高錦雲亂殘紅稚綠春尚濃綺戸雕甍插林半當年仙子遊無方釣車足跡名殊鄉世傳得魚化龍去千年遺事歸渺茫雲烟蔽虧漲穹顥斷碑龍文近丹竈偶來扉履步山椒兩袖風生漫吟嘯

陳公祠

錢楴詩千載古靈廟鄉民作社壇聲鏗奔小澗香薦掇

芳蘭素壁描青雀，晴光逼畫欄。解襟盤薄久，嵐靄迫人寒。〔林世瑞詩併序〕先生閩人也。予客遡先生家二十里許，世有烟，好造祠拜謁，紀之以詩。盛德薰人澤不窮，剡溪重見古靈宮。於今四海尊皇極，盡入先生教化中。

惠安教寺

〔宋王銍增勝堂詩〕心是華嚴境，圓機更善根。一塵猶可見，十勝不爲煩。放鶴歸松徑，呼猿開竹門。妙高峯頂住，客到亦忘言。〔錢莊詩〕欲識招提境，先將策瘦藤。風高鳴鳳搶，簷影暗禪燈。鐘斷鶯聲細，香銷瑞靄凝。浮生駒過隙，何必羨飛騰。〔張性詩〕溽暑蒸人勢莫禁，偶來山寺滌煩襟。長松遶塔連三樹，秀竹當簷恰半林。斷續香烟凝佛座，氤氳清氣透禪心。老僧更喜能留客，耆名論情到夜深。〔周光被詩〕蒼茫暮氣籠朝閣，迢遞鷗羣點暮沙。俯瞰蓬房連西穴，迴看牛渚泛仙槎。鉢雲潤滿千巖雨，盂水滋開五品花。曉梵鐘餘孤岫出，亭臺幾處抹烟霞。

實性寺

〔知府彭富記〕一統志嵊諸梵宇獨載實性寺，以邑之官於此習儀祝聖壽也。寺創自唐年，有賜田饒甚。嘉靖中，邑令呂章以私恚毀寺，建萬歲龍碑伽藍神像於下院三峯莊僧亦寓棲以供額稅然寺之名卽不可沒而寺之隙地爲鄉進士周君震伽而得焉遂治爲宅益買旁近地廣之居三十年矣周曾後爲衢州別駕歸忽悔恨不樂謂其于庠生夢秀曰吾出人行一不義雖得天下而不爲也且晉唐名賢如王內史陸宣公皆捨宅爲寺予乃佃寺爲宅負不義之名吾寧塡死溝壑弗忍居於是矣汝必復之而卒湖陸可堂胥峯分與周君同年厚善聞而義之數移書贊決會冢子今大理卿五臺先生自南容寄歸俸金以供廿吉公捐金以助贖寺之廢田而歸之僧萬歷二年冬周君寢疾會其族父兄子弟而囑之曰吾願及見寺之復也吾待而寢矣於是周生立以其宅并益買旁近地一請復爲寺以狀來上予慢然嘉嘆判而復之邑令朱君一柏卽名寺僧法彰等還寺如故有異議者守巡諸上官皆紬之周生旣捨宅乃徙居他舍他舍敝陋人所不堪周生惟以克成父善爲樂已而周陸二公皆卽世大理公啓其父橐得向所遺俸金三十餘畫捐以贖寺田諸先佃田者聞大理公父子之義或受價或不受價或半價不浹辰而得田二十畝地四十五畝僧於是乎始有香燈饘粥之費事具分守叅政朱公案中予惟弘德以前士大夫無毀寺爲業者畏

國憲而謹儒行也近世始有借口異端之闢以恣其利便之私周別駕君少年佃寺晩獨知非毅然改決於臨殆之頃有曾子興易簀之義陸司寇公成人之美覩蓮大夫恥獨爲君子若合一轍二公之行事古之人哉大理公善承父志感動羣情周生夢秀不忘父命自甘困苦是皆足以敦厲末俗而障頹流者也乃詳記之屬新嵊令譚君禮勒之石

圓超講寺

宋王銍詩 松間清月佛前燈菴在危峯更上層犬吠一山秋意靜敲門知有夜歸僧。明錢莊詩 清時薄宦慚山椒寄胸臆攬衣謝寅上寅上窮探歷決皆欲無遺臺峯居履舃川原走延廣灌水漑雲豁鳥弄向日華孤齊避人跡僧歸象鼻低樵唱鹿臺寂取樂信有時童冠初未識笑談避芳塵細語相嘖嘖禪房不久居儒彥毋與逆頓足拂菁茅短歌記疇昔。丁哲和同知黃璧詩 別駕巡遊爲胗瘵公餘乘輿訪名山滿林嵐氣蒸衣濕[illegible]徑苔痕染屐班石壁插雲天路近藤蘿過雨鳥聲聞[illegible]南行樂知多少罕有登臨到此間

福山寺

王國蕃詩 修篁曲澗護禪關掃徑依然苔蘚斑大帙一

岸秋月靜天花落晝漏聲遲

普安教寺

魏攴傳詩步入招提取次遊無邊風景快吟眸白雲低護經壇冷綠樹陰籠寶地幽夜靜榭留明月伴雨餘泉帶落花流滿懷塵慮消磨盡何必乘槎到九洲○張邦信詩鐘磬醒塵夢風光浣客愁鳥聲雲外落樹影月中浮

資福寺

周汝登詩遠徑歸山寺都無鐘磬聲老童猶帶髮荒殿不安名柏蔭環池滿松根逬石生縱令禪誦少自覺意根清○李茂先聽松詩招提類印展多半愛松聲潮落濤非海琴彈曲有名方從窓外過旋向枕邊生一榻分禪室心閒耳亦清

華藏教寺

李茂先詩蘇護山門古烟穿徑竹斜鹿歸大士閣鳥語葉王乂老衲勤攜手僧繼學捧茶暗香山外滿殘雪放梅花

尊聖寺

知縣李以琰記出東門四十里許有寺曰尊聖傳宋治平丙午奉詔葺而原其始則名後山庵剏于晉永嘉戊

辰毀于唐會昌乙丑而重建于咸通天福間載在舊志無禮越名也乾隆辛酉有修志之役生員姚順之請載朱子所撰脩寺碑文稱此寺爲姚憲與李逸人謂貲重建淳熙甲辰鳩工丙午秋落成時奉命提舉浙東將出金庭抵明州便道過訪因請爲記予讀而疑之按朱子提舉浙東常平茶鹽事在淳熙辛丑事竣進直徽猷閣代者爲余禹成歲在壬寅安得丙午復行部治止而爲之記乎越日竺介清等果以纂估控亦呈有眞西山碑文稱建寺者伊祖竺簡竺觀我也寺內現存報本堂設位以祀又有田宅器皿交單及明天啓間毀碑印照墨痕紙色俱舊雖文非眞筆差勝姚生之舛錯無徵者予又疑憲祀鄉賢生旣屬子孫何以春秋祀事並不與祭領胙及姚行宗斥非本派然後疑者以釋爰循往例聽竺護持而嘅然于風之不古也蓋自須達多長者布金八十頃成精舍三千區請佛住佛有居矣而好佛者往往崇煥其宇曰是西方聖人也非是不足以尊之于是招提蘭若錯峙于通都大邑名山勝境之間要其心祇知有佛初未計冀子孫之食其報也乃竟有借檀越名思分潤于桑門致肖子祖弗惜者其立心何如哉今而後姚固不得覬覦竺亦不許染指庶凌競之端可以少熄

矣往天竺寺僧于周志散佚之後指葉仁實
載適徵誣妄若朱子行實載在年譜者歷歷
不察而應其請則[illegible]知考證之當詳而尊
疑人言之未可盡信豈可概也夫○周汝登詩偶逢樵
客引勸馬過招提布地新沙擁環牆細竹齊階前看虎
步枕上聽猿啼色色通元妙無言自啓迷

清隱寺

甄填詩尋幽遠步到山巔勝境巍峨取次看竹色曉含
烟色翠松聲時共澗聲寒禪房寂靜纖塵絶心境虚明
雜慮安最是遠公能愛客更留清話坐蒲團

明覺寺

周汝登詩蕭寺危樓敞竹扉枯藤怪木兩因依臨窗絶
巘危堪倚合棟孤雲靜不飛砍石流泉雙鷺起墾林落
日一僧歸棲遲自覺投閒好未老何妨蚤拂衣○周夢
科詩竹院深深鎖寂寥白衣過此遠煩囂青山碧石無
人到惟有閒雲一片飄○僧智生燕尾峯詩紫尾掩雲
日影寒飛投閒處且盤桓精魂化作雙峯老高出千山
竹數竿

雨錢寺

覺山徐開禧記出處而存乎道者幾人哉超凡而登先

覺最巍科登顯籍以救援胥溺者儒者之事也拔俗而洞元理授衣拂踞師位以度脫羣迷者釋者之事也雖爲教不同其道一也我崑有寧遠師者以簪笏之裔一旦棄儒歸釋不數年盡洞徹奧旨爲宗門龍象余以朽邁不一見爲恨也己酉春伊弟雪公來吳得閩師五會法語欣然如面并囑余名其山因問山之巔末于其弟答曰剏于南齊以其空中兩錢故以名寺鼎革來廢荒將甚歲在丙午師駐錫焉一年伐木鳩工二年蒔松種竹三年而莊嚴成峯若城環溪如帶繞寺居其中與烟霞互發樵牧賡歌乃剡西勝地也余聞而擊節曰其今之西林乎大抵山以人重廬之東有東林遠公乇之剡之西有西林寧遠主之世隔二千餘年而二林之主同字遠豈非東林而西歸乎天假數年得進西林之杖履以倘徉老人之願畢矣○〔樓秋房題開遠樓詩〕四山野樹護脩竹天姥沃洲雲往還中有道人閒且遠前身支遁晉名山○〔周元齡詩〕杖劍來僧剎疎松月正明君親恩未報慚愧此題名

〔悟空寺〕

〔盧天驥詩〕山在江城欲盡頭招提無處着清幽寒沉木底長流月冷入天圍不剩秋村靜遠遺看鶴戶溪寒只

愛釣魚舟眼前佳思能如許恨不常爲隱地遊

寶國寺

同邵黃璧詩鐘聲遙出翠微間問是來經獨秀山白杜道香清佛骨紫荊花艷映禪關休詢幻相三生事且共浮生半日閒最愛可人清絕處奇峯數點座中攀○敎諭陳烜詩大明寺裡竹林間獨秀前人咏此山松葢鶴歸能自庇巖扃雲去不曾關簾垂香裊清風細僧定堂空白晝閒今日屏星照勝地喜從驥尾共躋攀

宣妙寺

宋方鴻飛詩雲觀烟樓是梵家竹圍如洗逼寒沙因風綠浪搖晴麥遇雨紅香落澗花人鎖畫房聽鳥語僧歸晚塢放蜂衙不須老遠來沽酒只覓天酥爲點茶

定林寺

盧天驥詩寒旌隱隱入花村小雨初收水帶昏不憚山城爭寺去只將詩思與僧論葑侵水步深藏艇柳暗人家半掩門莫厭禪居蕭冷甚此來一爲訪溪蓀

普惠寺

王銍詩鏡裡形容水底天定將何物喻眞禪心安便是毗盧界盡日添香伴兀然

上鹿苑寺

（盧天驥詩）鷲峯遊屐少我獨住多時僧護翻經石猿扳囂月枝地寒春到晚山遠夢歸遲尚被浮雲誤吾心信自癡。着地嵐陰撥不開傍聞同到妙高臺老僧只恐泉聲少坐遣飛雲喚雨來。修蛇細路困車斗公事催人不自由欲到遙岑冷侵骨寄聲歸雁莫來休

（下鹿苑寺）

（鄧德健詩）古寺一荒邱禪房續舊遊種蓮看漸發瀑布不曾收佛是當年供鐘爲此日留喜逢僧共語久矣狎沙鷗。（周夢科詩）鹿苑重興梵宇寬天台羅漢逐雲端雨花石上成趺坐瀑布泉邊悟水觀四壁無鄰山鳥待深巖有洞老猿看當時發嶺龍南去今日還歸護法壇

（皇覺寺）

（盧天驥詩）倦枕曾遙夢清溪一繫船山寒疑有雨寺古只藏烟未了惟詩債難忘宿世緣回頭雲盡處空有雁書天

（眞如寺）

（周汝登詩）青山開北牖況復寺堂清鳥語出深翠僧衣暴晚晴觀魚成久坐數竹自閒行身世不知有何當更問名。（王圖蕃詩）翠流竹徑溼蒼苔雲頂珠宮絕點埃玉鳥快風飛復下曼花帶雨落還開鐘聲遠送晴嵐裊

樹聲侵[illegible]栗爽氣回正色摩尼隨處是何須移錫度天台

天竺寺

黃貢詩寺幽遠到梵王家踏蘚捫蘿鳥道斜千畝銀塘鋪石罅滿簾金粉散松花巖前草長初眠鹿林下烟凝正煮茶老衲心情何所似野雲孤鶴在天涯

龍藏寺

唐李紳碑記甿乃地濱滄溟西控長江大禹疏鑿了溪八方谷土崩巖海蹟高下猶存司其水旱竭爲雲雨乃神龍之鄉寺曰龍宮在剡靈芝之鄉嵊亭里地形爽塏林貴依抱剎宇額設積有年所自剡三徙始安此地像幾消化鐘磬不揚堵波已傾法輪莫轉老釋修真護念常啟歲月屢遷物力無及貞元十八載余以進士客江浙將適天台與修真會於剡之陽師言老禪有念今茲果矣後當領導此道幸願建飾以資福俟余矣不答師曰星歲有明異有冥吉元和三年余罷金陵從事河東薛公苹招遊甚什師已臥病約言無忌太和癸丑自分命洛陽師以檢校左騎省緊察於茲歲臨郡紀修真已為異物龍宮[illegible]宇將盡命告墳塔因追昔言以頭陀僧曾眞部工歲[illegible][illegible]萬監軍使某公承恭亦施焉從事僚吏咸[illegible]因[illegible]立慕一乘嵊爭施子來之功雲集

濤令之宅與湊[illegible]而[illegible]藏禹遣月而棟幹合負矣眞
界路乎[illegible]擇澄[illegible]居二江[illegible]寺事畢我后無疆之
祚資龍[illegible]所之[illegible]一[illegible]竜[illegible]分必同七郡山澤城
邑民入介[illegible]安[illegible]法力永資泉宮刻石
記[illegible]於寺一[illegible]和[illegible]之閣另乩巨潭維禹功力生
八始兼[illegible]鳴賓濤之東溟漲空濶邈秘龍宮貝闕
難知珠宮[illegible]西交皆深沉不隔間法必聽依佛必
摩壹鶴[illegible]既資勝因爲龍景諸節宣風雨
以成[illegible]寶告二界必闘惟爾龍宗聡示不昏我
昔麻[illegible]信斯八己亡斯言不泯敬報前志以垂
後功[illegible]和咏[illegible]有融普利羣生罔資已力琢磨記
言[illegible]年四月二十九日建○詩銀地溪邊遇衲師
笑[illegible]指造知定覲元度生前事不道靈山別後期
眞[illegible]無因色界化成與滅在蓮基好令滄海龍宮子
長[illegible]舊浴池○宋僧擇璘詩扁舟一葉繫江湄岸
登[illegible]行到此逞步右有心愧短夸拂塵無力看豐碑擁
門[illegible]難投轄暮道居僧經営鎰相望吾廬如咫尺杖
荼來往亦長羈○國朝吳炳忠寄宿龍藏寺感賦蛾眉
月上露珠顆疑是箬前滴而聲梧葉落殘千片積芙蕖
開倦一枝孳山深夜靜身如寄鳥語花香韻自清猶記

長安礪學步而今老大未忘名

寶積寺

內監崇班嵊監酒王相詩巧搆層巔絕頂平登臨還解俗愁醒雨中佳樹千株綠望裡晴嵐一抹青繞檻碧苔深匝徑倚窗孤柏長成屏虛愁恣白情無極一水盈盈遠北溟。過守約詩層檻寶勢壓禪扃俗眼塵昏到易醒干檻樹排車蓋翠萬螺山矗佛頭青夜將溪月澄心境春把巖花作面屏我欲期師不肯出世途今嶮甚東溟

印月寺

胡濬詩沙頭精舍好暫借息塵喧萬籟空中寂三生夢裡論水雲蒸紙帳山月浸松門靜極令人愛無由蛻業根。周汝登詩禪房曾借榻開戶見汀洲樹色當窗午鐘聲出殿晴探源時獨往惜蟻更徐行自拚沉埋久題詩不記名。王國蕃詩青嶂吞江壯若汀蟾宮着地化螺亭四時潮汐滄桑界一望林巒水墨屏波漾清光臺映碧山幽繫鴟宇鋪玲瓏舟已作乘槎計猶憶枝棲理石經

明心寺

曾國唐咨記邑北三里林巒幽邃如城郭其西北一隴

望之蔚然高出於羣峯曰黃上嶺嶺麓有靈泉清冷甘美行者負者賴濟渴吻顯德七年鄉民蘇老寶請於錢氏爲僧院宋建隆初爲黃土塢院又民陳承業捐山以廣寺治平三年賜今額景祐中僧仁偃甃爲二泓立亭以升凡二百級人至蕭洒不知人間有暑惟佛法能轉惑見爲眞智羣造爲正覺離執着爲圓明然後逍遙乎眞空之界超悟乎妙道之場所謂明心者因夫明心之理以告云。僧仲皎詩精舍倚修嶺道心隨眼明山遺僧偃迹水竹剡溪聲無雨竹亦淨有風松更清上方眞可住不用觸歸情。國朝袁尚衷次姚孝廉秋遊寺詩幽深禪房繞七月山色已三秋日淡芙蓉冷霜寒薜荔幽深池開石鏡老樹卧松虬不識風聲裏梧桐葉墜不。教諭朱宸枚詩爲愛明心到草堂竹陰深處亦幽涼空階鳥傍殘幢落遠岫人連碧草芳客倦嬾尋隱士塚僧閒喜說篆碑詳披襟還步迴廊去數朵葵花正夕陽

超化寺

夏孕昌詩不爲尋幽至那知竹院深雲光清水鑑松籟鼓山琴望隴思過澤臨風誦虎吟王甌試雀舌輕汗散煩衿。國朝吳光廷詩北郭山臺古浮圖蒼蘚封雲蓮象鼻岫烟鎖鹿胎峯曲徑千竿竹深林萬樹松花陰留

拂塵梵唄雜疎鐘鶴唳懷支遁鶴歌憶戴顒琴莊餘逸
韻醉驗微禪宗流憩渾忘倦憑將制毒龍

上金鐘寺

唐孟郊詩闌干獨鶴心太千萬松年迴出萬物表高棲
四明巔千尋直裂峯百尺倒瀉泉緋雪爲我飯白雲爲
我田靜言不話俗靈蹤時步天

白雲院

史大成詩石壁發暉過雨斜林問飛瀑湧恒沙一龕初
闢空王座半嶺時飄異域花彼自有燈傳七祖不知何
佛演三車從來津路如明鏡丹室黃冠豈足誇。蕙江
陳紫芝詩嵯峨盡處展平沙茅蓋三間選勝賒乞火無
鄰爐自活辟寒當夏補衣加遙連鷲嶺栽仙藥近借龍
湫散雨花慚愧支公尋未得白雲菴路白雲遮。陳捷
詩四明深處白雲封雲裡招提物外蹤未許塵氛喧萬
壑全憑屐齒闔千峯天花亂點堦前石野鶴常低嶺上
松世路紛紛空拮据何如此地漫攜筇。李茂先詩屹
峙千尋嶂東南半壁分沙明晴見雨嵐遠谷生雲翠接
諸峯近光凝別墅曛青松寒午日何處晚鐘聞

玉虛道院

朱鼎元詩山東捨宅爲琳宇公子超然趣不羣帝足飄

蛇交水火將壇龍虎擁風雲花堦晝靜迎仙客月殿香清禮老君何日投簪同採藥松邊坐石許譙分

幽遠庵

僧擇璘詩得意幽深觸處眞何須邱壑寄藏身愛茲殊勝園林地非彼等閒花木春自晝杜門人莫到淸談絕俗世難親紛紛鬧市繞山脚獨有此中無點塵

放生庵

姜君獻詩并序海門周先生開鹿山書院闡發良知奧旨出之麓卽剡溪也嘗放生於溪因立石禁止網捕顏曰放生池隨建庵曰放生庵閣曰觀生閣使登臨者暢然領魚躍鳶飛之趣謂非先王及物之仁乎詩曰直上危樓破大荒括蒼天姥兩微茫三春浪湧圖南溟六月潮平曝石梁闡性鹿山山月白弘仁剡水水雲香先生明德同河洛今日登臨須一章

耕庵

李茂先記剡東四明稱丹山赤水之天二百八十二峯間佛窟僧廬嵌雲倚石者幾百餘所大石厂居其一髻於厂巔則有耕庵數椽茅屋半里梅花係洞宗普上人住錫處也上人爲金陵巨族髫齔時卽不耐塵鞅脫白薙髮於荆溪萬和尚室嗣後叅請海宇名宿十有餘輩

及至剡秀峯雙屏始降心而遁寧和尚箕裘仍欲探片地作結茅計經幾跋涉而入我四明見大石厂展然而喜曰是可以鋤雲種石者故以耕名乃上人身寄烟蘿名馨遠近若明覺若四果若真如若桂岩紛紛纏請去作瑤海獅鳴演如許普利人天事歲時往來遥由漁溪谷口經竹嶼庵金雞嘴朓延岩一綫爲道千折螺紋方達其處山險水深荆榛叢莽登陟者望而畏之老苾蒭月輝瞻禮上人久苦行真修種種有利濟可驗一日監弘願欲爲四明别開生面不使耕庵道茀如熊耳寒岩阻人屐履爰捐己資募衆力身操畚揷錐斧以率於先覩有礙於行者石搜其蒂樹抉其根峭則使坦窪則用填凡四十餘里梗澁不堪措足之塗一旦如砥如矢幾可聯鑣並轡矣無論居民資衣食於山上者不歌行路之難衲子待鹽米於山下者得遂歸來之願即耕庵蒼蒼石徒數畝纍纍佛骨一堆使向往者掉臂而直造焉其爲功詎復可量卓哉此舉亦宇宙内一番小開闢也予聞而壯之因濡墨而爲之記〔又詩〕天地一頑塊藉兹人力措裁成有匠心光彩沉復露不爾竟荒莽高厚將無誤四明几且癡巒岫如相互衆山皆雲仍千百堪吞吐中有羣龍居呼吸分寒煦噴沫潴爲泓雨山夾而澍

倚岸有蚕叢蜒蝘聊爲路此外環峭壁危竦不可步失足分寸間身墮墜那及顧山靈使之然空向馮夷訴問君胡爲來寶藏與焉故況復結廬者班坐而待餔飛則非鷗鷺躍則非狐兔行人轍若鮒股栗心還怖老衲僴衆生瞋眼出幽悟自揉瘦筋骸爲山開迷渡積薪置石根縱火熠其鋼烈焰少頃時輒復沃以醋旋將錐鑿加去之如切腐更揮斧斤手芟草仍柞樹一綫嶔嵜蕩忽焉坦如鋪昔險今方夷山適逢其數乃信事無難成敗憑心懷昔也不周傾煉石資老嫗工屋與太行愚公移以筊是皆手足功智巧非天付策駑振康莊予亦砭沉痼

四顧坪庵

釋淨地詩　峭拔懸崖聳碧空昔年入定憶師翁那知幾代空山裡復見兒孫拜下風

桃源觀

宋沈遘贈王道士詩　我昔剡溪遊道人一相遇重來十歲餘顏色宛如故顧我命衰早髮毛以蒼然乃知世上榮曷若山中閒道人家東都問胡不歸北北方多風塵紫衣化爲黑斯言其所信吾志亦江湖瀟洒會稽守平生欣莫如君恩容苟安願奉三年計幸爾數到城閒談北方事○按會稽志沈遘錢塘人宋仁宗朝進士嘉祐

六年十二月以右正言知制誥來知越州爲人疎儁博達明于吏治七年七月轉起居舍人知制誥移揚州官至翰林學士

張器之詩宿雨初收月露文模糊影動未全分羅衫拂影桃花落藜杖穿雲柳絮紛仙馭珩璜鳴秘館簫聲瑤調唱黎雲却懷採藥劉郎處一徑蒼苔鎖夕曛

金庭觀

沈約金庭觀碑文夫生靈爲貴有識斯同道奚云及終天真反故仙學之秘上聖攸尊啓玉笈之幽文貽金淳之妙訣駐景濛谷還光上枝吐吸烟霞變鍊丹液出沒無方升降自已下棲洞室上賓羣帝覩靈岳之縣啓見滄波之屢竭望元州而駿驅指蓬萊而永騖芝蓋三重駕螭龍之蜿蜒雲車萬乘載旗旆之逶迤此蓋棲靈五岳未暨夫三清者也若夫上元輿遠言象斯絶金簡玉字之書元霜絳雪之寶俗士所不能窺學徒不敢輕慕且禁誓嚴重志業艱劬自非天稟上才未易可擬自維凡劣識鑒鮮方徒抱出俗之願而無致遠之力蚤尚幽棲屏棄情累留愛岩壑託分魚鳥塗愈遠而靡倦年既老而不衰高宗明皇帝以二聖之德結宗元之念忘其菲薄曲賜提引未自夏汭固乞還山權憩汝南縣境固

非息心之地聖主續曆復蒙縶維永泰元年方遂初願遠出天台定居茲嶺所憩之山實惟桐柏實靈聖之下都五縣之餘地仰出星河上參倒影高崖萬杳邃澗千迴因高建壇憑岩考室飭降神之宇置朝禮之地桐柏所在厥號金庭事昺靈圖因以名館聖上曲降幽情留信彌容置道士十人用祈嘉祉越以不才首膺斯任永棄人羣竄景窮麓結懇志於元都望霄客於雲路仰宣國靈介茲景福延吉祥於清廟納萬壽於神躬又願道無不懷澤無不至幽荒屈膝戎貊稽顙息鼓輟烽守在海外因此自勉兼遂微誠日夕勤劬自強不已翹心屬念晚卧晨興飡正陽於亭午念孔神於中夜將三芝而延佇飛九丹而宴息乘鳧輕舉留舄忘歸以茲丹顔表之元極無曰在上日鑒非遠銘石靈館以旌厥心其辭曰道無不在若存若亡於惟上學理妙羣方用之日損言則非常儵焉靈化羽變蜺裳九重甍屼三山璀燦日爲車馬芝成宮觀虹旌拂月龍輈漸漢萬春方華千齡始旦伊予菲薄竊慕隱淪尋師請道結友問津東探震澤西遊漢濱依稀靈脊彷彿幽人帝明紀歷維皇纂位屬心鼎湖脫屣神器降命凡底仰祈靈秘瞻彼高山異言覆墳啓基桐柏厥號金庭喬峯迴峭擘漢分星臨雲

直導駕岳閒襦襴塗蹇產林圻葱青誰謂應遠神道微密慶集宮闕祥流罕畢其久如地其恆如日壽同南山與天無卒更生變練外示無功少君飛轉容與神通因資假力輕與騰空庶憑嘉詩永濟微躬。（唐張說詩）元珠道在豈難求海變須教髮不秋他日洞天三十六碧桃花發其優遊。（羅隱送裴饒詩）金庭路指剡山隈珍重良朋自此來兩鬢不堪悲歲月一巵猶得話塵埃家通曩分心空在世逼橫流眼未開笑殺山陰雪中客等閒乘興又須迴。（宋李易居剡寄鄭天和詩）金庭洞在桐柏山山高一萬八千丈中有神仙不死區郁郁黃雲覆其上透岩流瑩繞四旁面勢參差皆意向難登天姥有時聞鶴在沃洲何待放彩衣大勝官錦袍白髮奉親仍繼賞異才爭出輔清朝爽氣自驚遊碧障古來無位有重名吾家謫仙曾陸望平生願到猶不諧矧復區區走俗狀桃源康樂舊鄉存路接風烟甘遠往渡江正爲九華丹石笋飛泉歸指掌鸞翔鶴浴傳異時列岫方池閒想像剡溪隨處可卜居乘興扁舟正相訪。（劉旦遊金庭詩）衡岳眞人稱福地南齊高士寄山阿赤城仙去騎丹鳳墨沼人傳詠白鵝一世風流俱寂寞千年氣象古崔峩登臨不盡懷人恨惟有蒼蒼石可磨。（仙都李淸叟（詩）山屬蓬萊第幾重奇峯翠岫繞靈宮雲藏毛竹深深洞烟起香鑪裊裊風放鶴已歸天漢上養鵝無復小池中羽人盡得飛章法神與寥陽路暗通○天台余下（詩）尋眞窮養浩崇妙路迢迢洞掩峯千疊壓分水一條白雲生石壁飛閣插崖腰隱隱存仙迹渾疑在碧霄○（淮南馬幷詩）右軍學業隱林邱世隔年餘景尚留苔鎖一泓殘墨沼雲遮三級舊書樓歡逢羽客開金闕儼覩仙童侍玉旒自怪今朝凡骨飛身得向洞天遊○（羽士李太澄詩）步步溪山轉幾重五雲深處敞琳宮峯巒秀擁神仙致門徑淸無世俗風晝靜碁聲深院裡月明琴弄夜堂中丹成仙子無餘事祇待蟠桃信息通○（張燦詩）金庭山接東海頭南連華頂西沃洲地脉遙通海間國天光欝抱岩中樓仙家洞天三十六金庭正在神仙籙日覲霞宮縹緲間雲窗霧閣逶迤幽棲丹道士懷玉霄每於洞中候琅璈鸞輿或降赤松子鶴馭時來王子喬靈蹤一閟今千載羽蓋飇輪今何在五粒松子不可攀三秀靈苗許誰采晉朝內史右將軍舊宅嘗寄茲山根淸談已無舊賓客高致還遺賢子孫衣冠閥閱聞天表暇日邀予共探討石刻開摩沈約碑墨痕猶記羲之沼放鶴臺前春樹晴濯纓亭畔石泉淸琦草叢深

爵騎鹿碧桃香煖開啼鶯攀蘿映翡翠幽谷盡日清幽絲不足一道飛泉瀉玉虹崇巘清陰覆茅竹王郎手攜九節筇雄詞宛有謫仙風香爐五老屹相向紫烟上幕金芙蓉壺觴聽就松下酌高朋滿座爭歡謔劇飲狂歌烏角巾高歌醉擲金錯落飲餘長嘯倚林坰散作林間鸞鶴聲裁詩復和神仙曲寫石共結烟霞盟青天月出興未盡攜壺又欲花間飲萬事須憑北海尊百年盡付邯鄲枕世情於我更悠悠但思方外覓丹邱遙逢瀛海安期棗渺渺扶桑徐市舟仙凡有緣豈相隔偶隨行塵爲行役洞裏羣仙倘有約歸卧松雲燒白石。〔王鈍詩〕

長懷遊寶地覽巒共登臨石洞風霜古仙壇歲月深好山供野趣流水洗塵心欲上吟鞍去徘徊待日陰。〔丹霞翁朱中尊遊金庭詩〕

山靜如太古清遊久未闌美哉賢令尹幽訪晉將軍舊觀今增勝芳名振古存歸途千戶月燈影雜人羣。五馬金庭賞新詩注風闘興酬迷七聖詞陣仆千軍。指顧春元老涵虛性月存無言同物處一笑入鷗羣。冒暑躡爐雲開臨覓舊聞逍遙蒙漆吏罷淡右將軍鳥道晃飛速龍池見影存逢僧留墨妙不換日鵝羣。〔王國維詩〕

信展金庭到林寒值暮冬香爐雲篆霧石鼓雪函封鶴跨思遐舉笙吹憶古踪徘徊

誰共語赤水有潜龍。〔王心一金庭霽翠詩〕丹池赤木紫雲鄉金作庭兮王作牀雨過青山新浣刷霽開紅曙舊蒼凉千年鶴放松猶自一瓣鵝飛田晒黄芳草王孫遊未已幾多感慨照斜陽

義顯墓

明周山記邑令嘉定侯尹吾嵊幾三載政通人和百廢具舉訪求先賢遺跡得晉處士戴公顒之墓于城北通楚門外顧瞻之餘爲之喟然太息乃與察宗丞王公籌於公蓮幕蔣公謀謂戴公清名高節著於當時而聞於後世不幸饋奠無主而其墓在斯土鞠爲茂草乃如此實吾長民者之責也欲爲之作亭於墓前以棲其神可乎察宗皆曰善於是庀匠作工徒之需木石陶甓之值作亭三間丹堊炳焕前峙大門外繚崇垣工肇於二月之望廿日不百日而落成焉嗚呼亭之或與或廢後先不一蓋天理有晦明人心有敬怠故耳使此亭常固不廢不有望於天理人心之常存不死者乎吾因言之以爲後之繼尹吾嵊者。〔賈嵩詩〕清風高節冠羣芳遺塚纍纍古道傍琴書自樂名猶在猿鶴相呼客重傷。〔國朝袁尚衷詩〕剡溪有隱淪逸韻高千古憂嬰抱羸疾制舉十五部肅肅破琴風肯向中書鼓吳人爲築室天子累

暘騰鳳翔黃鵠山邈焉不可覩悠悠百世下尚留一抔土斗酒與雙柑誰復攜春圃惟有黃鸝語年年破墓杜○（教諭朱宸枚詩）幾疊青山繞墓門不開千畊古碑存黃鸝不昧先生意鼓吹年年慰舊魂

（靈濟侯墓）

新昌俞浙記（記）劉之浦橋有神曰陳侯諱賢者生于乾道戊子歿于紹定庚寅既歿神功禦災捍患所在響答至端平甲午以水戰助王師于蔡州封靈濟侯淳祐壬子以厭殺浙西大水加善應景定庚申借潮浙江航貴人鑾翠加協惠此其事卓異載在祀典人所共知也而詎知又有甚異者人歿而爲神有之矣未有生能爲神從事幽冥以濟物者也侯生稍長不問晝夜假寐即神遊江海間拯護舟楫或爲人驚寤則日壞一舟矣每設祭潮神侯與焉寤則哇所享牲肉是所謂生能爲神者錢塘行在所恃堤岸以捍江潮嘉定庚辰潮怒齧堤出侯潮門抵新門潰突不可遏漂廬舍泊城郭日益甚朝廷命有司起徒卒戮力畚鍤隨築隨毀相顧無措名神問計侯呼江神祭以三牲喻以關係利病手一竹植沙塗上誓之曰神有靈無使潮越吾竹以爲神羞潮至望竹伊邇卽勢伏逾遲折而東行未幾西岸擁沙成阜畚鍤

就緒而長堤屹若山繞矣嘗欲傳其始末一田剡之鄉丈人趙公炎來道侯之孫其將築亭墓上奉祀事求文爲記吾方遜讓若有物觸其衷者蓋吾少時舟行淛江中流浪湧幾覆篙工仰天呼侯數四浪輒平舟獲善濟吾時尚有祈禱之語久未克償今之觸吾衷者侯其速吾文以償其願歟遂爲侯記之侯墓去家百步而近弟其附焉于九人第三子無作神功濟物稚有父風又以見英靈瑰琦之神氣人得之于天子得之于父信非修爲方術所可與能也因併記且求質于世之君子云○周熙文曰神姓陳諱賢字希文累封靈濟善應協惠侯事實畧見宋時勅書及明新昌侍御俞浙墓記而不詳世系按侯先世閩中八諱堯叟者宋端拱乙丑狀元及第至四世孫銓宋大觀己丑以賢才授山陰令致政遂居剡之清化鄉子昱字世嘉紹興丁丑進士官兵部侍郎是爲侯父侯生九子曰裕曰祥曰祁曰祐曰禛曰祺曰禮曰禴裕嘉定辛未進士官揚州刺史禛慶元己未舉賢才科官戶部郎中禴咸淳戊辰進士官湖廣僉事祿爲祔祐生三子曰蒔曰芝曰芎蒔爲本邑尉芎爲[illegible]禛生二子長曰荷爲祔次曰芬咸淳辛未舉明經林[illegible]上二子淩曰芳德祔丙子舉孝廉科次曰董生三子三

白旻亦爲神乃舊志既不載而科名錄亦闕焉不刻選舉誌愼也然世系考并非若是未可竟淹爰附誌于此又明天順戊寅山東張秋水決侯見夢于守土吏獸相築錮今山東廟祀弗衰益欽承朝命也嘉靖甲辰鄉民裘時獻等乞崇祀典丙午禮部尚書費具題奉旨聽有司照常舉行春秋二祭而記亦弗載何也

官師志藝文

唐許渾送剡縣薛明府詩○車馬楚城壕清歌送濁醪露花羞別淚烟草讓歸袍鳥浴春塘暖猿啼暮嶺高尋仙在仙署不用費牛刀

方干送剡縣陳永秩滿歸越詩○俸祿三年後程途一月間舟中非客路鏡裏是家山密雪沾行袂離盃變別顏古人惟貫滿今挈解由還○夏志作陳永秩郡志因之以誤讀題句也

劉長卿寄剡中諸官詩○訪舊山陰縣扁舟到岸崖故林嗟滿歲春草憶佳期晚景千峯亂晴江一鳥遲桂香留客處楓暗泊舟時舊石曹娥篆空山夏禹祠剡溪多隱吏君去道相思

羅隱寄剡溪主簿詩○金庭養真地珠篆勾稽官境勝堪長往時危喜暫安洞連滄海濶山擁赤城寒他日拋塵土因君擬鍊丹

宋歐陽脩寄丁元珍詩○經年遷謫厭荆蠻惟有江山興未闌醉裏人歸青草渡夢中船下武陵灘野花零落

風前亂飛雨瀟條江上寒荻筍鰣魚方有味恨無佳客共盃盤○王安石寄丁元珍詩○溪水渾渾來自北千山抱水浩相射山深水急無艇子欲從故人安可得故人昔日此水上樽酒石橋舟慰行役津亭把酒坐一笑我喜滿顏君動色論新講舊惜不足落日低佪已催客離心自醉不復飲秋果初寒空滿席今年郤坐相逢處惆悵相逢別時迹可憐溪水自南流安得溪舟問消息

陸經贈丁元珍中允宰剡詩○麋士宮曹幾處閒君今作邑好開顏落帆直上剡溪口入境先登天姥山魚鳥半和風俗處雲霞多雜簿書閒雪晴須去尋安道不作經宵興盡還

陳古靈贈剡縣過秘丞詩○賢哉過縣尹德政是吾師萬事無鋒穎一心惟孝慈家貧因客冗髮白爲民飢誰刻前山石令人去後思○過秘丞名昱字彥專郡志一名公彥因劉彝詩序有過公彥專句遂謂之誤亦本夏志之誤也

梅聖俞寄剡溪主簿臧子文詩○剡溪無淺深歷歷能見底潛鱗莫苦窺塵紱聊堪洗古木潭上陰遺祠巖下啓應識道旁碑因風奠醽醴

王平父送聶剡縣兼呈沈越州詩○剡溪清瀉映檀欒天姥花飛載酒船憶我少年來攜屐羨君今日去鳴絃從容人樂漁樵外瀟灑詩隨簿領邊太守相逢應見問爲言多病憶林泉○聶名長卿時沈立以右諫議大夫知越州

參政樓鑰子濂爲嵊丞次子淳爲上虞丞自四明遺二子書○我老不復仕行將掛衣冠兩子俱貳令官職恰一般剡川且書考上虞亦之官人言易捧檄歸奉重親懽我意正不爾期汝政可觀食焉怠其事古訓戒捨鏝汝職去民親籍書當細看一邑無不問政爾良獨難平時固知汝廉謹無欺謾涉世終未深送汝能忘言故鄉去帝鄉舟馭多往還失已固不可待人亦多端妄求逢道譽善遣非意干窮達固有時此理眞如丹聚散不足較豈得長團圞閑靜我所便汝其自加餐有時或乘興往來二子間踏雨送汝行浮家當遊盤走筆如家書詎能苦雕刻

明駱安性送王知縣學夔陞任詩○會見王喬令剡川山城桃李倍增妍樽開北海琴橫几月上南樓魚滿淵幾載春風深化雨那堪夜雪急歸船豫章此去陳蕃遠徐榻風高擬復懸

教諭陳士彥送施知縣三捷入覲詩○河陽一縣花千樹花下留君君不住六龍此日御雲飛雙鳧前夕朝天去碧水渺渺烟霏霏村落人家近不稀甿疇待畬子待教吁嗟此去何時歸

趙起贈王知縣志逵詩○簾帶桃花懸白日琴彈無事詰窮廬相看造物徵嘉卉更說龍洲有木奴晝長柝靜門如水别有松聲撼暮凉一枕濤高獨夢古綠陰南國老甘棠山中盡說成禾黍巷瀆篝燈竹幔青閒看黃花供圃餽高風千載邁陶情金庭雪映溪山曉西嶺梅開天地春并作一盃香散滿未應只是隴頭人

張旌送鄒縣丞頭民致仕詩○繪圖九老送君還侯思飄飄不可攀花落一畦紅泛水柳垂兩岸綠搖灣鷗啼日暮帆歸浦雞唱更殘客渡關此去故鄉如有問爲言古剡即香山

周汝登送章主簿文選詩○簿領江城是幾年勾稽無擾只蒲鞭纔看鸞鳳初棲止又逐萍蓬浪轉旋榭燕蔭多迷曉閣蘭花風動促歸船敬亭山色遙相望好自啣盃問謫仙

山陰張偺撰元忭王教諭天和去思碑記嵊諸生數十輩持所編政教遺思錄造余拜而請曰此吾邑人爲吾

師芙山王先生作也先生司教於嵊者九載視邑篆者三月其德澤被於人無久近無不心戴之者陞南安郡博以去吾士民欲挽其行而無從也敬邀予一言勒之石以永吾師余閱其編列于君善狀凡十有八其大者則禮書之布也士氣之培也孝節之旌且有贈也郤苞苴也具祭器新膠門也恤民之災繆催科平聽斷也正民之俗喪者不茹葷誕女者不溺也余閱之敬歎曰有是哉王君之善教與善政其兼舉矣乎則又謂諸生曰王君之學其有本乎夫教與政非二也古之君子其脩之於身推之教與政者皆不外乎禮故其學出於一而用隨試而輒效蓋孔門言仁其要在復禮教人諄諄以禮爲訓而極之爲國以禮然則脩已治人一本乎禮豈非孔氏之家法也歟余少也竊嘗學禮惟於喪禮有不忍及也甲戌秋斬焉衰絰乃始讀喪禮似不能無悔於心且禮所載殆有疎而未備者有疑而難通者猶不能無疑於心已乃得王君所訂禮書讀之而有所取衷焉余是時固已向往王君久之詢其行於嵊之人士嵊之人士數其事而余獨窺君深則知其所致力者固自有在政教之施特其緒餘焉耳蓋君爲雙江東郭兩先生之高弟嘗從事陽明子之學矣陽明子之始而揭良知

以覺人也謂良知盡於約禮是豈徒談妙悟而畧躬行者哉迨其後則爲說幽渺而愈令人惝怳而不可究詰甚者宕於禮法之外而藉口於解脫則重爲斯道病矣君既有會於良知之旨而痛挽末流之弊其始司教於嵊也輒慨然曰學莫先於禮舍是則何以爲教故首爲禮書以示之而躬敦行以爲諸士先凡君之所以爲教者有一不由於禮者乎已而受檄視邑篆也又慨然曰治莫先於禮舍是則無以爲政故傷惕焉勵官箴重民事振廢舉墜凡君之所以爲政者有一不由於禮者乎夫君之學一本於禮而施之教與政隨試而輒效如彼空談鮮實者爲何如斯可謂有功於陽明之門不畔於孔氏之家法者也豈獨有遺思於一邑而已哉君名天和字致祥吉之永豐人也勒是碑者爲張生籍尹生紹元袁生日新周生夢秀夢斗宋生應光王生應昌張生希秩而碑之建爲萬歷七年歲次己卯四月之吉

會稽陶望齡送林知縣岳偉榮滿序於越美山水而剡其面也晉宋間名雅君子歌笑頌歎盤遊之地在焉而其民巖耕溪飲業專嗜少無商賈四方之慕一耳目覯聽以媚君長較諸旁邑又最名爲顓樸顧獨以難治著稱何哉自齡始有記聞以來令於剡爲上眷注沐恩寵

而善遷去已去見思於民一人而已不多覯也上旣疾覯其民而被下以垢惡民昏瞀獷狠嚚於爭訟日月重襲不可剜剔下亦弗克狎比於政而嘖有煩言以謗讟其君子斯所謂兩失也豈異民彡地後先淳薄抑何謬悖哉不特其民然也其峙岸崿而流清泚前世所賞勝咏奇者亦若有浣涅封蔽澁縮而迴却抱檄來者入其疆若汜旋渦陟危棧心鬬目眩蓋不覺溪山之入眼矣安在其居而樂乎非特不樂而已也未幾而思去旣久邑邑若墜諸谷不得出於是剡之山川果爲四方仕宦者所厭薄嗟乎山川則何罪乎吾師英麓先生人望之以爲樸茂淳篤君子也而令於剡愛先生者始無不以剡爲先生憂而難治者又或以非樸茂淳篤君子所宜處卽望齡亦私慮之居無幾何聲翔問流期月而浹及考而成萬口所喧列於薦牘考功受之厥有恩綸推所自始剡人舞手告語如譽於身如榮於家望齡詫而問焉先生何道而得此於剡也先生曰吾邑之父兄子弟實易與吾惟拙而已夫向所謂悍戾不可教諭之民而先生獨以爲易與向之譸張險側善謗讟其上者而親譽先生至問其道則曰吾以拙而已然後知悃愊循常之果足爲治而剡之人民易馴於仁易遷於德不至如

曩昔所鄭傳亦見於是矣夫民樸而治巧如以造父之術調野鹿故下駭而上惡其難令剡之民樸而先生亦退而托於拙拙以馭樸是故上不煩而下不駭也民保其樸先生成其大巧其相親譽不亦宜哉且先生之德於剡非一時賜其舉數十世詬惡之恥一朝而雪之剡山之高水之清洗滌芟蕪悉復其故訟希吏散仰面眺高頫面臨深腰墨佩銅傲然有隱處之樂非獨剡之父兄子弟恐先生旦夕遷擢以去先生亦安能不眷然於剡之溪山與所哺抱之民哉又孰與疲怠厭薄欲亟去之者也望齡先生之門人喜其政成幸其近而得於親見又高先生之政得於剡者爲尤難而著於此倘不遂擯斥尚隸史官當有所述矣

喻安性贈施知縣三捷考績序國家恭置郡吏凡以爲民而親民莫若令故令之於民猶乳保之於赤子飢寒疴癢動輒相關一念少忽則啼號顛頓有百計求中其欲求固其怨而亦不可得者令之於民益可忽乎哉我父母施侯來令吾剡眞能以赤子視吾民而克盡乳保之任者方侯拜命蒞轂下余正服官春曹見其恂恂謙訥若體不勝衣而言不出口者及諮諏利弊直窮源委竟日不休余時即爲鄉邦得賢父母慶已然猶意之也及

敷政兩朞當大計天下吏余從前垣後與與斟典計凡臺司之薦牘縉紳之評品以及輿人之歌頌罔不於剡治首推轂焉余時且爲賢父母得譽處慶已然猶耳之也逾年余備兵東粵啣命入剡境見草萊辟田疇易時和年豐諸田父晉余而賀曰自侯之來含哺鼓腹者三年於茲已既入郊道路脩廣輿梁咸建而廻瀾望祲之臺亦將次第告成四顧川原秀色增麗諸工技晉余而賀曰自侯之來廢與墜舉者三年於茲已既入邑梟唬屏息市井恬熙糧輸以時訟不終競官鮮追呼民不見吏諸耆老晉余而賀曰自侯之來家絃戶誦者三年於茲已既入膠門類圯者飭漫漶者鮮士有課課之士無田田之延見有禮而一毫不可干以私諸章縫之士晉余而賀曰自侯之來金就範土就埏桃李成蹊者三年於茲已既又登侯之堂入侯之室心如水吏如木壁有蒲鞭縈無留牘適趣於花鳥凝神於淡寘余再拜晉侯而賀之曰此侯之學也此侯之所以爲政而爲四境士民之所儛忭而稱慶者也三年有成豈虛語哉鄉之士大夫以侯當奏最期謀所以侈侯伐者而屬言於余余不佞無能爲侈第述其身所睹記與夫父老弟子員之所謳誦者以佐宣盛美則可謂云爾已矣雖然祀河者先

澳渤祀嶽者先崑崙侯先大夫龍岡公以名儒出守毘陵造士育民治行爲二千石冠即今碑之碣之俎之豆之祐啓方來艾侯今之治剡卽先公之所以治毘陵者也剡之士若民所以貞峴山之珉修南海之祝者視毘陵又豈少遜哉旦暮績奏於庭聖天子嘉與是能乳保赤子勤於而國者是能光昭先德克於而家者晉秩貤封成憲具在是天子方以剡民故推恩原本吾民親沐膏澤又何能忘澳渤崑崙之遡耶故因鄉士大夫之請并及其所自者如此蓋亦不忘原本之意也

王三台等公祭文　知縣典章文

於乎天乎何遽奪我侯之速乎方侯之入覲也萋菲貝錦我剡人莫不扼腕而不平及聞有鉅鹿之命則又借恂無計而不勝悁悵以悲鳴然私心猶冀侯前途之遠大爲國家沛霖雨以展其學而奏其能孰意彼蒼之夢夢二豎子之爲祟也竟一夕而隕長星我剡人聞此不啻奪孩提之慈母而慟泣之交零夫豈有私於侯而效兒女之態蓋以我侯之丹剡其所造福者蕩蕩而難名芹宮鼎建黌構[illegible][illegible]非侯則苟且歲月幾於草没而碑横劍羅星於木[illegible]如延既倒之瀾而樹之以一楹非侯則風氣之衰[illegible][illegible][illegible]轉以慰多士之盱衡至於擊狙獪之胥靡而無[illegible]者心驚

革長單之積弊而小民將疲之膏力若肉骨而死生其
讞決也能察覆盆之隱即秘燭者臨以禹天之勢亦必
不熟法以逆迎其御士也不混嘉禾稂莠之別而一種
和藹之真意使人人心醉而神領其虛懷也而不為懸
魚之矯而苞苴之路斷斷乎不少沾於官評其好施也
有千金一擲之俠骨如陶劉廣文之一節其超越乎庸
恆而捐不貲以佐諸典利之役何其義重而財輕其與
諸搢紳相周旋也樂而易恭而肅庶幾乎不援而不陵
此皆侯之繖有血氣者所共仰而其留恩於千百世者
則莫如羅星之在望與吳之城東之河同不朽以齊稱
夫侯之去剡也剡人已尸而祝之矣而別其去世也能
無一語以致其哀慕之微情於乎甘棠勿拜寄愛弗勝
峴山墮淚哀慘猿聲瀔剡溪之水采鹿山之茗敬臨風
而一奠以表我剡人之不忍忘侯也而慰在天之靈
公祭門縣丞有年文仕學相資也而世胡以相背蓋以
世之為學者在章句世之為仕者在祿利故學非所仕
仕非所學學與仕判而為二若古之君子明新以為學
明新以為仕修之家則為純儒加之世即為循吏何憂
乎出處之異地今我公者以碩宿教恆南不以丞辱於
剡是蒞甫至而咨諏疾苦久之而釐剔沿弊既方正而

嫉邪，復慈和而撫字尤力，所能爲，勢所可爲，無不孜孜以贊治聞。剡有證學之會，遂同新其講院，偕諸生而月必一至，乃咨其所爲學者，則砭議論，珍躬行，子言言孝，弟言言悌，至心之覺滅，性之善惡深微而不可見者，一聽人之自悟，姑爲舍置，故所言與君意合，而一時之先生後進不敢丞視而師視，是學則學其所仕，仕則仕其所學，眞民之師，郯國之琛。端先是邑長以病告，邑人請於憲臺，得秉篆而彈其所學，行其所志，安在民不五稔，物不兩穗，所以聞者傳相告，咸爲喜而不寐，何意以微疾淹朝露，則向之喜者又驚相失，不覺浪浪其墜淚。惟受其學之甚深，故悲其遇之多艱；惟望其治之極切，故惜其用之不遂。嗚呼！公死已，公固不得令剡已，而公之丞於剡與教於剡者不死，死則所以令剡者炳炳乎長熾。要之位有尊卑，人有生死，學則曠百世而不墜。萬謀其所爲學而令與不令，不令可以不議；萬謀其所爲學而死與不死，可以不計。公則何病，而某等以同學之情，一旦異路而南北矣，能不少伸以綿遺。

人物志　藝文

寓賢

晉許詢竹扇詩　良工眇芳林妙思觸物騁篾疑秋翼蟬團助望舒景

唐戴叔倫贈朱放詩　山曉旅人去天高秋氣悲明河天上沒芳草露中衰此別又萬里少年能幾時心知剡溪路聊且寄前期

鄉賢

明海寧方孝孺題張處士墓銘後　外爵祿而貴富者君子也待爵祿而貴富者恒人也備萬物於一身天下之物孰加焉友聖賢於千載天下之貴孰並焉不有得於此而顧有慕乎彼則其所慕者庸知非君子之所恥也耶孔子賤千乘之齊侯而取首陽之餓士曾西薄志得位尊之管仲而畏仲由世俗之所謂富貴貧賤豈足論有道之君子哉嵊之珏芝里有處士曰張公理字克讓生於世者七十六年而不階一命不資斗祿以布衣終田里然和易純正之德見推於鄉閭雋拔清遠之文尚友於古人寓至富於窮約之中存至貴於貧賤之表有子五人既沒而叔子思齊為陝西左參政少子遜亦以通儒術薦為紀善諸孫勝衣冠者多至二十二人世皆曰處士富貴人也身不待乎富貴是以澤及乎後昆張氏之富貴其亦異於恒人遠矣蓋道德有餘而天之報

有不至者後世必蒙其福然則張氏之孫曾欲保先澤於悠久者可不以處士言行爲法乎叅政公名可家以字行由觀察使拜今官學行政事君子以爲不愧其先人云

命安世○請復誥命疏總督薊遼保定等處軍務兵部尚書臣喻安性奏爲遵旨請復誥命以終恩典事臣原任遼撫觸忤逆璫魏忠賢於天啓五年冬勒逐閒住歸

至中途復削籍爲民追奪誥命自甘播棄無再覩堯天舜日之想矣詎期宗社有靈聖明特起博採庭議起臣田間不惟還臣以故物而且晉臣以新銜浩蕩鴻恩抑捐縻頂踵竭蹶封疆不足報稱于萬一又何敢他有所覬以干冒濫之討惟是三朝封典榮及所生追奪諸臣槩蒙補給臣受事以來奔走闗寧未敢塵瀆兹接邸報爲誥軸太濫須曆以後不許陳乞雖明旨有削奪起用初次請給不在此限然亦不敢再爲濡滯以孤聖主優待廢臣之特恩已至于復臣原官正當龍飛建元之始即起臣今職亦在今春及夏之交倘邀恩詔得與諸臣並給新銜誥命則望外之恩而非微臣之所敢必也伏祈聖慈勑下該部查例一體題覆施行

理學

元戴表元單君範墓誌銘　吾剡源有爲明經之學者單氏諱庚金字君範與余俱以詞賦行州里間有名既不得志于貢舉即去而他游庚午秋余叨太學薦送兩浙漕運使者亦以君範名聞明年春余成進士君範竟守母喪居廬迨甲戌歲始來就南省別試所乃見黜免于是歸隱剡源晦溪山者三十年日夜取古聖賢經傳遺言洗濯磨治家無贏餘口不道營殖面不帶憂愠飲水

茹蔬客至開門清言欵接忘倦蓋眞以德義自給者而余解棄官守攜持老稚晚方徙依君範同鄉而居每見之未嘗不內愧也君範卒且葬其孤以事狀來徵銘敘單氏之籍自婺遷明奉化凡三枝居湖三枝稱會稽理曹掾德居居下郝枝稱鄉貢進士淵而晦溪枝稱君範曾祖光喆祖大年父欽字崇道世醇儒君範知讀書崇道公輟衣食用以供師姚龔氏尤賢明遊學資費取之簪珥無吝惜著有春秋三傳集議等書豈夫君範惟無利祿得喪于心故能善其道全其身若令得一命士之秩碌碌馳驅塵土中終復何所成就令居產能致千金裝孰與清素傳子孫之爲安然君範性謙曠非他人擊商畧利害爲避就往往大山長谷故家遺俗風聲氣習陶寫停積而然乎生某年月日卒某年月日壽六十七娶吳氏子男二以某年月日塟葛竹山兆穴手自營製蓋于地理家亦臻其奧矣銘曰大山嶙嶙長流沄沄是爲晦溪明經處士之墳百世之下寧無智者勿斵其石勿翦其櫃○按表元字帥初由奉化寓嵊之剡源有剡源集傳世通志已列嵊縣載籍內緣舊志失載故疑而闕之今考單君範隱剡源晦溪山而表元誌其墓謂與同鄉而居則表元寓剡無疑特誌數語以見考證之益

明陶望齡海門文集序　望齡

望齡嘗聞諸達人，明文學最盛脩古業爲詞章者多矣，而卓然可垂無窮者蓋鮮，非獨無以加諸宋唐，而鮮有及焉。自陽明先生盛言理學，雷聲電舌，雨雲雹施，以著爲文詞之用，龍溪紹厥流，沛乎江河之既滙，于是天下聞二先生遺風，讀其書者若飢得飽，熱得濯，病得汗解，蓋不獨道術至是大明，而言語文字足以妙乎一世。明興二百年，其較然可耀前代傳來茲者，惟是而已。會稽東海僻處也，天下言文者以二先生故歸之，若曰明文在焉。達者曰：二先生之文也，非文人之文，而文王孔子之文。孔子既沒，文不在茲乎？蓋以當代而得二人焉，以系千聖，跨作者，郁郁乎明文于斯爲盛，越之爲越，其亦幸矣。海門子少聞道龍溪之門，晚而有詣焉，自信力，故尊其師說也益堅，其契也親，故詞不飾而甚辨，四方從之游者皆曰先生今龍溪也。其門人某輩裒其答贈之詞刻之，讀者又曰龍溪子之文曷以異諸。望齡蒙鄙，獲以鄉曲事先生受教最久，舍而北來，先生憂其日趨于艱僻莫知反也，授之以藥言，意甚苦，具在刻中，每展讀未嘗不慚愧汗下，顧復自念古今之學術非二，古人重言悟而今稍易之，曷故哉？沒人之教其子泅，始必有憑之者也，浮槖也，沉木也，既蹈之不測之淵聚掣其藉而去之傳自力以出而子于是善游矣先生殆誘人而投諸淵乎見予而未見其奪故咸以爲易今學者仗成說滯故塗先生且轉而奪之吾烏知是編之不爲囊木也哉

儒行

國朝俞公穀刻李文驥漁溪漫興詩序　文驥吾友也少孤太夫人陳賓父教之苦節善誘青年散髮者化其風故其里多全貞之女而文驥則以能文獨行著聲剡上剡之士多從游焉顧以才大未偶鬱而無所舒則發而爲詩餘而爲詞溢而爲曲分其集尚可陶鑄古今況出而與世見耶戊辰秋刻其漁溪漫興三十韻詩蕭騷激楚中含清怨使讀者飄飄與千里命駕之思吾知剡溪鼓棹必不到門復返也○李文驥七十壽刻文集序　我友李文驥先生以清德隱剡之漁村著書自娛幾忘其老甲申六月中浣其七十也長公我張次公我廉不以世之稱壽者壽其尊人則鑄板鏤字盡出先生著述別華紫樵碧藕之筵開序于余嘗見壽壽者譽美歌功爭年籛趙盛遐絕代才人使之搦筆求其文皆不傳其不傳也所以傳者不足傳也今則以必傳之詩文分勒成集德星堂中右對孺人琴清瑟麗二子五孫咸英英飛

翽鳳之羽進其生平得意書迭起稱觴鬱爲紫氣于陳太夫人親致之風依依可得以此言壽上下千百年未始有矣余浮沉閑門時有剡曲風雲遠來通徑南望白榆朗然映人便思招約四山輕舟獨棹與結同年之社

〔山陰許尚質壽剡中李庭堅八十序〕

出雷門百里越萬壩遡流而上爲剡溪古了溪也會稽佳山水剡最著十道志二火一刀可以逃東晉以還若畫堂平湖强口肥遯者一大窟宅也村墟落實榛栗棗梨所在成聚客自縣上來非素交見必拱揖左辟襆僕之風他邑所無吾愛吾剡中也剡中有庭堅李先生者志高而學博居仍其俗行越乎類先生曰吾剡人老于剡足矣身先生誓墓來年八十矣其見幾也早守道也篤吾滋愛吾剡中也先生剡人請發剡銘爲先生壽玉在深山有道則見不以知貴不以棄賤比德于玉先生似之二火一刀與人與高石之饕文之騷人之豪覘靜而壽先生之謂夫歲云暮矣正山陰雪夜時乎書此貽先生當扁舟之訪幸毋訝興盡而返何必見安道也

〔忠節〕

〔梁張嵊短簫詩〕促柱絃始繁短簫吹初喨舞袖拂長席鐘音由簴亮已落簷甍間復繞梁塵上時屬清夏陰恩

暉亦非望

孝義

國朝建安丁聲韲裘燦孝義傳序剡溪有諸生曰裘省園先生者砥礪名節有古人風而以孝行義爲能善體親心以及比閭族黨則尤不可及焉者也先生早孤母陳太君臥牀第十餘年先生左右奉侍惟謹太君性好施凡寒者予衣飢者予食婚嫁之不及時喪葬之不能如禮者咸思有以給之先生念孝莫大于養志舉力所丁爲莫不黽勉襄助于是拜先生德者必上推太君先生亦必曰是固吾母志也而孝義之名遂藉藉人口矣康熙癸未有內大臣稔知先生品行欲表薦之以風礪天下先生曰吾忍以中饋故違養哉固辭之生平行誼皆可坊表要不越乎孝義至所以行其義者又一本于孝而并足以壽太君令名豈易及哉予知新昌縣事道經先生故里嗣君亭山出其甬上家太史蕉部所撰孝義傳恍如覩音容而聞謦欬爰并數語用志景仰云

隱逸

晉戴逵閒遊贊并序昔神人在上輔其天理知溟海之禽不以籠樊服養櫟散之質不以斧斤致用故能樹之于廣莫棲之于江湖載之以大猷覆之以元氣使夫淳

朴之心靜一之性咸得就山澤樂閒曠自此而箕嶺之下始有閒游之人焉降及黄綺逃於商尚莫不有以保其太和肆其天眞者也且夫巖嶺高則雲霞之氣鮮林藪深則蕭瑟之音清其可以藻元瑩素全其浩然者舍是烏取故雖接世之彥翼教之傑效舞雩以發詠閒乘桴而懷厲况乎道乎方內體絶風塵理揖長謝歌鳳遂遯盪八紘於元流濳雲崖而頤神者哉然如山林之客非徒逃人患避爭門諒所以翼順資和滌除機心容養淳淑而自適者爾凡物莫不以適爲得以足爲至彼閒游者奚往而不適奚待而不足故蔭映巖流之際偃息琴書之側寄心松竹取樂魚鳥則澹泊之願於是畢矣然奇趣難均元契罕遇終古皆孤棲於一巖獨玩於一流苟有情而未忘有感而無對則輟斤寢絃之嘆固已幽結於林中縣感於遐心爲日久矣我故遂求方外之美畧舉養和之具爲雜贊八首暢其所託始欣閒游之遐逸終感嘉契之難會以廣一往之詠以抒幽人之心云爾贊曰茫茫草昧綿邈元世三極未鼓天人無際萬器既判靈朴是斲實有神宰志懷司契冥外旁通潛感莫滞總順巢高兼應蘖惠緬矣遐心超哉絶步顧揖百王仰怡泰素矜其天眞外其囂務詳觀群品馳神萬慮

誰能高快悠然一悟

明宋濂送許時用歸越詩　尊酒都門外扁舟水驛飛青雲諸老盡白髮故人稀風雨魚羹飯烟霞鶴氅衣因君動高興我亦夢柴扉○舊擢庚寅第新題甲子篇老來諸事廢歸去此身全烱樹藏谿館霜禾被石田鑑湖求一曲吾計尚茫然

列女

明宋濂商烈婦哀詞併序　嵊民商淵妻張氏貞賢而有志操事姑姑愛之事夫夫宜之處約而不懟好禮而能教命女者精以爲表論婦者取以爲則年始四十五元末兵亂自溺初貞未死時聞亂每以不屑自期至是果死人於是美其能死也婦者托於夫以生當平治之世享乎上壽而令終乎閨室以爲美則宜夫既不幸而值於變亂至於徬徨四顧處身無所抑哀蓄志而沉於溝瀆豈其所願而美之哉是可悲也然人之所慕者莫所樂者適意使皆獲其願止乎百年之內百過此則無稱矣所願者貴富所甘者侈泰使從便乎封君貴殖乎千金苟無善焉將孰知而稱之貞也死而以節名事昭乎閭里而行白乎文章述其死之所猶然如見其生讀其傳而考其蹟儼乎若床帶前雖謂幸且美亦宜也於悲

何有哉雖然含生而取義惟烈丈夫能之猶窮一世不可累旣況婦人乎婦人爲質且弱矣而貞激義就死不顧纖介如此使其爲丈夫食君祿有勢力其自處宜何如哉彼不過而於此見之斯其可悲也余是以辭而哀之其辭曰萋萋之初兮大雨雪霜驅車出門兮邅彼羊腸治時孔多兮喪亂始生人逢其美兮孑佪其殃命之俾然兮義曷可爽終有一死兮死貴不亡含義希生兮諒非所臧殞身深困兮所存者長今夫悲悽兮弱于傍徨姻親背弔兮行道周章懿猷嶶質兮人莫與方溘其永逝兮天道茫茫恒人所願兮富壽平康籍其既獲兮如歎一觴適意須臾兮未久即亡彼此重輕兮不待較量修名足恃兮與日爭光予之所安兮人寧汝傷我傷昔時兮大義不彰面目甚都兮冠佩衣裳受君之命兮有土有疆臨危畏亂兮鼠拱以降非婦而婦兮以柔化剛予質孔弱兮厲志何強使爲丈夫兮人孰敢當歔歔感奮兮赴穴蹈湯使君如夫兮屹爲巨防彼之不聞兮此多烈芳吾將誰光兮哀予斯章

陶望齡周太夫人壽序（二）昔海門子游於柯山諸生從者二十人酒酣海門子左右顧而言幸哉諸君子之事於道也盍言所以事者諸生起對畢則請先生所爲海門

子曰孝弟時海門子以賀萬壽節歸念母夫人年高將拜章句養座下生退而言曰如先生所謂行有其言者乎既得請周旋子舍又五六歲弟子日進先生口所談論身所發揮滋益較著然大指不過孝弟兩言而已而太夫人齒亦愈高以萬曆乙巳稱九十先是望齡謝宮秩歸謁海門子於剡剡諸生大會講堂以壽言爲屬既返越士之遊先生者若而人又以爲言望齡曰諸君亦知先生所以尊親之大乎有人於此襏襫而農也圭冕而公也其親則農之公之矣有人於此鄉人自謂也人謂之鄉人謂其親鄉人之親聖人自謂也人謂之聖人謂其親聖人之親鄉人聖人其親者其榮辱親直襏襫圭冕而已哉夫大榮大辱之介人情所明也然而不爲者未得其爲之方也有五穀於此襏襫而御之號曰王公之養所御有異哉所以御之者殊盱江羅先生之言曰人不知道孝弟徒鄉士之次人能知道孝弟即聖大之大孝弟五穀也或爲鄉人或爲聖人則御之者異也吾觀東京以降至於五代史冊所傳獨行孝義其奇節至性相望先後世不乏人而聖賢不少槩見及記言文王聖人之孝又特問寢視膳小文庸行而已以爲孝弟異耶聖凡同耶吾不知也斯民之生久矣皆以聖賢之

人行聖賢之行而獨見聖賢之覺汶汶惛惛賢者安於鄉黨自好之節而不肖者爲戾爲逆爲奴爲沴使孩提不慮之良爲蠲蒙翳無緣以自見夫身爲鄉人而戮其親爲鄉人之父母斯不亦悖德不仁之甚與當世之士皆知美仁義尊堯舜高推其名而不居其實故孟子曰仁之實事親是也義之實從兄是也堯舜之道孝弟而已矣世皆精言神化深極性命而不知神化性命之實故程子曰孝弟之道通於神明孝弟即神明非有二也知此者所謂覺也覺此者所謂聖也海門子其先覺者乎故爐湯調飯抑搔扶持怡怡唯唯安以其身行堯舜文王之道而不疑視其親爲堯舜文王之親而無所讓又願與當世共臻斯道油油然樂其我從也詩所稱孝思錫類其海門子之謂與太夫人設帨日在某月剡俗上觴常以歲首諸君期以上元日集於先生之堂稱萬年壽夫正良月也望盈數也太夫人之年其如春方來月方恆乎夫尊先生以及其親諸君子之事師者厚矣若厚其身以其尊其親海門子之教也吾願與諸君子交勉之也

錢宰張門雙節贊剡山峭拔剡水清冽二節婦貞白之操鍾焉人謂范之操若崩崖斷決皓月獨懸初不知繼

志之錢也錢之操若貞松勁竹孤鸞高騫殆與范比肩矣春閨並繰寒燈其織撫諸孤俾各有成乃今白髮高堂同享壽康天固有報施之也雖然閭巷間婦女執義守信如二婦者代有之矣名湮沒不彰悲夫

張燦錢貞女挽詞吁嗟兮貞婦金石其堅兮冰蘗其苦嘗藁砧兮云殂掩空閨兮泣嗚嗚歌柏舟兮情激烈母不諒兮矢心以絕髧兩髦兮我心可忘彼王雎之有別兮豈吾匹之無常婦失所天兮婦依有姑婦姑同室兮抱孩爲雛姑臥病兮如已疾食不下咽兮眠不貼席皇天愁遺兮姑復康聯形附影兮紉衣緝裳資紡績兮飲食雛日大兮成羽翼祀有托兮勿替烝嘗身殉兮夫穴可藏抗脩名乎共姜

張燦王母石氏節孝歌舞鸞鏡勞鴛鴦離齋煢誰畫遠山眉空閨寂寞慧蘭歌閉戶獨誦共姜詩堂上老姑垂暮齒膝下嬌兒幼方乳梧桐雨暗孤燈明甘旨供餘習機杼心許黃泉不二天天應照得此心堅不然請看池中藕湧出雙頭並蒂蓮

錢汝貫羅烈婦哀詞羅家婦命何苦從夫來三年中道成間阻姑亡舅年高寂寞誰與伍强將門戶自支持書碎菅蕨夜紡補小郎當盛年其力復如虎昨夜走推門

直前敢相侮羅家婦叫皇天呼后土欲避欺凌竟何所願赴黃泉叫杜宇羅家婦命何苦我作哀詞陳爾肺腑觀風使者天上來會見清名播千古

王國楨夏烈婦哀詞鹿苑之山高且峩鹿苑之水怒以烈凄風白日亂荒烟下有烈婦操如雪於乎烈婦遭不辰雙九忽跳梁胥淪綠林白莽干戈起撲面颯颯飄妖塵妖塵到處鬼神號獨有金閨持玉節狡狐開口攀拳舞說道人生如電滅百年否驚鬢青蒼誰是合污誰是白於乎烈婦憤填胸一片貞心貫金石頭可斷兮骨可碎志不渝兮身不涅有言激烈地天如對狐羣擁匀其舌穿喉折股面猶生血香濺處草木馨袍殷殷女在手寧爲同死化日星噫嘻節義人之性秉彝在我綱常正聞有永新譚烈婦血漬雙磚孤心映嶙峋清風來王氏擴身萬仞拚一死題詩石壁血常新後先一節爭糞美我仰芳踪悲轉劇舉眼便覺無日色多少士女血糢糊空對西風泣反側於乎烈婦兮不死名自我播輝巾幗千秋萬禩永不磨松柏青青丹化碧

仙釋

晉帛道猷與道一書始得優游山林之下縱觀孔釋之書適興爲詩凌峯採藥服食揗痾有餘樂也

晉謝安與支遁書思君日積計辰傾遲知欲還剡自治甚以悵然人生如寄耳頃風流得意之事殆爲都盡終日感感觸事惆悵惟遲君來以晤言消之一日當千載耳此多山縣閒靜差可養疾事不異剡而醫藥不同必思此緣副其積想也

唐曹唐擬劉阮入天台　樹入天台石路新細雲和雨動無塵烟霞不省生前事水木空疑夢後身往往鷄鳴巖下月時時犬吠洞中春不知此地歸何處須就桃源問主人○擬洞中遇仙天和樹色靄蒼蒼霞重嵐深路渺茫雲賁滿山無鳥雀水聲喧澗有笙簧碧紗洞裏乾坤別紅杏枝前日月長願得花間有人出不令仙犬吠仙郎○擬仙女送劉阮殷勤相送出天台仙境安能再入來雲液既歸須強飯玉書無事莫頻開花當洞口應長在水到人間定不回惆悵溪頭從此別碧山明月兩徘徊○擬仙子思劉阮不將清瑟理霓裳塵夢那知鶴夢長洞裏有天春寂寂人間無路月茫茫玉紗瑤草連天碧流水桃花滿澗香曉露風燈易零落此生無處訪劉郎○擬劉阮再訪天台不遇再到天台訪　真青苔白石已成塵笙歌寂寞閒深洞雲鶴蕭條絕舊鄰草樹總非前度色烟霞不是向年春桃花流水依然在不見當

寄勸酒人○（和詩）路入烟霞杳不分桃花千樹鹿成羣耳邊彷彿聞鷄犬應有人家隔彩雲○霧閣雲窗月路通月華涼浸玉屏空翠眉丹臉分明見不比高唐憶夢中○莫道姻緣是等閒溪頭此別幾時還相隨只有今宵夢遮莫千山與萬山○會與劉郎夙有盟落花流水本無情相思兩度腸俱斷十二玉樓空月明○只見桃花滿洞開碧山何處有樓臺翻疑前度經行處不是身來是夢來

（唐）靈一贈釋源澄（詩）禪師來往翠微間萬壑千峯到剡山何時同入天台路身與浮雲一處閒

（宋）知縣過昱送僧清徹遊太白（詩）卷經歸太白躡蘇到蘿龕若履浮雲上須看積翠嵐倚身松入漢瞑目月離潭此境堪長往塵中事可諳

（仲皎）送僧伴入三峯（詩）上人瞿曇裔律身玉無瑕力究毗尼論汪汪海無涯振錫復何許三峯隱蒼霞堂上大道師靈芝發根芽想見湧法施鼕鼕鼓聲撾上人從之遊勿憚歲月遐坐待霜露熟香風散天葩

（孫仲益）贈寶積寺僧義久（詩）長廊合沓屧聲中一笑歡迎得此公定續千燈齋佛去先招一瓣供詩翁

（高文虎）和曾伯原寄超化舉長老（詩）文聲宮祉韻鸞和

素履氷霜凜節柯鵬翼扶搖鷟斥鷃鳳翔寥廓舞靈鵞參元問學淵源遠支許游從日月多諸袖新篇來此地夜寒不覺聳肩哦

許薦石聰訪金庭道士劉友鶴詩拄杖敲雲登翠微黃菁青蔓牽人衣寒泉涓涓磵底發幽鳥逐逐山前飛路入青雲細如綫天風吹落碧桃片忽聞白鶴空中鳴報道劉郎請相見

老僧宗鑑送僧歸龍藏寺詩雲去無心鳥倦還笠銜晩雪不嫌寒千巖萬壑知何處一片家山却耐看

國朝新昌俞光道九日送天則上人住毓秀山詩蘭若崔巍半亂宮清閒白在佛家風朝披密霧蒹葭白暮落孤霞秋水紅碧嶺會留青眼客黃花不笑白頭翁從來此地多高隱前有王公後則公○山在桃源鄉爲晉王右軍遊蕩處

方技

許時用贈呂孟倫詩太白山前習隱者清曉開軒炷香爇當軒長松碧連雲一郎一壑正瀟洒燕坐時籤岐伯書茯苓熟煮供晨厨我哀世人病瘵如請于盡發囊中儲三蟲不怕三竪驅吾廬淛美寧潛居

雜記志藝文

王竟瑞芝之賦正統二年歲在丁巳暮春之初瑞芝之產於家園其質靈華飛香吐秀金柯玉質光奪人目誠凡卉莫能彷其狀而大鈞所以毓其靈也傳曰王者仁慈則芝草生稽諸載籍漢孝武時見於甘泉宮孝宣時呈於函德殿晉陵郡君協宰新榀生於便坐之室所以表盛德徵至化休祥之至豈偶然哉景州學正韓先生後適見之因作瑞芝圖記命鈍賦之其辭曰二氣交運四時旁午幹造化之樞機感陽和之扇鼓渾元和以同春陶萬物而得所九莖孚化日而榮三秀蕩祥風而吐靈遵蜷兮紫金秀芬芳兮翠羽媚粹潤兮珊瑚妙温純兮璜瑪曜載昉兮不緇涅澤滲兮靡黼祥苗卓犖於羣芳仙質瑰奇於凡杜療飢之脉兮痾煥芸編和劑之良兮光輝草部孕淑氣於上天植靈根於下土當熠熠於商山匪萋萋於南浦羌幽蘭兮同調蹇嘉禾兮爲伍煥然分

五色於甘泉之中邈矣瑞千齡於畄德之下昔既積於帝庭今胡靈於岷園奇葩層瑞綺之玲瓏寶幹錯文犀而媚嫵遊人步屧以環瞻貴客憑興而式顧致騷墨之品題來名賢之咏賦堂時謌而著名園日涉以成趣羌一卉之毓靈蹇衆芳以同貢誠勝地之雅觀寶千古之奇遇者也是芝也生能掄壤而世覯其爲珍出必以時而僉贊其爲神友猗猗之菉竹絶翹翹之錯薪扇和風於亭午膏清露於芳辰豈騂梅之可寄非臯蘭之足紉紛内美於陽德鮮外斵乎天眞安安焉若有道之士温温乎數成德之人吁嗟瑞芝靈協祥麟形不成於非義昧惟顯於至仁感有關於元化遐不作於大鈞在郡庭公著德見予室兮何因是蓋厥并之間土瘠民淳吾黨之内風美俗敦志樂遵乎王化行克篤於人倫致元和之所感肇上瑞以來臻是可以驗至德誕敷於普天之下故有以致靈物薦呈於率土之濱欽惟聖朝天命維新瑰祥信禎兮來集溱溱雅歌善頌兮繼作頻頻焉翼孝德兮朝野臣臣衣冠禮樂兮文質彬彬耕食鑿飲兮無懷之民安居樂業兮有虞之辰芝之靈以時而生芝之異至和而凝

嵊縣志

卷十八　藝文

七

署縣經歷喻松禱雨詩午向僧房半掩扉炎炎烈烈透征衣捫心忍見三農苦疾首徒存一念微境內有冤稱婦屏河東無粟救民飢齋居鎮日思長策靈雨原非汗漫祈

知縣李以琰賑災紀事詩　嵊在於越爲山邑山巔山麓盡墾闢灌溉祇憑堰與塘地利居三天時乖辛酉六月陽侯驕朝朝客雲無滴澤可蘇禾稼日燒枯禱祀百方總無益秋來又嘆蒸偏遇縊苦旱乾憂潰泄農夫腰鐮空手回相對妻兒增太息維予軫念民力艱戴星向出戴星入越阡度陌致辭勞不盡驟桑貫胸臆踟躕擬作哀介詞繪圖愧乏鄭俠筆上官懷保心最誠朝入告分夕下檄爲頒條約精且詳真期無漏僞無濫尤慮播種或失時先令按畝給籽粒繼則遴員大發倉分別差等授之食餘潤猶復及寒儒免使芹宮添菜色拜疏一一達宸聰　緩征蠲賦恩逾格一時愁慘變歡呼環嵩依然歌樂國　聖澤之深乃至斯誰曰救荒無奇策

邑諸生裘克紹謝賑詩　嵊之地僻山隅嵊之民瘠且癯鳩形鵠面徧道途我欲經之咨且吁去歲失麥子幾不哺賴有我　公以蕎易茶仁風煦拂甘露濡猶憶去年厄作虐赤地　千里汗沫珠直陳情形告大吏大吏曰此事重大甚踟躕我　公哀訴不得繼以泣泣又不得繼以跪且號且慟曰民命呼吸在須臾爲民父母宜何如大吏惻然爲感動表請發帑賑窮閭先給籽本補耰耡再周粟粒爲粥餔貧分極次精區別人人徧給無偏枯

吏令膠庠別置籍恐有杜門不出之餓儒綏以征輸錮以租歡騰踴躍抃且趋天子救災如救渴遑之九重必愉愉顛川政績曾入相從此恩膏徧播沃寰區

雜記志藝文補

候補鹽運副司署知縣施紀武告城隍神逐疫文

國家秩祀百神選任群吏凡以爲民也令奉憲委攝篆茲土會陽消陰伏肆眚造告豈奉職無狀不能政清人和而災沴乘之乎内省滋懼顧以吏之不職而重降其厲於民是以爲民者害民也又竊恐不然伏惟尊神爲民禦災捍患歷百千年廟食於茲思所以洒塵淡災安民樂生者應什伯於吏吏忍令呻吟疾苦之聲遍於閭里而不一爲請命耶夫邪氣爲祟自古有之故祀典著於春秋以儺行於鄉黨不使無依滯魄爲害生靈是豈神道設教哉令謹内潔心志外潔身體卜吉初十日虔延羽士虔設醮壇五晝夜希挽天和而回造化合牒尊神默爲佑啟務俾物不疵癘而民享安康以仰答聖天子崇祀建吏之深心非維群黎徧德令邀庇無既矣謹牒

知縣施紀武誡殺生文蓋聞物類莫不貪生人情盡皆

惡死故書稱五福重以考終詩咏三良哀其非命况際
昇平盛世幸爲清白良民忍以難得之身遽作輕生之
想哉乃本署縣代庖之日未久自盡之案頗多皆由不
識不知匹夫匹婦或爭尺寸之土不甘棄捐或蓄睚眦
之嫌未能消釋或被逼公論迫人轉覺羞慙或眷戀私
情背心必當敗露於是挂梁服滷刎頸投河因之借命
圖財架詞揑証豈知自盡無償命之律誣告有反坐之
條死者既已含冤生者又復受罪徒使人亡家破子散
妻離憫此愚頑用申告誡嗣後務安本分各保微軀果
其橫逆相加亦當耐心忍氣况此語言細故何致拘忿
戕生至於婦女更宜循省念居恒面目出入猶必掩藏
豈此日屍骸反覆任憑相驗露體光天之下獲罪尤多
羈魂黑獄之中哪悲曷極要在多方提醒俾得漸次覺
迷凡妯娌姑嫂之間與鄰里宗黨之内一遇爭競亟用
解紛務令心平氣和毋使此挑彼激庶免老羞成怒不
致短見亡身本署縣倘亦有存心回生之術與其悼惜於
死後曷若勸勉於生前用作歌謠賡行宣布果能易其
陰柔之性大有益於民生切莫視爲淺近之言竟無當
於政教辭曰凡人之生氣本清淑父母恩勤提攜鞠育
性願命長恒恐壽促偶然疾病祈神問卜幾受驚惶幾

煩栗陸有室有家親心始足何以報之守身如玉友于兄弟敦爾宗族鄉黨戚友恩聯義屬上事下接此和彼睦夫唱婦隨切弗反目小過微嫌愼毋過督鬭一時忿享終身福卽偶忿爭無甚羞辱何致輕生遽塡溝瀆要洩爾忿反快人欲律無抵償豈能報復威逼果眞罪止鞭朴何益於爾甘登鬼籙死後之苦尤極慘酷停屍待驗未得入木臭穢狼藉蒸骨劍肉百刼不超變爲牲畜告我士女勉旃自勗人身難得一死莫贖好將斯言反覆熟讀

知縣施繩武告龍神祈雨文

惟神翺翔霄漢馳驟風雲或躍或飛高下任其出入爲潛爲見變化只在須臾挾尺水以興波率土共矜赫濯鼓片鱗而致雨群黎咸沐恩膏豈慮恒暘亢而有悔寧教失水蟄以存身乃者天正封池禾方待澤磽塘盡涸桔槔總巧以爲施黍稌皆槁粒食維艱而呂邮痌瘝念切祈禱心誠用是虔叩玄潭恭迎聖駕伏願力除蒸鬱之氣沛以甘霖大彰默濯之靈潤茲瘠土弗俾盡力于南畝者缺望西成庶使艱保共小康者轉歌大有則穀我士女實荷天休而韓默豐亦端資神功矣謹告

知縣施繩武偕紳士禱壺山求雨詩

鳳祠名勝區廊有

精靈集呼吸通風雲埒能宣大澤今者旱甚甚甫正藉龜坼民瘼劇閔心詩命編輿之諸詢徧上天何計登祇痛或言百里遙一潭深莫測中有神龍藏古往多靈績越在萬山中嶔崎岑人跡只登陟難未易攀遊屐予曰果若茲敢爲定力措設是險身心惴激岌呀陌竹柏險以深村居幽且紆宛似世外開雅與塵囂隔從此景漸佳頓覺炎歊滌有水皆潺湲無山不壁立紆嶺半懸噴薄勢奔激疑嗽滄浪濤戲空中漪瀾借鱗甲餘潤我枯苗色沸俾歉秋成億兆霑明德竚待甘霖沛敬送歸窟宅○（崔南山和詩）皎皎福星臨拂拂和風集方稅桑田駕四郊雲幢澤入旻洪祈秋旱乾地倏拆石燕飛不靈商羊舞無益我公念民依彷徨不暖席惟茲靜壺山有龍神莫測飛躍鼓風雲禱祈恆顯績寂寞少人蹤往來餘鳥跡公聞請大號跣足着芒屐只求婦子寧追爲筋力惜攀藤兼捫蘿徜徉還越陌鼓勇陟岑巒乘興入幽僻雲樹極蒼茫溪流時間隔瀨聆潺湲鼓擬將囂塵滌老農見公來枯槔倚而立謂公愛民深無地容感激竚看靈雨零黃金隨點滴頃刻秀禾苗弗復從前色處處慶年豐家家食舊德且莫憚袞薦其究也安宅○（喻之蕙和詩）景運際雍熙郇膏四野集恭荷詔綸

祖大地均需澤夫何困驕陽中田十字坼公也心殷憂雩祀期有益齋宿及旬餘閭或安枕席炎威曾不減陰晴渾難測庶幾龍之靈昭昭官神績用是竭精誠芒鞋窮其蹟既停渡溪橈旋着發山展閱歷不言勞總為民生惜同視黍與稌憔悴萎蓊陌仰首極躋攀岩岫紆以僻數間茅舍存一徑紅塵隔童叟邀道言公至展憂滌閭說雨隨車引領一望空立影髴見飛翔驅教雷車激甦茲田中禾蔬潰瓶一滴何待稼穡登始有歡娛色粒我拜公息飲我思公德早慰未足處頌哉起萬宅。（謝和哀祈詩）陰陽亦既和膏雨亦既集如何際炎威蒼穹偏吝澤經使芃芃苗方苞且方坼五日不得滴雨珠亦炎益公及靜夜杳草疏工几扉帝座自可通人心頗難測滟封祠日開暮審畱留積有龍伏深潭弓一节其蹟因之烈日中氣蠟鬱游歲靈波米可求故落遠後惜遠還紼城西回環視阡陌大息不黍黃復憫村烟僻臨處詢民濟弗以窮荒隔所主人書歎入尋愁俱滌敬恭思仰止不暇從容立林麓皆崴深溧向迎風激四面起松濤競是雨發滴優霖尚及時轉根滌生色逼識昭昭靈定鬵明之德阿香排甲來藪笋吹講宅。（宋琪和詩）日得粤公來為守戚示集德紆擣閒闔恩膏家數澤欣次木句萊屯蒙聿甲坼方當蓬勃時未得霑霈益公欲挽天和建壇復布席玉女衣未披髮好難測安得來龍工運鼓奏奇績飲云靜壺山一窟藏真蹟致齋用告虔登山須攀展詰朝却蒸行烈日都弗嘗窄徑穿雲峽懸崖俯纖陌手拔荊棘叢步亦涉荒僻亦復有人家縹緲白雲隔鳥鵲徒紛紛山川幾滌滌農夫驚見之負鋤道旁立呼前問疾苦額手生感激慰諭入人深儼若甘霖商意中便有秋愁顏變歡色躊歷陲後塵愧莫須公德敬和白雪吟爲民慶安宅。

〔余文佛和詩〕大雩句如洞環東步長集軫念農事艱砩塘皆竭澤夏禾穎就黃秋禾甲待坼好雨應知時此行定幸益龍德罔咍貽一湫久安席徵召來風雷變化難推測何況公之誠懇念必著績精忱自格天旱魃行遯遺涉水幾易舟登山頻換屐緩步靡就開一步一嘆惜歷歷過村庄迨迨穿巷陌徑窄綠陰嶔岑高蕉路僻何處逐婦嫗蒼茫烟樹隔一嶺初入耳憂心漸洗滌掖公下危陂開倚松間立白雲忽下垂廿水且怒激儼似池中物振灑領下滴頃刻雨淋漓會轉花光色莫嘆不逢年歉恃拔公德公德安可忘棠陰覆田宅

雜記

嵊縣志卷末

舊序跋

宋高似孫剡錄其志之權輿乎一脩於元四脩於明今及見者僅周志選舉一卷暨袁尚褒續輯而已得失莫可訂證惟序跋猶存書之簡末俾覽者有所考據云

舊志序

宋嘉定甲戌高似孫剡錄序山陰蘭亭禊剡雪舟一時清風萬古冰雪王謝抱經濟具二戴深經學奈何純曰高逸也嗚呼山川顯晦人也人隱顯天也天下多奇山川而一禊一雪致有爽氣可謂人矣江左人物如此然二戴剡王謝亦剡孫阮輩又剡非天乎漢迨晉永和六百餘年右軍諸人乃識剡永和至皇宋嘉定幾千年史君尹剡訪似孫錄剡事剡始有史參欽本經酈道元註道元魏人先儒辨其北事詳南事畧似孫鄭人也如其精覈俟剡人

嘉定乙亥縣令鄭人史安之剡錄序剡在漢爲縣在唐爲嵊州未幾復爲縣本朝宣和間以剡爲兩火一刀不利于邑故更今名邑舊有鄉四十後分十有三別爲新昌縣今所存纔二十七鄉耳夫州縣之名雖數變更然山川之靈蕃自若也使剡古而有志則歷代因革廢興之典百世可知也余懼夫後之視今亦猶今之視昔故爲剡錄十卷錄皆高氏所作凡山川城池版圖官治人傑地靈佛廬仙館詩經書史草木禽魚無所不載庶此板可考百年後之人毋以印刓而輒廢斯書也

元許汝霖修縣志序自夏禹會諸侯于越而會稽爲名鎮自會稽爲郡而剡爲名縣降及唐宋始更剡爲嵊上下三數千年山川之流峙民物之倫類以至氣化盛衰人事得失隨事遷變而不常者非圖牒紀載後欲窺其一二可得乎哉宋嘉泰初紹興守沈公作賓與通判施君宿本圖經作會稽志剡之梗概附見其中嘉定間剡令史安之俾鄉人高似孫氏復本會稽志作剡錄而剡心爲有史詎今又百五十餘年而其沿革廢置蓋有不侍仍其舊者况高氏之書擇焉不精語焉不詳紀山川則附以幽怪之說論人物則偏于清放之流版圖所以觀政理而僅舉其畧詩話所以資清談乃屢書不厭他

如草木禽魚之詁道館僧廬之疏率皆附以浮詞而過其實將何以垂則後世啓覽者之心使知古今得失之歸乎予于世變之際慨念舊錄雖多蕪漏今梓就燬則一邑數千年之故無徵也因取其遺編躬加搜訪而損益之作十八卷從時制更名嵊志繕寫以藏尚俟知言之君子重爲裒正以壽諸梓與邑人共之庶來者有攷而得以續其傳焉

明成化甲午許岳英嵊志序　古者列國各有史官掌記時事晉之乘楚之檮杌魯之春秋其義一也不寧惟是至于鄉黨閭里皆有史今天下郡邑之志亦其小史之遺意也予令嵊宰之二年始得嵊志稿本顧其舛訛殘缺傳寫失眞竊患焉聞之邑有錢悌者好古博學遂禮聘之假館授書治政之暇相與修緝博攷采新集舊靡有所遺適二尹古青齊公倫協恭籌度而掌教閩中陳公烜司訓金陵王公洪福安連公銘實正訛而破疑也不逾月書成展而閱之嵊之土地風俗民物貢賦典章制度與先名宦之政蹟人才之出處節義之可以厲俗作述之可以垂後自古迄今皆於是乎載俾事無湮没千載之下有所稽考其所係豈不爲益重者乎衆謂宜壽梨棗以傳諸永久于是各捐己俸而樂爲之僉謂予

宜序嗚呼嵊之志曠久采集多有累闕然而無有乎爾則亦無有乎爾葢深有望于後之君子者焉

宏治辛酉天台大理寺評事夏鏃嵊志序徐侯爲嵊三年于今矣民樂其仁士趨其義于是刻新志十卷起地理止藝文視人人之所簡忽者而獨加之意可謂遠于人矣鏃往來于京師去台山登天姥扣石城而西嵊爲道所必由每泛舟剡曲觸目環山未嘗不黯然而思以三戴王謝之風流願一卽其嘯咏之遺處恣想而托覩焉逐昔人之履綦以爲樂顧視左右乃無所考門而止矣鬱鬱何如也今覩是編廓然若啓蒙覆何其快意哉以鏃所遇言之志亦不可以不作也夫志有以見得失别賢否達善惡于後世于是取之宜有大者焉區區攷㳂革識名山搜摘昔人之遺處以侈耳目快心意殆未足以盡志之藴也然則志果不可以不作也周官小史掌邦國之志外史掌四方之志皆道以詔王後世始以一郡一縣爲之志而志爲一郡一縣之書不復領于王官於乎亦可以觀世變于是書矣侯名恂字信夫吳之嘉定人是役也屬筆于德州知州周君靜之鄉進士夏君時震本學長教余君成之二教林君廷錫周君元恭鄉士來宦共五人分掇而各編焉各盡其能而時震實總

之志成侯使聽訟吏王謐以志與幣來請爲序

弘治辛酉知山東德州邑人周山嵊志序嵊在漢爲剡縣在唐爲州爲縣志亡無稽至宋嘉定令史安之始作剡錄元編脩許汝霖修錄爲志明洪武永樂正統景泰間朝廷遣使文移天下修志進文淵閣時則爲凡例所拘期限所迫嵊志之所紀載者未免得此失彼簡畧不詳稿之存者又皆傳寫訛錯人不能遍觀盡識成化甲午令許岳英重修秉筆者匪其人收錄失當類編紊次又爲人所厭觀予與夏生雷爲庠生時嘗欲筆削攷舉子業弗遑恒嘆息焉迄今二十餘載未有能與之者幸今徐侯尹嵊甫三載政事之餘猶惓惓於修志適余以憂制歸請與邑博余君成司訓林君世瑞周君俅俾進士夏生雷爲之余以情事未伸但領人物志餘則分屬於諸君焉於是詢諸故老蒐諸遺帙各纂修之一本許編修所著者增入國家制度缺者補之繁者刪之訛者正之畧者因之以致詳舊者推之而爲新無非欲明教化之得失而少俾乎治道也豈直辨名物紀事變資檢閲而已哉成編凡十卷謂可鋟梓以傳後請余序諸後夫志之作也其來遠矣成周職方氏掌天下圖小史掌邦國志外史掌四方志秦有圖書漢有輿地圖後世

郡邑各紀其所有或有志無圖或以圖合志未嘗無於王官故有以非吏議所急置而不問褊邦下邑無文獻可徵此紫陽朱夫子守南康下車首詢郡志論者謂其知所務今徐侯每以修志爲急其心卽朱夫子之心歟此志一出則嵊之一邑事如指諸掌可以垂之久推之遠傳之廣亦可使生於嵊仕於嵊遊於嵊者皆得以有所考信而觀感興起焉徐侯可謂有功於嵊縣有補乎世教深達乎治體而知所務矣若或疎畧之所當補遺忘之所當入又俟後之君子與爲政知所務者

萬歷戊子堯都王大康嵊志序夫嵊志之不傳也久矣志之傳自今始也先是嵊令萬公以脩志請於郡守蕭公公可之迺以蕭公意請邑工部主政周公總其事既易歲而書成適予來視嵊篆得取而觀之見其議公而覈其事簡而該其文乃而雅馴至於敘贊都邑之盛衰山川之要害賦役之繁省士習民風之淑慝尤三致意焉大都扶元氣敦正誼崇節儉挽彫瘵津津乎其有味哉言矣雖然余又有說焉今所貴於志者固以詔軌并而評隲當也然究厥所以都邑盛衰孰致之山川要害孰守之賦役繁省孰裁之風習淑慝孰創之令所操耳惟令而以良稱則下之過化不啻風草卽數者咸得其

理不爲者反是令之責亦要矣嗟夫起弊維風之責在令而其本在令之心繼此而令嵊者誠執是而究盛衰之原探要害之實察繁省之由明淑慝之機不責諸人而反諸已不求諸迹而求諸心吾心實見得是則行吾心實見得非則止得失不亂於中而榮辱不奪於外則庶幾令之賢乎由是而抑邑不完山川不理民生不裕風俗不醇吾未之信也吾觀周公志中諸論於令之賢則揚之不賢者器之責備之意慮而不發慚愧君子長者之道也余亦有事於茲土者是以志其固陋然有言說以俟觀風者採焉

萬曆丁亥周汝登嵊志序剡有志自宋嘉定間高公似孫始嘉定後百七十年元至正間許公汝霖有志至正後又百九十年迨我明朝有錢氏志弗行行夏公雷志今去夏公時又八十七年所矣先是嘉靖中給部喻公婺余從叔則駕公震議修志業經始弗竟廢後邑令譚公禮學諭王公天和復議脩志具草將付梓以授惠昌令胡公采校閱久之又弗就廢乃舉無議志者歲丙戌郡守兗陵蕭公良幹修郡志聘太史山陰張公元忭太常餘姚孫公鑛秉筆網羅入邑掌故獨嵊志數嘆無徵日邑不志曷爲郡志况太守右文學四百年曠典寧嘗

茲太守世而其所隸邑徵有以之文獻稱者是在邦伯乃以諳南城萬公民紀萬公諫之博士內江楊公繼與吳興趙公棟連江陳公嘗乃告郡公修之報可而余小子汝登方臥病以筆札來請余謝不文請之固太史復贊成余重違兩公指更自念志不文未足深患患不公文不可強公可恃夫所患者足持以免而所不可強者則亦所未足深患者明年受札既編摩累月甫半萬公考績不暇問逡巡易歲是爲戊子萬公謝職去別駕冀州王公大康來視篆王公任事無爾我請畢草時余同門友亳州李公國士由名給事僉憲浙司分鎮台越往來剡上甲王謝風流稽戶籍耗實問志謂宜亟就余益殫力以圖徑弟夢科宋君應光實相左右而侍御董君子行方予告家居及州貳邢君德健鄉舉士張君向宸李君春榮時從請正文閒與文學尹君紹元汝陽王君嘉士李君德榮光士麟姪元齡山人錢君思棠參訂之五月蕆其付梓邑貳吳君豐鳴經紀甫就八月令君晉江林公岳偉全更申閱始布行焉嗟乎嵊上下數千年志錄僅三覩近且數十年謀議莫決其艱曠如是是令太史咨嗟今一旦肇議投艱小子卒獲潰于成以佐則惟諸名公主決裁畫而余小子幸際其逢與筆札以竊

爲巳效稱幸藉矣顧所論次多謬畧無以厭衆志則無如所不可強而勉所可恃獨一念耿耿在卷姑以藉手謝諸名公對往哲而俟來許且以其艱曠若彼或庶幾巳之愈云爾志凡十三卷

國朝康熙辛亥張逢歡嵊志序

志猶史也惟史不能詳徧天下故廣而爲志史載妍媸俾鑑以自飭志有隱揚俾風以自興其爲功一也邑志古小史之遺尤不可廢俾宰邑者資之奏績則邑治天下之邑各有所資則天下治志豈緩圖哉丙午承剡匱恐恐焉負乘是懼將稽古籍覩巳成爲吏事式左右以海門周公之志進見非全書又多亥豕不可讀姑東之高閣若戶口之多寡土田之升除賦役之繁省風習之淑慝都邑之盛衰山川之要害以及城池署廨橋梁道路之廢興茫然不知如操舟而亡其楫馭馬而失其轡倀倀乎無之矣故余于刻志蓋有志焉而未逮也越庚戌思周志以大儒鉅筆不可湮沒爲完刻其全書竣事未幾而郡大人之檄至郡大人以荊楚奇材旁求掌故于會稽鵬鶚之分雖殊而心理之符適合甚雀躍焉郎偕學博謝君三錫邑佐胡君玨以泊毛掾鼎鉉謀之通庠酌其操觚者僉曰袁子尚褒可請廣之得鄉俊吳君鉉州刺裘君組司戎姜

君君獻暨王生心一王生國蕃王儒上國維凡七八秋七月恭致禮聘假館于尹生益之絳雪齋諸君啓訪編摩窮晝夜不輟至臘而稿成今春催檄至乃以王子心一袁子尚褎報命又加較讐補殘刪複乃登諸簡閱其書知其記載則守周之舊錄編次則遵郡之新條約而詳而不濫可令宰邑者察多寡而戶口得培焉考井涂而土田得理焉核繁省而賦役得均焉觀淑慝而風習得回焉知盛衰要害而都邑山川得紀焉審廢興而城池署廨橋梁道路得修焉知把握而操舟執轡而馭馬何所之而不可吾知邑無不治凡邑皆然吾知天下無不治修志之功顧不偉歟郡檄徵序沉吟久之余愧不文也烏能序且余志乎志者今志成弗克賚之奏績徒以序冠實深汗浹耳然而郡大人搜羅百年將墜之文獻功不可泯爲述其槩云

袁尚褎嵊志序越志自孫張兩太史筆削後經八十五年許簡編漫漶掌故不可稽楚中張公來守憫其殘缺用搜討焉庚戌秋馳檄徵修志以爲於越光邑侯張與謝師氏胡贊府毛仙尉及通庠諸英公推六子且旁羅不肖彼沉酣理學者有吳君鋐練達治體者有裘君組標鑒人物者有王君心一馳騁古今者有姜君君獻家

學淵源屬辭比事者有王君國蕃國維之數人使討論撰次秉管書青則可以不肖當此何異蚊負山蚷馳河鳥能勝任哉嘗閱世情旁觀者每喚其當局後作者多陋其前規凡事盡然況修志乎故修志者必備三美一曰德二曰才三曰位三美備則人望所歸無遺議矣不肖厥抱羸疾近更年衰而德非孔顏才非左馬又自甲中棄業唯與二三知己證學鹿山未嘗紆紫拖青掛縈仕籍其得免于譏彈否安敢不辭五辭不得無如何左右諸君以勤厥事相月就館其條例則遵郡所頒本以周子之舊錄參以王子之新編間嘗旁採他書補其不逮稾凡四易不肖往營先人宅兆諸君以廩給不繼亦各散去創緒未竟亥之花朝隨檄上郡寂寥旅邸兩旬買棹東歸疾漸作埽塌焚香靜消白晝未幾催檄至諸君村居皆懶視事不肖思士不可以鮮終無如何扶疾搆思以致中暑不能起剛荏苒秋半催檄又至爲吏胥所迫强起卒業佐以補心之劑不勝請邑侯發刺延諸君惟王友國蕃來館舍踰月其賦役一書與孝義列女仙釋方技諸傳皆其手訂繫莫後告竣是役也諸君既懶于卒業不肖又無如何卒業于疾中觀者作者其鑒之哉

康熙癸亥陳繼平嵊志序剡城僻介山溪在八邑中最爲褊小而縣志一書自宋明至國朝代有纂述張閣中復延訪博雅纂輯成書搜羅文獻去今未遠也余以辛酉季冬承乏茲土覺兵燹之餘地益貧而民愈困披覽之際雖山川疆域物產風俗依然如昔而戶口不加增賦役日益累他如城池署廨橋梁之屬有廢無興忠孝節義理學文章寥寥不槩見豈作者多浮飾耶抑今昔之懸殊耶夫剡處越東鄙荒瘠素聞惟此溪山之勝夙稱擅人耳目宜其鍾靈孕異者不僅動植之物已也必且賢豪接踵爲於越光茲何缺累無聞哉余聞之邑之有志猶國之有史史以褒貶垂勸懲志以進退爲予奪體要雖異指歸則同必記事毋濫核實宜詳庶善善惡惡不失良史之遺今田賦之衰益無多也風氣之沿習未變也至潛德幽芳雖不乏人或俟定評於身後或待表著于將來與爲傳疑毋寧傳信與爲穢史毋寧闕文惟職官選舉畧有增益故列其姓氏以俟知者之論定俾數世而下可以考吏治之得失可以徵文教之盛衰昭示來茲敢不慎與抑又聞之瘠土之民易于嚮義激厲之氣多所奮興倘吏剡者能愛養教化返習俗于古處而邑之賢豪必且慨芳躅之莫嗣緬前徽之可師將仕

者多廉節而處者尚淳龐後先興起志不務青又安見人物風土不若曩時之盛乎余故以吏治自勉而更爲邦之人共勉之毋使後之操觚者徒志美于山川可爾

舊志跋

謝三錫嵊志跋　甚哉志不易作也非見聞博學術純者不可以操觚蓋見聞不博則文藝疎學術不純則是非謬嵊志成于海門周先生沖然粹然藹乎仁人之言實而不夸正而不詭公而不偏約而不濫以發潛德之光以立生民之命編摩勞瘁兩越寒暑則周公之志不可毁也板藏于周時方鼎革周所爲兵廚頗多散佚豫章羅公以裝潢故從諸學至郡鄠焦公時城中火板且燼矣更歷三令未遑補鐫歲在己酉張公來蒞之三載百務具舉與邑人議曰邑不可無志志猶鑑也人無鑑無以別妍媸邑無志無以考得失且上檄時下無以供命盍劂諸僉曰諾與戍夏始告竣則重刻之功不可忘也諸賢囑余跋其後余思刻志以傳一邑之謨其事小刻心以合先賢之志其事大今日之嵊山川如故也伏莽者投戈矣都邑如故也茂草者美奐矣土田則坍者除堧者升矣戶口則流者集止者蕃矣賦役則正者存苛者汰矣而且抑奔競進操修以端士習而且黜頑嚚厲

勤儉以鼓民風以至倉厫之葺構泮水之聿新橋梁道路溝渠之悉治凡志所諄諄若操左券王公大康曰邑之轉移在令令之運用在心誠哉是言以心作令以令宰邑何患不如志所云則張公之心不可沒也麈乎志之不可毀也如此功之不可忘也如此心之不可沒也又如此因跋以告後之藏是板者

〔裘組嵊志跋〕嵊志自海門先生續修歷今八十五年矣物態變遷舊章殘闕一邑之士俗士風版章人物久無所考非無雅意修飭之士而留心典故主持風教者未易遇也今與朝右文勅天下修志以成一代之書郡侯禹翁張公祖學綜今古聿振新猷檄八邑禮聘耆彥各修縣志以續府志而邑令張君玉臺愷悌宜民宰嵊五年政通人和百度具舉乃遵憲檄探輿論延吳君鉉等六人共議纂輯又以不肖謝職投閒謬委勷理府頒凡十八條紹人物公核外分條各任其實草創多出自王子國著而潤色討論筆之削之袁子尚袁有獨瘁焉若不肖與姜吳諸子僅獻可替否綜其大畧而已書成上報郡大人又命兩學司訓嚴加較讐始督工修梓董慎厥事哉獨孝義列女收不勝收或疑其濫予以善善從長與其苛也而大美或遺毋寧寬也而片善亦紀且以

誘進將來風一勸百俾我邑士庶咸知自好于以砥礪
名節也云爾書台新舊其十二卷載筆于庚戌之六月
鐫就于壬子之九月也閱三載始告竣使非郡侯張公
祖主持風教張父母克虔乃職安能舉數十年之曠典
而維新之至下褒美錄遺而補所未逮致以俟後之君
子

嵊志跋　辛亥孟冬越嵊志成嵊自宋高通議始作
剡錄嗣是代有修纂至明周司空而綜博精覈彬彬乎
文獻備矣間數十年曠焉莫記今郡大人張公以荆楚
鉅儒剌越首檄八邑各輯志以進嵊令張君學博謝君
禮聘名士續成是編越期年乃獻余讀其書詳簡有法
成一家言將授梓而郡大人復以校讐見委余謹按其
文義屬魚魯者正之存疑者標注若干條以付嵊士之
博雅者訂焉閱五日夜而竣竊惟郡大人嘉惠越人記
其山川土俗賦役人物使後有考鏡而激勸聿彰而又
兢兢詳慎不使有脫訛傳疑若此後之君子覩諸志可
以知公之所以治越者矣余猥以校讐附志簡末

謝二錫嵊志跋　事不大以垂世君子不以爲事言不足
以垂世君子不以爲言君子以其難其慎之心爲可久
可遠之計斯顯于一時者光于千古蓋一代之大事在

史郡邑之大事在志一代無史則一代之治道不彰郡邑無志則郡邑之美蹟不著史既纂矣志尤不可緩顧古史多遺識雖盲腐不免矧郡邑之志事雜言龐其能超然乎必傳以信而臏以理庶矯矯直筆與董狐南史相頡頏也嵊志經周司空乎井井乎炳炳乎質而有文間嘗序其重刻矣庚戌郡大人張公檄縣修輯以成越書乃許邑侯搜羅名宿恭致五六君子以袁子尚表總其成且月載事多之秋報命郡大人檄錫校讐自冬徂春與袁子重加訂詮竟其全編其所紀人之賢否事之鉅細物之精粗非載籍所有則耳目所經諸名宿之出自周問風領盡心知出之學故其為書有信可徵有理可據無疑叛之說以歲世譔民真一代之文獻百年之爛緊也使非郡大人以難慎之心為久遠之計安能使其事其言之足以垂世也哉

王心一嵊志跋

古者采詩以觀民風非文也將以云救也蓋有一方之山川則有一方之風氣士有堅弱之殊則人有剛柔之別愛命太師採知四方之風而後剛克柔克儉示禮示各有所施使天下中正和平會歸于皇極郡邑之志亦然正欲審其堅弱剛柔以施補救為功甚鉅不徒黼黻吏治已也嵊志集成于周夫子吾友子

抱憫時病俗之心發易化移風之論讀其書如見其人
迄八十餘年陵谷變遷滄桑更易美弗彰盛弗傳惜哉
幸郡大人右文學[illegible]紬志邑侯徵諸博雅下逮不肖亦
藥籠之收溲渤[illegible][illegible]夫子成書具在吾友袁子尚裒會
與尊人同升夫子之堂能纂述其教其憫時病俗者更
深悉化移風者更切觀其續論與諸序意可知矣不肖
辦錢穀何難因之以成哉成矣無能贊詞矣顧夫子以
理學之儒專纂制之任文獻足徵也袁子自庚戌至壬
子總攬衆長爐錘今古攷若難沒也故贊一語于後以
表彰夫子與袁子之志且使後之君子由此而施其補
救也嵊志成知有造于嵊越志成更知有造于越矣
袁尚裒嵊志跋曰書有禹貢禮有職方及大小內外史
而四方之事詳焉後世變而爲圖志以資郡邑之考鏡
俾生斯土者在下者以美俗守斯土者在上有以美政
流覽斯書者不出戶而有以窺天下故志爲文飾也政
可後而志爲致治之則當先矣我郡邑之志事越兩朝
時經百載舊者殘蝕者缺何人傳世而維風乃郡侯邑
伯加意整飭急先務哉獨是古人所難而投我衰癃殊
不得已嵊志凡五作而論議不同簡者以詳爲蕪詳者
以簡爲漏尚理者以任情爲放任情者以尚理爲迂惟

各有所見故各有所識苟觀其會通簡則必精詳則必備尚理則近乎淵實任情則幾乎牢騷天地之變爲怪象鼎知神性情之感爲詩採風知俗道罿序于九流草木禽魚疏于爾雅何莫非道未可短長也今者撫舊論以成新編不得已而姑資考鏡云爾無所短長具見于書短之長之安敢任受

姜君獻嵊志跋辛亥獻與袁子尚褎仍周志之後補入十五年事遵張邵侯之檄也客歲癸亥奉上諭再輯十二年事以勤一統之盛今甲子上諭取天下輿圖命道憲府憲俯臨郡邑考山川之廣狹核里道之接壤繪圖以獻復輯邑志以弆永久獻思賦役如故景蹟依然無可再紀但風俗于十三年歲在甲寅因東陽賊燄沸鄉流入西鄙蹂躪鄉邑張侯請兵剿平之迄今水滑山曲不無草竊人情亦多澆競然地瘠民貧勞則思善醇樸尚未漓也況當事者教化真切民心其返醇乎故下職官外界紀災異而已青蓮曰自愛名山入剡中好事者過而問焉未至者輒以爲憾獻于山水土風萃成一賦使覽者亦如輿圖之一目瞭然可無事跋涉也賦曰越國名山剡溪稱最嶀峯北枕上干牛斗之霄天姥南翔直當吳會之域金鏞毓四明之秀池吞日晷鹿苑涵太

白之精泉飛瀑布長鯨跨巨浪限天塹之洪波鹿胎闢性宗灘洙泗之一派秋月春光燦矣浣花溪口朝烟暮雨漣漪兩岸湘江以故地鍾人傑眞儒則周子呂子神仙則阮肇劉晨戴顒戴逵隱士也陳侯朱子功臣哉孝子烈女代有其人有廟亭者有祠亭者顯士神童世多拔萃有文傳者有行傳者且也萬壑千巖鬱葱盤結一壑一巖皆有名流著跡焉如金庭本洞天福地時見眞人之杖履苧園乃紫府丹邱猶存稚川之井竈墨沼鵝池王右軍之獨秀也懸崖碧水王夫人之清風乎雪棹艇湖子猷尚載其橋白雲潭影支遁還餘其宇贊院右百丈之巖眞珠由五豬幻化始寧八景登高見賦畫圖十里臨流浩歌石鼓挿天之岣嶁浦藏蛟之穴穴有吞舟之龍岣巢不死之蝠所謂虎窟龍湫奇松怪石奚堪悉數豈獨西嶺梅肥東郊柳黯哉迄今俗多古處桑麻之野依然斗酒聽黃鸝化洽絃歌甕牖之夫莫不彈琴揮素月

高克藩嵊志跋嘗讀一統志凡郡邑分野山川景蹟風俗人物之屬一覽畢備老子云不出戶知天下信然降而一州一縣莫不有志一統志固州縣志之會歸而州縣志實一統志之權輿也雖然蒐羅未備則畧而不詳

考稽失實則僞而不眞是非淆亂則私而不公篇帙汗漫文詞鄙俚則拘而不精語而不醇甚矣志之難也剡古無志自余祖似孫作剡錄而剡始有志繼此以後代不一人大率踵事增華補苴罅漏而已今天子神聖兵革偃息文教修明去年癸亥纂輯一統志書禮部檄州縣修志今年甲子上諭直省督撫繪山川形勢圖進呈直省督撫以圖畫附于志旨復檄州縣修志兩年之間兩檄修志可不謂鄭重哉剡志續修于本朝辛亥又增修于去年癸亥今甲子去癸亥僅一祀此一祀中山川景蹟風俗人物之屬可刪者無幾可增者無幾于是邑侯蔣公煒謀諸司戎姜子君獻姜子夙具史才優于著述承命增定不日告竣余剡人也披覽剡志者久矣嘗欲倣歐陽公修五代史法使其篇帙稍減事理詳盡簡確古雅成一邑巨觀奈比年以來僕僕公車對策還里悠忽歲月著述之事有志未逮是役也邑侯董成不濡時不多派有愛民之心焉姜子秉筆寧襲故無更新有古直道之遺焉余雖不獲佐其事而樂與觀其成因諉綴數言以殿其後

嵊縣志卷末終